古典文獻研究輯刊

十三編

潘美月・杜潔祥 主編

第 16 冊

晉系青銅器研究（上）

蔡鴻江 著

國家圖書館出版品預行編目資料

晉系青銅器研究（上）／蔡鴻江 著 — 初版 — 新北市：花木
蘭文化出版社，2011〔民 100〕
序 2＋目 4＋312 面：19×26 公分
（古典文獻研究輯刊 十三編：第 16 冊）
ISBN：978-986-254-637-6（精裝）
1. 青銅器 2. 晉代
011.08 　　　　　　　　　　　　　　　　　100015561

ISBN-978-986-254-637-6

9 789862 546376

古典文獻研究輯刊
十三編 第十六冊 　　　　　　ISBN：978-986-254-637-6

晉系青銅器研究（上）

作　　者　蔡鴻江
主　　編　潘美月 杜潔祥
總 編 輯　杜潔祥
企劃出版　北京大學文化資源研究中心
出　　版　花木蘭文化出版社
發 行 所　花木蘭文化出版社
發 行 人　高小娟
聯絡地址　新北市永和區中正路五九五號七樓
　　　　　電話：02-2923-1455／傳眞：02-2923-1452
網　　址　http://www.huamulan.tw 信箱 sut81518@gmail.com
印　　刷　普羅文化出版廣告事業
初　　版　2011 年 9 月
定　　價　十三編 20 冊（精裝）新台幣 31,000 元
　　　　　　　　　　　　　　　　　　版權所有・請勿翻印

晉系青銅器研究（上）

蔡鴻江　著

作者簡介

蔡鴻江，國立高雄師範大學國文研究所碩士班與博士班畢業。曾任高苑科技大學夜間部教學組組長、國立高雄餐旅學院課務組組長與進修部教務組組長、國立高雄餐旅學院通識教育中心主任、臺灣茶葉學會理事、高雄經典學會理事、華夏語文學會理事。現任國立高雄餐旅大學通識教育中心副教授。碩士論文是〈晉國文獻及其銘文之研究〉、博士論文是〈晉系青銅器之研究〉。發表論文有〈晉國軍事銅銘之研究〉、〈兩周晉系飪食銅鼎形制之探微〉、〈晉國銘文與侯馬盟文形構關係之研究〉、〈春秋時期青銅器論略〉、〈東周時期巴蜀地區青銅器概述〉等數十篇。

提　　要

　　百年來商周時期的地下文物，諸如甲骨片、青銅器、簡帛等不斷出土，尤其是窖藏或墓葬的青銅器，其數量已遠過於宋清時期。這些器物不僅形制精巧靈妙，紋飾光鮮亮麗，且銘文特殊異，頗富有地方諸國之特性，此於青銅器之研究更邁向區域整合之探究，且於兩周時期各諸侯國之歷史，能提供強而有力之證物。

　　由於分期區域之研究，已是青銅器研究之共同趨勢，目前楚系青銅器研究已有具有成果，其他各系尚待開發探賾。本文欲以晉系為研究之對象，內容共分為五章：第一章深索殷商青銅器分期分域之問題，以及研究之動機、重點與重要性。第二章分析闡述晉系青銅器在歷代文獻著錄與現今出土之狀況。第三章以研究晉系青銅器之形制與紋飾為重點。第四章探討晉系青銅器銘文之內容。第五章綜結晉系青銅器形制、紋飾、銘文之特徵，同時建構晉系青銅器在中國文化史之意義。

　　本文研究之成果，不僅確立晉系銘文之編年，而且重整晉系諸國在政治、軍事、禮制、音樂、曆法、官制、工業等方面之文物史料；更重要是瞭解當時鑄器狀況，不論材料來源、材料選擇、鑄器用意等三方面，均為文獻史料所未逮。由於晉系青銅器鑄造遺址之發掘，不僅讓當時工業文化之曙光重現於世，且為晉系青銅器在中國鑄冶史提出最珍貴之見證。

目

次

序

　　近年來大陸各地區經由考古挖掘，不論窖藏或墓葬均有大量銅器出土，此器物不僅形制精巧靈妙，紋飾光鮮亮麗，且銘體奇特殊異，頗富有地方性之色彩，此使青銅器研究之方向作很大之轉變，即從宋清時期僅針對銘文研究，調整為對形制、紋飾、禮器組合、冶煉鑄造、合金比例、樂律測試等方面之探討、更從分期分域作深層之鑽研，亦使青銅器研究蔚為新風潮。由於考古資料零碎繁瑣，散雜於期刊論文，難以統整彙集，是以目前僅楚系青銅器研究較為有具體成果，至於其他各系尚待開發探賾。本文基於此因素，遂選定晉系為研究之對象。

　　本文共分五章：第一章緒論，有二節，第一節探索殷周青銅器分期分域之問題，第二節本文研究之動機、重點及其重要性。第二章晉系青銅器在歷代文獻著錄與現今出土之狀況，歷代文獻是以兩周至清代為期限，以文獻史料記載晉系青銅器為依據，了解其著錄狀況；現今出土是以民國元年至民國85年為期限，從考古資料及各地博物館珍藏為依據，了解今日現存之晉系青銅器；是以結合文獻史料著錄與現今出土狀況，對於晉系青銅器在數量上必能全盤掌握。第三章以研究晉系青銅器之形制與紋飾為重點，晉系青銅器之形制可歸類為八項：飪食器、酒器、水器、樂器、兵器、車馬器、生活用具與農工具、雜器，各器類自有其形制之特徵；晉系青銅器之紋飾可歸類為動物紋飾、幾何圖案、植物紋飾、人物圖像、浮雕狀花紋、錯金銀花紋、素面等，各紋飾有其圖案與風格。第四章探討晉系青銅器銘文之內容，從其內容之敘述與文獻史料相比對，以發揮「證史、補史、訂史」之功效，且將以確定年代之器銘，作為標準器，由此以建立有系統之晉系銘文編年。第五章從

晉系青銅器形制、紋飾、銘文字體、兵器鑄造之特徵，以了解晉系與楚系兩者之間相互關係，由此顯示晉系青銅器在商周青銅器發展中所具有樞紐之地位，且在先秦文化史中更能提供政治、軍事、禮樂、官制、曆法、冶鑄等極為珍貴之史料，讓晉系青銅器文化能重現其輝煌璀璨之光芒。

書籍簡稱表

本論文爲行文之便，作成古籍、金文書二個簡稱表，如下：

一、古籍簡稱表

書　　名	簡　　稱
左傳	左
公羊傳	公
穀梁傳	穀
古本竹書紀年輯校	古竹
今本竹書紀年疏證	今竹
國語	國
戰國策	戰
史記	史
墨子	墨
晏子春秋	宴
列子	列
商子（商君書）	商
呂氏春秋	呂
韓非子	韓
淮南子	淮

二、金文書簡稱表

作　　者	書　　　　　名	簡　　稱
王黼	宣和博古圖	博古
王俅	嘯堂集古錄	嘯堂
薛尚功	歷代鐘鼎彝器款識法帖	薛氏
梁詩正	西清古鑑	西清
王杰	西清續鑑甲編	清甲
王杰	西清續鑑乙編	清乙
阮元	積古齋鐘鼎彝器款識	積古
吳榮光	筠清館金文	筠清
吳大澂	愙齋集古錄	愙齋
吳大澂	愙齋集古錄釋文稿	愙賸
吳雲	兩罍軒彝器圖錄	兩罍
吳大澂	恒軒所見所藏吉金錄	恒軒
方濬益	綴遺齋彝器考釋	綴遺
呂調陽	商周彝器釋銘	釋銘
吳式芬	攈古錄金文	攈古
劉心源	奇觚室吉金文述	奇觚
端方	陶齋吉金錄	陶齋
朱善旂	敬吾心室彝器款識	敬吾
潘祖蔭	攀古樓彝器款識	攀古
孫詒讓	古籀拾遺	古拾
孫詒讓	古籀餘論	古餘
孫詒讓	籀高述林	籀高
鄒安	周金文存	周金
鄭業斅	獨笑齋金石文考	獨笑
羅振玉	貞松堂集古遺文	貞松
羅振玉	三代吉金文存	三代
羅振玉	貞松堂集古遺文續編	貞續
羅振玉	貞松堂集古遺文補編	貞補
吳東發	商周文拾遺	商拾

劉體智	小校經閣金石文字	小校
劉體智	善齋吉金錄	善齋
劉體智	善齋彝器圖錄	善彝
徐同柏	從古堂款識學	從古
劉承幹	希古樓金石萃編	希古
柯昌濟	韡華閣集古錄跋尾	韡華
羅振玉	夢郼草堂吉金圖	夢郼
黃濬	尊古齋所見吉金錄	尊古
孫海波	河南吉金圖志賸稿	賸稿
于省吾	商周金文錄遺	錄遺
于省吾	雙劍誃吉金圖錄	劍吉
于省吾	雙劍誃吉金文選	雙文
商承祚	十二家吉金圖錄	十二家
容庚	武英殿彝器圖錄	武英
梅原末治	日本蒐儲支那古銅精華	日精華
白川靜	金文通釋	白川通釋
赤塚忠	書道全集	書道
吳闓生	吉金文錄	吉文
黃公渚	周秦金石文選評注	評注
容庚	商周彝器通考	通考
容庚	頌齋吉金圖錄	頌齋
容庚	殷周青銅器通論	通論
楊樹達	積微居金文說	積微
郭沫若	兩周金文圖錄及釋文	兩周
巴納等	中日歐美澳紐所見所拓所摹金文彙編	彙編
故宮博物院	故宮銅器圖錄	故圖
嚴一萍	金文總集	嚴集
邱德修	商周金文集成	集成
馬承源	商周青銅器銘文選	銘文選

第一章　緒　論

第一節　殷周青銅器分期分域之探索

　　中國先秦文明，相隨地下文物不斷出土，正閃爍著璀璨亮麗之光芒；尤其是甲骨片、青銅器、竹簡、玉石簡、帛書等古器物大量發掘，對於夏商周文化史而言，不僅可提供極為珍貴之史料，且可彌補文獻典籍之所缺。這些文物若從科技史、文字史、藝術史等角度來衡量，青銅器是頗具有舉足輕重之地位。殷周時期，青銅器鑄造風氣極為興盛，從階級來論，上至帝王下迄諸侯，皆有鼎彝傳世，[註1] 從用途來看，凡為飲食器、酒器、樂器、樂器、水器、車馬器、兵器、農具、工具，多用青銅鑄成，此可印證當時已普遍使用青銅器，是以郭沫若、容庚、郭寶鈞等學者稱殷周為「青銅器時代」。[註2]

　　殷周青銅器年代長遠，前後緜互有一千五百年左右，若不規劃分期，難以審察青銅器發展嬗變之軌跡及彼此間屬性之異同處。是以，民國廿三年（西元1934年）郭沫若在〈彝器形象學試探〉[註3] 從花紋、形制、文體、字體，

〔註1〕帝王之器如〈利殷〉敘述周武王伐商之事；〈宜侯矢殷〉記述周康王封矢為宜侯，並以器物、土田、奴隸等賞賜宜侯。諸侯之器如〈秦公簋〉、〈秦公鐘〉是秦景公自述其祖先稟承天命而有邦民；〈吳王夫差御鑑〉是吳王夫差選擇吉金自作御鑑。

〔註2〕郭沫若說見《青銅時代》頁255，容庚說見《殷周青銅器通論》頁3，郭寶鈞說見《中國青銅器時代》頁3。河南偃師二里頭遺址所出土青銅禮器、兵器，馬承源、李學勤等學者均已斷定為夏代青銅器，由於今日所能見到夏代青銅器實物不多，是以能將夏代視為金石並用時代。

〔註3〕此文收錄於《青銅時代》頁272至279及《周代金文圖錄及釋文》（一）。

將殷周青銅器區分爲四期：（1）濫觴期──殷商前期；（2）勃古期──殷商後期及周初成康昭穆之世；（3）開放期──恭懿以後至春秋中葉；（4）新式期──春秋中葉至戰國末年。民國卅四年（西元 1945 年），郭沫若又在〈青銅器時代〉一文中，對殷周青銅器依然分爲四期，但期名和年代大作調整：（1）鼎盛期──殷代及周室文武成康昭穆諸世；（2）頹敗期──恭懿孝夷諸世以迄於春秋中葉；（3）中興期──自春秋中葉至戰國末年；（4）衰落期──自戰國末葉以後。民國四十五年（西元 1956 年）容庚依據郭沫若分法，改爲五期：（1）濫觴期──在夏殷之際；（2）鼎盛期──殷商後期及周初成康昭穆諸世；（3）頹敗期──自恭懿孝夷諸世至春秋中葉；（4）中興期──春秋中葉至戰國末年；（5）衰落期──自戰國末葉以後。〔註4〕容氏與郭氏所分各有異同，同者爲容氏鼎盛期即郭氏勃古期，容氏頹敗期即郭氏開放期，容氏中興期即郭氏新式期；異者爲容氏多增「衰落期」，且將年限延伸至秦漢。民國五十三年（西元 1964 年）《上海博物館藏青銅器》一書序言中採五期說：（1）育成期──商代盤庚遷殷以前；（2）鼎盛期──自殷墟期至西周昭王；（3）轉變期──西周穆王以後至春秋早期；（4）更新期──春秋中期至戰國秦代；（5）衰退期──兩漢時期，此時間界限之分法與容庚所述極爲相近。

上述四種斷代是以青銅器發展盛衰爲依據，然而各期年代過長，難以凸顯其特色，是以郭寶鈞則以青銅鑄造技術作分期，共有六期：（1）萌生階段──早商；（2）進步階段──中商；（3）發展階段──晚商及西周前期；（4）組合階段──西周後期及東周初年春秋早期；（5）分鑄階段──春秋中期至戰國；（6）專精階段──戰國中末期。〔註5〕這種分期方式，雖擺脫以器用爲準據之窠臼，如未熟知青銅鑄造技術，則各階段之特點很難得知；況且鑄造技術可能前後期互有異同，絕非僅是一時而已。〔註6〕

爲了使青銅器斷代分期更爲清晰明確，近來學者分期之原則著重於考古文化，〔註7〕是以分期更縝密精準。民國六十八年（西元 1979 年）李學勤在

〔註4〕 此說見《殷周青銅器通論》頁 18、19。
〔註5〕 此說見《商周青銅器群綜合研究》之第六章〈南周青銅器群總結〉中。
〔註6〕 馬承源以「分鑄階段」與「組合階段」批判郭寶鈞以鑄造技術分期之不當，其詳見《中國青銅器》頁 410。
〔註7〕 所謂「考古文化」乃指一群遺存器物在同一時代分布於共同地區，而具有共同之特徵；由於它們共同存在于同一文化層或墓葬中，是以可表明它們屬于同一時代。商周考古文化分期有二里頭文化期（西元前 1900 年至西元前 1500 年），可分爲四期；二里岡文化期（西元前 1500 年至西元前 1250 年），可分

《中國青銅器的奧秘》中把青銅器分爲十七個時期：（1）商代早期——二里頭文化期；（2）商代中期——二里岡期；（3）商代晚期——殷墟期；（4）西周早期——武成康昭四世；（5）西周中期——穆恭懿孝四世；（6）西周晚期——夷厲宣幽四世；（7）春秋早期；（8）春秋中期；（9）春秋晚期；（10）戰國早期；（11）戰國中期；（12）戰國晚期；（13）秦；（14）西漢前期；（15）西漢後期；（16）新莽；（17）東漢。民國七十一年（西元 1982 年）杜迺松在《中國古代青銅器簡說》將青銅器分爲 8 期：（1）夏代二里頭文化期（西元前 1900 年至西元前 1600 年），可分爲四期或早中晚三期；（2）殷商前期（西元前 1600 年至西元前 1400 年）——二里岡期；（3）殷商後期（西元前 1400 年至西元前 1100 年）——殷墟期，此期又分爲前、後段，前段即武丁、祖庚、祖甲、廩辛、康丁，後段即自武乙至帝辛；（4）西周前期（西元前 1100 年至西元前 950 年），即武成康昭穆五世；（5）西周後期（西元前 950 年至西元前 771 年）自恭王至幽王；（6）春秋時代（西元前 770 年至西元前 476 年）；（7）戰國時代（西元前 475 年至西元前 221 年）；（8）秦漢時代（西元前 221 年至西元 220 年）。李氏與杜氏二人之分法已盱衡歷史朝代與考古文化相結合，所不同者有二：（1）李氏之分期杜氏更爲細密；（2）杜氏將二里頭文化期納歸於夏代。民國七十七年（西元 1988 年）馬承源在《中國青銅器》將青銅器分爲十三期：（1）二里頭文化期（西元前 1900 年至西元前 1600 年），是屬於夏文化，可分爲 4 期；（2）商代早期（西元前 1600 年至西元前 1450 年），相當於二里岡文化期；（3）商代中期（西元前 1450 年至西元前 1300 年）；（4）商代晚期（西元前 1300 年至西元前 1100 年），自武丁至帝辛，又可區分爲前後兩段；（5）西周早期（西元前 1100 年至西元前 1000 年），爲武成康昭四世；（6）西周中期（西元前 1000 年至西元前 879 年），爲穆恭懿孝夷五世；（7）西周晚期（西元前 878 年至西元前 771 年），爲厲宣幽三世；（8）春秋早期（西元前 770 年至西元前 650 年）；（9）春秋中期（西元前 650 年至西元前 550 年）；（10）春秋晚期（西元前 550 年至西元前 476 年）；（11）戰國早期（西元前 476 年至西元前 350 年）；（12）戰國中晚期（西元前 350 年至西元前 221 年）；

爲早晚二期：殷墟文化期（西元前 1250 年至西元前 1050 年），可分爲四期；西周文化期（西元前 1050 年至西元前 771 年），可分爲三期；春秋文化期（西元前 770 年至西元前 476 年），共 295 年，可分爲三期，每期約 100 年；戰國文化期（西元前 475 年至西元前 221 年），共 255 年，可分爲三期，每期約 85 年。

（13）秦漢期。馬氏分期雖未如李氏之多，但其斷代分期極爲近似，所不同者有三：（1）二里頭文化是夏文化，已是學者之共識；（2）馬氏將戰國分爲二期，合併中晚期爲一期；（3）馬氏將秦漢並列爲一期，未若李氏分爲五期。

綜括諸家分期狀況，馬承源分期法可謂「後出轉精」，既不像郭氏容氏分之太少，亦不似李氏分之太細，而能從考古文化與歷史演變之觀點來確定青銅器發展之進程，是以其分期法較爲客觀可取。

殷周青銅器不僅有分期之必要性，且有分域之必然性，尤其在東周階段更爲需要，其理由蓋可從三方面論述：（1）政治方面——西周時期爲鞏固王室政權及管轄遼闊疆域，大行封建諸侯，〔註8〕凡爲姬姓或異姓，不論其國祚長短，潘英據《春秋經》、《左》、《國》記載，在春秋時代至少有 193 國；〔註9〕以地域而言，北至遼寧河北，南至江蘇浙江，東至山東，西至晉陝甘。以此分國之多與分佈之廣，若未作分域研究，實難釐析諸國青銅器之眞相。（2）銘文方面——許愼《說文序》：「宣王大史籀著大篆十五篇，與古文或異……其後諸侯力政……分爲七國，言語異聲，文字異形。」此說明文字雖有「古文」「大篆」殊體，〔註10〕然至西周時尙能穩定進展。春秋戰國隨王權崩解，文字結構朝區域性發展，呈現多元化，如有楚系鳥蟲書與晉國蝌蚪文，有瘦長清勁之齊體與規整勻稱之秦篆，諸如此類之銘文，若不從分域做歸類，則難知其異同繁簡之變化。（3）器數方面——青銅器鑄造雖盛行於殷周，然依青銅器之形制，紋飾、銘文、出土狀況著錄成專書，是始於宋朝，〔註11〕由於諸書收錄有限，王國維

〔註8〕 《左》傳廿四年：「周公……封建親戚，以蕃屏周，管蔡郕霍魯衛毛聃郜雍曹滕畢原酆郇，文之昭也；邘晉應韓，武之穆也，凡蔣邢茅胙祭，周公之胤也。」，《左》昭廿八年：「昔武王克商，光有天下，其兄弟之國者十有五人，姬姓之國者四十人。」，《荀子·儒效篇》：「周公……兼制天下，立71國，姬姓獨居53人。」，此明言西周初期已施行封建制度。許倬雲據〈史墻盤〉與《左》昭廿六年記載，認爲「周人封建大致在成康之世完成」，其詳見《西周史》，頁140。

〔註9〕 顧棟高《春秋大事表》列有 208 國，陳槃《中國歷史地理·春秋篇》略加整理爲 177 國，程發軔《春秋左氏傳地名圖考》改爲 155 國，潘英以爲至少有 193 國，其詳見《中國上古史新探》頁 109。

〔註10〕「古文」一詞，許愼未有明訂其義，是以在《說文序》有不同說解：（1）早於籀文之字體——此種文字即今之甲骨文金文。許愼雖未見甲骨文，然其確信必有早於籀文之字體存在。（2）古文經字體是古文——此所謂「古文」，王國維在《觀堂集林·桐鄉徐氏印譜序》已辨證爲戰國時六國文字，非早於籀文之古文。

〔註11〕《四庫全書》子部譜錄類一著錄梁陶弘景《古今刀劍錄》與陳虞荔《鼎錄》。

《宋代金文著錄表》收錄宋代彝器僅有 643 器。〔註12〕清朝考據學昌盛，收錄彝器之書大量出現，且器數亦遽增，王國維《國朝金文著錄表》收錄有 4292器；後之鮑鼎《國朝金文著錄表補遺》又增 2754 器。民國以後，青銅器仍不斷出土，然因政局動盪，未能妥善收藏，遂使不少青銅器流落於國外。近年來田野調查隨考古學知識之提昇，其處理技術與方法更為縝密，凡為墓葬或窖藏所出土之青銅器，少者數十件，多者數百件，〔註13〕甚者東周列國器，不論國之大小亦有不少青銅器出土，如湖北隨縣曾國、安徽壽縣蔡國，〔註14〕是以面對如此龐雜之東周青銅器，若能作分域探索，則對整個東周時期青銅器發展狀況，必能瞭如指掌，且無遺珠之憾。

　　首先王國維以文字特色為基準，將六國歸納為古文系統，即東土文字，

　　　梁書收錄刀劍凡 74 件，然《四庫提要》：「疑其書已為後人所竄亂，非盡弘景之本文。」；虞書收錄鼎器共 72 件，《四庫提要》：「其文蓋流傳既久，屢經竄亂，真偽已不可辨。」，由此可知二書雖撰於南朝，然其真偽可疑，且少有殷周青銅器，甚者有漢魏時器，是以二書僅為宋代金石著述開創先例而已，非著錄彝器之鉅著。

〔註12〕王國維參酌十一家金文之書，撰成《宋代金文著錄表》，十一家之書如下：

1.	歐陽脩	集古錄跋尾
2.	呂大臨	考古圖
3.	王黼	宣和博古圖
4.	趙明誠	金石錄
5.	黃伯思	東觀餘論
6.	董逌	廣川書跋
7.	王俅	嘯堂集古錄
8.	薛尚功	歷代鐘鼎彝器款識法帖
9.	張掄	紹興內府古器評
10.	王厚之	復齋鐘鼎款識
11.	無名氏	續考古圖

〔註13〕1973 年至 1977 年在北京市房山縣琉璃河發掘燕國墓地有青銅禮兵器 149 件。1975 年陝西岐山董家村出土裘衛窖藏青銅器 37 件。1976 年陝西鳳翔八旗屯秦國墓葬有青銅器有 227 件。1976 年陝西扶風莊白村出土微史家族窖藏青銅禮器 103 件。

〔註14〕1955 年安徽壽縣蔡侯墓出土青銅器有 557 件。1978 年湖北隨縣擂鼓墩 1 號墓出土曾國青銅禮器容器雜器約 140 件、兵器有 4500 件。1981 年擂鼓墩 2 號墓有青銅器雜器有 70 件。

而以籀文爲主之秦國，即爲西土文字，〔註15〕其覈證之資料乃是採用秦時古器遺文與班固司馬遷揚雄許愼之語，這種劃分法開創對東周文字研究新契機。民國廿三年（西元 1934 年）胡光煒在〈古文變遷論〉、〈齊楚古金表〉，將東土文字作南北區分，〔註16〕北方爲齊之系統，包括魯曾紀鑄邿晉，南方爲楚之系統，包括宋邾吳鄃蔡郜黃，其劃分乃依據鄒安《周金》且旁涉《攗古》、《愙齋》等金文書，此劃分已較王國維更能運用彝器，將河東諸國文字作明確之區別。

民國廿三年（西元 1934 年）郭沫若在《兩周》將兩周青銅器分爲西周與東周兩期。西周時器大抵爲王臣之物。東周時器依國劃分共得 32 國，吳越徐楚江黃邾鄧蔡許鄭宋鄶等十四國爲南系，地屬江淮流域；滕薛邿邾魯杞紀祝莒齊戴衛燕晉蘇虢虞秦十八國爲北系，地屬黃河流域。由於東周列國器有如雨後春筍不斷出土，是以郭沫若能運用諸國器而以國別劃分東周青銅器，此於研究諸國器更有一大裨益。民國廿四年（西元 1935 年）唐蘭在《古文字學導論》，依時代與地域，將古文字區分爲四系：殷商系、兩周系、六國系、秦系。唐蘭分系是以古器物爲主要對象，古器物有甲骨刻辭、銅器、陶器、古鉩、貨布，而銅器又爲兩周系六國系秦系重要文物史料。六國系與秦系之分法，近似於王國維東西土之說，此爲概括性區劃。

民國廿九年（西元 1940 年）陳夢家在《海外中國青銅器圖錄》將東周銅器分爲五系：東土系有齊魯邿莒杞鑄薛滕，西土系有秦晉虞虢，中土系有宋衛陳蔡鄭，三系是屬於黃河流域；南土系有吳越徐楚是屬於江淮流域；北土系有燕趙是屬於塞外。陳夢家能以地緣關係，將諸國器作更清晰劃分，這種方式不僅勝於王國維胡小石郭沫若之分法，且爲東周青銅器分域奠立根基。民國五十三年（西元 1964 年）白川靜《金文集》擇列國器分爲四系：西北系有秦虢虞蘇晉趙匽，中土系有鄭宋鄧郜陳蔡許，東土系有齊魯己異杞邾祝薛滕邿，三系是屬於黃河流域；南土系有吳楚曾越，是屬於江淮流域。白川靜分域及所屬國別是本陳夢家之說，惟併合北土燕趙之器於秦晉，故僅有四系。

〔註15〕 王國維東西土文字之分，見於《觀堂集林》中〈史籀篇疏證序〉、〈戰國時秦用籀文六國用古文說〉，其所謂「古文」乃是齊魯趙魏以古文書寫六藝之書爲主，而古文與籀文皆源自於殷周古文。

〔註16〕 〈齊楚古金表〉原載《國風半月刊》4 卷 11 期，後輯入《胡小石論文集》，其文將古金文字分爲四派，除齊楚兩派外，尚有殷派、周派。殷派是指殷商及周初之器；周派是以宗周爲主，還包括魯虢鄭衛等同姓之國。

　　民國四十六年（西元 1957 年）李學勤在〈戰國時代的秦國銅器〉（《文物》
1957・8）提出戰國文字有秦齊燕楚三晉（附周衛）五式；民國四十八年（西
元 1959 年）在〈戰國題銘概述〉（《文物》1959・7）又提出齊燕三晉兩周楚
秦六式。不論五式或六式，其分域名稱較陳夢家、白川靜更為明確，此種命
名方式成為研究戰國文字重要依據。﹝註17﹞民國七十二年（西元 1983 年）李
學勤《東周與秦代文明》綜合文獻與考古，將東周時代列國劃分為七個文化
圈：（1）齊魯文化圈是黃河下游一帶，其主要國別有齊紀魯滕曹邾薛鄅莒宋
宿；（2）中原文化圈是黃河中游一帶，其主要國別有周三晉鄭衛荀賈蘇虞虢；
（3）秦文化圈是黃河上游一帶，以秦為主；（4）北方文化圈是在中原文化圈
北面，其主要國別是中山燕；（5）吳越文化圈是在長江下游一帶，其主要國
別是徐舒吳越；（6）楚文化圈是在長江中游一帶，其主要國別是楚隨唐蔡應
申呂許屬陳息江黃鄧郜羅胡；（7）巴蜀滇文化圈是在長江上游一帶，其主要
國別是巴蜀。李學勤劃分之特色有三：（1）強化分域之界限──曩者分域常
受制於王國維東西土之說，往後雖有細分為東西南北中五土，然此地域界限
較為籠統。李學勤能掌握東周文明進展，以黃河長江作為分域之主軸，依其
上中下游各畫分為三圈，而各圈在東周時期均有大國如晉秦齊楚立於其地，
扮演重要政治領導角色；由於各圈自有其文化發展條件與環境，是以其文化
特色勢必有不同於其他文化圈。（2）匯整地域共性──東周時期在黃河長江
中下游，各有不少小國林立，這些小國因地緣關係。除與鄰近大國常有朝會
盟聘等政治關係外，在禮樂文化常有互動影響。在如此錯綜複雜情況下，為
小國作明確分域，實為困擾，是以陳夢家、白川靜、李學勤對小國分域，彼
此有很大差距，尤其是西中南三土；然而李學勤能結合歷史文獻與考古文物，
匯整出各小國與大國之共性，規劃出名符其實之文化圈。（3）重視邊遠文化
圈──往昔以為中國文明重鎮是在中原地區，然而近來在邊遠地區如巴蜀滇
或內蒙有不少器物出土，這些地區文化固然有受秦晉楚影響，然亦有其特徵。
是以李學勤特別列出巴蜀滇文化圈與北方文化圈，此可說明在東周時期文明
發展已臻於全面性，非僅湊集於一隅。

　　分域研究原是針對戰國文字作科學性之探索，當時材料運用是以金文、
石刻、陶文、璽印、簡帛為主，隨著東周地下文物不斷出土，已有相當數量

﹝註17﹞林素清《戰國文字研究》分為三晉秦楚齊（附魯燕）四系，何琳儀《戰國文
　　　字通論》分為齊燕晉楚秦五系，其分域命名均取自於李學勤。

之青銅器可作為分域研究之主要器物。是以本文「晉系青銅器研究」乃欲透過器跡、器形、器數、器銘、器用等狀況作全面性分析，以了解晉系青銅器特徵及其在歷史文獻之價值。何謂「晉系」？其範圍如何？此為研究該系首要解決分域界定之課題。所謂「晉系」，即李學勤所說「中原文化圈」，其範圍：「以周為中心，北到晉國南部，南到鄭國、衛國，也就是戰國時周和三晉一帶，地處黃河中游。」（《東周與秦代文明》頁 15），其國別有周晉韓趙魏鄭衛荀賈蘇虞虢。此範圍之認定，高明在〈中原地區東周時代青銅禮器研究〉亦持此說：「中原地區處于黃河的中下游，相當于今之河南西部和北部、山西南部和河北南部等廣大黃土高原地帶，……在此區域內曾分居著衛晉鄭虢虞等姬姓諸侯，戰國以後盡歸三晉。」（《考古與文物》1981‧2），是以本文「晉系」是著重於周晉虢虞鄭衛蘇荀賈韓趙魏青銅器之探索。

晉系所屬諸侯國，其國祚長短不一，常介於兩周之間，如晉自周成王以唐封叔虞（西元前 1015 年），至晉亡國（西元前 370 年），凡有 646 年。荀，姬姓，周成王之弟始封；賈，姬姓，周康王時，康叔虞少子始封；荀賈兩國後亡於晉武公（西元前 715 年至西元前 677 年）。虞，姬姓，仲雍之後，虞仲始封；虢，姬姓，周文王弟虢叔始封，其支子隨周平王東遷於河南陝縣；虞虢兩國後亡於晉獻公廿二年（西元前 655 年）。鄭，姬姓，周厲王子友始封（西元前 806 年），後為韓所滅（西元前 376 年）。衛，姬姓，周文王子康叔始封，後至魏安釐王廿三年（西元前 254 年）亡於魏。是以本文「晉系青銅器」之期限，以兩周為主。至於分期方式較著重於歷史朝代與考古文化結合。若銘文有王世公室年代，則依此訂定為標準器；如銘文無明確年代，則酌採馬承源分期法，將西周與春秋分為早、中、晚三期，戰國分為早、中、晚三期。如此，對於各階段青銅器發展演進及變化之歷程，與各銅器群之特徵，必能豁然通曉。

第二節　晉系青銅器研究之動機、重點及其重要性

清儒方濬益曾以《左》、《國》、《薛氏》及文物史料，質疑晉國傳世銅器少之事及其因素。〔註 18〕筆者為揭開此一謎題，乃於碩士論文「晉國文獻及

〔註 18〕方濬益曰：「周時列國彝器，流傳後世者，晉為最罕，宋以來著錄，惟薛氏（即薛尚功）《款識》所載〈晉姜鼎〉、〈伯䢃父鼎〉兩器而已。經傳中則《國語》悼公即位，使令狐文子佐新軍，曰：『昔克潞之役，秦來圖敗晉功，魏顆以其身卻退秦師于輔氏，親止杜回，其勳銘於景鐘。』，韋注：『景鐘，景公鐘』，《左》

銘文研究」作深入思索，果眞誠如方氏所言，至清季時，晉國有銘文之器著錄實爲有限，僅有〈晉姜鼎〉、〈伯舒父鼎〉、〈晉公盦〉、〈邵鐘〉、〈呂大叔斧〉等。然而自民國以後，山西渾源、原平、太原、長子、長治、萬榮、聞喜、芮城、侯馬等地，陸續出土青銅器，〔註19〕至民國七十八年（西元 1989 年），據筆者約略統計有 4000 件（《晉國文獻及銘文研究》頁 296）。像如此眾多之器物，不論銘文之有無，對於晉國青銅器之研究可提供極爲豐贍之文物史料。筆者亦於論文中提及目前「西周時期之晉武侯、成侯、厲侯尚無史料，而唐叔虞、晉侯燮、靖侯、釐侯、獻侯、穆侯、殤叔、文侯、昭侯、晉侯緡等語焉不詳。」（《晉國文獻及銘文研究》頁 584），如今自民國八十一年四月（西元 1992 年）至民國八十三年十月（西元 1994 年）在山西曲沃天馬曲村北趙遺址有西周時期晉侯及夫人之墓發掘，如 M9M13 是晉武侯及夫人之墓，M7M6 是晉成侯及夫人之墓，M33M32 是晉厲侯及夫人之墓，M91M92 是晉靖侯及夫人之墓，M1M2 是晉釐侯及夫人之墓，M8M31 是晉獻侯及夫人之墓，M64M62M63 是晉穆侯及夫人、妾之墓，M93M102 是晉文侯及夫人之墓。諸墓中均有隨葬之青銅器，約略有 690 件，〔註20〕且其中亦不乏有銘文之器近

昭十九年傳趙鞅、荀寅賦晉國一鼓鐵以鑄刑鼎，著范宣子所爲刑書焉，亦只此兩事。近時古器出地中者，遠過前代，而晉器僅見此一見（按：〈晉公盦〉），蓋晉在春秋時，雖稱大國，而當西周文侯以前國勢尚不及魯衛鄭虢，故聲明之物，亦遠遜覯。昭十五年景王宴荀躒，樽以魯壺，王謂文伯（按：文伯指荀躒）諸侯皆有彝器以鎮撫王室，晉獨無有，是其證也。」（《綴遺》頁 1725）。文中提及「勳銘于景鐘」見《國‧晉語七》卷 13，頁 437。「趙鞅荀寅賦一鼓鐵鑄刑鼎」，事見《左》昭廿九年（西元前 513 年），方氏誤爲昭十九年。

〔註19〕1958 年山西萬榮廟前村有青銅禮器 22 件；1961 年山西侯馬上馬村 M13 有青銅器 180 多件，山西長治分水領 M12、M25、M36 有青銅禮器 66 件；1962 年山西芮城縣魏國墓有青銅器 22 件；1963 年山西侯馬上馬村 M15 有青銅器 12 件；1964 年山西原平縣峙峪村有青銅器 29 件；1972 年山西長治分水領 M269、M270 有青銅器 165 件；1973 年山西長子縣羊圈溝 M1、M3 有青銅器 43 件；1975 年山西渾源縣李峪村 M2、M3 有青銅器 15 件；1977 年山西長子縣牛家坡 M7 有青銅器 124 件；1986 年山西侯馬上馬村 3 號車馬坑與 M1284 有青銅器 22 件；1987 年山西太原金勝村 M251 有青銅禮兵車馬飾件等共 1690 件。

〔註20〕M1 有銅容器兵器車馬器約計 400 件，M2 有鼎、手鏟形容蓋紐、銅魚共 39 件，M31 有鼎簋盤盉共 7 件，M64 有鼎簋尊壺編鐘鉦戈劍共 26 件，M62 有鼎簋壺盤匜爵尊方彝鼎形方盒鑾鈴共 18 件，M63 有鼎簋壺觶盤爵盉方彝鼎形方盒筒形器共 14 件，M33 有方壺鼎簋盉共 5 件，M92 有鼎盨壺盤盉共 8 件，M91 有銅禮器兵器共 118 件，M93 有銅禮器兵器工具有 435 件，M102 銅禮

40 件，甚者有楚國與楊國器物出現於此墓葬中。〔註 21〕此器物出土，對於西周時期晉武侯至晉文侯之史事提供相當珍貴之史料，且可彌補文獻史籍記載之所缺。既然晉國青銅器有如此之眾多，至於晉系其他諸侯國如鄭、虢、衛、韓、趙、魏等，亦必有數量龐大之青銅器。若能以科學方法作整理歸納分析，則於晉系青銅器發展演變必能瞭若指掌，此為本文研究動機之一。

　　近四十年來，大陸經常進行田野調查工作，挖掘不少墓葬，大量青銅器亦相隨出土，除中原地區外，齊、楚、秦、吳、越等地，〔註 22〕甚至偏遠地區如巴蜀、雲南、貴州、內蒙古、遼寧、寧夏等地〔註 23〕均有精緻青銅器出土。不論從形制鑄冶、紋飾結構、銘文筆劃來研究，此青銅器於先秦科技發展、藝術流變、及文字演化等方面均提供豐碩之史料。如未整合區域作有系統釐析，實難透視這些青銅器之共性與殊性，且無以與歷史文獻相結合，以達證史、補史、訂史之功。是以現今學者因各地青銅器遞增，已以區域整合方式作為研究之主體，如楚系、秦系、齊系及北方青銅器，已有眾多單篇論文或專書論述刊印。〔註 24〕至於晉系青銅器研究狀況如何？往昔筆者以晉國

器車馬器飾物有 45 件。

〔註 21〕 M8 有晉侯穌鼎 1 件、晉侯斷簋 1 件、晉侯斷壺 2 件、編鐘 2 件；M64 有晉侯邦父鼎 2 件、鸞休簋 4 件；M91 有晉侯樊馬銅方壺 1 件、晉侯喜父鑑 1 件；M92 有晉侯對鼎 1 件、晉侯樊馬圓壺 2 件、晉侯喜父盤 1 件；M93 有晉叔家父方壺 2 件；甚者有楚國器與楊國器出現於其中，即楚公逆編鐘 8 件與楊姞壺 2 件。

〔註 22〕 中原地區如 1923 年河南新鄭古墓出土青銅禮器有百餘件，1935 年至 1937 年河南輝縣琉璃閣有青銅禮器 372 件。齊如 1995 年山東長清五峰山仙人台遺址有青銅器近 185 件。楚如 1933 年與 1938 年安徽壽縣朱家集李三孤堆有青銅器約 1000 餘件。秦如 1966 年陝西戶縣宋村有青銅禮器車馬器 120 件。吳越如 1987 年江蘇丹徒縣諫壁鄉磨盤墩有青銅兵器和車馬器 80 餘件。

〔註 23〕 1976 年 2 月四川綿竹縣有青銅器 150 餘件；貴州赫章、咸寧均有青銅工具兵器生活用器出土；1979 年 12 月雲南呈貢天子廟有青銅器 300 餘件；1984 年內蒙古準格爾旗寶亥社有青銅器 22 件；1955 年 5 月遼寧凌源海島營子村有青銅器 16 件；1988 年寧夏固原西吉縣新營鄉陳陽川村有青銅器 62 件。

〔註 24〕 專著成書，秦系有吳鎮烽《陝西金文彙編》；楚系有劉彬徽《楚系青銅器研究》，曾傳林《楚國青銅器之研究》（民國 76 年師大碩士論文）；齊系有江淑惠《齊國彝銘彙考》（民國 73 年台大碩士論文）；北方有朱歧祥《中山國古史彝銘考》（民國 71 年台大碩士論文）。單篇論文，秦系有張占民〈秦氏器題銘考釋〉（《古文字研究》第 14 輯），李零〈春秋秦器試探〉（《考古》1979 年第 6 期），李學勤〈戰國時代的秦國銅器〉（《文物參考資料》1957 年第 8 期）；楚系有殷滌非〈蔡器綜述〉（《古文字研究》第 13 輯），李零〈楚國銅器銘文編年匯釋〉（《古文字研究》第 13 輯），劉彬徽〈楚國有銘銅器編年概述〉（《古文字研究》第 9

青銅器為研究之主要對象，此於分域研究，其範疇已顯太窄，僅為中原地區之一小環，難以洞鑒中原地區青銅器特徵及其發展之全貌；〔註25〕雖有黃盛璋、郝本性、高明等人研究，不是主題單一，則是範圍過小。〔註26〕為配合當今區域研究之趨勢及確實掌握晉系青銅器發展脈絡軌跡，是以本文著重於以晉、韓、趙、魏、虞、虢、鄭、衛、東周、荀、賈、蘇為一體系，作全面之探討，以了解晉系青銅器之特徵，此為本文研究動機之二。

東周文明承襲西周而來，所不同者，西周文明呈現「一統」，而東周文明展現「多元」；尤其中原地區文化因「地緣」之利，以中心向四方輻射，是以四周諸侯如齊、楚、秦、吳、越之文化，皆深受其影響，各地之青銅器亦是如此。這種現象在春秋中期以前，各地區與中原地區同屬于周文化系統，在春秋中期以後，各諸侯國在政治上有其自主權，其文化發展亦自有其特色，而青銅器鑄造亦自有其風格。由於彼此間因有朝聘會盟之交往，亦促進青銅器鑄造技術交流，〔註27〕而形成多變化之局面，而其中影響程度如何？頗令人思索。如張劍及馬世之指明在春秋中期楚銅器仍受鄭國銅器影響；〔註28〕

輯），李學勤〈湖南戰國兵器銘文選釋〉（《古文字研究》第 12 輯），曹錦炎〈吳越青銅器銘文述編〉（《古文字研究》第 17 輯）；齊系有黃盛璋〈燕齊兵器研究〉（《古文字研究》第 19 輯），李步青、王錫平〈建國以來煙臺地區出土商周銘文青銅器概述〉（《古文字研究》第 19 輯）；北方有鄭紹宗、李學勤〈論河北近年出土的戰國有銘青銅器〉（《古文字研究》第 7 輯），朱德熙、裘錫圭〈平山中山王墓銅器銘文的初步研究〉（《文物》西元 1979 年第 1 期），杜迺松〈中山王墓出土銅器銘文今譯〉（《文獻》西元 1981 年第 4 輯），黃盛璋〈中山國銘刻在古文字語言上若干研究〉（《古文字研究》第 7 輯）。

〔註25〕 洪恩柱《春秋晉器考釋》（民國79年文大碩士論文），雖以晉系為名，然其探討以春秋晉國 15 件銅器為主，非所謂「中原地區」之青銅器。

〔註26〕 以三晉為主，如黃盛璋〈三晉銅器的國別年代與相關制度〉（《古文字研究》第 17 輯）。以禮器為主，如高明〈中原地區東周時代青銅禮器〉（上）（中）（下）（《考古與文物》西元 1981 年第 2 期）。以地緣關係為主，如郝本性〈新鄭鄭韓故城發現一批戰國銅兵器〉（《文物》西元 1972 年第 10 期）、〈新鄭出土戰國銅兵器部份銘考釋〉（《古文字研究》第 19 輯）。

〔註27〕 《左》傳十八年（西元前 642 年）：「鄭伯始朝于楚，楚子賜之金。既而悔之，與之盟曰：『無以鑄兵。』，故以鑄三鐘。」按：鄭文公因齊桓公歿而中原無霸主，遂朝會于楚，楚成王以銅賞賜，且與鄭立盟不可為兵，故鄭國改鑄為三件鐘。此由「賜鑄」必有論述治鑄技術傳承。

〔註28〕 張劍之說詳見〈從河南淅川春秋楚墓的發掘談對楚文化的認識〉，此文刊於《文物》1980 年第 10 期。馬世之之說見〈試論鄭與楚文化的關係〉，此文刊於《中原文物》1983 年特刊。

然而劉彬徽以新鄭李家樓墓葬銅器群中之鼎、雙耳圈座簋、鬲、簠、盞、方壺、浴缶、舟、編鐘，〔註 29〕與淅川下寺楚墓銅器〔註 30〕相較，發覺中原地區之鄭國青銅器於春秋中期以後反受楚銅器影響，〔註 31〕諸如不同論述，孰是孰非？頗耐人深思。是以晉系青銅器演變如何？是獨立發展？或與他系青銅器有互動關係？其交流狀況如何？是具主導地位而影響他系？抑是處於被動立場而模仿他系？諸如此事，皆為研究晉系青銅器重要課題，亦是本文研究動機之三。

兩漢時期對青銅器研究僅局限於銘文考訂；〔註 32〕宋清時期乃擴充其研究領域，除收藏著錄彝器外，且深入探討器物出土流傳、銘文隸定考釋、及紋飾分析。近世考古學與自然科學興盛，其研究方法對中國青銅器之瞭解，無不具有深遠之啟發，是以今日研究青銅器之方針，除重視形制、銘文、紋飾、出土狀況外，尚須運用器物組合以了解當時之禮制關係，與以縝密科技分析器物金屬以了解當時冶鑄技術及制度。由於合金比例測量，牽涉到須有精密之儀器及實物取樣化驗，此非筆者能力所及。是以本文研究重點是致力於以下六方面：

一、史料與文物相結合：根據歷代文獻史料記載與近代以來中原地區文物出土，兩者相配合以了解晉系青銅器之種類、數量、組合形式與分佈狀況。由此資料之顯示，可通曉在兩周時期晉系青銅器運用情況及所處之地位。

二、器制分類：依晉系青銅器之形制分為食器、酒器、水器、樂器、兵器、車馬器及雜器等類，由外觀造型以了解晉系青銅器形態，同時與他系青銅器作比較，以熟知晉系青銅器形制之特徵。

〔註 29〕 1923 年河南新鄭李家樓一帶之墓葬中有春秋中期偏晚之青銅器百餘件，此為新鄭彝器，後遭人盜取，關百益《新鄭古器圖錄》僅收錄 93 件。
〔註 30〕 1978 年至 1979 年河南淅川縣發現有春秋中晚期楚國墓葬，其中有隨葬之青銅器，如鼎、鬲、殷、尊缶、盥缶、鑑、盤、匜、編鐘、兵器和車馬器等。
〔註 31〕 中原地區銅器與楚銅器之關係，詳見於劉彬徽《楚系青銅器研究》中第八章〈楚系青銅器與他系青銅器的關係〉頁 525 至頁 544。
〔註 32〕 《漢書・郊祀志》：「今鼎出於郊東，中有刻書曰：『王命尸臣，官此栒邑，賜爾旂鸞，黼黻琱戈。尸臣拜手稽首曰敢對揚天子丕顯休命。』，臣（按：張敞）愚不足以跡古文，竊以傳記言之，此鼎殆周之所以褒賜大臣，大臣子孫刻銘其先功，藏之於宗廟也。今此鼎細小又有新識，不宜薦見於宗廟。」，許慎《說文解字・敘》：「郡國亦往往於山川得鼎彝，其銘即前代之古文。」。按：兩漢時期對青銅器之了解僅著重於銘文。

三、紋飾類別：晉系青銅器除無花紋素面之〈欒書缶〉外，所呈現之紋飾有動物紋樣、幾何圖案、人物畫像、浮雕狀花紋。此紋飾與他系青銅器紋飾有無異同關係？是晉系自我發展所塑造獨特之紋飾？抑是受他系影響而模仿之紋飾？此爲研究晉系青銅器紋飾宜當探索之重點。

四、銘文編年彙釋：依現知晉系青銅器銘文之年代，分爲西周、春秋、戰國三時期，每一時期按照國別以年代先後順序加以考釋，且與歷史文獻相比對，以使晉系銘文有「證史補史訂史」之用。至於年代難以確定之銘文，則另置一節，待有旁證，再解決此疑題。

五、金文結構：由晉系金文中合文、重文、反文、繁文及同字異體，以了解當時字體結構之簡化增繁現象；且與甲骨文、籀文、小篆相對照，以了解先秦古文字演變規律及對秦漢文字之影響；甚者與他系金文作對比，以了解晉系金文之特徵。

六、冶鑄狀況——了解晉系錯金工藝、鑄造制度、鑄刻款式及部位、冶鑄官職及容量制度。

　　大體而言，在中國青銅器發展初期，中原地區已是居於樞紐之處，往後青銅器演變遞嬗，晉系仍是具有關鍵之地位，是以晉系青銅器之重要性是無庸置疑；至於其重要性，約略可從五方面論述：

　　一、從型態學來看，晉系青銅器之形制是新穎而多變化。民國十二年（西元 1923 年）山西渾源李峪出土之鼻上有穿環之牛形尊；民國十二年（西元 1923 年）河南新鄭出土一對龍耳蓮鶴銅壺，除形體高大外，在蓋四周有蓮瓣，中立一鶴；民國卅一年（西元 1942 年）容庚自購之〈欒書缶〉；民國五十年（西元 1961 年）山西侯馬上馬村 M14 出土之匜形鼎；民國七十六年（西元 1987 年）山西太原金勝村出土 1 件鳥首有冠之鳥尊，同在此地有 1 件瓠壺及 1 件重達 250 餘公斤之鼎。此器物造型極爲精美絢麗，有異於他系，可與西秦南楚鼎立爲三。

　　二、從文字學來看晉系銘文之書體是獨特而多創意。阮元《揅經室三集·商周銅器說》：「古銅器有銘，銘之文爲古人篆跡，非經文隸楷、縑楮傳寫之比，且其詞爲王侯大人賢者所爲，其重與九經同。」，此說明銘文與儒家經典爲等量齊觀，無軒輊之分。銘文既是如此之重要，則其書藝風格或筆劃繁簡，遂成爲文字學家探索字體變遷重要之憑藉。東周時期因政局分立，而列

國之銘文自有其特色，晉系亦不例外。晉國銘文承襲西周後期之書風，表現出尖頭肥腹形之「蝌蚪文」，如〈少虞劍〉、〈智君子鑑〉銘文均爲蝌蚪文，此與齊國以點子裝飾之花體字及奇詭多變之吳越楚蔡宋等之鳥蟲書迥然有異。如晉國〈欒書缶〉在器表上有40個光彩奪目之錯金書，此爲晉系金文書藝傑作，且爲楚系諸國所模仿。〔註33〕

三、從美術史來看，晉系青銅器之紋飾是奇特而富有藝術韻味。中國青銅器紋飾之演變有其脈絡可尋，早期以充滿神話色彩之饕餮紋等爲主，往後趨向於以現實人生爲主之人物畫像，由平面花紋到浮雕花紋，尤其在春秋晚期更崇尚繁縟華麗，以清新秀逸展現其藝術風格，晉系之紋飾在此方面是居於領先地位。如民國十二年（西元1923年）山西渾源出土之〈狩獵紋豆〉嵌有純銅之狩獵圖，淋漓盡致刻劃獵者之勇敢及猛獸之飛奔。民國廿四年（西元1935年）河南山彪鎮M1出土1件水陸攻戰紋鑒，此爲淺刻畫象，器外壁用嵌入之紅銅構成40組圖案，內容有相鬥、射殺、划船、犒賞等，圖中人物達300人，此器之紋飾堪稱戰國時代重要藝術之作。

四、從科技史來看，晉系青銅器是當時冶鑄工藝之重鎮。現今所知，河南新鄭鄭韓故城及山西侯馬牛村古城是春秋戰國時期中原地區重要鑄銅遺址。民國十二年（西元1923年）河南新鄭出土一對龍耳蓮鶴銅壺，圈足、器身、蓋頂均採用分鑄法，此與商朝及西周時期所用陶範法有所不同，此說明晉系青銅器冶鑄技術在東周時期走向創新變革，與往昔鑄造工藝有所不同。民國四十九年（西元1960年）山西侯馬地區發現有三萬餘塊之陶範，上有平雕或浮雕狀之裝飾，所鑄造之器物有禮樂器、兵器、工具、農具、車馬器、雜器、貨幣等，此於東周時期之冶金技術及工藝制作有特殊之價值。

五、從文獻學來看，晉系青銅器提供豐富文物史料，此可彌補歷史文獻史料記載之不足。如民國五十年（西元1961年）山西侯馬上馬村M13出土2件〈庚兒鼎〉，此爲徐王庚爲世子時作；徐國歷史史籍缺載，而徐國二鼎出于

〔註33〕錯金銘文創始於晉國，此風對南方列國產生極大之影響，如容庚〈鳥書考〉著錄45器，其中有22器均爲錯金，越國有5器：〈越王者旨於賜鐘〉、〈越王者旨於賜矛〉、〈越王者旨於賜戈〉、〈越王丌北古劍〉、〈越王州勾矛〉；吳國有2器：〈王子干戈〉、〈吳季子之子逞之劍〉；楚國有2器：〈楚王孫漁戈〉、〈楚王畲璋戈〉；蔡國有4器：〈蔡侯产戈〉、〈蔡侯产劍〉、〈蔡侯产劍二〉、〈蔡侯产劍三〉；宋國有2器：〈宋公欒戈〉、〈宋公得戈〉；不知國名有7器：〈𨐈公劍〉、〈玟口戈〉、〈玄鏐戈〉、〈玄鏐戈二〉、〈口之用戈〉、〈之用戈〉、〈冊口帶鉤〉。

侯馬，無不可彌補徐國歷史之缺。如民國八十二年（西元 1993 年）山西天馬曲村遺址北趙 M64 出土一套 8 件〈楚公逆編鐘〉，此楚公逆即楚之熊咢，其時代相當西周晚期宣王之世，此器物之出現，將原先史載晉楚交往是在春秋早、中期之際，提前到西周晚期。又同在此地出土〈晉獻侯編鐘〉，其銘文有記載曆朔、年月、月相、干支，此於月相之問題提出解決之道。

　　晉系青銅器在中國青銅器發展演變過程中既具有舉足輕重之地位，實值吾人深思探索；然晉系青銅器出土狀況、著錄、器數、器制、器銘等資料搜羅匪易，且又龐雜紊亂。筆者不揣駑鈍，欲盡其所知，為晉系青銅器爬羅剔抉而梳理其頭緒，使晉系青銅器文化在先秦文明中能重現其璀燦鮮麗之光芒。

第二章 歷代典籍載錄晉系青銅器與現今出土狀況

　　《說苑》卷十九〈脩文〉:「天下有道,則禮樂征伐,自天子出。夫功成制禮,治定作樂,禮樂者,行化之大者也。孔子曰:『移風易俗莫善於樂;安上治民,莫善於禮。』是故聖王脩禮文,設庠序,陳鐘鼓,天子辟雍,諸侯泮宮,所以行德化。」,此說明華夏民族在商周時期因政治體制之樹立,而施行禮樂文化,而此禮樂文化除載錄於文獻史料之中,亦反映於當時之器物,然此器物長久埋於地下,不易為人所知。如今考古科技昌明,「地不愛寶」,此器物紛紛出世,使商周文明增添不少文物史料,且對歷史文化之探討提供更多之佐證。而此器物之中,不論從質或量而言,青銅器是居於重要地位。是以欲瞭解晉系青銅器之狀況,首先勢必從文獻史料與文物史料兩方面來著手。

第一節 先秦史籍記載晉系青銅器

　　先秦文獻典籍載錄不少青銅器之資料,譬如有論青銅器之名稱,或謂盤盂、鐘鼎,〔註1〕或謂彝器、重器、名器,〔註2〕或簡稱金、寶;〔註3〕有論

〔註1〕　《戰》卷六下〈趙惠文王〉:「趙收天下,且以伐齊,蘇厲為齊上書說趙王(按:趙惠文王)曰:……昔者五國之王嘗合橫而謀伐趙,五分趙國壤地,著之盤盂,屬之讎柞……。」,橫田惟孝《戰國策正解》:「盤盂皆盛物器。」。《墨》卷十三〈魯問〉:「子墨子謂魯陽君曰:攻其鄰國,殺其民人,取其牛馬粟米貨財,則書之於竹帛,鏤之於金石,以為銘於鐘鼎,傳遺後世子孫。」。

〔註2〕　《左》定四年(西元前506年):「子魚曰:……分之土田倍敦,祝宗卜史,

青銅器之功用，以九鼎作爲政權之象徵，〔註4〕以彝器作爲傳國之寶或鎮撫社稷，〔註5〕以彝器作爲朝聘會盟之賂物或戰役征伐之贖物，〔註6〕諸如此事不勝枚舉。是以欲知晉系青銅器之狀況，可先由歷代典籍如《詩》、《書》、《禮記》、《左》、《公》、《穀》、《論語》、《古竹》、《今竹》、《國》、《戰》、《史》、《晏》、《墨子》、《莊子》、《孟》、《荀子》、《韓》、《呂》、《淮》、《韓詩外傳》、《說苑》、《新序》、《孔子世家》等書之記載來探知。由於晉系所牽涉之屬國及器物較多，是以可從晉系諸國青銅器載錄狀況及所屬器物類別兩方面敘述。

一、載錄狀況

晉系所屬之國有晉、衛、鄭、虢、虞、荀、賈、蘇、東周西周、魏、趙、韓等，此將史籍載錄青銅器之狀況，依序闡述。

備物、典策、官司、彝器……。」，杜預注：「彝器，常用器。」楊伯峻《春秋左傳會注》：「宗廟祭祀之器，以今所見金文考之，杜說較長，宗廟器亦在常用器中。」。《孟子·梁惠王·下》：「齊人伐燕，取之，諸侯將謀救燕，宣王曰：『諸侯多謀伐寡人者，何以待之？』孟子對曰：『……若殺其父兄，係累其子弟，毀其宗廟，遷其重器，如之何其可也？……王速出令，反其旄倪，止其重器，謀於燕眾……。』」，朱熹《四書集註》：「重器，寶器也。」。《國·魯語·下》：「魯饑，臧文仲言於莊公曰：『……鑄名器，藏寶財，固民之殄病是待。』」，韋昭注：「名器，鐘鼎也。」。

〔註3〕《國·齊語》：「管子對曰：『……美金以鑄劍戟試諸狗馬，惡金以鑄鉏夷斤斸試諸壤土。』」，韋昭注：「夷、平也，夷所以削草平地；斤，形似鉏而小；斸，斫也。」。《禮記·禮運》：「故天不愛其道，地不愛其寶，人不愛其情，故天降膏露，地出醴泉，山出器車，河出馬圖。」。

〔註4〕《墨》卷十一〈耕柱〉：「九鼎既成，遷於三國，夏后氏失之，殷人受之，殷人失之，周人受之。」，孫詒讓曰：「此即夏鼎也，《漢書·郊祀志》：禹收九牧之金，鑄九鼎，象九州，皆嘗鬺享上帝鬼神，其空足曰鬲，以象三德，餐承天祐。夏德衰，鼎遷于殷，殷德衰，鼎遷于周。」。按：此以所得之九鼎，來決定政權之轉移。

〔註5〕戰國時期，秦齊欲向周天子求九鼎，顏率告之周天子，九鼎是傳國之寶，不可輕易移出。此事詳見於《戰》卷一〈東周惠王〉。《左》昭十五年（西元前527年），晉荀躒至周，葬周穆王，葬畢，周景王設宴款待荀躒與籍談，且論及「諸侯皆有以鎮撫王室。」，荀躒應之曰：「諸侯之封也，皆受明器於王室，以鎮撫其社稷，故能薦彝器於王。」。

〔註6〕《左》昭十六年（西元前526年）：「二月丙申，齊師至于蒲隧，徐人行成，徐子及郯人、莒人會齊景公，盟于蒲隧，賂以甲父之鼎。」按：甲父之鼎是賂物。《左》襄十二年（西元前561年）：「莒人伐我東鄙，圍台，季武子救台，遂入鄆，取其鐘以爲公盤。」，按：季武子乘勝入鄆，取莒之鐘。

（一）晉 國

晉始祖叔虞為周武王之子，西周成王十年（西元前 1015 年），成王滅唐，以唐（今山西翼城東）封虞，其後歷經晉侯燮、武侯、成侯、厲侯、靖侯、釐侯、獻侯、穆侯、殤叔、文侯、昭侯、孝侯、鄂侯、哀侯、小子侯、晉侯緡、武公、獻公、惠公、懷公、文公、襄公、靈公、成公、景公、厲公、悼公、平公、昭公、頃公、定公、出公、哀公、幽公、烈公、孝公、靜公，共三十八世，其年代在西周與東周之間，約略西元前 1015 年至西元前 370 年。在如此漫長歲月中，史籍載錄不少晉國青銅器，然有知其年代者，亦有不知其年代者。此先述年代可知者，後述不知年代者。

文獻記載晉國青銅器表（年代確知者）

西元前	紀 年	內 容	出 處	備 註
760BC	晉文侯廿一年	周平王命文侯為侯伯，賜之秬鬯一『卣』。	今竹書・文侯之命	《書》孔氏傳：「卣，中鐏也。」
679BC	晉侯緡廿六年	曲沃武公伐晉侯緡，滅之，盡以『寶器』賂於周釐王，王命武公為晉君列為諸侯，於是盡併晉地而有之。	左莊十六年 今竹 史・十二諸侯年表 史・晉世家 史・秦本紀	
672BC	晉獻公五年	晉獻公飲大夫酒，令司正實『爵』與史蘇，曰：「飲而無肴。夫驪戎之役，汝曰勝而不吉，故賞汝以『爵』，罰汝以無肴，克國得妃，其有吉孰大焉」。史蘇卒『爵』。	國・晉（一）	
656BC	晉獻公廿一年	晉驪姬譖太子申生於獻公，獻公將殺之，公子重耳謂申生曰……申生曰：「不可，去而免於死，是惡吾君也……如是者，吾以身當之。」遂伏『劍』死。	說苑・立節 呂・上德	
		晉獻公太子至靈台，虵繞左輪，御曰：「太子下拜，吾聞國君之子虵，繞左輪者速得國。」……拔『劍』將死……太子曰：「不然我得國，君之孽也。……」遂伏『劍』而死。	新序・節士	晉獻公太子即申生。
650BC	晉惠公元年	晉惠公以重耳在外，里克為變，賜里克死……（里克）遂伏『劍』而死。	史・晉世家 左僖十年	

639BC	晉惠公十二年	昔者晉公子重耳出亡，過於曹，曹君袒裼而觀之，釐負羈與叔瞻侍於前……負羈曰：「諾」，乃盛『黃金』於『壺』，充之以餐加璧其上，夜令人遺公子，公子貝使者，再拜受其餐而辭其璧。	韓・十過 淮・繆稱訓	
		齊女……乃與趙衰等謀，醉重耳載以行，行遠而覺，重耳大怒引『戈』，欲殺咎犯。	左傳廿三年 國・晉語（四） 史・晉世家	戈爲商周時期常見之兵器，古稱勾兵，是由戈頭、柲、柲冒和柲末之鐏所構成。今所發現之戈，絕大部分祇剩青銅鑄之戈頭。
637BC	晉惠公十四年	秦穆公納女五人，懷嬴與焉，奉『匜』沃『盥』、既而揮之，怒曰：「秦晉匹也，何以卑我？」重耳懼，降服而囚。	左傳廿三年 國・晉語（四）	杜預注：「匜、沃盥器也。」 韋昭注：「婚禮，嫡入于室，媵御奉匜盥。」
636BC	晉文公元年	晉文公入國，至於河，令棄籩『豆』茵席，顏色黧黑手足胼胝者在後……（咎犯）對曰：「籩『豆』茵席，所以資者也而棄之……。」	說苑・復恩 韓・外儲說左上	
635BC	晉文公二年	晉文公問原守於寺人勃鞮，對曰：「昔趙衰以『壺』飱從徑，餒而弗食。」故使處原。	左傳廿五年 韓・外儲說左下	《韓》將「趙衰」改爲「箕鄭」。《太平御覽》卷二六六同作「趙衰」。
632BC	晉文公五年	天子使王子虎命晉文公爲伯，賜大輅、彤弓一、矢百、玈弓矢千，秬鬯一『卣』、珪瓚，虎賁三百人，晉文公三辭，然後稽首受之。	左傳廿八年 史・晉世家	《史記集解》：「秬、黑黍、鬯、香酒也，所以降神。卣，器名。」楊伯峻曰：「卣，古代盛酒之器，《尚書・文侯之命》、《詩・大雅・江漢》俱言秬鬯一卣，〈洛誥〉言秬鬯二卣，則秬鬯固以卣計。」（《春秋左傳注》頁464）

630BC	晉文公七年	重耳流亡於鄭，鄭觀重耳駢脅之狀，故舉兵伐鄭，鄭人以詹伯（叔詹）予晉，晉人烹詹伯，詹伯據『鼎』耳而疾號。	國・晉語（四）	
627BC	晉襄公元年	先軫曰：「匹夫逞志於君（晉襄公）而無討，敢不自討乎？」免『冑』入狄師，死焉，狄人歸其元，面如生。	左僖卅三年	冑又稱盔，漢以後又名兜，作戰時用以防護頭部，在戰國以前為青銅冑，以後則鐵冑。
625BC	晉襄三年	戰於殽，晉梁弘御戎，萊駒為右，戰之明日，晉襄公縛秦囚，使萊駒以『戈』斬之，囚呼，萊駒失『戈』；狼瞫取『戈』以斬囚，禽之以從公乘。	左文二年	
615BC	晉靈公六年	河曲之役，趙宣子（趙孟）戮其僕人……役罷，趙宣子觴大夫，『爵』三杯，曰：「二、三子可以賀我。」二三子曰：「不知所賀。」……	說苑・至公	
610BC	晉靈公十一年	宋人弒昭公，趙宣子請師於晉靈公以伐宋……乃發令于太廟，召軍吏而戒樂正，令三軍之『鐘』鼓必備。趙同曰：「國有大役，不鎮撫民而備『鐘』鼓，何也？」宣子曰：「……是故伐備『鐘』鼓，聲其罪也，戰以『錞于』，『丁寧』……吾備『鐘』鼓為君故也。」……鳴『鐘』鼓，以至于宋。	國・晉語（五）	韋昭注：「樂正，主鐘鼓。錞于，形如碓頭，與鼓相和。丁寧者，謂鉦也。」
607BC	晉靈公十四年	靈輒……既而與為晉靈公介，倒『戟』以御晉靈公而免之。	左宣二年 呂・報更 史・晉世家 說苑・復恩	楊伯峻曰：「倒戟猶言倒戈，〈晉世家〉云：『反擊靈公之伏士』，以『反擊』釋『倒戟』是也。」（《春秋左傳注》頁662）
		趙盾已朝而出，與諸大夫立於朝，有人荷畚……趙盾就而視之，則赫然死人也，趙盾曰：「是何也？」曰：「膳宰也，熊蹯不熟，公怒，以『斗』摯而殺之。」……靈公謂趙盾曰：「吾聞子之『劍』，蓋利『劍』也。……」	公宣六年	

594BC	晉景公六年	秋七月魏顆敗秦師于輔氏，獲杜回，魏顆敗秦於輔氏，其勳銘於景『鐘』。	左宣十五年 國·晉語（七）	韋昭注：「輔氏，晉地，景鐘，景公鐘。」按：輔氏今陝西朝邑西北三十里。
589BC	晉景公十一年	六日癸酉，晉郤克會魯、衛曹師與齊頃公戰于鞌，齊師敗績，齊頃公使賓媚人賂晉以紀『甗』玉磬與地。	左成二年 公成二年 穀成二年 國·晉語（五） 史·晉世家 史·魯周世家 史·齊太公世家 史·韓世家 史·十二諸侯年表	《史·晉世家》與《史·齊太公世家》作「寶器」《史記·正義》：「《左傳》云賂以紀甗玉磬，按甗玉甔也，齊伐紀得之，故曰紀，鄭司農云：甗、無底甔也。」《穀》范寧注：「甗，玉甔，齊滅紀，故得其寶。」楊伯峻曰：「紀甗自為銅器或是齊滅紀時所得之器，孔《疏》推測為玉製器，不可信。」（《春秋左傳注》頁797）
		靡筓之役（即鞌戰），郤獻子傷，曰：「余病喙。」張侯御，曰：「……吾子忍之，不可以言病。受命於廟，受脤於社，『甲胄』而效死，戎之政也。」	國·晉語（五）	韋昭注：「帶甲纓胄，死而後已，此兵之常政。」
588BC	晉景公十二年	晉景公享齊頃公，齊頃公視韓厥，韓厥曰：「君知厥也乎？」齊侯曰：「服改矣。」，韓厥登，舉『爵』曰：「臣之不敢愛死，為兩君之在此堂也。」		
581BC	晉景公十九年	五月，晉立太子州蒲以為君，而會諸侯伐鄭，鄭子罕賂以襄『鐘』，子然盟于修澤，子駟為質，辛已，鄭成公歸。	左成十年	杜預注：「子罕，穆公子；襄鐘，鄭襄公之廟鐘。」
578BC	晉厲公三年	夏四月戊午，晉厲公使呂相絕秦，曰：「昔逮我獻公，文公躬擐甲『胄』，跋履山川，逾越險阻。……」	左成十三年	

575BC	晉厲公六年	甲午晦……范文子(士燮)執『戈』逐范宣子（即士燮之子，范匄），曰：「國之存亡，天也，童子何知焉？」……郤至三遇楚子之卒，見楚共王必下免『冑』而趨風……郤至見客，免『冑』承命，曰：「……聞蒙甲『冑』……。」……使欒鍼御持『矛』……	左成十六年 國‧晉語（六）	楊伯峻曰：「冑頭盔，免冑，脫下頭盔。……御，侍也，侍其側而持矛，意即為車右。」（《春秋左傳注》頁887、889）
		鄢陵之役，晉伐鄭，荊救之，大夫欲戰，范文子不欲，曰：「……今吾司寇之『刀鋸』日弊，而『斧鉞』不行，內猶有不刑，而況外乎？……」	國‧晉語（六）	韋昭注：「斧鉞，大刑；不行，不行於大臣也。」
574BC	晉厲公七年	長魚矯請無用眾，晉厲公使清沸魋助之，抽『戈』結衽，而偽訟者，三郤將謀於榭，矯以『戈』殺駒伯，……矯及諸其車，以『戈』殺溫季。	左成十七年	
570BC	晉悼公三年	魏絳至，授僕人書，將伏『劍』，士魴張老止之，晉悼公讀其書曰：「……不能致訓，至于用『鉞』……。」	左襄三年 國‧晉語（七） 史‧魏世家 史‧十二諸侯年表	杜預注：「用鉞斬楊干之僕。」楊伯峻曰：「伏劍即負劍……凡抽劍自殺皆可曰負劍。……可見戮楊干之僕係用大斧。」（《春秋左傳注》頁929）
569BC	晉悼公四年	穆叔（叔孫豹）如晉，報知武子（荀罃）之聘也，晉悼公享之，『金』奏〈肆夏〉之三，不拜。	左襄四年 國‧魯語（下）	杜預注：「肆夏，樂曲名，周禮以鐘鼓奏九夏，其二曰肆夏，一名樊；三曰韶夏，一名遏，四曰納貢，一名渠，蓋擊鐘而奏此三夏曲。」楊伯峻曰：「金奏，以鐘鎛奏之，以鼓節之。」（《春秋左傳注》頁932）
562BC	晉悼公十一年	鄭人賂晉悼公……凡兵車百乘，歌『鐘』二肆，及其『鎛』磬，	左襄十一年 國‧晉語（七）	杜預注：「肆，列也，懸鐘十六為

		女樂二八，晉悼公以樂之半賜魏絳，曰：「子教寡人和諸戎狄，以正諸華，八年之中，九合諸侯，如樂之和，元所不諧，請與子樂之……。」魏絳于是乎始有『金』石之樂，禮也。	史‧晉世家 史‧魏世家 史‧十二諸侯年表	一肆，二肆，三十二枚。鎛磬皆樂器。禮大夫有功則賜樂。」
555BC	晉平公三年	秋，齊靈公伐我北鄙，中行獻子（荀偃）將伐齊，夢與晉厲公訟，弗勝，公以『戈』擊之，首墜於前，跪而戴之，舉之以走……范鞅門於雍門，其御追喜以『戈』殺犬于門中……太子抽『劍』斷趙鞅。	左襄十八年	
554BC	晉平公四年	魯襄公享晉六卿于蒲園，賜之三命之服……賄荀偃束錦、加璧、乘馬，先吳壽夢之『鼎』。	左襄十九年	杜預注：「荀偃中軍元帥，故特賄之，五匹為束，四馬為乘。壽夢，吳子乘也，獻鼎於魯，因以為名。古之獻物，必有以先，今以璧馬為鼎先。」
550BC	晉平公八年	胥午言曰：「今也得欒孺子，何如？」……皆歎，有泣者『爵』行，又言……范鞅右撫『劍』，左援帶……鞅用『劍』以帥卒，……或以『戟』鉤之斷肘而死。	左襄廿三年	
549BC	晉平公九年	宛射吉不告而馳之，張骼、輔躒皆取『冑』于櫜而冑，入壘，皆下，搏人以投，收禽挾囚，……。	左襄廿四年	楊伯峻注：「冑，頭盔。下冑字為動詞，戴頭盔也。」（《春秋左傳注》頁1092）
548BC	晉平公十年	齊人以莊公說，使隰鉏請成，慶封如師，男女以班。賂晉平公以『宗器樂器』……	左襄廿五年	杜預注：「宗器，祭祀之器；樂器，鐘磬之屬。」
547BC	晉平公十一年	叔向不應，子朱怒曰：「班爵同，何以黜朱於朝。」撫『劍』從之。	左襄廿六年 國‧晉語（八）	
541BC	晉平公十七年	及享，具五獻之籩『豆』於幕下，……穆叔子皮及曹大夫興拜，舉兕爵曰：「小國賴子，知免於戾矣。」	左昭元年	杜預注：「兕爵所以罰不敬，言小國蒙趙孟德，比以安，自知免此罰戮。」

539BC	晉平公十九年	叔向曰：「……公室之卑，其何日之有？『讒鼎』之銘：『昧旦丕顯，後世猶怠』，況日不悛，其能久乎？」	左昭三年晏·內篇問（下）	杜預注：「讒鼎名也。」服虔曰：「讒鼎，疾讒之鼎，亦名鬻鼎，蓋著貪食之戒。」楊伯峻注：「此或晉之鬻鼎銘也。」（《春秋左傳注》頁1237）
536BC	晉平公廿二年	夏，季孫宿如晉，拜莒田，晉平公享之，有加籩。武子退，使行人告曰：「……今『豆』有加……」	左昭六年	楊伯峻注：「有加籩必有加豆，豆盛濕物，籩盛乾食。」（《春秋左傳注》頁1277）
535BC	晉平公廿三年	晉平公有閒，賜子產『莒之二方鼎』……	左昭七年國·晉語（八）說苑·辨物	杜預注：「方鼎莒所貢。」韋昭注：「莒鼎出於莒，方鼎、鼎方上也。」
533BC	晉平公廿五年	晉荀盈……六月卒于戲陽，殯于絳，未葬，晉平公飲酒樂，膳宰屠蒯趨入，請佐晉平公使『尊』而遂酌以飲工。	左昭九年	杜預注：「公之使人執尊酌酒，請爲之佐。」楊伯峻注：「尊爲古之酒杯。」（《春秋左傳注》頁1311）
		知悼子卒，未葬，晉平公飲酒，師曠、李調侍，鼓『鐘』，杜蕢自外來，聞『鐘』聲……曰：「蕢也，宰夫也，非『刀匕』是共，又敢與知防，是以飲之也。」……杜蕢洗而揚『觶』，公謂侍者曰：「如我死，則必毋廢斯『爵』也。」至于今，既畢獻，斯揚『觶』，謂之杜舉。	禮記·檀弓（下）	
527BC	晉昭公五年	十二月晉荀躒如周，葬穆后，籍談爲介，既葬，除喪，以文伯宴，樽以魯『壺』。王曰：……文伯揖籍談對曰：「諸侯之封也，皆受『明器』於王室，以鎮撫其社稷，故能薦『彝器』……。」王曰：「撫之以『彝器』……。」叔向曰：「……又求『彝器』……『彝器』之來，	左昭十五年	杜預注：「魯壺，魯所獻壺樽，……謂明德之分器……彝，常也，謂可常寶之器，若魯壺之屬。」楊伯峻注：「樽即

		嘉功之由，非由喪也。……」		尊，古代盛酒器，壺亦爲古代盛酒器，但二者形狀不同。」（《春秋左傳注》頁1371）
513BC	晉頃公十三年	多，晉趙鞅、荀寅帥師城汝濱，遂賦晉國一鼓鐵，以鑄『刑鼎』，著范宣子所爲刑書焉。仲尼曰：「……今棄是度也，是爲『刑鼎』，民在『鼎』矣，何以尊貴？……」	左昭廿九年	楊伯峻注：「鼓爲衡名，亦爲量名，……鼓，十二斛……則十二斛亦四百八十斤……。」（《春秋左傳注》頁1504）
497BC	晉定公十五年	趙孟怒，召邯鄲午而囚諸晉陽，使其從者說『劍』而入，涉賓不可……	左定十三年	
453BC	晉出公廿二年	晉陽之圍，張談曰：「先主爲『重器』也，爲國家之難也，盍姑無愛寶於諸侯乎？」……	國・晉語（九）	韋昭曰：「重器圭璧鐘鼎之屬。」

　　載錄晉國青銅器之年代可確知者共有四十七則，其內容有周天子以器賜晉侯、有諸侯國以器賄晉國、有晉侯以寶器獻賜周天子或諸侯國、有晉銘鑄之器、有晉國款宴諸侯國使用飪食之器或擊奏樂器、有戰役征伐擊人與防護或自絕之兵器、有執法之刑器。〔註7〕由此可見，當時晉國青銅器之用頗富有政治意義；然而諸青銅器已不存於人世，其眞貌無以得知，此爲惋惜之事。

　　先秦晉國青銅器之史料，其眞確年代不知者，則依晉國世系；若晉國世系不可考者，則置於後者。

文獻記載晉國青銅器表（年代不知者）

西元前	紀　年	內　　容	出　處	備　註
780～746 BC	晉文侯	晉文侯使李離爲大理，過聽殺人，自拘於廷，請死於君……遂伏『劍』而死。	韓詩外傳卷二新序節士第七	晉文侯《新序・節士篇》作晉文公，《北堂書鈔》卷五十二、《太平御覽》卷廿三引同。

〔註7〕有關先秦史料記載晉國青銅器之用途分類，可參考拙作《晉國文獻及銘文之研究》頁255至265。

636～628 BC	晉文公	晉文公曰：「奈夫八疾何？」胥臣對曰：「官師之所材也，戚施直『鎛』，蘧蒢蒙璆。」	國・晉語（十）	韋昭注：「直，主擊鎛；鎛，鐘也；戚施，瘃者。」
		晉文公問於孤偃曰：「寡人甘肥周於堂厄酒『豆』肉集於宮，『壺』酒不清，生肉不布，殺一牛偏於中，一歲之功盡以衣士卒……。」	韓・外儲說右（上）	
		昔者晉文公大布之衣，牂羊之裘，韋以帶『劍』，以治其國，其國治。	墨・公孟 墨・兼愛	
557～532 BC	晉平公	范宣子與和大夫爭田，久而無成，宣子欲攻之……問於籍偃，籍偃曰：「偃也以『斧鉞』從於張孟，曰聽命焉，若夫子之命也，何二之有？釋夫子而舉，是反吾子也。」	國・晉語（八）	
		晉平公好樂，多賦斂，不治城郭，曰：「敢有諫者死！」國人憂之……平公曰：「內之。」止坐殿上，則出『鐘』磬竽……瑟平公曰：「善」，乃屏『鐘』鼓，除竽瑟……	說苑・正諫	
		晉平公使叔嚮聘於吳，吳人拭舟以逆之……叔嚮歸以告平公……叔嚮對曰：「君為馳底之臺，上可以發千兵，下可以陳『鐘』鼓……」於是平公乃罷臺。	說苑・正諫	
		平公曰：「清角可得而聞乎？」師曠曰：「不可……。」平公曰：「寡人老矣所好者，音也。」願遂聽之，師曠不得已而鼓之……再奏之，大風至，大雨隨之，裂帷幕，破俎『豆』，隳廊瓦，坐者散走……。	韓・十過	
		晉平公鑄為大『鐘』，使工聽之，皆以為調矣，師曠曰：「不調！」，請更鑄之，平公曰：「工皆以為調矣。」師曠曰：「後世有知音者，將知『鐘』之不	呂・長見 淮・脩務訓	

		調也,臣竊爲君恥之。至於師涓而果知『鐘』之不調,是師曠欲善調『鐘』,以爲後世之知音者也。」		
511～475 BC	晉定公	趙簡子使尹鐸爲晉陽,曰:「必其墮其壘培。……」尹鐸往而增之……郵無正進曰:「……夫尹鐸曰:『思樂而喜,思難而懼,人之道也,委土可以爲師保,吾何爲不增?』是以修之,庶曰可以『鑑』而鳩趙宗乎?……」。	國·晉語(九)	韋昭曰:「鑑、鏡也。」
無年代者		游騰謂楚王曰:「昔智伯欲伐仇猶(作厹由),遺之大『鐘』,載以廣車,因隨入以兵,厹由卒亡,無備故也。」	戰·西周 韓·說材(下) 呂·權勳 淮·精神訓 淮·齊俗訓	高誘曰:「厹由貪大鐘之賂,開道至晉,以受鐘,智伯隨入兵伐而取之。」
		山有栲,隰有杻,子有廷內,弗洒弗掃,子有『鐘』鼓,弗鼓弗考,宛其死矣,他人是保。	詩·唐風·山有樞	

　　先秦史料載錄晉國青銅器,其年代不知者有十二則,其內容有以兵器自絕、擊奏樂器、執法之刑器及餐飲之飪食器等,諸青銅器之用皆富有政治之色彩。

(二)衛　國

　　衛始祖康叔爲周武王同母少弟。周成王時,管叔蔡叔與武庚祿父結合作亂,周公旦興師討伐,殺武庚祿父、管叔,放蔡叔,以殷(今河南安陽)封康叔,其後歷經康伯、考伯、嗣伯、康伯、靖伯、貞伯、頃侯、釐伯、共伯餘、武公、莊公、桓公、宣公、惠公、黔牟、懿公、戴公、文公、成公、穆公、定公、獻公、殤公、襄公、靈公、出公、莊公、公子班師、衛君起、悼公、敬公、昭公、懷公、慎公、聲公、成公、平侯、嗣君、懷君、元君、君角,共 42 世,其年代在西周至東周,約略西元前 1015 年至西元前 221 年。先秦史籍有載錄衛國青銅器,若年代可確知,則依序論述;如年代未知,則依世系列序,其詳如下:

文獻記載衛國青銅器表（年代確知者）

西元前	紀　年	內　　　容	出　處	備　　註
740BC	衛莊公十八年	州吁長好『兵』，莊公使將，石碏諫莊公曰：「庶子好『兵』使將，亂自此起。」	史·衛世家	
719BC	衛桓公十六年	州吁新立，好『兵』，弒桓公，衛人皆不愛。	史·衛世家	
688BC	黔牟九年	多，齊人來歸衛『寶』。	左莊六年	按：衛寶，是衛國重器，齊襄公率諸侯之師，納衛惠公，衛惠公以其國之寶器回報齊國。
577BC	衛定公十二年	十月衛定公卒，夫人姜氏既哭而息，見太子之哭也……孫文子自是不敢舍其『重器』于衛，盡置諸戚而甚善晉大夫。	左成十四年	杜預注：「寶器。戚，孫氏邑。」楊伯峻注：「重器，寶重之器。」（《春秋左傳注》頁870）
544BC	衛獻公後元三年	子產自衛如晉，將宿于戚，聞『鐘』聲焉，曰：「異哉，吾聞之也……衛獻公又在殯，而可以樂乎？」遂去之，孫文子聞之，終身不聽琴瑟。	左襄廿九年	
		季札自衛如晉，將舍於宿，聞『鐘』聲，曰：「異哉、吾聞之辯而不德，必加於戮……。」	史·吳太伯世家	服虔曰：「孫文子鼓鐘作樂也。」
522BC	衛靈公十三年	齊子氏帷于門外，而伐甲焉。使祝鼃置『戈』于車薪以當門，使一乘從公孟以出；使華齊御公孟，宗魯驂乘。及閎中，齊氏用『戈』擊公孟……。	左昭廿年	
504BC	衛靈公卅一年	公叔文子老矣，輦而如公（指衛靈公）曰：「魯昭公之難，衛靈公將以文之『舒鼎』，成之昭兆，定之『鞶鑑』……。」	左定六年	杜預注：「衛文公之鼎。鞶帶而以鏡為飾也。」楊伯峻注：「鞶鑑為一物，大帶而飾之以鑑者。」（《春秋左傳注》頁1556）
493BC	衛靈公四三年	衛太子禱曰：「……蒯聵不敢自佚，備持『矛』焉……鄭人擊簡子中肩，斃于車中，獲其蠭旗，太子救之以『戈』……。」	左哀二年	
484BC	衛出公九年	孔文子之將攻大叔，訪於仲尼，仲尼曰：「『胡簋』之事，則嘗學之矣，甲『兵』二事，未之聞也。」	左哀十一年史·衛世家	

480BC	衛莊公元年	孔悝母杖『戈』而先……行『爵』食炙……太子悝,下石乞、盂黶敵子路,以『戈』擊之。	左哀十五年史・衛世家	
479BC	衛莊公二年	衛莊公謂渾良夫曰:「吾繼先君而不得其『器』,若之何?」良夫代執火者而言,曰:「……若不材,『器』可得也。……」	左哀十六年	杜預注:「國之寶器,輒皆將去。」
478BC	衛莊公三年	春……太子請使良夫,良夫乘衷甸兩牡,紫衣狐裘。至,祖裘,不釋『劍』而食。	左哀十七年	楊伯峻注:「孔《疏》:劍是害人之器,不得近至尊,故近君則解劍。良夫與君食而不釋劍,亦不敬也。」(《春秋左傳注》頁1706)
470BC	衛出公後元七年	故褚師比、公孫彌牟、公文要、司寇亥、司徒期,因三匠與拳彌以作亂,皆執利『兵』,无者執『斤』……乃載『寶』以歸。	左哀廿五年	杜預注:「斤,工匠所執。」楊伯峻注:「《說文》:『斤,斫木斧。』匠人所執。」(《春秋左傳注》頁1725)
311BC	衛嗣君十四年	如耳見魏襄王曰:「臣有謁於衛。衛,故周室之別也,其稱小國,多『寶器』,今國迫於難,而『寶器』不出者,其以為攻衛醳衛,不以王為主,故『寶器』雖出,必不入於王也,臣竊料之,先言醳衛者,必受衛者也。」	史・魏世家	按:「魏襄王」,《史・魏世家》作魏哀王。

文獻記載衛國青銅器表（年代不知者）

西元前	紀年	內　　容	出　　處	備　　註
	康叔	周成王長,用事,舉康叔為周司寇,賜衛寶祭器,以章有德。	史・衛世家	按《左・定四年》(西元前506年):「分康叔以大路、大旂、少帛、綪筏、旃旌、大呂」。杜預注:「大呂,鐘名。」
812～758BC	衛武公	「賓之初筵,左右秩秩,籩『豆』有楚……『鐘』鼓既設……以祈爾『爵』……酌彼康『爵』……亂我籩『豆』……三『爵』不識。」	詩・小雅・賓之初筵	鄭玄注:「豆,實菹醢也。」高亨曰:「豆,古代食器,形似高足盤。爵,飲酒器。」(《詩經今注》頁344、345)
534～493BC	衛靈公	端木賜,衛人,字子貢,……子貢既已受業,問曰:「賜何人也?」孔子曰:「汝器也。」曰:「何器也?」曰:「『瑚璉』也。」	論・公冶長史・仲尼弟子列傳	《史・集解》:「包氏曰:瑚璉,黍稷器,夏曰瑚,殷曰璉,周曰簠簋,宗廟之貴器。」按:此器飾以玉,器之貴重華美。

		孔子謂子路曰：「汝何好？」子路曰：「好長『劍』。」	說苑·建本 孔子家語·子路初見	
		子路持『劍』，孔子問曰：「由，安用此乎？」子路曰：「……。」孔子曰：「君子以忠爲質，以仁爲衛，不出環堵之內而聞千里之外，不善以忠化，寇暴以仁圍，何必持『劍』乎？」	說苑·貴德 孔子家語·好生	
		盜跖大怒曰：「……孔子以甘辭說子路而使從之，使子路去其危冠，解其長『劍』，而受教於子……。」	莊子·盜跖	
		趙襄子謂仲尼曰：「先生委質以見人主，七十君矣，而無所通，不識世無明君乎？意先生之道固不通乎？」……子路曰：「建天下之鳴『鐘』而撞之以莛，豈能發其聲乎哉？」	說苑·善說	
		北宮奢爲衛靈公賦斂以爲『鐘』，爲壇乎郭門之外，三月而成上下之縣。……	莊子·山木	按：鐘，編鐘也，古代樂器分上下兩排，依律呂大小次序編而懸掛之，是以有「上下之縣」。
		衛靈公晝寢而起，志氣益衰，使人馳召勇士公孫悁，道遭行人卜商……（公孫悁）至，入門杖『劍』，疾呼曰：「商下，我存若頭。」子夏顧咄之曰：「咄！內『劍』，吾將與若言。」	韓詩外傳卷六	
480～478BC	衛莊公	故衛孔悝之『鼎』銘曰：「六月丁亥……施于烝彝鼎。」	禮記·祭統	
無年代者		我心匪『鑒』，不可以茹。亦有兄弟，不可以據。	詩·邶風·柏舟	鄭玄注：「鑒所以察形也。」 朱熹：「鑒、鏡也。」（《詩集傳》頁15） 高亨曰：「鑒、即鑑、鏡。」（《詩經今注》頁36）
無年代者		左手執籥，右手秉翟，赫如渥赭，公言錫『爵』。	詩·邶風·簡兮	朱熹曰：「公言錫爵，即儀禮燕飲而獻工之禮也。」（《詩集傳》頁23）

			高亨曰：「爵，古代一種酒器，形略似麻雀，用處同於酒杯。」（《詩經今注》頁 55）
伯兮朅兮，邦之桀兮，伯也執『殳』，為王前驅。	詩·衛風伯兮	毛亨曰：「殳，長丈二而無刃。」鄭玄箋：「兵車六等，軫也、戈也、人也、殳也、車戟也、酋矛也，皆以四尺為差。」高亨曰：「殳，一種兵器，長一丈多，略同後代的『槊』。」（《詩經今注》頁 91）

　　載錄衛國青銅器之年代可確知者共十五則，年代不知者共有十三則，其內容有周天子以寶器賜衛侯，有以寶器贈予齊國，有喜愛兵器、論兵器之事或以兵器擊人，有款宴時使用酒器飪食器或彈擊樂器。先秦典籍記載衛國青銅器之史料，雖未如晉國之多，然在《禮記·祭統》有一篇衛孔悝之銘文，此於衛國歷史探討，或與現今出土衛國青銅器之銘文作對比，洵為珍貴之文獻。

（三）鄭　國

　　鄭始祖鄭桓公友，為周厲王少子，周宣王庶弟。周宣王廿二年（西元前 806 年），友初封於鄭（今陝西華縣西北三里），鄭武公時東遷河南新鄭，其後歷經莊公、厲公、昭公、子亹、鄭子、文公、繆公、靈公、襄公、悼公、成公、釐公、簡公、定公、獻公、聲公、哀公、共公、幽公、繻公、鄭君乙，共二十三世，其年代自西周晚期至戰國中期，約略西元前 806 年至西元前 375 年。先秦史籍有載錄鄭國青銅器，若年代可確知則依序論述；如年代不知則依世系列序，其詳如下：

文獻記載鄭國青銅器表（年代確知者）

西元前	紀　年	內　　容	出　處	備　　註
743BC	鄭莊公元年	段至京，繕治甲『兵』。	史·鄭世家	
712BC	鄭莊公卅二年	五月甲辰，授『兵』于大宮，公孫閼與潁考叔爭車，潁考叔挾輈以走，子都拔『棘』以逐之，及大逵，弗及，子都怒。	左隱十一年	杜預注：「棘、戟也。」楊伯峻注：「兵，武器。戟為戈矛兩種兵器之合體，柄前安有直刃以刺

		（子都即公孫閼）		敵人，而旁又有橫刃可以句啄敵人兼有勾刺兩種作用。形式詳見《周禮・考工記》。近來出土之戟多爲戰國銅戟，與〈考工記〉合。」（《春秋左傳注》頁 72、73）
674BC	鄭厲公六年	秋，周惠王及鄭厲公入于鄔，遂入成周，取其『寶器』而還。	左莊廿年	按：成周在王城東。
673BC	鄭厲公七年	鄭厲公享周惠王，王以后之『鞶鑑』予之。	左莊廿一年	杜預注：「鞶，帶而以鑑爲飾也。」楊伯峻曰：「鞶是大帶，亦名紳帶。鑑，鏡也。鞶鑑爲一物，大帶而飾之以鑑者。」（《春秋左傳注》頁 218）
		鄭文公怨周惠王之入而不與鄭厲公『爵』。	左僖廿四年	
660BC	鄭文公十三年	清人在彭，駟介旁旁，二『矛』重英，河上乎翱翔。清人在消，駟介麃麃，二『矛』重喬，河上乎逍遙。	詩・鄭風・清人	按：鄭文公命高克領兵駐紮於黃河邊上，見《左》閔二年（西元前 660 年）。
642BC	鄭文公卅一年	鄭文公始朝于楚，楚成王賜鄭『金』，既而悔之，與鄭盟曰：「無以鑄『兵』，故以鑄『三鐘』」。	左僖十八年	杜預注：「楚金利故，古者以銅爲兵。」楊伯峻曰：「周代鑄兵器，鑄鐘、鼎等彝器俱以銅。襄十九年傳：『季武子以所得於齊之兵作林鐘而銘魯功焉』，〈鼄鼎銘〉：『孚戈，用作寶尊彝』，皆其事也。及至秦始皇廿六年，猶收天下兵，聚之咸陽，銷以爲鐘鐻。此說參見楊樹達先生《積微居金文說・鼄鼎跋》。」（《春秋左傳注》頁 377）
638BC	鄭文公卅五年	十一月……丁丑，楚成王入饗鄭，鄭九獻，庭實旅百，加籩『豆』六品。	左僖廿二年	杜預注：「籩豆禮食器也。」
605BC	鄭靈公元年	子公怒，染指於『鼎』嘗之而出，鄭靈公怒，欲殺子公。	左宣四年史・鄭世家說苑・復恩	

597BC	鄭襄公八年	鄭襄公肉袒，左執茅旌，右執鸞『刀』以逆楚莊王。	公宣十二年 韓詩外傳卷六 新序‧雜事第四	
581BC	鄭昭公六年	州蒲會衛等國伐鄭，鄭子罕賂以『襄鐘』，子然與諸侯盟於脩澤。	左成十年 史‧鄭世家	
551BC	鄭簡公十五年	夏，晉平公徵朝于鄭，鄭人使少正，公孫僑對曰：「……寡君（鄭簡公）盡其土實，重之以『宗器』以受齊盟。……」	左襄廿二年	杜預注：「宗廟禮樂之器，鐘磬之屬。」
548BC	鄭簡公十八年	子展命師無入公宮，與子產親御諸門。陳哀侯使司馬桓子賂以『宗器』，陳哀侯著喪服，抱社主。	左襄廿五年	
543BC	鄭簡公廿三年	鄭伯有嗜酒，爲窟室而夜飲酒，擊『鐘』焉，朝至未已……。	左襄卅年	
541BC	鄭簡公廿五年	子皙怒，既而囊甲以見子南，欲殺之而取其妻；子南知之，執『戈』逐之。及衝，擊之以『戈』。	左昭元年	
		夏，四月晉趙孟、叔豹、曹大夫入于鄭，鄭簡公享之，鄭人具五獻之籩『豆』。	左昭元年	
		子產曰：「高辛氏有二子，長曰關伯，季曰實沈，居曠林，不相能也，日操『干戈』以相征伐，后帝弗臧……。」	史‧鄭世家	
536BC	鄭簡公卅年	三月，鄭人鑄刑書，叔向使詒子產書曰……士文伯曰：「火見，鄭其火乎，火未出，而作火以鑄『刑器』……。」	左昭六年	杜預注：「鑄刑書於鼎，以爲國之常法。……刑器，鼎也。」
535BC	鄭簡公卅一年	子產聘于晉，與韓起言晉平公疾，後晉平公有瘥，故賜子產『莒之二方鼎』。	左昭七年	杜預注：「方鼎，莒所貢。」

文獻記載鄭國青銅器表（年代不知者）

西元前	紀　年	內　　　容	出　　　處	備　註
565～530BC	鄭簡公	子產相鄭，簡公謂子產曰：「飲酒不樂也，俎『豆』不大，『鐘』鼓竽瑟不鳴，寡人之事不一，國家不定，百姓不治，耕戰不輯睦……。」	韓・外儲說左（上）	

　　載錄鄭國青銅器之年代可確知者共十九則，年代不知者僅有一則，其內容有周天子以器賜鄭厲公，有晉平公以莒之二方鼎賜子產，有楚以金賜鄭而鄭以之鑄成三鐘，有陳國以宗器賄鄭國，有鄭以器賄晉厲公，有款宴時使用飪食器或擊奏樂器，有用鼎煮物或以刑書鑄於鼎，有以兵器擊人。春秋中後期，鄭居於晉楚爭霸之間，為求得生存，勢必折衝尊俎，是以鄭與晉楚有禮尚往來之彝器，此由上述之史料歷歷可指。

（四）虢　國

　　虢始祖虢仲虢叔為古公亶父（太王）之孫，季歷（王季）之子，周文王之母弟。〔註8〕周文王時，虢仲虢叔為卿士；周武王伐殷時，虢仲虢叔有「勳在王室」，〔註9〕是以虢仲受封於今河南氾水東十里，是謂東虢，虢叔受封於今陝西寶雞東五十里，是謂西虢，又稱小虢，或城虢。其後虢族世系不明，然其子孫在周王朝有居要職，如周夷王時之虢季子白，周厲王時之虢仲，周宣王時之虢文公，周桓王時之虢公忌父、虢公林父，周惠王時之虢叔；亦有損及周王室，如周幽王時之虢石父，周平王時之虢公翰。周平王四年（西元前767年），鄭武公以成周之眾滅東虢；〔註10〕周莊王十年（西元前687年），

〔註8〕《周禮・夏官・司馬》：「虎賁氏，掌先後王而趨之以伍卒。」，《說文》：「虢，虎所攫，畫明文也。」，劉海文以為「虢仲虢叔之所以稱虢，或許因為他們曾是王季、文王時統帥王族親軍的虎賁氏，并以此官職為氏而稱虢。」，其詳見〈虢國歷史初探〉，刊於《河南師範大學學報》（哲學社會科學版）1995年第22卷第4期頁30至33。

〔註9〕《新・雜事第五》：「武王學乎郭（即『虢』叔。」，《韓詩外傳》卷五：「周公學乎虢叔。」，蓋周武王時，虢仲主外負責征戰之軍事，虢叔主內負責內政之師保。

〔註10〕《左》隱元年（西元前722年）：「鄭莊公曰：『制、巖邑也，虢叔死焉。』」，「虢叔」，胡玉縉以為「虢仲之後」，其詳見《許廎學林》卷四〈左傳虢仲虢叔封國考〉。《今竹》：「鄭人滅虢」，王國維《今本竹書紀年疏證》：「《漢書・地理志》臣瓚注：『鄭桓公寄帑與賄於虢、會之間。幽王既敗，二年而滅會，四年而滅虢。』」，此「四年」即周平王四年（西元前767年），東虢滅於是年。

秦武公滅西虢。〔註11〕早先虢仲後代曾移居處於今山西平陸縣，即夏陽，此
爲北虢；周平王東遷時，有西虢支子隨之徙置於今河南陝縣東南，即上陽，
此爲南虢。周惠王十九年（西元前658年），晉獻公會虞師伐虢，滅夏陽；三
年後（西元前655年），晉獻公復假道於虞滅虢，虢公醜奔京師。虢國在世自
西元前1027年至西元前655年，約有373年，〔註12〕在此期間，於先秦史籍
中所能目睹虢國青銅器不多，僅有三則，茲列述於下：

文獻記載虢國青銅器表

西元前	紀 年	內　容	出　處	備　註
673BC	周惠王四年魯莊公廿一年	五月，周惠王巡虢守，虢公爲王宮于玤，王與之酒泉（周邑），虢公請器，王予之『爵』。	左莊廿一年史・周本紀	杜預注：「爵，飲酒器。」楊伯峻曰：「爵爲禮器，自貴于鬐鑑，鄭文公因以爲小其父而惡王。」（《春秋左傳注》頁218）
660BC	周惠王十七年魯閔公二年	虢公夢在廟，有神人面白毛虎爪，執『鉞』立於西阿……舟之僑告諸其族曰：「……今嘉其夢侈必展，是天奪之『鑒』而益其疾也。」	國・晉語（二）說・辨物	韋昭注：「鑒、鏡也，鏡所以自省察也、」
658BC	周惠王十九年魯僖公二年	虢公敗戎于桑田，晉卜偃曰：「虢必亡矣。亡下陽不懼，而又有功，是天奪之『鑒』，而益其疾也。……」	左僖二年	杜預注：「鑒，所以自照。」楊伯峻曰：「鑒、鏡也，鏡所以自省察也。」（《春秋左傳注》頁283）

（五）虞　國

虞，姬姓，公爵，始祖爲仲雍，太王子。仲雍生季簡，季簡生叔達，叔
達生周章、虞仲。周武王克殷時，封虞仲於虞（一作西吳，今山西平陸東北
四十五里）。其後世系不明，先秦史籍僅有三件。魯桓公十年（西元前702年），

〔註11〕《史・秦本紀》：「十一年縣初杜、鄭，滅小虢。」，裴駰《集解》：「班固曰西
　　　　虢在雍州。」，張守節《正義》：「《輿地志》：『此虢，文王母弟虢叔所封，是
　　　　西虢。』此虢滅時，陝州之虢，猶謂小虢。」

〔註12〕西周克殷之年代，各家說法不一，如吳其昌主西元前1122年說，董作賓主西
　　　　元前1111年說，白川靜主西元前1087年說，新城新藏主西元前1066年說，
　　　　章鴻釗主西元前1055年，丁山主西元前1030年說，，陳夢家主西元前1027
　　　　年，勞榦主西元前1025年，周法高主西元前1018年說，此暫取陳夢家之說，
　　　　其詳《西周銅器斷代》（一）（刊於《考古學報》第九冊頁138）與許倬雲《西
　　　　周史・前言》頁3。

虞公向虞叔求旆，虞叔獻之；後虞公又求寶劍，虞叔弗獻且伐虞公，虞公出
奔共池（今山西平陸西四十里）。魯僖公二年（西元前 658 年），晉里克荀息
帥師會虞師伐虢，滅下陽。魯僖公五年（西元前 655 年），晉獻公假道于虞以
伐虢，宮之奇諫虞公，虞公不聽；冬十二月晉滅虢，還師襲滅虞。〔註13〕虞
國在世，自西元前 1027 年至西元前 655 年，約有 373 年，然文獻典籍載錄青
銅器之事，僅有一則，其詳如下：

文獻記載虞國青銅器表

西元前	紀　年	內　　容	出　處	備　註
702BC	魯桓公十年	初虞叔有玉，虞公求旆，弗獻……又求其寶『劍』，叔曰：「是無厭也，無厭，將及我。」遂伐虞公，故虞公出奔共池。	左桓十年	

（六）荀　國

　　荀，〔註14〕姬姓，侯爵，周文王之子。〔註15〕《逸周書・王會》：「成周
之會……天子南面立……康叔荀叔周公在左，太公望在右。」此荀叔蓋即荀
國始封君，其地在今山西新絳西十五里。其後荀國世系不明，先秦史籍載錄
不多。《左》桓九年（西元前 703 年），荀侯與虢仲、芮伯、梁伯、賈伯伐曲
沃武公，後為晉武公所滅，晉以荀賜大夫原氏黯。由於荀國文獻史料有限，
是以未曾見有青銅器之記載。

（七）賈　國

　　賈，姬姓，伯爵，《元和姓纂》卅五馬韻謂西周康王封唐叔虞少子公明於
賈，〔註16〕或云晉武公時滅賈，後以賈賜狐射姑為邑。《左》載錄賈國史料不

〔註13〕　虞國存滅及世系見胡廣《春秋大全・諸國興廢說》頁 11、清顧棟高《春秋大
　　　　事表》卷五〈列國爵姓及存滅表〉頁 11、與清周耀藻《春秋世系表》頁 398
　　　　〈虞君世系〉。

〔註14〕　陳槃以「荀」同「郇」，又作「珣」、「筍」，省作「旬」，詳見〈春秋大事表列
　　　　國爵姓及存滅表譔異下（一）〉，刊於《中央研究院歷史語言研究所集刊》第 28
　　　　本。清周耀藻以「郇」非「荀」，其論見於《春秋世系表・晉君世系》荀氏下。

〔註15〕　《左》傳廿四年（西元前 636 年）：「富辰諫曰：『不可。臣聞之，管、蔡、郕、
　　　　霍、魯、衛、毛、聃、郜、雍、曹、滕、畢、原、酆、郇，文之昭也。』」，
　　　　按：此十六國皆周文王之子。

〔註16〕　賈，顧棟高謂「今陝西同州府蒲城縣西南十八里有賈城。」（《春秋大事表》
　　　　卷五〈列國爵姓及存滅表〉頁 11），後遷於今山西臨汾。陳槃〈春秋列國遷徙
　　　　考〉：「今山西臨汾縣有賈鄉賈伯邑。」，其文見於《孔孟學報》第 22 期頁 72。

多，僅見於桓九年（西元前 703 年）：「秋，虢仲，芮伯、梁伯、荀侯、賈伯伐曲沃。」與莊廿八年（西元前 666 年）：「晉獻公娶於賈。」。由於賈國文獻史料有限，是以未曾見有青銅器之記載。

（八）蘇　國

蘇，己姓，子爵。周武王克商，司寇蘇忿生受封於溫（今河南溫縣西南三十里），是以「蘇」亦作「溫」。春秋初，蘇氏已絕封。《左》隱十一年（西元前 712 年），周桓王奪蘇忿生十二邑之田以與鄭，溫居一焉，蘇氏或因不滿王室奪田以與鄭，周惠王二年（西元前 675 年），周之五大夫蒍國等，因蘇氏之事而與王子頹作亂，伐周王室，不克，蘇子與王子頹出奔衛。〔註 17〕周襄王二年（西元前 650 年），因蘇子無信，狄滅蘇。〔註 18〕周襄王十七年（西元前 635 年），晉文公朝周襄王，王以陽樊、溫、原、攢茅之田賜晉，晉以狐湊為溫大夫。晉襄公以溫為陽處父之采邑，晉景公以溫為郤至之采邑。〔註 19〕蘇國在世自西元前 1027 年至西元前 650 年，約 378 年，在此期間，先秦文獻典籍未曾載錄該國之青銅器。

（九）東周、西周

西周幽王十一年（西元前 771 年）犬戎之禍，幽王卒於驪山下，宜臼東遷於洛陽，居於王城（今洛陽之西北），此為東周之始也。其後歷經桓王、莊王、僖王、惠王、襄王、頃王、匡王、定王、簡王、靈王、景王。周景王廿五年卒（西元前 520 年），因王子朝爭位，周敬王即位於下都（即洛陽東廿里，原為殷遺民所居之處），故稱此地為成周。自此以後，元王、貞定王、考王、威烈王、安王、烈王、顯王、愼靚王、赧王均在此即位。周考王即位時（西元前 441 年），封其弟揭於河南（即王城），稱為西周桓公，以續周公之職。桓公卒，子威公立。周顯王二年（西元前 367 年），西周威公卒，少子公子根與公子公子朝爭立，趙韓協助公子根，自立於河南鞏縣，是為東周惠公，以

〔註17〕 《左》莊十九年（西元前 675 年）：「周惠王奪子禽祝跪與詹父田，而收膳夫之秩，故蒍國、邊伯、石速、詹父、子禽祝跪作亂，因蘇氏。秋，五大夫奉子頹以伐周惠王，不克，出奔溫，蘇子奉子頹以奔衛」。

〔註18〕 《左》僖十年（西元前 650 年）：「春，狄滅溫，蘇子無信也。蘇子叛周惠王，即狄，又不能於狄，狄人伐之，王不救，故滅。蘇子奔衛」。

〔註19〕 《左》成十一年（西元前 580 年）：「劉子、單子曰：『昔周克商，使諸侯撫封，蘇忿生以溫為司寇，與檀伯達封于河。蘇氏即狄，又不能於狄而奔衛。襄王勞文公而賜之溫，狐氏、陽氏先處之，而後及子（按：郤至）』」。

奉「周顯王」爲名，公子朝立於王城，爲西周惠公。周赧王五十九年（西元前 256 年），秦將摎伐韓，取陽城、負黍，斬首四萬，伐趙，軌九萬，東方諸侯與西周君出師於伊闕，欲斷秦之後路，秦將摎攻西周，西周君獻三十六邑、口三萬予秦，西周君遷居於悪狐；此年周赧王亦卒。秦莊襄王元年（西元前 249 年），呂不韋遷東周君於陽人聚，與成皋、滎陽、西周合建成三川郡。自平王遷都至秦取東周，約 532 年，在此期間，先秦史籍載錄東周西周青銅器之事，此先列述確知年代，後敘年代不知：

文獻記載東周、西周青銅器表（年代確知者）

西元前	紀　年	內　　容	出　處	備　註
593BC	周定王十四年	周定王召晉士季曰：「……汝今我王室之一、二兄弟，以時相見……無亦擇其柔嘉……品其白蘐，修其『簠簋』，奉其『犧象』，出其『樽彝』，陳其『鼎』俎，……於是乎有折俎加『豆』，酬幣宴貨……。」	國·周語（中）	韋昭注：「犧，犧樽飾以犧牛；象，象樽，以象骨爲飾也。樽彝皆受酒之器也。」
521BC	周景王廿四年	周景王將鑄『無射』而爲之大林，單穆公曰：「不可，作重幣以絕民資，又鑄『大鐘』以鮮其繼，……且夫『鐘』不過以動聲，若『無射』有林，耳弗及也。夫『鐘』聲以爲耳也，耳所不及，非『鐘』聲也……是故先王之制『鐘』也……今王作『鐘』也，聽之弗及，比之不度，『鐘』聲不可以知和……。」王弗聽，問之伶州鳩，對曰：「……『鐘』尚羽……」王不聽，卒鑄大『鐘』。廿四年『鐘』成，伶人告和……廿五年，王崩，『鐘』不和。	國·周語（下）左昭廿一年	賈侍中曰：「無射鐘名；律中無射也。大林、無射之覆也。」楊伯峻曰：「無射，蓋大鐘，景王初鑄于王城，敬王移之洛陽。秦滅周，徙于咸陽，漢至晉常在今西安市。及劉裕滅姚泓，又遷之于今南京市，歷宋、齊、梁、陳，其鐘猶在，……隋開皇九年又遷于西安，置之于太常寺，至十五年敕毀之。」（《春秋左傳注》頁 1423）
403BC	周威烈王廿三年	『九鼎』震。	史·六國年表	

316BC	周慎靚王五年	張儀曰：「⋯⋯周自知不能救，『九鼎寶器』必出，據『九鼎』案圖籍，挾天子以令天下，天下莫敢不聽，此王業也⋯⋯。」司馬錯曰：「⋯⋯周自知失『九鼎』，⋯⋯以『鼎』與楚⋯⋯。」	戰・秦策（上）史・張儀列傳	瀧川龜太郎曰：「⋯⋯蓋滅國先收其圖籍，自古而然，不始於蕭何，夏禹收九州之金鑄爲九鼎，遂以爲傳國之寶，事詳于宣三年。按《左傳》魯宣公三年（西元前606年）及周策周紀。」（《史記會注考證》頁881）
311BC	周赧王四年	張儀去，西說趙武靈王：「⋯⋯今以秦之力西舉巴蜀，南并漢中，東包兩周，遷『九鼎』，守白馬之津，⋯⋯。」	戰・趙策（上）	
310BC	周赧王五年	秦武王元年，群臣日夜惡張儀未已⋯⋯張儀對曰：「⋯⋯秦武王以其閒伐韓入三川，出兵函谷而毋伐，以臨周，『祭器』必出，挾天子按圖籍，此王業也。」	戰・齊策（上）史・張儀列傳	《史・索隱》：「凡王者大祭祀必陳設文物軒車彝器等，因謂此等爲祭器也。」瀧川龜太郎曰：「中井積德曰：祭器專指彝器鼎鐘之類是也。」（《史記會注考證》頁899）
281BC	周赧王卅四年	蘇厲謂西周君曰：⋯⋯「養由基怒釋弓搩『劍』曰：『客安能教我射乎？』⋯⋯。」	史・周本紀	
273BC	周赧王四三年	馬犯⋯⋯乃謂魏安釐王曰：「周王病，若死，則犯必死矣，犯請以『九鼎』自入於魏王，魏王受『九鼎』而圖犯。」	史・周本紀	
256BC	周赧王五九年	西周君奔秦，頓首受罪，盡獻其邑三十六，口三萬，秦受其獻，歸其君於周，周王赧卒，周氏遂東亡，秦取『九鼎寶器』，而遷西周公於憖狐。	史・周本紀史・秦本紀	張守節曰：「器謂寶器也，禹貢金九鑄鼎於荊山下，各象九州之物，故言九鼎，歷殷至周赧王十九年，秦昭王取九鼎，其一飛入泗水，餘八入於秦中。」（《史記正義》頁102）

文獻記載東周、西周青銅器表（年代不知者）

西元前	紀　年	內　　容	出　處	備註
368～321 BC 或 314 ～256BC	周顯王 或 周赧王	秦興師，臨周而求『九鼎』，周君患之，以告顏率，顏率曰：「……。」顏率至齊，謂齊王曰：……「而求『九鼎』……得『九鼎』，厚實也，願大王圖之。」……齊將求『九鼎』，周君又患之……顏率至齊謂齊王曰：「願獻『九鼎』……。」顏率曰：「不可，夫梁之君臣，欲得『九鼎』謀之暉臺之下，少海之上，其日久矣。『鼎』入梁必不出。」……對曰：「不可，楚之君臣，欲得『九鼎』謀之於葉庭之中，其日久矣，若入楚，『鼎』必不出。」……顏率曰：「……夫『鼎』者非效醯壺醬甀耳。……昔周之伐殷得『九鼎』，凡一鼎而九萬人輓之……。」顏率曰：「不敢欺大國，疾定所從出，弊邑遷『鼎』以待命。」齊王乃止。	戰・東周	
無年代者		東周與西周戰，韓救西周，或為東周說韓王曰：「西周，故天子之國，多『名器重寶』，王案兵毋出，可以德東周，而西周之寶，必可以盡矣。」	史・周本紀 戰・東周	

　　載錄東周西周青銅器之年代可確知者共九則，年代不知者有二則，其內容除周景王強意鑄「鐘」外，大半均以「九鼎」代表政權所在。諸侯強國為取得號令天下之權，勢必自周王室奪走「九鼎寶器」，然此「九鼎」未必實為九件之鼎，僅為政權之轉化，此說明青銅之重器已是「王權」之象徵也。

（十）魏　國

　　魏之祖先是畢公高之後，畢公高是文王之子。周武王伐紂時，高封於畢（今陝西咸陽北五里），其後封絕，成為庶人。晉獻公時以魏（今山西芮城西三十里）封畢萬為大夫，其後魏武子、魏悼子、魏絳、魏獻子皆為晉之重臣。春秋晚期，晉國大卿趙、魏、韓、知、范、中行各擁地自重且相侵伐，是以范、中行氏先亡。晉出公廿二年（西元前 453 年）韓趙魏滅知氏，且形成「三家分晉」，晉君成為三國之附庸。此時之魏為桓子，其後歷經文侯、武侯、惠王、襄王、昭王、安釐王、景湣王、魏王假。若以魏文侯論起，至魏王假，魏國有八世，始於西元前 445 年至西元前 225 年，共有 221 年。先秦史籍有錄載魏國青銅器，若年代可確知，則依序論述；如年代不知則依世系列序，其詳如下：

文獻記載魏國青銅器表（年代確知者）

西元前	紀　年	內　　　容	出　處	備　　註
403BC	魏文侯四三年	魏文侯與田子方飲酒而稱樂，文侯曰：「『鐘』聲不比乎，左高。」	戰‧魏（上）武侯	
352BC	魏惠王十八年	江乙惡昭奚恤，謂楚宣王曰：「……邯鄲之難（西元前354年），楚進兵，大梁取矣，召奚恤取魏之『寶器』，以臣居魏知之，故昭奚恤常惡臣（按：江乙）之見王。」	戰‧楚宣王	
311BC	魏襄王八年	如耳見魏王曰：「臣有謁於衛，衛故周室之別也，其稱小國，多『寶器』，今國迫於難而『寶器』不出者，……故『寶器』雖出，必不入於王也。……」	史‧魏世家	
257BC	魏安釐王廿年	侯生乃屏人閒語曰：「嬴聞晉鄙之『兵符』常在王臥內……即得『虎符』……」朱亥笑曰：「臣迺市井鼓『刀』屠者……。」魏安釐王怒公子之盜其『兵符』矯殺晉鄙。	史‧魏公子列傳	瀧川龜太郎曰：「胡三省曰：虎威猛之獸，故以爲兵符，漢有銅虎符。」（《史記會注考證》頁938）

文獻記載魏國青銅器表（年代不知者）

西元前	紀　年	內　　　容	出　處	備　　註
445～396BC	魏文侯	魏文侯問子夏曰：「吾端冕而聽古樂，則唯恐臥，聽鄭衛之音則不知倦……。」子夏對曰：「……然後『鐘』磬竽瑟以和之……『鐘』聲鏗，鏗以立號……君子聽『鐘』聲則思武臣……。」	禮記‧樂記	
		魏文侯使舍人毋擇獻鵠於齊侯，毋擇行道失之，徒獻空籠，見齊侯曰：「……念思非不能拔『劍』刎頸，腐肉暴骨於中野也，爲吾君貴鵠而賤士也……。」	說苑‧奉使	《韓詩外傳》卷十之八及《史‧滑稽列傳》載有此事，然其人物改爲齊人獻鴻（或鵠）於楚
369～319BC	魏惠王	梁惠王曰：「寡人之國……。」……（孟子）曰：「王如知此，則無望民之多於鄰國也……『斧斤』以時入山林，林木不可勝用也。」	孟‧梁惠王（上）	
		白圭謂魏王曰：「市丘之『鼎』以烹雞，多洎之則淡而不可食，少洎之則焦而不熟。……」惠子聞之曰：「不然，使三軍饑而居『鼎』旁，適爲之甑，則莫宜之此『鼎』矣。」	呂‧應言	

無年代者	蘇子說齊閔王曰：……「昔者趙氏襲衛車舍而不休傳，衛國城割，八門杜，而二門隨矣，此亡國之形也，衛君跣行告愬於魏，魏王身被甲底『劍』……。」	戰・齊（下）閔王	
	秦王使人謂安陵君曰：「……」……安陵君因使唐且使於秦……唐且曰：「此庸夫之怒也……若士必怒，伏屍二人流血五步，天下縞素今日是也。」挺『劍』而起。……	戰・魏（下）景閔王說苑・奉使	《戰》「挺劍而起」，《說・奉使》作「即案匕首」。
	魏氏之武卒以度取之，衣三屬之甲操十二石之弩，負服矢五十個，置『戈』其上冠軸帶『劍』，贏三日之糧，日中而趨百里。	荀子・議兵	
	經侯往過魏太子，左帶羽玉具『劍』，右帶環佩，左光照右，右光照左，坐有頃，太子不視也，又不問也……魏太子使騎操『劍』佩逐與經侯。	說苑・反質	

　　載錄魏國青銅器之年代可確知者僅四則，年代不知者有八則，其內容除
飪食用之「鼎」與宴飲享樂之「鐘」外，其餘所見大多與兵事有關，如刀、
劍之類，可見戰國時期實為戰爭頻繁之時代。

（十一）趙　國

　　趙氏之先，與秦共祖，其後造父幸於周穆王，以趙城賜造父，趙氏由此
出。其後趙衰、趙盾、趙朔、趙武皆為晉之重臣。戰國初期三家分晉，此時
之趙為趙襄子，其後歷經桓子、獻侯、烈侯、武公、敬侯、成侯、肅侯、武
靈王、惠文王、孝文王、悼襄王、幽繆王。若以趙襄子論起，至幽繆王共 13
世，始於西元前 475 年至西元前 247 年，共 231 年。先秦史籍載錄趙國青銅
器，若年代可確知，則依序論述，若年代不知則依世系列述，其詳如下：

文獻記載趙國青銅器表（年代確知者）

西元前	紀 年	內　　容	出　　處	備　　註
475BC	趙襄子元年	趙襄子北登夏屋，請代王，使廚人操『銅枓』，以食代王及從者，行斟陰令宰人各以『枓』擊殺代王及從官，遂興兵平代地，其姊（趙襄子姊，即代王夫人）聞之，泣而呼天，摩笄自殺，代人憐之，所死地名之為摩笄之山。	戰・燕策呂・長攻史・趙世家史・張儀列傳	張守節《史記・正義》：「其形方有柄，取斟水器，《說文》云：勺也。」瀧川龜太郎曰：「〈張儀傳〉枓作斗，酌酒器。」

		謁於代君觴之，先令舞者，置兵羽中數百人，先具「大金斗」，代君至，酒酣，反『斗』而擊之，一成腦塗。	戰・燕策 呂・長攻 史・六國年表 史・張儀列傳	
		趙簡子死，未葬，中牟入齊，已葬廿五日，襄子起兵攻，圍之未合，而城自壞者十丈，襄子擊『金』而退。	韓詩外傳卷六 淮・道應訓 新序・雜事	耕齋宇曰：「軍法鼓以進眾，鉦以退之。」（《淮南鴻烈解》卷十二頁15） 按：金，金屬器物，即鉦，軍隊作戰時敲鼓前進，擊鉦退後。
453BC	趙襄子廿三年	豫讓者，晉人，……入宮塗廁中，挾『匕首』，欲以刺趙襄子……內持『刀兵』曰……豫讓拔『劍』三躍而擊之……遂伏『劍』自殺。	戰・趙策（上） 史・刺客列傳	
455～453BC	趙襄子廿一年～廿三年	趙襄子曰：「矢足矣，吾『銅』少若何？」張孟談曰：「臣聞董閼安于之治晉陽也，公宮之室，皆以鍊『銅』爲柱質，請發而用之，則有餘『銅』矣。」君曰：「善。」	戰・趙（上）襄子 韓・十過	按：「餘銅」《韓・十過》作「餘金」。
284BC	趙惠文王十五年	昔者五國之王嘗合橫而謀伐趙，三分趙國壞地者，著之『盤盂』，屬之讎柞，五國之兵有日矣。	戰・趙策（下）	橫田維孝曰：「盤盂皆盛物者，朝夕所用言勒功於此器。」（《戰國策正解》卷六（下）頁3）
265BC	趙孝成王元年	左師公曰：「……位尊而無功，奉厚而無勞，而挾『重器』多也。今媼尊長安君之位而封之以膏腴之地，多與之『重器』而不及今令有功於國……」。	戰・趙策（下） 史・趙世家 馬王堆帛書《戰》第十八章	橫田維孝曰：「重器，謂金玉」（《戰國策正解》卷六（下）頁16）。瀧川龜太郎曰：「重器，寶器。」（《史記會注考證》頁289）
262～260BC	趙孝成王四年～六年	秦趙戰於長平，趙不勝，亡一都尉……虞卿曰：「王聊聽臣，發使出『重寶』，以附楚魏，楚魏欲得王之『重寶』，必入吾使……」。	戰・趙孝成王 新序・善謀	
258BC	趙孝成王八年	秦急圍邯鄲，邯鄲急且降，平原君患之，邯鄲傳舍吏子李談謂平原君曰：「君不憂趙亡乎？」……李談曰：「邯鄲之民……士民兵盡或剡木爲矛戟，而君之器物『鐘』磬自恣。……」於是平原君如其計。	說苑・復恩 史・平原君列傳	

257BC	趙孝成王九年	秦之圍邯鄲,趙使平原君求救,合從於楚……毛遂按『劍』歷階而上……毛遂按『劍』而前曰……毛遂奉『銅槃』……毛遂左手持槃皿……而使趙重於『九鼎大呂』……。	史‧平原君列傳	《史記‧索隱》:「九鼎大呂,國之寶器,言毛遂至楚,使趙重於九鼎大呂言爲天下所重也。」《史記‧正義》:「大呂,周廟大鐘。」瀧川龜太郎曰:「中井積德曰:『九鼎大呂,只喻其重耳。』」
		李同曰:「……君(按:平原君)器物『鐘』磐自若。……」	史‧平原君列傳說苑‧復恩	
		虞卿爲平原君請益地,謂趙王曰:「夫不鬥一卒,一頓一『戟』而解二國患者……。」	戰‧趙(下)	
256BC	趙孝成王十年	當是時,楚復彊,趙平原君使人於春申君,春申君舍之於上舍,趙使欲誇楚爲瑇瑁簪,『刀劍』室以珠玉飾。	史‧春申君列傳	

文獻記載趙國青銅器表（年代不知者）

西元前	紀　年	內　容	出　處	備　註
	趙簡子	趙簡子攻衛……行人燭過免『冑』而橫『戈』而進曰:「亦有君不能耳,士何弊之有?」簡子艴然作色。	呂‧貴直	
		趙簡子上羊腸之坂,群臣皆偏袒推車,而虎會獨擔『戟』行歌,不推車,簡子曰:「寡人上坂,群臣皆推車,會獨擔『戟』,行歌不推車,是會爲人臣侮其主,爲人臣侮其主,其罪若何?」	新序‧雜事(二)	按:戟,古代兵器名,竿端附有枝狀利刃。
298 ～ 266BC	趙惠文王	昔趙文王喜『劍』,劍士夾門而客三千餘人,日夜相擊於前,死傷者百餘人,好之不厭。	莊子‧說劍	按:此爲莊周與趙惠文王論劍有天子劍、庶人劍。〈說劍〉,羅根澤以爲「是縱橫家托之莊子而造出故事。」
235 ～ 228BC	趙幽繆王	武安君至,使韓倉數之曰:「將軍戰勝,王觴將軍,將軍爲壽於前,而捍『匕首』,當死。」……武安	戰‧趙幽王	

	君北面再拜賜死，縮『劍』將自誅……右擊『劍』……銜『劍』徵之於柱以自利……。		
無年代者	自司馬氏去周適晉，分散或在衛或在趙，或在秦……在趙者以傳『劍』論顯，蒯聵其後也。	史・太史公自序	
	於是趙襄子大義之，乃使使持衣與豫讓，豫讓拔『劍』三躍而擊之；曰：「吾可以下報智伯矣。」遂伏『劍』自殺。	戰・趙襄子史・刺客列傳	

載錄趙國青銅器之年代可確知者共十三則，年代不知者有六則，其內容除宴飲享樂之「鐘」外，其餘所見大多兵器之類，如劍刀戟戈冑，此情況與魏國相似。處於干戈倥傯時代，各樣式之兵器必然常見。

（十二）韓　國

韓之祖先與周同姓，爲姬氏。韓武子事晉，得封於韓原（今山西榮河東北），其後韓厥，從封姓爲韓氏。戰國初期三家分晉，此時之韓爲康子，其後歷經武子、景侯、烈侯、文侯、哀侯、莊侯、昭侯、宣惠王、襄王、釐王、桓惠王、韓王安。若以韓武子論起，至韓王安，韓國有十二世，始於西元前424年至西元前230年，凡195年。先秦史籍載錄韓國青銅器僅有二則，其詳如下：

文獻記載韓國青銅器表（年代確知者）

西元前	紀　年	內　　容	出　處	備　　註
397BC	韓烈侯三年	嚴遂拔『劍』趍之……政乃市井之人鼓『刀』以屠……仗『劍』至韓……持『兵戟』而衛侍者甚眾。	戰・韓烈侯史・刺客列傳	《史・刺客列傳》「嚴仲子」即《戰》「嚴遂」，非「韓嚴」。
338BC	韓昭侯廿五年	於是蘇秦說韓昭侯曰：「……韓卒之『劍戟』皆出於冥山、棠谿、墨陽、合賻、鄧師、宛馮、龍淵、大阿……帶利『劍』……按『劍』仰天太息……。」	戰・韓策史・蘇秦列傳	《史記・索隱》：「……故天下之寶劍，韓爲眾，一曰棠谿、二曰墨陽、三曰合伯、四曰鄧師、五曰宛馮、六曰龍淵、七曰太阿、八曰莫邪、九曰干將也……。」

此所載錄之器皆爲劍刀戟之類，與魏趙相似，韓國爲提昇劍戟之堅利，擇取重地加以鑄造，由此可見戰國是兵連禍結時期。

二、器物類別

　　商周青銅器類別之劃分，在宋清時期因認識不清，是以造成對器形之辨識或器制之命名常有混淆訛謬。〔註20〕民國以後，學者致力於青銅器之研究，在器物分類上有很大轉變，諸如容庚、陳夢家、林巳奈夫、梅原末治等人，或依形制劃分，或據用途分類，〔註21〕然各有其優缺點，馬承源綜合各家諸說，分為八大類：飪食器、樂器、酒器、兵器、水器、農工具、車馬器、生活用具，〔註22〕此分類是依器物性質與用途，較為客觀可取。

　　先秦典籍載錄晉系青銅器極為繁夥，而各國器物出現狀況不一，然其真品今已不復見，欲了解當時各國對器物運用情況，唯就文獻所記載之器物作分類，其類別則依馬承源分類方式，其表如下：

文獻記載晉系所屬器物表

器類＼晉系諸國	飪食器	樂器	酒器	兵器	水器	農工具	車馬器	生活用具
晉國	鼎 6 豆 6 甗 1 匕 1	鐘 19 鎛 2 錞于 1 丁寧 1	爵 6 卣 2 壺 3 尊 1 觶 2 斗 1	劍 16 戈 10 戟 2 矛 1 冑 7 鉞 2 刀 2	匜 1	斧 2		鑑（鏡）1
衛國	鼎 4 豆 2 簠 2 簋 2	鐘 6	爵 6	戈 7 劍 7 矛 1 殳 1		斤 1		鑑（鏡）2

〔註20〕馬承源說：「羅振玉《三代》不能區分敦彝和簋……如缶這種器形，在東周時代有容酒的尊缶和容水的盥缶，而在有些著作中，均稱之為罍，這就混淆它們的類別。」（《中國青銅器》頁20）

〔註21〕容庚將青銅器分為五大類：食器、酒器、水器、樂器、雜器，其詳見《商周彝器通考》；陳夢家依器制分類有鼎、鬲、甗、𣪘（簋）、盨、簠、豆、敦、匕、罕、盂、爵、角、尊、觥、觶、卣、方彝、瓿、鳥器尊、壺、罍、缶、盤、皿、橢器、勺、盂、盤、匜、鑒、鋪等，其詳見《美帝國主義劫掠的我國殷周銅器集錄》；日本林巳奈夫將青銅器分為五大類：食器、酒器、盥器、樂器、雜器，其詳見《殷周時代青銅器之研究》；梅原末治以青銅器之形式分為十三類，其詳見《古銅器形態之考古學的研究》。

〔註22〕詳見《中國青銅器》頁23。

鄭國	鼎 3 豆 3	鐘 4	爵 1	戈 3 刀 1 矛 2 戟 1				鑑（鏡）1
虢國			爵 1	鉞 1				鑑（鏡）1
虞國				劍 1				
荀國								
賈國								
蘇國								
東周西周	鼎 22 簠 1 簋 1 豆 1	鐘 12	尊 2	劍 1				
魏國	鼎 3	鐘 4		虎符 1 劍 6 戈 1		斧 1 斤 1		
趙國	盂 1 鼎 1	鐘 3 鉦 1	枓 5	戟 3 劍 12 戈 1 刀 1 匕首 1 冑 1	盤 3			
韓國				劍 5 戟 2 刀 1				
備註	1. 器名下註明數字，乃依據文獻所見之次數。 2.「鑑」字，各注家皆釋爲「鏡」，故不列於水器，而列於生活用具。							

　　由此表呈現出一明顯之跡象：凡國祚較長者，其器物較多，如晉、鄭、衛；國祚較短或地位不顯要者，在文獻史料無記載其器物，故由器物載錄之狀況，可知權勢轉變。至於器物類別，由此表示可得知三種現象：（1）禮器特多──八類中之飪食器、樂器、酒器均屬於禮器，皆爲宴饗所必備之器，其中鼎、豆、鐘、爵又是出現次數較多，可見東周時期諸侯強國「鐘鳴鼎食」是普遍之現象。飪食器中之「鼎」，除作烹飪器或祭祀之重器外，已作爲鎮國之寶與王權之象徵，此說明器物常隨時勢有轉化作用。（2）兵器樣式多──商周青銅兵器，馬承源在《中國青銅器》指明有劍、戈、戟、矛、殳、鉞、

匕首、胄、弩機、矢鏃十一項，前九項均已見於文獻所載錄晉系兵器類之中。由此可見在東周時期，晉系諸國爲保疆衛民或開拓領土，於兵器鑄造除講求精良外，且力求樣式多，以符合作戰之需要。（3）水器工具生活用具不多見——商周時期宴饗前須行沃盥之禮，其器具爲匜與盤，是以兩者相需爲配。依理而言，盤匜爲常用之器，文獻史料宜多載錄，然而在晉系中僅見於晉與趙，蓋盥洗爲小節之事，故史籍不多載錄。至於工具僅有「斧」、「斤」，生活用具僅有「鑑」，三器雖爲日用之所需，然與「鐘」、「鼎」相較，其價值性較低，故史籍載錄不多。至於農具或車馬器，先秦文獻未有記載，此器物尚待地下文物之出土，始能得知其眞貌也。

第二節　西漢至清季史料著錄晉系青銅器

　　自西漢以後至清季，文獻史料著錄晉系青銅器，依時序可分爲三期：西漢至五代爲第一期，宋代爲第二期，清代爲第三期，此按其先後加以敘述。

一、西漢至五代時期

　　自西漢以後，鑄造青銅器之盛況驟減，其因有二：一爲鐵器普遍使用，二爲當時世人已不再重視青銅器在政治上之價值，是以青銅器鑄造數量已非往昔之多，然而先秦之彝器卻不斷於各朝代中出土，其載錄之文獻史料，約略見於《史・封禪書》、《漢書・武帝紀》、《漢書・禮樂志》、《漢書・郊祀志》、《前漢紀・孝武皇帝紀》、《後漢書・明帝紀》、《說文解字・敘》、《後漢紀・孝明皇帝紀》、《宋書・符瑞志》、《南齊書・祥瑞志》、《梁書・文學》，陶宏景《古今刀劍錄》、虞荔《鼎錄》、《魏書・靈徵志》、《隋書・高祖紀》、《五代會要・泉貨》。

　　依諸書之記載，各朝代對出土之彝器看待狀況，蓋可分爲二階段：第一階段爲西漢至六朝，此時期對此彝器有二種現象，一爲帝王視爲祥瑞而供俸於朝廷，如西漢武帝、東漢明帝；〔註23〕二爲有人以此器物作爲學術之研究，

〔註23〕西漢武帝元鼎四年（西元前 113 年），汾陰得鼎，以禮祠迎至甘泉，其詳見《史・封禪書》、《漢書・武帝紀》、《漢書・郊祀志》（上）、《漢書・禮樂志》、《鼎錄》。東漢明帝永平六年（西元 63 年），王雒山出寶鼎，明帝下詔書，欲陳鼎於廟，其詳見於《後漢書・明帝紀》、《後漢紀・孝明皇帝紀》、《宋書・符瑞志》（下）。

如西漢張敞以美陽鼎銘文考證史實，東漢許慎以鼎彝古文作文字學之探討，南朝蕭梁劉杳以犧尊辨識古之遺器。〔註 24〕第二階段為隋朝至五代，帝王視此器物為袄異不祥而廢毀，如隋文帝、周太祖。〔註 25〕

在此青銅器史料中，有明確記載其別國不多，如李少君能辨齊桓公器，張敞以美陽鼎為西周器，竇憲征匈奴於酒泉得〈仲山甫鼎〉，劉杳言犧尊為齊器。〔註 26〕晉系青銅器能確認者，僅有漢武帝元鼎四年之鼎，此為晉器，李學勤與筆者已辨證之，〔註 27〕然其鼎今已不見，不知其形制銘文，是以無法得知其特徵；至於是否有其他諸國之青銅器，由於史料未有明言，難以知曉。

二、宋代時期

趙宋時期嗜古之風盛行，古器如深泉般湧出，秘閣太常藏器甚夥，此時於彝器之研究蔚興焉。凡為出土地點、收藏狀況、器物之大小容量重量、圖象銘文、釋文考證等金文諸問題，皆作深邃之探討，故有金文之專書傳世，如呂大臨《考古圖》、王黼《博古》、薛尚功《薛氏》、無名氏《續考古圖》、張掄《紹興內府古器評》、王俅《嘯堂》、王厚之《鐘鼎款識》；此外亦有間雜石刻之專著，如歐陽脩《集古錄》、董逌《廣川書跋》、黃伯思《東觀餘論》、鄭樵《通志‧金石略》；亦有涉及古器物之宋人筆記，如張世南《游宦紀聞》、趙希鵠《洞天清錄》、翟耆年《籀史》等。此諸書著錄狀況不一，略可分為五類：一為有圖象銘文釋文，如呂大臨《考古圖》、王黼《博古》；二為有銘文釋文，如薛尚功《薛氏》；三為僅有銘文，如王俅《嘯堂》；四為僅有釋文，如董逌《廣川書跋》、黃伯思《東觀餘論》；五為僅有器名，如鄭樵《通志‧金石略》。民國三年（西元 1914 年）王國維依宋代金石書所著錄彝器分為 28 類，作為《宋代金文著錄表》，民國十七年（西元 1928 年）容庚又就王表之缺失，作成《重編宋代金文著錄表》，此於宋朝藏器數量、銘文字數、器制紋

〔註 24〕西漢宣帝神爵元年（西元前 61 年），美陽得鼎，張敞按鼎銘議論其文，其詳見《漢書‧郊祀志》（下）。東漢許慎據郡國山川出土之鼎彝辨識其銘文，其詳見於《說文解字‧敘》。劉杳以犧尊為古之彝器，其詳見於《梁書‧文學》（下）。

〔註 25〕隋文帝開皇十一年（西元 591 年），以平定南朝陳所得古器為妖異，其詳見《隋書‧高祖紀》（下）。周太祖顯德二年（西元 955 年），勅令將銅器物限五十日內，並須毀廢送官，其詳見《五代會要》卷廿七〈泉貨〉。

〔註 26〕李少君辨識齊器，詳見於《史‧封禪書》、《漢書‧郊祀志》、《前漢紀‧武帝紀》。竇憲得〈仲山甫鼎〉見於《宋書‧符瑞志》（上）。

〔註 27〕見李學勤《古文字學初階》頁 35 及拙作《晉國文獻及銘文研究》頁 266 至 268。

飾、史事考證及器物存佚僞，均能瞭若指掌。有關宋朝金文書著錄晉系青銅器，此以上述之書，依序一一臚列出。

歐陽脩《集古錄跋尾》（一）著錄〈韓城鼎〉，此即爲〈晉姜鼎〉，屬於晉國之器，有銘文、楷書隸定。宋仁宗嘉祐四年（西元 1059 年）劉原甫於韓城（陝西大荔縣東北）得此鼎，後與楊南仲各隸定成楷書，有不同之釋讀，歐陽脩得此二人之文，遂收錄於《集古錄》之中。

呂大臨《考古圖》著錄晉國之器有〈晉姜鼎〉，鄭國之器有〈鄭方鼎〉，虢國之器有〈虢叔鬲〉、〈叔殷毅鬲〉、〈虢姜敦〉、〈虢叔彝〉，東周之器有〈杜嬬鋪〉，衛國之器有〈中朝事後中尊〉。各器有器形摹本（〈叔殷毅鬲〉無）、銘文拓本、楷書隸定（〈鄭方鼎〉無）、釋文。

王黼《博古》著錄晉國之器有〈周晉姜鼎〉、〈周伯都父鼎〉，衛國之器有〈周高克尊〉、〈周毀敦〉，鄭國之器有〈周尨生鼎〉、〈周京叔簋〉，東周之器有〈周劉公鋪〉。各器有器形摹本、銘文拓本、楷書隸定及釋文。

董逌《廣川書跋》著錄東周之器有〈杜嬬鋪〉，晉國之器有〈晉姜鼎〉、〈周舉鼎〉。三器僅有釋文而已。

薛尚功《薛氏》著錄晉國之器有〈晉姜鼎〉、〈伯都父鼎〉，衛國之器有〈師毀敦〉、〈高克尊〉，鄭國之器有〈京叔簋〉、〈尨生鼎〉，虢國之器有〈虢叔彝〉、〈虢姜敦〉、〈虢叔鬲〉（一）（二），東周之器有〈劉公簋〉。各器有銘文摹本、楷書隸定及釋文，釋文部分均參錄《博古》。

鄭樵《通志·金石略》著錄晉國之器有〈晉姜鼎〉，虢國之器有〈虢姜鼎〉、〈虢姜敦〉、〈虢叔鬲〉，鄭國之器有〈鄭伯姬鼎〉、〈尨生鼎〉，衛國之器有〈師毀鼎〉，東周之器有〈劉公医〉。各器僅有器名而已。

《續考古圖》著錄衛國之器有〈伯龢父敦〉（即〈師毀鼎〉），虢國之器有〈寶敦〉。二器均有器形摹本、銘文拓本、楷書棣定及釋文。

王復齋《鐘鼎款識》著錄虢國之器有〈周四年虢姜敦〉、〈虢姜鼎〉。二器有銘文拓本、楷書隸定及釋文。

張掄《紹興內府古器評》著錄虢國之器有〈周虢叔鬲〉（一）（二），晉國之器有〈周宰辟父敦〉。此三器僅有釋文而已。

王俅《嘯堂》著錄晉國之器有〈周伯都父鼎〉、〈周晉姜鼎〉，東周之器有〈周劉公鋪〉，衛國之器有〈周高克尊〉，鄭國之器有〈周京叔簋〉、〈周尨生鼎〉。各器僅有銘文摹本及楷書隸定。

　　上述列國之器，均依宋代金文學家就其銘文之內容而訂定其國別。此依晉、鄭、衛、虢、東周西周之序，將其器物列表陳述，以明晰該國器物之狀況。

宋代金石文獻著錄晉系青銅器表

國別	器名	著　錄　文　獻	銘文	備　　　　註
晉國	晉姜鼎	集古錄跋尾一 考古圖一、七 博古二、六 廣川書跋二、十五 薛氏十、四十八 通志、金石略一 嘯堂上、上、十	121字	《集古錄》作「韓城鼎」 《博古》、《嘯堂》作「周晉姜鼎」 董逌曰：「知其爲晉鼎矣。」（《廣川書跋》卷三頁2）
	伯䣄父鼎	博古三、十三 薛氏九、四十二 嘯堂上、上、十九	18字	《博古》作「周伯䣄父鼎」 王黼曰：「此鼎蓋成、康時物也。」（《博古》卷三頁14）
	周舉鼎	廣川書跋	無明確記載	董逌曰：「制器簡古，文字特異，蓋晉之當世，或其後人所作，以示於眾，非秦、漢之君之所爲也。」（《廣川書跋》卷三頁10）
	周宰辟父敦	紹興內府古器評（上）·卅一	75字（無銘文記載）	張掄曰：「晉有公子周，是爲悼公，此曰周者，必悼公也。」（《紹興內府古器評》（上）頁31）
鄭國	鄭方鼎	考古圖一、十九	無銘文	呂大臨曰：「李氏錄云：《春秋左氏傳》晉侯賜鄭子產莒之二方鼎，今得之新鄭，蓋鄭鼎也。」（《考古圖》卷一頁19）
	尨生鼎	博古三、廿九 薛氏九、四十二 通志、金石略一 嘯堂上、上、廿三	16字	《博古》、《嘯堂》作「周尨生鼎」。 王黼曰：「《左》后羿有臣曰尨圉，鄭有大夫曰公子尨，此鼎雖古，而款識曰年已非有夏之制，則尨不可爲尨圉，殆所謂公子，尨耶？」（《博古》卷三頁30）
	京叔簋	博古十八、十一 薛氏十五、七十五 嘯堂下、上、十七	11字	《博古》、《嘯堂》作「周京叔簋」。 王黼曰：「《左》言鄭武公取于申曰武姜，生莊公及公叔段，姜氏愛叔段，請京邑使居之，因謂之京城大叔者，疑出於是也。」（《博古》卷十八頁11）
	鄭伯姬鼎	通志、金石略一	無明確記載	

衛國	高克尊	考古圖四、五十七 薛氏十一、五十二 嘯堂上、上卅四	57字	《考古圖》作〈中朝事後中尊〉 《博古》、《嘯堂》作〈周高克尊〉 王黼曰：「周末衛文公時有高克將兵後卒奔於陳，疑克者迺斯人歟？若爾則是器蓋衛物也。」（《博古》卷六頁38）
	師毀敦	博古十六、卅 薛氏十四、六十九 通志、金石略一 續考古圖五、六	113字	《博古》作「周毀敦」。
虢國	虢叔鬲（一）	考古圖二、六 薛氏十七、七十九 通志、金石略一 紹興內府古器評（上）卅一	5字	
	虢叔鬲（二）	考古圖二、十七 薛氏十六、七十九 紹興內府古器評（下）九	8字	《考古圖》作〈叔殷穀鬲〉
	虢叔彝	考古圖四、卅七 薛氏十二、五十六	3字	
	虢姜敦	考古圖三、十七 薛氏十四、六十四 通志、金石略一	44字	
	虢姜鼎	鐘鼎款識十五	12字	《通志、金石路》（一）著錄〈虢姜鼎〉與此是否為同一鼎，不得而知。
	周四年虢姜敦	鐘鼎款識十九	13字	
	寶敦	續考古圖三、廿五	50字	
東周西周	杜嫚鋪	考古圖三、四十八 博古十八、廿一 廣川書跋二、十五 薛氏十五、七十二 通志、金石略一 嘯堂下、上、十七	10字	《博古》、《嘯堂》作「周劉公鋪」。 《薛氏》作「劉公簠」。 《通志、金石略》一作「劉公医」。 王黼曰：「周靈王時有劉定公、景王時有劉獻公，此曰劉公，未審其誰也。」（《博古》卷十八頁21）

　　由此表可知有三種現象：（一）晉、鄭、虢三國在西周晚期與東周初期於周王室中頗有地位，是以其器物較多。至於虞、荀、賈、蘇等國均無一物之記載，可見其為小國也。魏、韓、趙為戰國時期講求富國強兵之國，故重視

兵器之鑄造，然宋代金文文獻收錄兵器較少，是以無見韓趙魏之兵器。（二）本表所著錄之鼎共有七件，簋或敦有六件，鬲有二件，鋪有一件，尊有一件。以器用而言，除尊為酒器外，其餘皆為飪食器。（三）本表所列諸國之器，均為宋代金文學家所定，然而有些器物為臆測，如〈杜嬬鋪〉、〈周舉鼎〉、〈尨生鼎〉；有些器物無銘文記載，如〈周舉鼎〉、〈周宰辟父敦〉、〈鄭方鼎〉、〈鄭伯姬鼎〉難以辨識為何國之器；甚者有敘述與史實不符，如〈高克尊〉，王黼曰：「蓋衛物也。」。按：《左》閔二年（西元前 660 年）：「鄭人惡高克，使帥師次于河上，久而弗召，師潰而歸，高克奔陳。」，杜預注：「高克，鄭大夫，好利而不顧其君，文公惡之而不能遠，故使帥師而不召。」。由此可知，高克為鄭文公時之大夫，非衛文公時人；若〈高克尊〉為高克之物，則此器宜為鄭器，非衛器也。是以本表能確信者，晉國有〈晉姜鼎〉、〈周伯都父鼎〉；鄭國有〈京叔簋〉；虢國有〈虢叔鬲〉（一）（二）、〈虢叔彝〉、〈虢姜敦〉、〈周四年虢姜敦〉、〈虢姜鼎〉、〈寶敦〉。容庚云：「宋代著錄彝器之有銘文者六百餘器，及今存者，僅得〈厚趠方鼎〉、〈兮甲盤〉二器耳。」。〔註28〕據此可知，晉、鄭、虢諸器已無見其真貌，唯以宋人著錄以了解其概況。

三、清代時期

清代考據學昌盛，金文之研究亦深受其影響而蔚然風靡焉；凡為彝器作著錄之官撰、私著均大量問世，官撰如乾隆勅編《西清》、《清甲》、《清乙》、《寧壽鑑古》，私著如《積古》、《筠清》、《長安》、《恆軒》、《古拾》、《古餘》、《攈古》、《綴遺》、《奇觚》、《陶齋》等，各從圖象、形制、銘文、考古等各方面研究，故當時名家輩出，如錢坫、阮元、劉喜海、吳榮光、吳雲、潘祖蔭、吳大澂、徐同柏、孫詒讓、吳式芬、方濬益、劉心源、端方等，諸人成就燦然，為清代金文學建樹不少新論，亦為古文字之研究開展新契機，即從《說文》小篆上溯推源到鐘鼎銘文。

清代金文書著錄狀況不一，略可分為四類：一為有圖象銘文釋文，如梁詩正等《西清》、王杰等《清甲》、《清乙》、吳雲《兩罍》、端方《陶齋》、《陶續》；二為有銘文釋文，如阮元《積古》、吳榮光《筠清》、孫詒讓《古拾》、《古餘》、吳式芬《攈古》、呂調陽《釋銘》、方濬益《綴遺》、劉心源《奇觚》、朱

〔註28〕見《通考》頁 257。有關〈厚趠方鼎〉、〈兮甲盤〉可參見拙作〈晉國文獻及銘文研究〉頁 372 註 72。

善旂《敬吾》、徐同柏《從古》；三為有圖象銘文，如劉喜海《長安》、吳大澂
《恆軒》；四為僅有器名及銘文字數，如曹載奎《懷米山房藏器目》。民國三
年（西元 1914 年）王國維就盛昱《鬱華閣金文》拓本及羅振玉所藏拓本，分
為卅四類，作成《國朝金文著錄表》六卷，收錄有四二九二器，是表一出，
傳世古器，檢閱良便。民國廿年（西元 1931 年）鮑鼎又就王表之遺漏，作成
《國朝金文著錄表補遺》，又增二七五四器。由此可知清代因古器滋出，故其
數量遠超趙宋有十倍，真可謂大觀矣。有關清朝金文書著錄晉系青銅器，此
依成書之年代逐序加以陳述。

　　梁詩正等《西清》著錄晉國之器有〈周晉姜鼎〉，衛國之器有〈周伯和尊〉
（有三器）、〈周伯和卣〉、〈周伯和匜〉，虢國之器有〈周虢仲敦〉、〈周虢盉〉。
各器均有器形摹本、銘文拓本、楷書隸定及釋文。

　　王杰等《清甲》著錄晉國之器有〈周欒季簠〉，衛國之器有〈周伯和鼎〉、
〈周伯克尊〉、〈周毀敦〉，東周之器有〈杜嬬鋪〉。各器均有器形摹本、銘文
拓本、楷書隸定及釋文。

　　王杰等《清乙》著錄衛國之器，僅有〈周伯和尊〉，有器形摹本、銘文拓
本、楷書隸定、釋文，銘詞與《西清》所著錄〈周伯和尊〉相同。

　　阮元《積古》著錄鄭國之器有〈鄭邢叔綏賓鐘〉、〈鄭太師小子甗〉、〈叔
夒父鬲〉、〈鄭羌伯鬲〉；虢國之器有〈虢姜鼎〉、〈虢叔尊〉、〈虢姜敦〉；衛國
之器有〈衛公孫呂戈〉；趙國之器有〈欒左軍戈〉。各器有銘文摹本、楷書隸
定及釋文。

　　吳榮光《筠清》著錄晉國之器有〈周晉姬鬲〉，鄭國之器有〈鄭義父簠〉，
虢國之器有〈周虢王簠〉、〈周虢季氏敦〉、〈周虢叔鐘〉、〈周虢叔編鐘〉，蘇國
之器有〈周蘇公敦〉。各器有銘文摹本或榻本、楷書隸定及釋文。

　　劉喜海《長安》著錄衛國之器有〈衛子盨〉、蘇國之器有〈衛妃鼎〉，兩
器僅有銘文及器名摹本。

　　吳雲《兩罍》著錄虢國之器僅有〈周虢子壺〉，有器形及銘文之摹本、楷
書隸定及釋文。

　　吳大澂《恆軒》著錄晉國之器有〈邵鐘〉（有二器），鄭國之器有〈鄭柉
叔賓父壺〉，虢國之器有〈虢仲敲〉，魏國之器有〈平安君鼎〉，蘇國之器有〈蘇
公敲〉、〈蘇衛妃鼎〉。各器僅有器形及銘文摹本。

　　徐同柏《從古堂款識學》十六卷未見，臺北藝文印書館《百部叢書集成》

中之《仰視千七百廿九鶴齋叢書》有《從古堂款識學》一卷，其中有一件虢國之器爲〈周虢叔大林鐘〉，僅有銘文隸定成楷書及釋文。

孫詒讓《古拾》著錄晉國之器有〈晉姜鼎〉，虢國之器有〈虢叔大林鐘〉。此二器僅有銘文隸定成楷書及釋文。

呂調陽《釋銘》著錄晉國之器有〈晉姜鼎〉，虢國之器有〈虢叔大林鐘〉、〈虢姜鼎〉、〈虢姜敲〉、〈虢叔敲蓋〉、〈虢王姑簋〉，鄭國之器有〈鄭邢叔綏賓鐘〉、〈鄭義羞父簋〉、〈叔䕞父鬲〉、〈鄭羌伯鬲〉，蘇國之器有〈蘇冶妊鼎〉。各器均有銘文摹本、楷書棣定及釋文。

吳式芬《攈古》著錄晉國之器有〈晉邦盫〉，鄭國之器有〈鄭邢叔簋蓋〉、〈鄭邢叔鐘〉、〈饔原父鼎〉、〈鄭同娸鼎〉、〈鄭義姜簋〉、〈鄭伯甗〉、〈鄭大師甗〉、〈大司工簠〉、〈鄭伯匜〉、〈姜伯鬲〉、〈叔䕞父鬲〉、〈叔帶鬲〉，衛國之器有〈公孫呂戈〉、〈衛子簋〉，虢國之器有〈虢姜鼎〉、〈虢姜敦〉、〈虢遣生敦〉、〈遣叔簋〉、〈虢季氏敦〉、〈虢文公鼎〉、〈虢季子盤〉、〈虢仲鬲〉、〈虢叔尊〉、〈虢叔簋〉、〈虢叔簠〉（有二器）、〈虢叔鐘〉（有三器）、〈虢叔編鐘〉（有三器），虞國之器有〈虞司寇壺〉（有二器），蘇國之器有〈衛妃鼎〉、〈穌改鼎〉、〈穌冶妊鼎〉、〈蘇公子敦〉、〈甫人匜〉，魏國之器有〈梁鼎〉、〈大梁鼎〉，趙國之器有〈欒左軍戈〉。各器均有銘文摹本、隸定楷書及釋文。

方濬益《綴遺》著錄晉國之器有〈邵鐘〉（有九器）、〈晉公盫〉、〈呂太叔斧〉（有二器），衛國之器有〈衛公孫呂戈〉，鄭國之器有〈鄭井叔蒁賓鐘〉、〈鄭井叔康簋〉、〈鄭儀父苟父簋〉、〈鄭伯筍父甗〉、〈鄭井叔甗〉、〈鄭大內史叔上匜〉、〈鄭楙叔賓父壺〉，虢國之器有〈虢仲鬲〉、〈虢伯鬲〉、〈虢叔簋蓋〉、〈虢叔盂〉、〈虢季氏子組壺〉、〈虢季子白盤〉、〈虢季匜〉、〈虢叔鐘〉（有三器）、〈虢叔編鐘〉（有二器）、〈虢叔簋〉（有二器），虞國之器有〈虞司寇壺〉，衛國之器有〈衛子叔旡父簋〉，蘇國之器有〈蘇甫人盤〉、〈蘇甫人匜〉，荀國之器有〈荀伯大父簋〉，趙國之器有〈欒左軍戈〉、〈甫人父匜〉，韓國之器有〈鄭東盫〉。各器均有銘文摹本、隸定楷書及釋文。

劉心源《奇觚》著錄晉國之器有〈晉左軍戈〉、〈邵啓墓鐘〉、〈邵太叔斧〉，鄭國之器有〈鄭義羞父簋〉、〈鄭同媿鼎〉、〈鄭鄧伯鬲〉，虢國之器有〈虢仲鬲〉、〈虢叔簋〉、〈虢叔尊〉、〈虢叔簠〉、〈虢季子白盤〉、〈虢姜鼎〉、〈虢公子鼎〉、〈虢叔鐘〉（有二器），蘇國之器有〈穌公敲〉、〈穌甫人匜〉。各器均有銘文拓本、隸定楷書及釋文。

　　孫詒讓《古餘》著錄晉國之器有〈晉邦盦〉，虢國之器有〈虢文公鼎〉，魏國之器有〈梁鼎〉、〈大梁鼎〉。四器僅有銘文隸定楷書及釋文。

　　朱善旂《敬吾》著錄虢國之器有〈虢文公鼎〉、〈周虢季氏敦蓋〉，蘇國之器有〈衛妃鼎〉、〈周蘇公子敦〉，鄭國之器有〈鄭井叔簋蓋〉、〈鄭登伯鬲〉。各器均有銘文拓本及楷書隸定。

　　端方《陶齋》著錄晉國之器有〈呂太叔斧〉，韓國之器有〈秦右殳鼎〉、〈秦鄭武軍斷劍〉，魏國之器有〈秦高都劍〉，趙國之器有〈秦吊平侯劍〉，各器有器形摹本、銘文拓本（模糊不清）及器形長度說明。韓、韓、魏之器，端方皆誤以為秦器。端方《陶續》著錄虢國之器有〈虢叔大林鐘〉、〈虢文公鼎〉、〈虢季子敦〉，蘇國之器有〈穌衛妃鼎〉。各器均有器形摹本、銘文拓本及釋文。

　　上述列國之器，均依清代金文學家就其銘文之內容而訂定其國別。此依晉、鄭、衛、虢、虞、蘇、荀、韓、趙、魏、東周西周之順序，將其器物列表陳述，以明示該國器物之狀況。

清代金文獻著錄晉系青銅器表

國別	器名	著錄文獻	銘文	備　　註
晉國	晉姜鼎	西清二、十三 釋銘二、五十 古拾上、四一	121 字	《西清》作「周晉姜鼎」 容庚《西清金文真偽存佚表》謂《西清》之〈晉姜鼎〉仿宋偽造之器。
	周欒季簋	清甲十三、六	16 字（蓋器同銘）	王杰曰：「按晉靖侯孫賓食采欒邑，因以為氏。」（《清甲》卷十三頁 6）
	邵鐘	恒軒一及二 奇觚九、廿七 綴遺二、四	80 字	《綴遺》著錄有九器。 《奇觚》作「邵瞀墓鐘」。
	晉邦盦	攗古三、三、廿九 綴遺廿八、六 古餘（下）一〇三	170 餘字	《綴遺》作「晉公盦」。
	呂太叔斧	綴遺廿九、三 奇觚十、十九 陶齋三、四十九	12 字與 9 字	《綴遺》著錄有二器。
	晉左軍戈	奇觚十、廿	6 字	
	周晉姬鬲 ●	筠清四、卅六	6 字	王國維《國朝金文著錄表》謂此器為偽器。

鄭國	鄭同娸鼎	攟古二、一、四十七 奇觚一、廿	10 字	《奇觚》作「鄭同媿鼎」。
	鄭饔邍父 鼎	攟古二、一、八十	13 字	《攟古》作「饔原父鼎」。
	鄭義姜父 簋	筠清三、十五 釋銘四、廿一 攟古二、二、十二 綴遺九、十六 奇觚十七、卅一	14 字	《筠清》作「周鄭義父簋」 《攟古》作「鄭義姜簋」。 《奇觚》、《釋銘》作「鄭義羞父簋」。 《綴遺》作「鄭儀苟父簋」。
	鄭邢叔簋 蓋	攟古二、二、廿 綴遺九、十五 敬吾	15 字	《綴遺》作「鄭井叔康簋」 《敬吾》作「鄭井叔簋蓋」
	鄭邢叔綏 賓鐘	積古三、二 釋銘一、十一 攟古二、一、四十七 綴遺二、一	10 字	《攟古》作「鄭邢叔鐘」。 《綴遺》作「鄭井叔綏賓鐘」。
	鄭井叔甗	綴遺九、卅一	10 字	
	鄭伯甗	攟古二、一、五十四 綴遺九、卅	10 字	《綴遺》作「鄭伯苟父甗」。
	鄭太師小 子甗	積古七、十九 攟古二、二、十九	15 字	《攟古》作「鄭大師甗」。
	鄭叔蒦父 鬲	積古七、廿二 釋銘四、四十二 攟古二、一、十三	7 字	《積古》、《釋名》、《攟古》均作「叔蒦父鬲」。
	鄭羌伯鬲	積古七、廿四 釋銘四、四十四 攟古二、一、七十四	12 字	《攟古》作「姜伯鬲」。
	鄭登伯鬲	攟古二、一、廿九 奇觚八、四 敬吾	8 字	《攟古》作「叔帶鬲」。 《奇觚》作「鄭登伯鬲」。
	召叔山父 簠	攟古二、三、五十三	28 字	《攟古》作「大司工簠」。
	鄭大內史 叔上匜	綴遺十四、十七	33 字	
	鄭伯匜	攟古二、三、八	21 字	
	鄭桼叔賓 父壺	恒軒五十五 綴遺十三、十八	15 字	

衛國	伯克尊●	清甲五、八	30 字（蓋器同銘）	《西清》作「周伯克尊」。王杰曰：「《鐘鼎款識》有〈高克尊〉銘詞相同，而缺其後半『高克作仲尊』等廿八字，疑有從尊。」（《清甲》卷五頁）
	師嫠敦	清甲十二、卅四	106 字（蓋器同銘）	《西清》作「周嫠敦」與《博古圖》之〈師嫠敦〉同。
	衛公孫呂戈	積古八、十三　擻古二、一、十八　綴遺卅、十七	7 字	《擻古》作〈公孫呂戈〉。
	衛子盨	長安一、廿三　擻古二、一、廿九　綴遺八、十六	8 字	《擻古》作「衛子簠」。《綴遺》作「衛子叔旡父簠」。
	伯和尊●	西清八、廿六　清乙五、六	34 字	《西清》、《清乙》作「周伯和尊」。梁詩正曰：「天子稱同姓諸侯曰伯父、叔父而衛武公名和，《博古圖‧嫠敦》考謂伯和父爲衛武公良是。」（《西清》卷八頁 26）容庚謂《清乙》之〈伯和尊〉爲「僞器」。
	伯和卣●	西清十五、十五	30 字（蓋器同銘）	《西清》作「周伯和卣」。容庚《西清金文眞僞存佚表》謂此器爲「僞器」。
	伯和鼎●	清甲一、九	37 字	《清甲》作「周伯和鼎」，容庚定此器爲僞器，詳見《通論》頁 137。
	伯和匜	西清卅二、七	36 字（蓋器同銘）	《西清》作「周伯和匜」。
虢國	虢伯鬲	綴遺廿七、廿一	18 字	
	虢仲敦	西清廿七、廿八	23 字（蓋器同銘）	《西清》作「周虢仲敦」。梁詩正曰：「銘稱鄭虢仲，意爲鄭之大夫，非桓王時虢仲矣。」（《西清》卷廿七頁 28）
	虢仲鬲	擻古二、二、卅三　綴遺廿七、廿二　奇觚十八、廿一	16 字	
	虢仲敢	恒軒卅七	6 字	
	虢叔盂	綴遺廿八、二	5 字（蓋器同銘）	
	虢叔尊	積古五、一　擻古二、一、廿五　奇觚十七、四	8 字	

虢叔簠	攗古二、一、五十六 綴遺八、十一 奇觚五、廿	10字	《攗古》、《綴遺》著錄有二器。
虢叔簠	攗古二、一、八十五 綴遺九、十三 奇觚十七、廿八	13字	《綴遺》作「虢叔簠蓋」。
虢叔敦蓋	釋銘三、五十六	34字	
虢叔鐘	筠清五、十四 從古一 古拾中、七十四 釋銘一、五 攗古三、二、一 綴遺一、十八 奇觚九、卅 陶續一、三	93字	《筠清》作「周虢叔鐘」。 《從古》作「周虢叔大林鐘」。 《陶續》、《古拾》、《釋銘》作「虢叔大林鐘」。 《攗古》、《綴遺》著錄有三器,《奇觚》著錄有二器。
虢叔編鐘	筠清五、十六 攗古三、二、五 綴遺一、廿三	54字	《筠清》作「周虢叔編鐘」。 《攗古》著錄有二器,《綴遺》著錄有二器。
虢季子盤	攗古三、二、卅七 綴遺七、十四 奇觚八、十五	111字	《綴遺》、《奇觚》作「虢季子白盤」。
虢季氏敦	筠清三、四十二 攗古二、二、七十 敬吾 陶續一、卅五	19字	《筠清》作「周虢季氏敦」。 《陶續》作「虢季子敦」。 《敬吾》作「周虢季氏敦蓋」。
虢季子壺	兩罍七、四 綴遺十三、十九	19字	《兩罍》作「周虢季子壺」。 《綴遺》作「虢季氏子組壺」。
虢季匜	綴遺十四、七	7字	
虢盉	西清卅一、卅三	8字（蓋器同銘）	《西清》作「周虢盉」。
虢遣生敦	攗古二、二、十三	15字	
虢姜鼎	積古四、九 釋銘二、十一 攗古二、一、六十五 奇觚十六、六	12字	
虢姜敦●	積古六、四 釋銘三、廿三 攗古二、一、八十二	13字	王國維《國朝金文著錄表》謂《積古》之〈虢姜敦〉爲僞器。

	虢文公鼎	攈古二、三、一 奇觚十六、七 古餘上、五十六 敬吾 陶續一、廿	21字	《奇觚》作「虢公子鼎」。
	虢王簋	筠清三、十三 釋銘四、廿二 攈古二、二、卅四 奇觚八、十五	16字	《筠清》作「周虢王簋」。 《釋銘》作「虢王姑簋」。 《攈古》作「遣叔簋」。
虞國	虞司寇壺	攈古二、三、卅 綴遺十三、十三	24字	《攈古》著錄有二器。 《綴遺》所著錄爲蓋器同銘。
蘇國	蘇公敦	筠清三、卅九 攈古二、三、十一 敬吾	22字	《筠清》作「周蘇公敦」。 《敬吾》作「周蘇公子敦」。 《攈古》作「蘇公子敦」。
	甫人父匜	攈古二、一、五十五 綴遺十四、七	10字	
	蘇公散	恒軒卅二 奇觚三、八	10字（銘文在蓋）	《奇觚》作「穌公散」。
	蘇衛妃鼎	長安一、八 恒軒十五 攈古二、一、卅三 敬吾 陶續一、十九	9字	《長安》因銘文第一字不明，故器名作「衛妃鼎」。 《攈古》著錄有二器，一器作「穌改鼎」另一器作「衛改鼎」。
	蘇冶妊鼎	釋銘二、九 攈古二、二、廿三	16字	
	蘇甫人盤	綴遺七、六	9字	
	蘇甫人匜	綴遺十四、八 奇觚八、卅	10字	《奇觚》作「穌甫人匜」。
荀國	荀伯大父簋	綴遺九、十一	17字（蓋器同銘）	
韓國	鄭東盦	綴遺廿八、十	5字	
	专朕鼎	陶齋五、四	5字	《陶齋》作「秦右殊鼎」。
	鄭武軍冶劍	陶齋五、卅	5字	《陶齋》作「秦鄭武軍斷劍」。
趙國	緣左軍戈	積古八、十七 攈古一、二、四十三 綴遺卅、十七	3字	阮元曰：「緣字，古欒省……晉有三軍……欒枝將下軍……欒盾將下軍……欒書將下軍，此戈其晉欒氏之物與？」（《積古》卷八頁17）
	十七年春平侯劍	陶齋五、卅三	21字	《陶齋》作「秦吊平侯」。

魏國	卅二年平安君鼎	恒軒廿一	40字	
	廿九年高都令劍	陶齋五、廿九	11字	《陶齋》作「秦高都劍」。
	梁上官鼎	攗古一、三、四十一 古餘上、十五	6字（蓋器異銘）	
	梁廿七年四分鼎	攗古二、二、五十七 筠清五、五十三 古餘上、四十九	18字	《攗古》、《古餘》作「大梁鼎」。
東周西周	杜嬬鋪●	清甲十三、十六	10字（蓋器同銘）	容庚《西清金文眞僞存佚表》謂此器「仿宋僞」。
附註	表中有「●」記號是王國維或容庚已斷定爲僞器。			

　　根據此表，可知有三種現象：（一）清代彝器收藏與研究之風盛行，爲迎合世俗之所需，僞造之器亦應運而生。容庚以《西清》、《寧壽鑑古》、《清甲》、《清乙》四書所著錄之器，作成《西清金文眞僞存佚表》，辨證眞僞可疑之器，在有銘文器一一七六件中，僞器有三一七件，可疑之器有一七三件，是以對清代金文文獻所著錄之青銅器，必先識別其眞僞。本表所著錄之晉系青銅器，可確信爲僞器有〈周晉姜鼎〉（《西清》所著錄）、〈周晉姬鬲〉、〈伯和尊〉、〈伯和卣〉、〈伯和鼎〉、〈虢姜敦〉、〈杜嬬鋪〉七器，若加可疑之器〈伯克尊〉，共有八器，皆不能當作信物，至於其他列國之器均爲眞器。（二）清代收錄晉系青銅器，比較前期是普遍遞增，尤其鄭、虢、蘇三國。宋代著錄鄭國之器僅有〈京叔盨〉一器，至清代則有十五器；宋代著錄虢國之器僅有〈虢叔鬲〉、〈虢叔彝〉、〈虢姜敦〉、〈周四年虢姜敦〉、〈虢姜鼎〉、〈寶敦〉，至清代則除〈虢姜鼎〉重複外，激增有二十器；宋代無著錄蘇國之器，清代則有六器。由此可知在東周時期雖爲小國，亦有相當可觀之青銅器，其數量未遜於大國。（三）本表所著錄之飪食器有鼎十一件、簋或敦殷十五件、鬲五件、甗三件、簠三件、盂一件，酒器有尊一件、壺三件、盉一件，水器匜五件、盤二件、盦二件，樂器有鐘四件，兵器有戈三件、劍三件，工具有斧一件。以類別而言，宋代收錄晉系青銅器僅有飪食器與酒器，清代不僅有此二項之器物，尚有水器、樂器、兵器、工具，可見晉系青銅器在形制是呈現多種樣式。

第三節　現今晉系青銅器出土狀況

　　民國以後，青銅器之研究在清代金文學發展之基礎上，又有嶄新之突破，此可從六方面來論述：（1）器數激增──由於青銅器不斷出土，故金文學家在器數之輯錄，常以數千計，如《周金》有一五四五件，《小校》有六四五六件，《善齋》有五七二八件，《三代》有四八三一件，其量遠超清御勅之書；且著錄非僅限於銘文，已重視花紋拓印及質料說明，如容庚《頌齋》。（2）辨識偽器──清代內閣所藏或私人所著錄常眞偽雜陳，有器眞銘偽，民國以後又有器銘俱偽，故容庚《通考》、商承祚《古代彝器偽字研究》、張光裕《偽作先秦彝器銘文疏要》等以出土地點、狀況、銘文、形制、花紋，以辨其眞偽。（3）擴展到海外輯錄古器──民國初期，局勢混亂不安，常有古器被盜掘而轉售流落國外，容庚、陳夢家不惜重貲及心血，自國外輯錄諸器物，編製成書流傳於世。（4）外國學者熱心參與──日本濱田耕作、梅原末治、白川靜、林巳奈夫、法國伯希和，英國葉慈，澳大利亞巴納，皆能以科學方法爲青銅器作更縝密之研究。（5）以科學方法作深入之研究──由墓葬器物之組合，以了解其禮制；以器物作採樣分析，以了解其合金之比例。（6）與上古歷史相結合──王國維、羅振玉等人以青銅器銘文考釋商周歷史；郭沫若、陳夢家等人以商周青銅器作斷代之研究。是以民國以來金文學已成爲專門之學，其書亦不勝枚舉。民國三十八年以後由於政局的分立，致使兩岸對青銅器之研究造成隔閡的現象。此地依民國卅八年以前與以後兩階段，分別來敘述。

一、民國卅八年以前晉系青銅器出土著錄情況

　　清同治九年（西元 1870 年）在山西榮河縣（又名萬榮縣）漢后土祠旁河岸出土〈邵鐘〉，由於官府未加以搜輯藏錄，任其轉售，是以其數量及流傳，眾說紛紜，由此可知，古器物出土時，若未善加清理收藏，則其物易於散失。民國卅八年以前出土之器物，普遍有此狀況，有關晉系青銅器出土，約略有六事。

　　（一）民國十二年（西元 1923 年）二月廿八日山西省渾源縣西南李峪村有高鳳章者，於村南之廟坡掘土，發現鼎段等銅器數十件，諸器有公家購藏、有鄉人私售而輾轉流落於美國、法國。民國廿五年（西元 1936 年）商承祚自時伯齋借得十八幀渾源彝器之照片，又附加日人梅原末治所著《支那古銅精

華》載渾源九器，凡二十七件，作《渾源彝器圖》。〔註29〕民國八十一年（西元 1992 年）李夏廷依據商承祚、梅原末治、張頷所著錄，總計民國十二年渾源所出土，共有五十八年。由於渾源在東周時期地處晉、代、燕、趙，遂造成渾源彝器有晉國說、燕國說、趙國說、燕代說等不同之議論。李夏廷運用考古類型學之方法，約略研究出屬於晉器有三十四件〔註30〕今上海博物館藏犧尊一件、鑲嵌蟠獸紋鼎一件、鑲嵌鳥獸壺一件、鑲嵌獸紋敦一件、鳥獸龍紋壺一件、素鼎一件、瓿一件。

　　（二）民國十二年（西元 1923 年）八月廿五日河南省新鄭縣城內東南隅邑紳李銳宅旁園圃中，李銳因鑿井灌田而挖地，深至 3 丈，遂發覺鼎瓵諸器，適時駐守鄭州之陸軍第十四師師長靳雲鶚，巡防新鄭縣，知鐘鼎尊彝為寶物，宜歸公家收藏，乃派人向李銳說明，是以獲得鼎、敦、鬲、簠、罍、瓵等器。事後，靳雲鶚又派人數次發掘，續得鼎、鐘、尊、罍、瓵、壺、敦、簠、簋、匜、盤、洗、鬲等，於九月九日將此器物編成《新鄭出土古器圖志初編》，共計器九十一，且於九月十七日將收集之器物運至開封河南古物保存所保存。十月五日又於該地得盤、匜、舟、盦、鐘、鐓、爐、戈等器，編成《新鄭出土古器圖志續編》；亦於十月十日將此器物運到河南古物保存所保存。民國十八年（西元 1929 年）冬，關伯益因靳書選器未精，圖像大小不一，是以編成《新鄭古器圖錄》，分圖與錄，著錄有九十三件；民國廿六年（西元 1937 年）孫海波著《新鄭彝器》著錄有九十五件。其實今之所知新鄭出土之彝器近百件，其中大牢九鼎、七鼎各一套，有簋八件自成一組，此九鼎八簋與禮書所記九鼎配八簋之制度〔註31〕頗相符合，由此可見，該墓墓主當是鄭國有名望

〔註29〕　有關渾源彝器出土及流傳收藏，詳見拙作〈晉國文獻及銘文研究〉頁 273 及頁 376 註 79。商承祚《渾源彝器圖》著錄有廿七器，依李夏廷分析有涵蓋晉、燕及北方系之器物，其詳如下：

晉　　器	夔文鼎一、二，夔文豆一、二，夔文盤一、二、三，虺文鼎一、二，素鬲，羊形器足，夔文敦，犧尊，車器，夔文匜，夔文壺。
燕　　器	鎬鼎一、二，提梁壺三，素敦一。
北方系	素錡一、二，提梁壺一、二，素敦二、三。
備　　註	夔文瓿一器難以推斷何國之器。

〔註30〕　李夏廷之說詳見於〈渾源彝器研究〉，此文載於《文物》1992 年第 10 期頁 61 至 75。

〔註31〕　《公》桓二年何休注：「天子九鼎、諸侯七、卿大夫五、元士三也。」，西周時期在祭祀宴饗時，鼎常以奇數與偶數之簋相配合，即天子用九鼎八簋，諸

之貴族，可能是鄭成公（西元前 581 至西元前 571 年）或鄭釐公（西元前 570 年至西元前 566 年）。

　　（三）民國十七年（西元 1928 年）河南洛陽城東約三十五里金村附近太倉李密城有墓葬群，大墓八座，小墓三座，因歷年已久，丘墓盡平，略無封樹跡，僅有沙邱起伏。突有驟雨，致使一墓陷落，時有鑽探者欲知其究竟，商得地主同意，遂進行發冢之事，前後歷時三載；由於此事始終甚秘，局外尟有知者。適時任開封聖公會主教懷履光曾目擊發掘歷程，亦獲得祭器明器車飾玉佩及日常用品之屬，凡五百餘品，於民國廿三年（西元 1934 年）編《洛陽古城古墓考》。其書將五百餘品分為六類：（1）車馬飾物類；（2）冢中用器及兵器類；（3）明器及禮器類；（4）玉器及石器類；（5）飾器類；（6）鐘磬類；其中與銅器有關：銅獸頭、銅環、銅匕首、三足鼎、銅盤等，尤值一述是〈令狐君嗣子壺〉、〈䲩氏編鐘〉、〈䲩羌鐘〉皆有銘文。民國廿五年（西元 1936 年）梅原末治又將洛陽古器物分為 8 類：（1）古銅器；（2）漆器類；（3）銀器類；（4）小像類；（5）鏡鑑類；（6）飾金具類；（7）帶鉤類；（8）玉器類，編為《洛陽金村古墓聚英》，所收較懷氏更為精美。〔註 32〕洛陽金村墓葬群之國別共有四說：（1）日本梅原末治《洛陽金村古墓聚英》以為秦代墓；（2）懷履光《洛陽古城古墓考》以為韓國墓；（3）唐蘭〈智君子鑑考〉以為晉墓，後在〈洛陽金村古墓為東周墓非韓墓考〉，以為兩周中之東周墓；（4）李學勤〈考古發現與東周王都〉以為周朝墓葬。以出土之器物而言，金村墓絕非秦代之墓；以〈䲩羌鐘〉、〈嗣子壺〉之銘文而論，則此墓無不與晉韓有密切之關連，是以金村墓可視成晉系墓。

　　（四）民國廿年（西元 1931 年）以前，河南濬縣以西三十五公里之辛村，村民劉金華於村東掘一墓得鼎彝，售價甚昂，此事一傳，鄉民群起盜掘，高售古器。民國廿年（西元 1931 年）夏，中央研究院聞知其事，命郭寶鈞前往調查，且與河南省政府合組河南古蹟研究會，於民國廿一年（西元 1932 年）四月至廿

侯用七鼎六簋，大夫用五鼎四簋，元士用三鼎二簋；至東周時諸侯僭禮，常用天子之禮。

〔註 32〕有關洛陽金村墓出土之事，可參閱顧子剛〈韓君墓發見略記〉（此文刊於《國立北平圖書館館刊》第七卷第一號）容庚、劉體智《善齋》頁 376、容庚《通考》頁 10、孫海波《賸稿》頁 129、李學勤《東周與秦代文明》頁 28 至頁 33 和《新出青銅器研究》頁 234〈考古發現與東周王都〉。金村墓之器物被盜掘極為嚴重，且大部分已流散四處，是以對金村出土之彝器宜以懷履光與梅原末治之書較為真實，無混淆之弊病。

二年（西元 1933 年）十二月進行四次發掘，共清理八十八座墓，可分爲甲、乙、丙、丁及車馬坑五種，甲、乙種可能是侯伯或君夫人，丙、丁種可能是公族侍從。在此遺物中有銅器、金器、玉石、陶器、介殼、甲骨牙、植物質等類；其中銅器數量不少，有車飾二十種凡四百餘件、兵器有戈戟鉤矛斧鏃凡一三十餘件、禮器有鼎甗敦尊爵卣盉十四件、方相有三十具、幄幬有七組、甲泡一〇五枚、編組飾中之銅飾有一二〇〇、節約一一一枚、〔註33〕銅魚。民國廿三年（西元 1934 年）四月郭寶鈞〈濬縣辛村古殘墓之清理〉於濬縣辛村之發掘、墓制、葬法、殘骨、遺物等項記載甚詳。民國廿七年（西元 1938 年）孫海波《濬縣彝器》著錄有七十六器，分爲烹飪器、酒器、兵器、車馬飾、雜器五項。有關辛村墓之年代，在發現之初，曾喧傳爲殷墟之陵，後郭寶鈞有〈釋𢆶〉一文，審定爲衛墓；〔註34〕至於墓葬群屬於何時之衛君？郭寶鈞以銘文、遺物、葬儀三項加以考證，得知此衛墓「近於康叔，晚不下於成公，其時期當在民元前 3024〜2512 年之間」。

（五）河南汲縣早先在西晉武帝咸寧五年（西元 278 年）曾有鐘、劍等銅器出土，然此器今已不得見。〔註35〕民國十七年（西元 1928 年）汲縣山彪鎮發現墓葬群，然其器物已被盜掘。民國廿四年（西元 1935 年）七月至九月，中央研究院歷史語言研究所在此發掘大墓一座，小墓七座，車馬坑一座，此大墓即爲山彪鎮一號墓，其出土器物極多，僅青銅器就有一四四七件，其中禮樂器有鼎、鬲、簋、簠、豆、尊、瓿、壺、瓶、鑒、甗、盤、匜、爐、箕、鼎鉤、勺、匕、疏匕、編鐘。鼎有五件一組之列鼎；有一對水陸攻戰鑑各鑲嵌有五七二戰士不同之姿態，是頗爲奇特之水器；有十件鼎鉤分存在五件列鼎中，用以勾鼎耳、除炭灰之用；編鐘十四件大小相次，制工尚精，音

〔註33〕甲泡者古之戎衣，甲葉以銅，其形正圓。編組飾，《墨·節葬》：「存乎諸侯死者……編組節約，車馬藏乎壙，又必多爲屋幕。」《淮·齊俗訓》：「古者非不能竭國麇民，虛府殫財，含珠麟，施編組節束追送死也。」按：編，絮也；節約，編組至分歧處，另用結節銅飾約束之，故節約與節束義同。屋幕即幄幬，以帛依板施工，形如屋也。

〔註34〕民國廿年八月十六日郭寶鈞以筆記方式，作〈釋𢆶〉一則，其以（1）墓之所在地；（2）墓數；（3）字形；（4）字義；（5）字音五項釋證辛村墓爲衛墓。後平漢鐵路唐翼雲段長以高銘拓片贈予郭氏，有「衛夫人文君」字樣，及第四次發掘標有「衛」字銘文之器物，故確定此墓實爲衛墓。

〔註35〕汲冢古物詳見朱希祖〈汲冢書考〉，此文載於《朱希祖先生文集》（三）頁 1507 至 1654。

律保存完好者有十件，可供古樂器測音研究之用。大致山彪鎮一號墓出土之器物，在形制與洛陽中州路二七一九號墓類似，故時代屬於戰國前期，而山彪鎮在戰國時爲魏國汲城西，故山彪鎮一號墓所出土之器物，宜屬於魏器。

（六）河南輝縣固圍村曾於民國十八年（西元 1929 年）、十九年（西元 1930 年）發掘三座大墓、二座陪葬墓，其器物已被盜掘；民國廿六年（西元 1937 年）中央研究院歷史語言研究所亦於此作發掘，其處理狀況，直至民國四十年（西元 1951 年）中國科學院考古研究所始完成《輝縣發掘報告》一書。固圍村出土之青銅器所知有限，然一、二號墓有“梁”銘文之貨幣，故可知爲魏墓。其墓地之形制及出土器物與河北平山之中山王墓近似，蓋可推知是西元前 300 年左右之墓葬，可能爲魏惠王（西元前 369～319 年）或魏襄王（西元前 318～296 年）之陵墓。民國廿四年至廿六年（西元 1935 年至西元 1937 年）中央研究院歷史語言研究所與河南省博物館於河南輝縣琉璃閣有三次發掘，據郭寶鈞《山彪鎮與琉璃閣》所述，重要墓葬有甲墓、乙墓、一號墓、五十五號墓、五十六號墓、五十九號墓、六十號墓、七十五號墓、七十六號墓、八十號墓，皆有青銅器出土，諸如餁食器有鼎、鬲、簋、敦、簠、豆，酒器有罍、瓿、盉、壺、勺，水器有鑒、盤、匜，樂器有鐘、鎛、鐃，生活用具有奩，及車馬器、兵器，不僅種類多，且數量亦不少。此墓葬，郭寶鈞以爲魏墓，〔註 36〕李學勤以爲衛墓。〔註 37〕有關輝縣琉璃閣墓葬群之國別，可從三點衡量：（1）以歷史而言，春秋末期衛國權勢銳減，常爲晉所侵逼，且國內多紛爭，戰國初期三晉強盛，衛如小侯屬魏，是以輝縣琉璃閣墓葬群若以爲衛墓，頗有商榷之處。（2）以地緣而言，衛之國都原在朝歌之地，春秋時受狄人壓迫，遷於滑縣東之楚丘（西元前 659 年），後又遷於濮陽帝丘（西

〔註36〕郭寶鈞云：「輝縣在殷時爲畿內地，西周爲共國，戰國時屬於魏，它的東南郊琉璃閣一帶，分布有戰國時的魏墓……甲乙墓兩座屬魏墓的較早期。」（《商周銅器群綜合研究》頁 95）。趙新來等人亦以甲、乙墓出土器物爲「戰國早期的作品」，其詳見〈輝縣戰國甲墓和乙墓出土青銅器選記〉，其文刊《文物》1965 年第 5 期〈河南陝西等地發現的古代青銅器〉之中。

〔註37〕李學勤云：「輝縣琉璃閣的墓地，是衛國都於楚丘後開闢……根據歷史地理和墓葬規模，肯定是衛國公室的墓地……甲墓當屬衛君，乙墓可能屬其夫人……80 號墓、55 號墓應爲春秋晚期之衛國公子墓……60 號墓出九鼎亦爲國君級……琉璃閣墓葬群是從春秋延伸戰國前期，可能是屬於衛國，此與輝縣固圍村之魏國大墓不可混談。」（《東周與秦代文明》頁 74至 76）

元前 629 年）。輝縣舊屬共國之地，〔註 38〕《左》閔二年（西元前 660 年）:「衛之遺民男女七百有三十人，益之以共、滕之民爲五千人。」，杜預注:「共及滕，衛之別邑。」，至戰國何時歸屬於魏，史無明文，然依方向而言，衛之遷都均往東移居，已遠離輝縣，恐輝縣之地早在戰國初期已爲魏國所治。（3）以器物紋飾而言，輝縣琉璃閣 M1 墓出土一奩，其器物用尖刀雕刻成人物、園林、狩獵、舞蹈之花紋，此圖象均出現於輝縣趙固 M1：73 號之刻紋銅鑒、長治分水嶺 M12 號刻紋銅匜、陝縣后川 M204 之刻紋銅匜，此器物均屬戰國時期。故輝縣琉璃閣墓葬蓋爲魏墓。

茲將上述六事，作成一表，以明示其出土青銅器之狀況與年代之關係:

民國卅八年以前晉系青銅器出土狀況表

時間	出土地點	出 土 器 物		器物總數	國別	時代斷定	備 註
民國十二年二月廿八日	山西渾源縣李峪村	蓋鼎 3 瓻 1 鬲鼎 2 牛尊 1 簋 1 犧 3 蓋豆 5 劍 2	壺 1 車害 3 盤 4 矩 2 匜 2 匕 2 罌 1 飾件	34	晉國	春秋中期至戰國早期	1.劍有銘文廿字，即〈吉日劍〉（又稱〈少虞劍〉）。
民國十二年八月廿五日	河南新鄭縣城內東南隅李銳園圃中	鼎 23 壺 6 鎛 4 匜 4 鐘 17 盤 2 鬲 8	瓻 1 爐 1 簋 8 戈 2 瓶 1 鏃 2 盦 1	97	鄭國	春秋中、晚期	1.有銘文之器僅二器，一爲七字之〈鄭嬰次盧〉，一爲銘文五十字而字跡鑄掩難識之〈甲類牢鼎〉。 2.有二十二件銅器現藏於臺灣國立歷史博物館。〔註 39〕

〔註 38〕《左》隱元年（西元前 722 年）:「五月辛丑大叔出奔共。」，杜預注:「共國，今汲郡共縣。」

〔註 39〕譚旦同曰:「依據河南博物館《運臺文物清冊》所載，新鄭銅器的原號爲"天"字，有鼎形器六件、鐘形器四件、壺形器三件、盤形器二件、兕觥二件、虎彝、豐侯、罍、洗等各一件，天字九十六號外銅器鼎殘片塊一蒲包，共計爲新鄭銅器廿二件。」（《新鄭銅器》頁 6）。

時間	地點	器物	數量	國別	時期	備註
		洗1　簠4 罍3　尊5 舟4				（見102頁）
民國十七年	河南洛陽金村附近太倉李密城	鐘14 敦、罍、鼎、盤、轄 方壺5 圓壺2 匕首、劍、鈁、鑿、銅獸、銅箍、銅馬、銅尺、銅環		晉國韓國東周	戰國前期	1.〈㒸羌鐘〉有五件、〈㒸氏編鐘〉有九件。〈㒸羌鐘〉有四件、〈㒸氏編鐘〉有八件，皆現藏於日本京都泉屋博古館；〈㒸羌鐘〉、〈㒸氏編鐘〉各有一件藏於加拿大多倫多安大略博物館。 2.〈嗣子壺〉銘文五十字，今藏於中國歷史博物館。 3.銅盤有「口君」二字銘文。 4.方壺有「左右佲」或「左右內酒」銘文。
民國廿年	河南濬縣以西卅五公里之辛村	鼎4　　敦4 甗2　　爵1 盂1　　尊1 卣1　　戈22 戟5　　鉤20 矛13　鏃8 斧6 車飾四百餘件 甲泡105 銅飾1200 方相有30具 節約62 幗幀有7組	近2000	衛國	西周時期	1.有一鼎銘「束父辛」三字。 2.有一尊銘「宗周」字樣。 3.有一爵銘「父癸」二字。 4.有一卣器蓋同銘七字。 5.有一甗銘「白作彝」三字。 6.甲泡有「衛自（師）」銘文。 7.戈有「成周」銘文。 8.戟有銘文。
民國廿四年七月至九月	河南汲縣山彪鎮	M1　鼎14　鬲2 　　甑1　簋1 　　簠1　豆4 　　鐘14　尊1 　　瓿1　瓶1 　　盤1　匜2 　　鑑3　爐1	72	魏國	戰國前期	1.出土有銘七字之〈周王戈〉及錯金之蔡戈。

			箕 1　鼎鉤 10 勾 4　壺 6 匕 2　疏匕 1				
民國廿四年至廿六年	河南輝縣琉璃閣	甲墓乙墓	鼎 28　鬲 5 甗輔 2　簋 11 敦 3　簠 5 豆 1　瓿 2 壺 3　鑒 3 盤 1　匜 1 舟 1　鐘鎛 13	74	魏國	郭寶鈞以爲「春秋戰國之交」，李學勤以爲「春秋中期」。	甲、乙墓出土青銅器有藏於河南博物館及臺灣。〔註 40〕（見 102 頁）
		M80	大鼎 1 有蓋列鼎 5 無蓋列鼎 7 鬲 6　甗 1 簋 4 無足簋 2 簠 4　罍 2 盃 1　壺 1 鑒 2　盤 1 匜 1　舟 2 鐈 1 鈴鐘 3	44		郭寶鈞以爲「戰國早期」，李學勤以爲「春秋晚期」。	1.一件戈上有「虎口丘君口之元用」封君名號之銘文。 2.李學勤以爲 M80 與 M55 應爲衛國公子墓。
		M55	有蓋列鼎 5 小鼎 2 鬲 6 無蓋列鼎 7 簋 4　簠 4 豆 2　壺 2 鑒 1　盤 1 匜 1　舟 1	37			
		M60	大鼎 10 有蓋列鼎 14 無蓋列鼎 9	90		郭寶鈞以爲「戰國中期」，李學勤	

〔註 40〕河南縣甲、乙墓出土狀況及器物，可參閱張克明《殷周青銅器求眞》頁 17〈輝縣沿革與發掘之所獲〉。河南省博物館曾於五十年代依輝縣琉璃閣甲、乙兩墓出土時破碎之銅器，加以修復葺補，所知已有鬲 2 件、豆 2 件、匜 1 件、壺 3 件，其詳見趙新來等〈輝縣戰國甲墓和乙墓出土青銅器選記〉（《文物》西元 1965 年第 5 期）。

	不成列小鼎 5 鬲 6　　簠 4 豆 1　　盉 1 鑑 3　　盆 1 勺 1 甗 1 簋 6　　罍 2 壺 3　　盤 2 舟 1　　鎛 4 甬鐘 8 復紐鐘 9			以爲「春秋 後期」。
M1	鼎 1　　釸 1 盒 1　　耙 1	4		M1，郭寶鈞 以爲「戰國 中晚之交」 ，至於其他 墓地未明言 年代。
M59	鼎 1　　鬲 1 甗 1 猎壺 2 盤 1　　匜 1 舟 1	8		
M56	有蓋列鼎 5 猎壺 4	9		
M75	有蓋列鼎 12 甗 1 豆 12 猎壺 6 鑑 4　　盤 2 匜 2　　勺 10 鎛 4 甬鐘 8 單紐鐘 9	70		
M76	有蓋列鼎 5 豆 22 猎壺 4 鑑 2　　盤 1 舟 1　　勺 1	36		
附註	器物名下注明數字，代表此器之件數。			

　　由此表可得知三種現象：（1）以時代而言，在此六地所發掘之青銅器，上自西周時期，下至戰國前期，是以由此可探究晉系青銅器發展脈絡之端倪。（2）以器類而言，不論飪食器、酒器、水器、樂器、車馬器、兵器、生活用具等均有出土，不僅形制多變化，且數量眾多，尤其河南新鄭出土器物均有妥善存藏，是以迄今尚能見其真貌，由此可知晉系是商周青銅器的重鎮之一。（3）以歷史而言，六地出土之青銅器與晉、鄭、衛、韓、魏、東周等國有密切之關係，從銘文之記載可與文獻史料相結合，以鑄造之精巧與紋飾之華麗，可知當時晉系科技藝術有極高之水準。

　　民國卅八年以前晉系青銅器，除了上述六次重大發現外，尚有其他晉系器物散落他處，而金文書籍有加以著錄考釋者，首先如孫詒讓《籀膏》，著錄晉國之器有〈邵鐘〉，虢國之器有〈周虢季子白盤〉，僅有釋文，無銘文摹拓。

　　鄒安《周金》著錄晉國之器有〈邵鐘〉共十三器、〈邵大叔斧〉共二器、〈晉公盦〉、〈晉左軍戈〉；衛國之器有〈衛公孫呂戈〉；鄭國之器有〈鄭邢弎編鐘〉共二器、〈鄭同娘鼎〉、〈鄭師衆父鬲〉、〈鄭羌伯鬲〉、〈鄭登伯鬲〉、〈鄭井叔鬲〉、〈鄭伯甗〉、〈鄭井叔簋〉、〈鄭義姜簋〉、〈鄭虢仲敦〉有二器、〈鄭召叔山父簠〉、〈鄭義羗父盤〉、〈鄭楙叔賓父壺〉；虢國之器有〈虢季氏子綏壺〉、〈虢叔盂〉、〈虢季氏子綏盤〉、〈虢季子白盤〉、〈虢弎簋〉、〈虢叔簋〉有二器、〈虢遣生敦〉、〈城虢仲簋〉、〈虢季氏子綏敦〉有二器、〈虢仲鬲〉、〈虢文公鼎〉有二件、〈虢叔鐘〉有四器、〈虢叔編鐘〉有二器；虞國之器有〈虞司寇壺〉有二器；蘇國之器有〈穌甫人盤〉、〈穌甫人匜〉、〈穌公子敦〉、〈穌冶妊鼎〉、〈蘇衛妃鼎〉、〈甫人父匜〉；荀國之器有〈筍伯大父簋〉；韓國之器有〈鄭武庫戈〉、〈眉朕鼎〉；趙國之器有〈王立事劍〉、〈二年春平侯劍〉、〈八年建邨君劍〉有二器、〈八年建邨君矛〉有四器；魏國之器有〈信陵君戈〉、〈十二年邦司寇野弟矛〉、〈廿九年高都令戈〉、〈卅二年業戈〉、〈大梁鼎〉、〈梁上官鼎〉。各器有銘文拓本及釋文。

　　柯昌濟《韡華》著錄晉國之器有〈邵鐘〉、〈呂大叔斧〉；鄭國之器有〈鄭邢叔鐘〉、〈鄭同娘鼎〉、〈鄭饗原父鼎〉、〈鄭氏伯高父甗〉、〈鄭鄧叔簋〉〈鄭楙叔賓父壺〉；衛國之器有〈衛公孫呂戈〉；虢國之器有〈虢叔鐘〉、〈虢文公鼎〉、〈虢季子盤〉；荀國之器有〈荀伯簋〉；蘇國之器有〈蘇衛妃鼎〉、〈蘇妃鼎〉、〈蘇公孫鼎〉；魏國之器有〈大梁鼎〉、〈平安君鼎〉、〈信陵君戈〉、〈梁上官鼎〉；韓國之器有〈眉朕鼎〉、〈安陽矛〉。各器僅有釋文。

羅振玉《夢郼》著錄鄭國之器有〈鄭羔白鬲〉、〈鄭義姜父簋蓋〉；虢國之器有〈虢文公鼎〉；蘇國之器有〈穌冶妊鼎〉。各器皆有器形及銘文拓本。

吳大澂《愙齋》[註41]著錄晉國之器有〈邵鐘〉共七器；鄭國之器有〈鄭邢叔鐘〉、〈鄭饔邍父鼎〉、〈鄭伯筍父甗〉、〈鄭君媿鼎〉、〈鄭楙叔賓父壺〉、〈鄭義姜父簋〉；衛國之器有〈衛公叔敦〉共二器；虢國之器有〈虢叔旅鐘〉共三器、〈虢叔旅編鐘〉共二器、〈虢季子壺〉、〈虢季子白盤〉、〈虢叔簠〉、〈城虢敦〉、〈虢叔作叔殷穀簋〉、〈虢仲作虢妃鬲〉；虞國之器有〈虞司寇壺〉；蘇國之器有〈穌公敦〉、〈穌甫人匜〉；魏國之器有〈品分鼎〉、〈平安君鼎〉、〈十三年上官鼎〉；韓國之器有〈眉脒鼎〉。各器均有銘文拓本、楷書隸定及釋文。

鄧實《簠齋》著錄鄭國之器有〈鄭君媿鼎〉；虢國之器有〈虢叔旅編鐘〉、〈虢遣生敦〉、〈虢叔盨〉；蘇國之器有〈穌甫人匜〉；魏國之器有〈梁上官鼎〉、〈卅二年業戈〉；韓國之器有〈眉脒鼎〉。各器僅有銘文拓本。

王國維《觀堂集林》著錄晉國之器有〈邵鐘〉，僅有釋文而已。張廷濟《清儀》著錄虢國之器有〈周虢叔大棽鐘〉，有器形及銘文拓本與購藏說明。鄭業斆《獨笑》著錄晉國之器有〈邵鐘〉；鄭國之器有〈鄭叔帶薦鬲〉；虢國之器有〈虢季子白盤〉；蘇國之器有〈穌甫人匜〉，各器僅有釋文而已。容庚《寶蘊》著錄鄭國之器有〈周鄭鬲〉；蘇國之器有〈周蘇公子簋〉；魏國之器有〈周寧鈿〉；各器均有器形及銘文拓本與釋文。

羅振玉《貞松》著錄晉國之器有〈邵鐘〉共五器、〈吉日壬午劍〉、〈鬳氏鐘〉、〈鬳羌鐘〉共十二器；鄭國之器有〈奠子石鼎〉、〈奠羊白鼎〉、〈奠師口父鬲〉、〈奠虢中敦〉共二器、〈奠白大嗣工簠〉、〈奠義白簋〉、〈王子嬰次盧〉、〈奠井叔戲父鬲〉；衛國之器有〈衛作己中鼎〉、〈衛姒鬲〉；虢國之器有〈虢叔大父鼎〉、〈虢姞鬲〉、〈虢文公子鬲〉、〈虢叔盂〉共二器；虞國之器有〈吳彭父凵皇且庚孟敦〉共二器；蘇國之器有〈橋衛改鼎〉、〈竊兒鼎〉、〈穌公子癸父甲敦〉、〈爲甫人簋〉、〈橋甫凵嬭妃盤〉、〈穌冶妊凵虢妃盤〉；魏國之器有〈朝訶右軍戈〉、〈廿七年鈿〉、〈四年戈〉、〈廿九年戈〉、〈高望敦〉、〈中口官

[註41] 據《愙齋·敘》：「余所集拓本千數百種，又益以川沙沈韻初內翰所貽舊拓數十種，編輯商周吉金文十一卷，秦漢各一卷，又漢以後吉金拓本一卷，共成十四卷。」，此序撰成於光緒廿二年秋八月。依理而言此書宜歸於清代，然再據吳昌碩所言，此書蓋於民國五年付印行世，且此書之目錄與吳氏所言略有不同，或爲在此期間，吳氏有增加器物與刪增目錄，故將此書列於民國初期。

－73－

鼎〉；趙國之器有〈魚鼎匕〉、〈八年建邨君劍〉共二器、〈四年寽平相邦劍〉、〈三年右口劍〉、〈十一年鼎〉；韓國之器有〈叚成庆鍾〉、〈三年戟〉共 2 器、〈十六年戟〉、〈朱左軍矛〉。各器均有銘文摹本、楷書隸定及釋文。

孫壯《澂秋》著錄蘇國之器有〈穌衛改鼎〉，有器形及銘文拓本與釋文。劉承幹《希古》著錄晉國之器有〈邵鐘〉共四器；鄭國之器有〈奠子石鼎〉、〈鄭羊白鼎〉、〈鄭虢中鼎〉、〈鄭師口父鬲〉、〈鄭虢中敦〉共二器、〈鄭羍叔簋〉；虢國之器有〈虢叔盂〉；虞國之器有〈吳彭父賻〉共二器；荀國之器有〈荀白大父簋〉；蘇國之器有〈穌口妊般〉；各器有銘文摹本、隸定楷書及釋文。吳闓生《吉金》著錄晉國之器有〈晉姜鼎〉、〈邵鐘〉、〈鳳羌鐘〉、〈晉邦盇〉；鄭國之器有〈鄭伯司工簠〉；衛國之器有〈衛鼎〉、〈衛敦〉；虢國之器有〈虢叔鐘〉、〈虢姜敦〉、〈虢仲簋〉、〈虢季子白盤〉；蘇國之器有〈搴兒鼎〉、〈甫人簋〉；各器僅有銘文隸定成楷書及釋文。于省吾《雙劍》著錄晉國之器有〈邵鐘〉、〈鳳羌鐘〉、〈晉姜鼎〉、〈晉邦盇〉；鄭國之器有〈鄭邢叔鐘〉、〈召叔山父簠〉、〈王子嬰次鑪〉；衛國之器有〈衛鼎〉；虢國之器有〈虢叔旅鐘〉、〈虢季盤〉、〈虢姜敢〉、〈虢仲盨〉；虞國之器有〈虞司寇壺〉；蘇國之器有〈穌冶妊鼎〉、〈搴兒鼎〉、〈甫人盨〉；魏國之器有〈大梁司寇鼎〉；各器僅有銘文隸定成楷書及釋文。容庚《武英》著錄鄭國之器有〈鄭義伯盨〉，有器形紋飾銘文拓本、隸定楷書及釋文。

郭沫若《兩周》著錄晉國之器有〈晉姜鼎〉、〈伯郜父鼎〉、〈嗣子壺〉、〈晉公盎〉、〈邵鐘〉共十五器、〈鳳氏鐘〉、〈鳳呺鐘〉共五器、〈吉日劍〉共 2 器；鄭國之器有〈鄭義伯匜〉、〈鄭羍伯鬲〉、〈鄭登叔盨〉、〈鄭戚旬父鼎〉、〈鄭虢仲敢〉共二器、〈召叔山父簠〉共二器、〈叔上匜〉、〈鄭楙叔賓父壺〉、〈王子嬰次盧〉；衛國之器有〈賢敢〉共三器、〈孫林父敢〉；虢國之器有〈虢季子白盤〉、〈虢叔旅鐘〉共六器、〈虢姜敢〉、〈虢仲敢〉、〈虢文公子𣪊鼎〉共二器、〈虢季氏子組敢〉共三器、〈虢季氏子組壺〉；虞國之器有〈虞司寇壺〉共二器、〈吳彤父敢〉有二器；蘇國之器有〈穌公敢〉、〈穌甫人匜〉、〈甫人父匜〉、〈穌公子敢〉、〈寬兒鼎〉、〈穌冶妊鼎〉、〈穌衛改鼎〉。各器有器形及銘文拓本、隸定楷書及釋文。

劉體智《小校》著錄晉國之器有〈鳳羌鐘〉共四器（銘文四十字）、〈鳳羌鐘〉共八器（銘文四字）、〈邵黸鐘〉共十四器、〈呂大叔之子斧〉共二器、〈邵大叔斧〉；鄭國之器有〈鄭楙叔賓父壺〉、〈鄭邢叔鐘〉共二器、〈鄭同媿鼎〉、〈鄭子石鼎〉、〈鄭讎邎父鼎〉、〈鄭虢中念戕鼎〉、〈鄭井叔鄵父鬲〉、〈鄭興

白乍叔🜲鬲〉、〈鄭羌白乍季姜鬲〉共二器、〈鄭師🜲父鬲〉、〈鄭大師小子侯父甗〉、〈鄭氏白高父甗〉、〈鄭白除乍叔铺敦〉、〈鄭虢中敦〉、〈鄭義白簋〉、〈鄭義羌父簋〉、〈鄭登叔簋〉、〈鄭井叔康簋〉；衛國之器有〈衛乍文考己中鼎〉、〈衛公孫呂戈〉；虢國之器有〈虢叔旅作皇考惠叔鐘〉共四器（銘文九十三字）、〈虢叔旅作皇考惠叔鐘〉共四器（銘文共五十四字）、〈虢季氏子組壺〉、〈虢文公🜲子乍叔妃鼎〉共二器、〈虢姞鬲〉、〈虢叔鬲〉、〈虢中乍虢妃鬲〉、〈城虢中敦〉、〈城虢遣生敦〉、〈虢季氏子組敦〉共二器、〈虢叔乍叔殷穀簋〉、〈虢叔簋〉共二器、〈虢叔簋〉、〈虢季氏子組盤〉、〈虢季子白盤〉、〈虢戈〉；虞國之器有〈虞司寇白吷壺〉共二器；荀國之器有〈荀白大父乍嬴妃簋〉；蘇國之器有〈穌衛妃鼎〉共二器、〈寏兒鼎〉、〈穌公乍王妃敦〉、〈穌公子癸父甲敦〉、〈穌甫人乍嬭妃襄匜〉、〈穌甫人乍嬭妃襄盤〉、〈穌冶妊乍虢妃魚母盤〉共二器；魏國之器有〈信陵君戈〉、〈陰晉左軍戈〉、〈廿九年高都戈〉、〈平安君鼎〉、〈梁廿七年鼎〉、〈口鼎〉、〈十八年雍左軍戈〉、〈卅三年左軍戈〉、〈梁上官鼎〉、〈十年宅陽矛〉、〈十二年邦上軍矛〉、〈卅二年鼎〉、〈陰晉䜌左軍書戈〉、〈十二年邦司寇野弟矛〉；趙國之器有〈䜌左軍戈〉、〈八年相邦建郡君劍〉、〈元年春平侯劍〉、〈三年右軍劍〉、〈三年相邦春平侯劍〉、〈三年春平侯劍〉、〈三年相邦建郡君劍〉、〈八年相邦建郡君劍〉、〈十六年宅相邦劍〉、〈十七年相邦春平侯劍〉、〈漢上黨武庫戈〉、〈廿九年相邦戈〉、〈八年相邦春平侯矛〉、〈八年相邦建郡君矛〉；韓國之器有〈鄭武軍口口戈〉、〈眉脒鼎〉、〈鄭武軍戈〉、〈十七年戈〉，〈右脒鼎〉。各器有銘文拓本及隸定楷書。

容庚《海外》著錄虢國之器有〈虢叔編鐘〉，有器形及銘文拓本、隸定楷書與釋文。商承祚《十二家》著錄虢國之器有〈虢中𤔲蓋〉、〈虢叔鬲〉；虞國之器有〈吳彭父凵皇祖考庚孟𣪘蓋〉；趙國之器有〈三年杖首〉；各器有器形銘文及紋飾之拓本、隸定楷書與釋文。羅振玉《貞圖》著錄虢國之器有〈虢叔大父鼎〉、〈虢文公子鬲〉；趙國之器有〈十一年鼎〉、〈魚鼎匕〉；韓國之器有〈盛季壺〉、〈尋成侯鍾〉；各器有器形及銘文之拓本。容庚《善彝》著錄晉國之器有〈鳳羌鐘〉共四器、〈鳳氏鐘〉共八器、〈邵黛鐘〉；衛國之器有〈衛鼎〉；各器有器形及銘文拓本、隸定楷書與釋文。黃濬《尊古》著錄晉國之器有〈鳳鐘〉；鄭國之器有〈鄭燕伯鬲〉；虢國之器有〈虢仲敦〉、〈虢姞鬲〉；魏國之器有〈秦上官鼎〉；韓國之器有〈秦右殊鼎〉；各器有器形及銘文拓本。

　　羅振玉《三代》著錄晉國之器有〈鳳羌鐘〉共四器（銘文四十字）、〈鳳羌鐘〉共八器（銘文四字）、〈邵鐘〉共十二器、〈晉邦盦〉；鄭國之器有〈鄭井朱鐘〉、〈奠子石鼎〉、〈奠白筍父甗〉、〈奠朱蔓父鬲〉共二器、〈奠羊白鬲〉、〈師口父鬲〉、〈奠白筍父鬲〉、〈召朱山父簋〉共二器、〈奠義白簋〉、〈奠義姜父簋〉、〈奠犇朱簋〉、〈奠楙朱壺〉、〈奠義白匜〉、〈王子嬰次盧〉、〈饕原父鼎〉；衛國之器有〈衛鼎〉、〈衛子朱口父簋〉；虢國之器有〈虢朱大父鼎〉、〈虢朱鐘〉共四器（銘文九十三字）、〈虢朱鐘〉共二器（銘文五十四字）、〈虢文公子鼎〉共二器、〈虢白甗〉、〈虢姞鬲〉、〈虢朱鬲〉、〈虢中鬲〉、〈虢文公子鬲〉、〈虢白鬲〉、〈城虢遣生毁〉、〈虢季子毁〉共二器、〈虢中毁〉共三器、〈虢朱簋〉共二器（銘文十）、〈虢朱簋〉（銘文八字）、〈虢朱簋〉、〈虢中簋〉、〈虢朱尊〉、〈虢季子組壺〉、〈虢季子白盤〉、〈虢孟姬匜〉、〈虢朱盂〉共二器；虞國之器有〈吳彭父毁〉共二器、〈虞司寇壺〉共二器；蘇國之器有〈穌衛妃鼎〉共四器、〈穌冶妊鼎〉、〈穌冶妊盤〉、〈寡兒鼎〉、〈穌公毁〉、〈穌公子毁〉共二器、〈穌甫人匜〉、〈甫人父匜〉、〈為甫人簋〉；魏國之器有〈上官鼎〉（銘文六字）、〈上樂鼎〉、〈中口官鼎〉、〈下官鍾〉、〈十年上軍矛〉、〈十二矛〉、〈高望戟〉共二器、〈廿七年鼎〉、〈四年戟〉、〈卅二年業戈〉、〈上官鼎〉（銘文十七字）、〈垠戈鏃〉、〈戟諽戈〉；趙國之器有〈十一年鼎〉、〈十口年矛〉〈三年杖首〉、〈八年相邦劍〉共二件、〈巒左軍戈〉、〈魚鼎匕〉、〈相邦劍〉、〈十五年劍〉、〈十三年劍〉；韓國之器有〈右朕鼎〉、〈眉朕鼎〉、〈邑成厌鍾〉、〈奠武庫戈〉、〈盛季壺〉、〈廿四年戟〉、〈朱左軍矛〉、〈奠武軍銅器〉、〈少府小器〉、〈三年口余戟〉、〈十六年戟〉、〈〈奠右軍戈〉。各器僅有銘文拓本。

　　孫海波《賸稿》著錄晉國之器有〈趙孟介壺〉、〈嗣子壺〉、〈晉公車轂〉有二件；各器有器形及銘文拓本。于省吾《劍吉》著錄趙國之器有〈列國三年錯銀杖首〉，此器有器形及銘文拓本。容庚《通考》著錄晉國之器有〈禺邗王壺〉、〈令狐嗣子壺〉、〈智君子鑑〉、〈邵黛鐘〉、〈鳳羌鐘〉、〈鳳氏編鐘〉；鄭國之器有〈鄭鬲〉、〈鄭興伯鬲〉、〈鄭師口父鬲〉、〈鄭虢仲簋〉、〈召叔山父簋〉、〈鄭義伯盨〉、〈嬰次盧〉、虢國之器有〈虢文公鼎〉、〈虢姞鬲〉、〈虢仲盨蓋〉、〈虢季氏子組壺〉、〈虢季子白盤〉、〈虢叔編鐘〉；蘇國之器有〈寡兒鼎〉、〈蘇公子簋〉、〈蘇冶妊鼎〉；魏國之器有〈寧皿〉；趙國之器有〈魚鼎匕〉；各器有器形拓本。

　　上述晉系列國之器，均依民國卅八年以前所出版之金文書籍整理列述。

此依晉、鄭、衛、虢、虞、蘇、荀、韓、趙、魏之順序，將其器物列表登錄，以明示各國器物與宋、清所著錄之異同關係：

民國卅八年以前金文文獻著錄晉系青銅器表

國別	器　名	著　錄　文　獻	銘文字數	備　　註
晉國	●晉姜鼎	吉金一、十七 雙劍上二、十八 兩周二、二、六七	121字	《兩周》著錄有嘯堂本、薛氏本。
	●伯都父鼎	兩周二、二六七	18字	
	▲邵鐘	籀膏七、十七 周金一、十一 韡華甲、九 愙齋一、七 觀堂集林十八、五 獨笑四、二 貞松一、十八 希古一、十五 吉金二、七 雙詅上一、九 兩周二、二、六九 小校一、六七 善彝一三 三代一、五十四 通考九五五	85字	《周金》著錄有五器。 《愙齋》著錄有七器。 《貞松》著錄有五器。 《希古》著錄有四器。 《兩周》著錄有有十五器。 《小校》著錄有十四器。 《三代》著錄有十二器。
	▲晉邦盦 （即晉公盦）	周金四、卅五 吉金四、卅二 雙劍上三、廿九 兩周二、二六八 三代十八、十三	150字	
	▲邵太叔斧	周金六、一〇九 韡華癸、六 小校十、一〇八	9字	《周金》作「邵大叔斧」有二器。 《小校》作「呂大叔之子斧」有二器，另一器名為「邵大叔斧」，銘文有十二字。
	▲晉左軍戈	周金六、廿九	6字	
	智君子鑑	通考八七四	6字	
	晉公車轂	贗稿四八	4字	《贗稿》著錄有二件。

	趙孟介壺	贗稿廿 通考七四三	19字	《通考》作「禺邗王壺」。
	吉日劍	貞松十二、廿 兩周二、二七八	20字	《貞松》作「吉日壬午劍」。 《兩周》著錄有二器。
	鳳氏鐘	貞補上、一 兩周二、二七七 小校一、五五 善彝五至八 三代一、卅三 通考九六〇	4字	《貞補》、《貞續》著錄有九器。 《三代》、《小校》著錄有八器。 《善彝》著錄有四器。
	鳳羌鐘	貞續一 吉金二、十一 雙劍二一、十二 三代一、卅二 兩周二、二七七 小校一、五三 善彝一至四 尊古一、三 通考九六一	40字	《貞續》、《小校》、《善彝》、《三代》著錄有四器。 《兩周》著錄有五器。
	嗣子壺	兩周二、二七八 贗稿廿一 通考七四五	50字	《通考》作「令狐君嗣子壺」。
鄭國	▲鄭同媓鼎	周金二、五十八 韡華乙上、十二 愙齋六、六 簠齋一、十八 小校二、五四	10字	《愙齋》作「鄭君妮鼎」。 《小校》作「鄭同媿鼎」。 《簠齋》作「鄭君媿鼎」。
	▲鄭饔邍父鼎	韡華乙上、十七 愙齋五、廿 小校二、六三 三代三、廿七	13字	《韡華》作「鄭饔原父鼎」。 《愙齋》作「鄭饔邍父鼎」。 《小校》作「鄭雕邍父鼎」。 《三代》作「饔原父鼎」。
	▲鄭義姜父簋	周金三、一六一 夢鄣上、十七 愙齋十五、廿 小校九、廿九 三代十、卅一	14字（蓋器同銘）	《小校》作「鄭義羌父簋」。
	▲鄭邢叔簋蓋	小校九、卅 周金三、一六〇	5字（蓋器同銘）	《小校》作「鄭井叔康簋」。 《周金》作「鄭井叔簋」。 《小校》多一件銘文，或爲器銘。

▲鄭邢叔綏賓鐘	周金一、七十一 韡華甲、二 愙齋一、十七 雙劍下一、一 小校一、十 三代一、三	10字	《周金》作「鄭邢朱編鐘」。 《韡華》、《愙齋》、《雙劍》、《小校》作「鄭邢叔鐘」。 《三代》作「鄭井朱鐘」。 《周金》、《小校》著錄有二器。
▲鄭伯甗	周金二、八十九 愙齋十七、五 三代五、九	10字	《愙齋》作「鄭昏父甗」。 《三代》作「奠白筍父甗」。
▲鄭太師小子甗	小校三、九五	15字	《小校》作「鄭大師小子侯父甗」。
▲鄭叔蒦父鬲	三代五、廿一	7字	《三代》著錄有二器。
▲鄭羌伯鬲	周金二、七八 夢郼上、十六 小校三、六八 三代五、廿九	12字	《小校》作「鄭羌伯乍季羌鬲」著錄有二器。
▲鄭登伯鬲	周金二、八一 愙齋十七、十五 獨笑四、八 兩周二、一九九 小校三、六〇 尊古二、廿一 通考一六〇	8字	《小校》作「鄭興白乍叔㠱蘴鬲」。 《尊古》、《周金》作「鄭燕伯鬲」。 《獨笑》作「鄭叔帶薦鬲」。 《愙齋》、《通考》作「鄭興伯鬲」。 《兩周》作「鄭羴伯鬲」。
▲召叔山父簠	周金三、一二四 貞松六、卅四 吉金四、三 雙劍下三、二 兩周二、二〇二 三代十、廿二 通考三五三	28字	《貞松》作「奠白大嗣工簠」。 《吉金》作「鄭伯司工簠」。 《兩周》、《三代》著錄有二器。
▲鄭大內史叔上匜	兩周二、二〇二	33字	《兩周》作「叔上匜」。
▲鄭楙叔賓父壺	周金五、五十 韡華中、二 愙齋十四、十四 兩周二、二〇三 小校四、八三 三代十二、十五	15字	《小校》作「鄭懋叔賓父壺」。 《三代》作「奠楙朱壺」。

鄭義羌父盤	周金四、十四	17 字	
鄭鄧叔簠	韡華丁、一	14 字	
鄭井叔鬲	周金二、八二 小校三、六〇 貞遺上、十六	8 字	《小校》作「鄭井叔觳父鬲」。
鄭虢仲敦	周金三、六一 兩周二、二〇一 小校八、十八 貞松五、卅二 希古三、廿二 通考三三四	23 字（蓋器同銘）	《貞松》、《希古》、《周金》、《兩周》著錄有二器。 《貞松》、《希古》、《小校》作「鄭虢中敦」。
鄭氏伯高父甗	韡華乙下三 小校三、九五	17 字	《小校》作「鄭氏白高父甗」。
周鄭鬲	寶蘊廿六 通考一五六	2 字	
鄭子石鼎	貞松四十五 希古二、十一 小校二、五六 三代三、廿四	12 字	
鄭羊白鼎	貞松三、一 希古二、十三	13 字	
鄭師口父鬲	周金二、七一 貞松四、十三 希古三、八 小校三、八十 三代五、卅八 通考一六七	17 字	《周金》作「鄭師逢父鬲」。 《小校》作「鄭師**夅采**父鬲」。 《三代》作「師口父鬲」。
鄭義伯盨	武英八一 通考三七四	14 字	
鄭義伯匜	兩周二、一九九 三代十七、廿九	10 字	《三代》作「奠義白匜」。
鄭義白簋	貞松六、卅六 小校九、廿七	12 字	
鄭戚句父鼎	兩周二、二〇〇	16 字	
王子嬰次盧	貞松十一、三 雙劍下三、十七 兩周二、二〇三 三代十八、廿四 通考四〇四	7 字	《雙劍》作「王子嬰次鑪」。

	鄭白除乍叔輔敦	小校七、七四	9字	
	鄭虢中鼎	希古二、十九 小校二、八一	19字	《小校》作「鄭虢中念**戕**鼎」。
	鄭鞏叔簋	希古四、十二 兩周二、二〇〇 小校九、廿九 三代十、卅二	13字	《兩周》作「鄭登叔盨」。 《小校》作「鄭登叔簋」。
衛國	▲衛公孫呂戈	周金六、十九 韡華癸、二 小校十、四五	7字	
	▲衛子簠	三代十、二	8字	《三代》作「衛子朿口父簠」。
	衛公叔敢	愙齋九、七 兩周二、二六四	27字（蓋器同銘）	《愙齋》著錄有二器。 《兩周》作「賢𣪘」著錄有三器。
	衛敦	吉金三、二	22字	
	孫林父𣪘	兩周二、二六五	22字	
	衛作己中鼎	貞松廿四 吉金一、卅三 雙劍下一、九 小校三、八 善彝廿八 三代四、十五	32字	《吉金》、《雙劍》、《善彝》、《三代》作「衛鼎」。 《小校》作「衛乍文考己中鼎」。
	衛姒鬲	貞補上、十六	8字	
虢國	●虢姜敦	吉金三、卅六 雙劍下二、廿九 兩周二、二八四	44字	《兩周》作「虢姜𣪘」。
	▲虢伯鬲	三代五、四十一	18字	
	▲虢仲敦	尊古二、五 三代八、十八	23字（蓋器同銘）	《三代》著錄有二器。
	▲虢仲鬲	周金二、七十 愙齋七、十三 小校三、七六 三代五、卅六	16字	《三代》作「虢中鬲」。
	▲虢叔盂	周金四、四十 貞松十一、二 希古五、廿九 三代十八、十二	5字	《貞松》、《三代》著錄有二器。
	▲虢叔尊	三代十一、廿七	8字	

▲虢叔簠	周金三、一四九 愙齋十五、六 簠齋三、卅一 小校九、四 三代十、四	10字	《周金》、《小校》、《三代》著錄有二器。 《簠齋》作「虢叔盨」。
▲虢叔簋	周金三、一六二 小校九、廿八 三代十、卅一	13字	
▲虢叔鐘	周金一、六至九 韡華甲、五 愙齋一、十二 清儀一、廿二 吉金二、五 雙劍上一、二 兩周一、一一九 小校一、七九 三代一、五七	93字	《周金》、《小校》、《三代》、《兩周》著錄有四器。 《愙齋》著錄有三器。 《小校》作「虢叔旅作皇考惠叔鐘」。 《愙齋》、《兩周》作「虢叔旅鐘」。 《清儀》作「周虢叔大蓁鐘」。
▲虢叔編鐘	周金一、十 愙齋一、十六 簠齋一、十 兩周一、一二一 小校一、八七 海外一三四 三代一、六十一 通考九四七	54字	《周金》、《愙齋》、《簠齋》、《兩周》、《三代》著錄有二器。 《小校》著錄有四器。 《簠齋》作「虢叔旅編鐘」。 《小校》作「虢叔旅作皇考惠叔鐘」。
▲虢季子盤	籀膏七、廿一 周金四、三 韡華壬、二 愙齋十六、九 獨笑三、八 吉金四、廿七 雙劍上三、廿五 兩周一、八八 小校九、八二 三代十七、十九 通考八四一	111字	《周金》、《愙齋》、《獨笑》、《吉金》、《兩周》、《通考》作「虢季子白盤」。 《雙劍》作「虢季盤」。

▲虢季子壺	周金五、五十 愙齋十四、十 兩周二、二八五 小校四、八五 三代十二、十六 通考七二九	19字	《周金》作「虢季氏子緐壺」。 《兩周》、《小校》、《通考》作「虢季氏子組壺」。 《三代》作「虢季子組壺」。
▲虢遣生敦	周金三、八三 愙齋十、十三 簠齋三、十 小校七、九一 三代七、卅四	15字	《愙齋》作「城虢敦」。 《小校》、《三代》作「城虢遣生敦」。
▲虢文公鼎	周金二、四一 韡華乙上、廿四 夢郼上、十三 兩周二、二八二 小校二、八八 三代三、四十八 通考六三	21字	《周金》、《小校》、《兩周》、《三代》著錄有二器。 《兩周》作「虢文公子馭鼎」。 《小校》作「虢文公子馭乍叔妃鼎」。
虢叔作叔殷穀簠	愙齋十五、六 小校九、二 三代十、二	8字	
城虢仲簋	周金三、九七 小校七、七十	6字	《周金》作「虢仲敦」。 《小校》作「城虢中敦」。
虢季氏子緐盤	周金四、八 小校九、七七	31字	
虢季氏子緐敦	周金三、六七 兩周二、二八四 三代八、七	20字（蓋器同銘）	《周金》、《小校》、《三代》著錄有二器。 《兩周》作「虢季氏子組段」。
虢叔大父鼎	貞松三、一 貞圖上、廿 三代三、廿七	13字	
虢姞鬲	貞松四、三 小校三、五四 尊古二、五 三代五、十四 通考一五七	4字	

	虢文公子䵼	貞松四、十四 貞圖上、廿八 三代五、卅九	18字	
	虢仲盨	吉金四、六 雙劍下三、三 兩周一、一〇五 十二家二二八 三代十、卅七	22字	《雙劍》、《兩周》作「虢仲盨」。 《十二家》作「虢中盨蓋」。
	虢戈	小校十、廿一	2字	
	虢叔䵼	小校三、五五 十二家二七四 三代五、十五	5字	
	虢白甗	三代五、六	6字	
	虢孟姬匜	三代十七、卅七	21字	
虞國	▲虞司寇壺	周金五、四三 愙齋十四、九 雙劍下二、六 兩周二、二八五 小校四、八九 三代十二、廿一	24字（蓋 器同銘）	《周金》、《兩周》、《小校》、《三 代》著錄有二器。
	吳彭父凶皇 且庚孟𣪘	貞松五、卅 希古三、廿 兩周二、二八六 十二家一八四 三代八、十	21字（蓋 器同銘）	《貞松》、《希古》、《兩周》、《三 代》著錄有二器。 《希古》作「吳彭父𣪘」。 《兩周》作「吳尨父𣪘」。 《十二家》作「吳彭父凶皇祖 庚孟𣪘蓋」。 《三代》作「吳尨父𣪘」。
蘇國	▲蘇公敦	周金三、六三 寶蘊六十六 貞松六、卅六 兩周二、二八一 小校八、十六 三代八、十二 通考三三二	22字（蓋 器同銘）	《周金》、《三代》作「穌公子 敦」。 《寶蘊》作「周蘇公子盨」。 《貞松》作「樠公子癸父甲 𣪘」，僅21字。 《兩周》作「穌公子𣪘。」 《小校》作「穌公子癸父甲 敦」。 《通考》作「蘇公子盨」。
	▲蘇公𣪘	愙齋十二、五 兩周二、二八〇 小校七、七六 三代七、廿一	10字	《兩周》、《三代》作「穌公𣪘」。 《小校》作「穌公乍王妃敦」。

▲蘇衛妃鼎	周金二、五八 韡華乙上四 貞松二、四一 瀓秋上、三 兩周二、二八〇 小校二、五一 三代三、十七	9字	《貞松》作「𣂼衛改鼎」。 《兩周》作「䱷衛改鼎」。 《瀓秋》作「䱷衛改鼎」。 《小校》作「䱷衛妃鼎」，著錄有二器。
▲蘇冶妊鼎	周金二、五二 夢郼上十一 雙劍下一、廿 兩周二、二八〇 三代三、卅六 通考八〇	16字	《周金》、《兩周》、《三代》著錄有四器。 《周金》作「䱷冶妊鼎」。 《夢郼》作「䱷冶妊鼎」。
▲蘇甫人盤	周金四、十七 貞松十、廿五 小校九、七十	9字	《周金》作「䱷甫人盤」。 《貞松》作「𣂼甫人凵孁妃盤」。 《小校》作「䱷甫人乍孁妃襄盤」。
▲蘇甫人匜	周金四、卅 愙齋十六、廿五 簠齋三、廿五 獨笑四、八 兩周二、二八〇 小校九、五九 三代十七、廿九	10字	《周金》、《愙齋》、《簠齋》、《獨笑》、《兩周》、《三代》作「䱷甫人匜」。 《小校》作「䱷甫人乍孁妃襄匜」。
▲甫人父匜	周金五、七十 兩周三、二四三 三代十七、廿九	10字（蓋器同銘）	
蘇妃鼎	韡華乙上、十七	9字	
蘇公孫鼎	韡華乙上、四六	30字	
寬兒鼎	貞松三、廿四 吉金一、卅六 雙劍下、一、廿 兩周二、二八二 小校三、五 三代四、十三 通考八九	30字	《貞松》作「𡧱兒鼎」。 《小校》作「寬兒鼎」。 《吉金》作「寏兒鼎」。 《三代》、《通考》作「𡧱兒鼎」。
甫人盨	貞松六、卅七 吉金四、六 雙劍下三、四	13字	《貞松》、《三代》作「為甫人簋」。 《吉金》作「甫人簋」。

		兩周二、二八一 三代十、卅		
	鯀冶妊盤	貞松十、廿七 希古五、廿一 小校九、七三 三代十七、九	16 字	《貞松》作「鯀冶妊凵虢妃盤」。 《希古》作「鯀口妊舨」。 《小校》作「鯀冶妊乍虢魚母盤」著錄有二器。
荀國	▲荀伯大父簋	周金三、一五八 韓華丁、七 希古四、十三 小校九、卅四	17 字（蓋器同銘）	《周金》作「筍林大父簋」。 《韓華》作「荀伯簋」。 《希古》作「筍伯大父簋」。 《小校》作「筍白大父乍嬴妃簋」。
韓國	▲右眛鼎	小校二、卅六 尊古三、四八 三代二、五三	5 字	《尊古》作「秦右殊鼎」。
	鄭武庫戈	周金六、五四 小校十、廿八 三代十九、卅三	3 字	《周金》作「鄭戈」。 《小校》作「鄭武軍戈」。
	眉眛鼎	周金二、六十四 韓華乙、上四十 愙齋六、十八 簠齋廿四 小校二、卅八 三代二、五四	5 字	
	少府銀器	三代十八、卅九	5 字	《三代》作「少府小器」。
	盛季壺	貞圖上、四三 三代十二、八	6 字	
	六年安陽令韓望矛	韓華癸二	22 字	《韓華》作「安陽矛」。
	廿四年邨陽命戈	三代廿、廿六	14 字	
	春成侯鍾	貞松十一、九 貞圖中、四十 三代十八、十九	11 字	《貞松》作「夏成侯鍾」。 《三代》作「🝔成侯鍾」。 《貞圖》作「尋成侯鍾」。
	三年脩余令韓誰戈	貞松十二、七 三代廿、廿五	11 字	《貞松》作「三年戟」著錄有二器。 《三代》作「三年口余戟」。
	十六年喜令韓於戈	貞松十二、十 三代廿、廿七	15 字	《貞松》、《三代》作「十六年戟」。

	五年鄭令韓口矛	貞松十二、十六 三代廿、四一	13字	《貞松》、《三代》作「朱左軍矛」。
	鄭武軍口口戈	小校十、卅八 三代十八、卅一	5字	《三代》作「奠武軍銅器」。
	十七年龏令解朝戈	小校十、五九	18字	《小校》作「十七年戈」。
	六年鄭令韓熙戈	三代十九、五二	10字	《三代》作「奠右軍戈」。
趙國	▲繗左軍戈	小校十、廿八 三代十九、卅三	3字	
	▲十七年相邦春平侯劍	小校十、一〇五	21字	
	王立事劍	周金六、九十一	19字	
	二年春平侯劍	周金六、九十二	14字	
	元年春平侯劍	小校十、一〇二	9字	
	八年建邨君劍	周金六、九十二 貞松十二、廿一 小校十、二〇二 三代廿、四七	19字	《周金》、《三代》著錄有二件。 《貞松》、《三代》作「八年相邦劍」。 《小校》作「八年相邦建郡君劍」。
	三年右軍劍	小校十、一〇三	17字	
	八年建邨君矛	周金六、八十 小校十、七五	17字	《周金》著錄有四件，作「鄲相邦劍」。 《小校》作「八年相邦建郡君矛」。
	三年相邦春平侯劍	小校十、一〇三	18字	
	四年春平侯劍	貞松十二、廿二	21字	《貞松》作「四年尋平相邦劍」。
	十三年守相申毋官劍	貞松十二、廿二 三代廿、四八	22字	《貞松》作「三年右口劍」。 《三代》作「十三年劍」。
	魚鼎匕	貞松十一、十一 貞圖中、四二 三代十八、卅 通考四一四	37字	
	十一年庫鼎	貞續上、廿四 貞圖上、廿三 三代三、四三	18字	《貞續》、《貞圖》、《三代》作「十一年鼎」。

	三年相邦建郡君劍	小校十、一〇三	18字	
	十六年守相劍	小校十、一〇四	18字	
	上黨武庫戈	小校十四、四	4字	《小校》作「漢上黨武庫戈」。
	廿九年相邦戈	小校十、十七	18字	
	八年相邦春平侯矛	小校十、七五	18字	
	三年杖首	十二家三一 三代十八、卅一 劍吉下、一	12字	《劍吉》作「列國三年錯銀杖首」。
	十七年春平侯矛	三代二十、四一	19字	《三代》作「十囗年矛」。
	囗囗年守相**𣏾**波劍	三代廿、四十七	18字	《三代》作「相邦劍」。
	十五年守相波劍	三代廿、四十七	24字	《三代》作「十五年劍」。
魏國	▲卅二年平安君鼎	韡華乙上、四四 愙齋六、十九 小校三、十一 簠齋四、十八	40字	《韡華》、《愙齋》、《小校》作「平安君鼎」。
	▲梁上官鼎	周金二、六三 韡華乙上、卅九 愙齋六、十九 簠齋鼎廿二 小校二、卅七 三代二、五四	6字（蓋器異銘）	《愙齋》作「品分鼎」。 《三代》作「上官鼎」。
	▲梁廿七年四分鼎	周金二、四六 韡華乙上、廿六 雙劍下、廿二 小校三、十九 三代三、四三	18字	《周金》、《韡華》作「大梁鼎」。 《三代》作「廿七年鼎」。 《雙劍》作「大梁司寇鼎」。
	廿九年高都令戈	周金六、九 貞松十一、卅四 小校十、五二	11字	《周金》作「高都戈」。 《小校》作「廿九年高都戈」。 《貞松》作「廿九年戈」。
	四分鼎	小校二、卅六	4字	《小校》作「囗鼎」。

十二年邦司寇野𢎗矛	周金六、八二 小校十、七五 三代廿、四一	9字	《周金》作「司寇矛」。 《三代》作「十二年矛」。 《小校》作「十二年邦上軍矛」。
七年邦司寇野𢎗矛	三代廿、四十	14字	《三代》作「十年上軍矛」。
梁陰鼎	愙齋六、廿 尊古三、四九 三代三、四十	17字	《愙齋》作「十三年上官鼎」。 《三代》作「上官鼎」。 《尊古》作「秦上官鼎」。
信陵君戈	周金六、廿三 韡華癸一 小校十、四二	6字	
卅二年業戈	周金六、七 小校十、五二 三代廿、廿三	12字	《周金》、《小校》作「卅三年左軍戈」。
廿七年寧皿	寶蘊九五 貞松十一、八 通考九〇八	6字	《寶蘊》作「周寧鉥」。 《通考》作「寧皿」。 《貞松》作「廿七年鉥」。
上樂鼎	三代二、五三	6字	
朝歌戈	貞松十一、卅二 三代十九、四六	6字	《三代》作「朝訶戈」。
䤟下官鍾	三代十八、十九	3字	
十四年口州戈	貞松十一、卅三	7字	《貞松》作「四年戈」。
四年咎奴戈	三代廿、廿六	14字	《三代》作「四年𢧢」。
九年𢧢丘戈 （即高望戈）	貞松十二、七 三代廿、廿二	11字	《貞松》、《三代》作「高望𢧢」。 《三代》著錄有二件。
中口官鼎	貞續上、廿 三代二、五三	5字（蓋器同銘）	
梁口庫戈鐓	三代廿、五九	3字	《三代》作「𣄣戈鐓」。
陰晉左軍戈	小校十、四三	6字	
八年鄉左軍戈	小校十、四八	8字	《小校》作「十八雍左軍戈」。
七年宅陽令矛	小校十、七四	14字	《七年宅陽令矛》作「十年宅陽矛」。
卅年虒鼎	小校二、九八	14字（蓋器同銘）	《卅年虒鼎》作「卅二年鼎」。
附註	1. ●代表宋代金文文獻已著錄之器物。 2. ▲代表清代金文文獻已著錄之器物。		

　　由此表可了解有三種情況：（一）以器數而言，除宋、清金文文獻所著錄之外，晉系列國之器物均普遍增加，如晉國多七器、鄭國多十七器、衛國多五器、虢國多十二器、蘇國多五器、韓國多十三器、趙國多二十器、魏國多二十器。諸如此類器物之遞增，對該國歷史或晉系青銅器之發展，提供極爲珍貴之史料。（二）以器形而言，本表所著錄之青銅器，除宋、清時期已有鼎、簋、敦、敔、鬲、甗、簠、盂、尊、壺、盉、匜、盤、鐘、戈、劍等器物之外，尚有罍、鑑、矛、匕、錘、盧、鐓、杖首、車轂，不論是飪食器、水器、兵器、車馬器、生活用具皆有，可見晉系青銅器在形制是多元化。（三）以器用而言，清代時期所著錄韓趙魏之兵器僅有四器，然而本表所著錄，韓國之兵器多四器、趙國兵器多十七器、魏國兵器多十二器，由此可知，戰國時期諸侯列強在富國強兵政策之下，勢必致力於軍事發展，是以此期兵器必特多，此可由器物之著錄得到證明。

二、民國卅八年以後山西、河南出土晉系青銅器

　　民國卅八年（西元 1949 年）以後，因政局的變遷，海峽兩岸分立分治，然而文物考古之工作，仍是持續進行。在大陸方面，對古器物之發掘更趨於積極，凡有歷史之遺跡或遺物，則必從事田野調查、墓葬清理、器物存藏、文字考釋、刊物發行等，此較之於民國卅八年以前出土器物流落於四處，實不可同日而語。是以民國卅八以後，在山西、河南陸續有晉系青銅器出土之記錄，此依晉、鄭、衛、虢、荀、韓、魏、東周等國臚列於下。

　　民國四十八年（西元 1959 年）至民國八十七年（西元 1998 年），山西、河南出土晉國銅器約略有十六事：

　　1. 民國四十八年（西元 1959 年）四月廿八日，在山西侯馬上馬村東門外，先已發現銅鼎二件，繼而山西省文管會侯馬工作站又派人前往勘察，發覺有銅器等古物，此批銅器從器形和花紋與侯馬東周早期之墓葬和遺址內出土物極爲近似，故可認定爲春秋時代之遺物。

　　2. 民國五十年（西元 1961 年）十二月，在山西侯馬上馬村斷崖發掘十四座墓葬，有隨葬品者十二座，而有青銅器出土者僅 M1、M5、M9、M11、M13、M14 六座，其中以 M13 出土器物最多，大小銅器共有一八〇多件，另外銅貝數量極多，其中難能可貴者，有二件〈庚兒鼎〉，此爲徐國之器。

〔註42〕6座墓葬出土青銅器約有一八五〇件，其中鼎、鬲、𣪘、甗、簠、匜、鑑、盤、舟、方壺、小尊、編鐘等禮樂器有四十五件，戈、戈鐏、矛、鏃、環首刀等兵器有六十四件，鏟、錛、鑿、錐、刻刀等工具有八件，車軎、馬銜、轅飾與其他車馬器有一七二六件。這批墓葬品與牛村東周古城遺址有密切之關係，其時代約在春秋初、中、晚三期。

3. 民國五十年（西元 1961 年），山西省萬榮縣廟前村后土廟賈家崖，因河水沖塌，發現有編鐘、鼎、鑑、戈等銅器。由於文獻未記載，其況不詳，然所知有三件銘文戈，其中有二件〈錯金鳥書戈〉，據張頷考證，認為是吳國之器，〔註43〕係吳亡（西元前 473 年）後，延陵季子之宗族將吳之宗器帶至晉地，故由此推斷，此墓葬最早為春秋晚期。

4. 民國五十一年（西元 1962 年）秋，山西省芮城縣嶺底鄉坛道村農民挖掘洞時，曾發現二座古墓，掘出一批銅器。其中之一為 M1 墓有鼎、𣪘、方壺、盃、盤、碟形器、戈、馬銜、馬鑣等二十二件，其中𣪘、方壺、盃等容器有三項缺失，首者銅質粗劣，銅液澆灌不均，造成有多洞孔，再者將蓋、身合鑄而無底，三者器壁厚薄懸殊很大。此批銅器與上村嶺虢國墓地所出土銅器相近，據鄧林秀的推斷，其時間以「春秋早、中期為妥，從隨葬有三鼎、五𣪘、二壺、一盤等看，墓主身分當屬士大夫階層」。〔註44〕

5. 民國五十二年（西元 1963 年），張頷在山西渾源縣李峪村勘察墓地，徵集有蓋豆、𣪘形器、戈、馬銜、劍、削等八件銅器，皆無銘文，是以難確定其年代。

6. 民國五十三年（西元 1964 年）九月，山西省原平縣峙峪村東南趙家壩進行土地整修時，挖出一批東周青銅器二十九件，食器有鼎、甗、甗、豆、小尊，酒器有壺，兵器有戈、矛、劍、刀，工具有錛、鑿、鏟，車馬器有軎、馬銜、帶夾、環，其中極為珍貴者，有銘文八字之〈吳王光劍〉，係屬吳王闔

〔註42〕〈庚兒鼎〉銘文在腹內壁，共廿九字，「隹正月初吉丁亥，郐王之子庚兒，自乍飤𩰦，用征用行用龢用鬺，眉壽無疆」，其時間依張頷、張萬鐘以為「可能作于魯襄公（西元前 572 年～西元前 542 年），正當晉悼公、平公之際，此時期吳季札、鄭子產和齊晏嬰都到過晉國。〈庚兒鼎〉之入晉或在這個時期。」（〈庚兒鼎解〉，《考古》西元 1963 年第 5 期頁 272）。

〔註43〕〈錯金鳥書戈〉正面援上二字，胡上四字，背面胡上一字，共七字，均為錯金，張頷以為此戈是吳王僚為王子時之器，其詳見〈萬榮山土錯金鳥戈銘文考釋〉（《文物》西元 1962 年第 5 期）。

〔註44〕鄧林秀之論見〈山西芮城東周墓〉，此文刊於《文物》1987 年第 12 期。

廬之劍。此批青銅器之年代，據戴遵德依此與渾源李峪村、侯馬上馬村十三號墓、河南汲縣琉璃閣、安徽壽縣蔡侯墓等地所出土之銅器相較，以爲是「春秋晚期至戰國早期」。〔註45〕

7. 民國六十二年（西元 1973 年），山西省長子縣羊圈溝發掘 M1、M2、M3、M6 墓。M1 墓隨葬銅器有鼎、敦、蓋豆、壺、舟、匜、戈、劍、鏃、車害、馬銜、馬鑣、環首刀、帶鉤、圓盒、匙；M2 墓隨葬銅器有鼎、豆、盤、匜、舟、戈、劍、箭頭、帶鉤、害、馬銜；M3、M6 兩墓均無銅器。陶正剛等人依墓葬形制，以爲 M1、M2 墓同於牛家坡之 M7 墓，而 M7 墓所出土銅器之紋飾與山西侯馬晉國鑄銅作坊遺址之陶範紋飾一致，故將 M1、M2 墓認定爲晉國墓，其年代爲春秋晚期。〔註46〕

8. 民國六十四年（西元 1975 年）八月初，山西渾源縣李峪村因雨水沖毀墓室而暴露出器物，發現 M3 墓銅器有壺、盤、簋形器、匜、鬲、劍等六件，同月廿九日又發現 M2 墓銅器有鼎、蓋豆、戈、劍、帶鉤、刀、殘銅飾等九件，諸銅器均無銘文。M2 墓之時代，據陶正剛與長治分水嶺 M270 墓、侯馬上馬村 M13 墓、洛陽中州路 M2717 墓與 M2729 墓、山西原平峙峪村等地相較，推斷爲春秋中、晚期。M3 墓之時代，據陶正剛與洛陽中州路 M2729、陝西省客庄 M202 墓、唐山賈各庄 M16 與 M18 墓及〈嗣子壺〉、〈吉日劍〉相較，推斷爲春秋晚期至戰國早期。〔註47〕

9. 民國六十六年（西元 1977 年），山西長子縣牛家坡發掘 M7 墓。隨葬銅器，禮器有鼎、鬲、敦、豆、壺、鑒、盤、瓿、簠、盉、盆，車馬器有銜、當盧、鈴、泡飾、扁形管、鴨頭形扣飾、害、車飾，兵器有戈、劍、鏃，雜用器有鏡、帶鉤、環首刀。諸銅器之紋飾與山西侯馬鑄銅。遺址出土之陶範紋飾相一致，故其國當屬晉國，其年代爲春秋時期。

10. 民國六十八年（西元 1979 年），山西省長子縣牛家坡發掘 M11 墓，其隨葬銅器有鼎、蓋豆、壺、劍、害，此墓之墓葬形制與同地之 M7 墓同，而 M7 墓所出土銅器之紋飾與山西侯馬晉國鑄銅遺址出土之陶範紋飾相一致，故 M11 墓爲晉國墓，其年代爲春秋晚期。

11. 民國七十六年（西元 1987 年）十一月，山西省太原市南郊金勝村，

〔註45〕戴説見〈原平峙峪出土的東周銅器〉（《文物》西元 1972 年第 4 期）。
〔註46〕陶説見〈山西長子縣東周墓〉（《考古學報》西元 1984 年第 4 期）。
〔註47〕陶説見〈山西渾源縣李峪村東周墓〉（《考古》西元 1983 年第 8 期）。

此地為春秋時期晉陽古城遺址，挖掘千餘座東周墓，發現 M251 六墓及車馬坑，隔年三月至九月清理隨葬之銅器有 1690 件。依其用途可分為禮器及生活用器有鼎、豆、壺、鬲、尊、鑒、盃、簠、盨、盤、匜、甗、匕、勺、瓿、罍、鈁、罐、舟、鉢、耳杯等其一一〇多件；樂器有編鐘二套共十九件；兵器有矛、戈、標槍、鏃、戟、刀；手工具有鑿、削刀、刻刀、錛、斧、鏟等共六十一件；車馬器有車軎、馬銜、馬鑣、當盧、帶扣、銅泡等共一八五件；裝飾品有帶鉤、龍虎等小裝飾品共二十件；銅構件飾件有合頁、環、連環等共七百多件。有關此墓之年代，陶正剛等人依該墓之禮器組合（鼎、豆、壺、盤、匜、甗、舟、鑑）、禮器形制〔註48〕、紋飾，〔註49〕斷定為春秋晚期，其絕對年代為西元前 475 年至西元前 425 年之間。至於墓主身份，侯毅從墓葬之地理位置、隨葬器物、棺槨制度、車馬殉葬坑等四方面，推斷為「晉卿趙氏」。〔註50〕陶正剛根據墓主人內棺中之第 658 號青銅戈有線刻銘文 5 字「趙盟之御戈」，考證「趙盟」即為趙孟，而趙孟乃為趙鞅（趙簡子），故斷

〔註48〕M251 大墓銅器形制約略可由鼎、方壺、瓠壺、豆、鬲、鑒等器物，與山西侯馬、上馬、長子、長治、萬榮及河南新鄭等出土之器物相比較，其近似之況列表於下：

M251 大墓出土器物	山西、河南出土器物
I 式、II 式鼎	河南新鄭古墓 II3、I5 鼎
III 式鼎	山西長子東周墓 M7 墓之 I 式鼎
IV 式鼎	山西侯馬上馬村 M13 墓之 III 式鼎
II 式豆	山西長子東周 M7 墓 II 式豆
方壺	河南新 I2 壺
鬲	山西萬榮廟前村與長子東周墓 M7 墓之鬲
I 式鑑	河南輝縣之〈智君子鑑〉
瓠壺	河南汲縣山彪鎮之無蓋瓠壺

其詳可見於〈太原金勝村 251 號春秋大墓及車馬坑發掘簡報〉與〈太原金勝村大墓年代的推定〉，兩文刊於《文物》1989 年第 9 期。

〔註49〕M251 大墓銅器主要之紋飾有夔龍紋、夔鳳紋、蟠螭紋、蟠虺紋、回紋、雲雷紋、絢紋等，此與侯馬晉國鑄銅作坊之陶範紋飾相同。

〔註50〕侯說見〈試論太原金勝村 251 號墓墓主身分〉（《文物》西元 1989 年第 9 期）。侯毅在墓葬之地理位置，即《左》、《戰》記載之「晉陽」，此墓出土青銅器之紋飾與侯馬鑄銅遺址之陶範紋飾相同，春秋晚期趙氏主掌晉政，列國都城與公墓之分布規律等四方面，來論定 M251 大墓墓主為晉卿趙氏。

定 M251「墓主為晉卿趙鞅」。〔註51〕

　　12. 民國八十一年（西元 1992 年）四月至六月，山西省南部曲沃、翼城兩縣境內之天馬——曲村遺址，發掘 5 座墓葬，其中 M1 和 M2 為西周時期晉侯之墓。M1 墓隨葬器物被盜掘，所存銅器多為殘件，有容器腹片〔註52〕、鑾鈴、轊、轄、鑣、銜、戈、矛、銅泡、節約、管、系扣、絡扣、環、獸形飾、軎首、銅魚、鏃。曲沃縣公安局曾追繳回 M1 墓之文物有鼎、鑾鈴、轄、鑣、銜、鈴。M2 墓亦是被盜掘，今所知銅器約有鼎、手鏟形器、蓋紐〔註53〕、銅魚。此二座墓之地緣與晉國始封地有關，蓋為晉國諸侯夫婦墓，其年代依張奎等人研判，為西周晚期。〔註 54〕由於兩墓之銅器被盜掘相當嚴重，迄今流落各地。據孫華考察，在日本有一件銘文二十三字〈晉侯邦盨〉、一件銘文二十字〈晉侯邦盤〉；在臺灣有一件銘文二十字〈晉侯邦簠〉、一件銅鬲；在上海博物館有一件銘文二十字〈晉侯邦匜〉。若依周代銅禮器組合制度，則 M1與 M2 應有如下之銅器：

墓別	墓　　主	鼎	盨	鬲	簠	甗	壺	盤	匜	編鐘
M1	晉侯邦	5	4	1	1	1	2	1	1	8
M2	晉侯邦夫人	3	4		1	1	2	1	1	

　　依其用鼎制度，則 M1 之晉侯邦為卿大夫或下大夫之等級，其位雖低，然於此可見晉國未成為大國霸主時，尚能恪遵周朝禮法。

　　13. 民國八十一年（西元 1992 年）十月十六日，山西省考古研究所與北

〔註51〕陶說見〈趙氏戈銘考釋〉（《文物》西元 1995 年第 2 期）與〈山西太原晉陽古城和趙卿墓〉（《中華文物學會年刊》西元 1994 年）。有關趙戈之論述，可詳見汪中文先生〈流落香江的寶器〉（《中央日報》民國 79 年 12 月 7 日）。

〔註52〕孫華曰：「在 M1 出土器物中……容器腹片的銅器殘件一塊……從器表花紋與器內銘文的位置關係看，它正是一件銅盨盨蓋頂的殘片，其文字也與橢圓形組〈晉侯邦盨〉銘文的中段相似。」（〈關于晉侯邦組墓的幾個問題〉）（《文物》西元 1995 年第 9 期）。

〔註53〕馬承源曰：「M2 出土之銅蓋紐，其形式和〈晉侯邦盨〉的蓋紐完全相同，上海博物館三盨中，有一盨蓋紐不全，所發掘殘件當是此盨的劫餘物。」（〈晉侯邦盨〉，第二屆國際中國文字學研討會論文集）。

〔註54〕民國五十一年（西元 1962 年），謝元璐在天馬、曲村之間發現遺址，屬於晉文化層；民國六十八年（西元 1979 年）秋，發現有晉國墓地，可確定此為晉國早期都城遺址，其詳見鄒衡〈晉豫鄂三省考古調查簡報〉（《文物》西元 1982 年第 7 期）。張奎之說見〈1992 年春天馬——曲村遺址墓址墓葬發掘報告〉（《文物》西元 1993 年第 3 期）。

京大學考古學系在山西曲沃縣曲村鎮北趙村西南第二次清理五座晉侯墓地，
這五座墓中之 M9、M13 保存完整，M8 雖被盜掘，然劫餘之器物尚多，M6、
M7 被盜取甚多，所剩無幾。這五座墓所存之銅器約略可知：M9 有鼎、簋、
斝、編鐘、兵器、車馬器；M13 有鼎、簋、甗、盨、盤、馬器及飾件；M6 有
戈、鑾鈴、容器殘片；M7 有觜、轄；M8 有鼎（有銘文）、簋（有銘文）、甗、
方壺（有銘文）、兔尊、爵（有銘文）、盉、盤、編鐘（有銘文）、鏃、鑾鈴、
銅牌、銅魚。總括而言，有飪食器、水器、樂器、兵器、車馬器等。據張奎
等人依墓葬及隨葬器物推斷，M9 及 M13 是晉侯夫妻并穴合葬墓，M6 及 M7
是晉侯夫妻并穴合葬墓，M8 墓主可能為晉獻侯或晉穆侯。五座墓之時序：
M9 及 M13 為西周早中期之際的周穆王前後，M6 及 M7 為西周中期偏早階段，
即恭王、懿王之時，M8 是周宣王之世，即十六年至四十三年（西元前 812 年
至西元前 785 年）。〔註 55〕

　　14. 民國八十二年（西元 1993 年）上半年，山西省曲沃縣曲村鎮北趙村
西南進行第三次發掘，清理五座墓葬 M31、M32、M38、M39、M40。M31 在
M8 西側，兩墓當為夫妻并穴合葬墓。M38、M39、M40 是三座小墓，墓主為
女性，當為 M8 陪葬墓。M32 在 M7 西側，與尚未發掘之 M33 為夫妻并穴合
葬墓，M32 曾遭嚴重盜掘，墓內僅存銅鼎、銅簋之碎片。M31 墓出土銅器有
鼎、簋、壺、盤、盉、銅魚、鈴等，均無銘文，據張奎等人考證，此墓與 M8
是夫妻墓，M8 墓主可能為晉獻侯或晉穆侯，則 M31 墓宜為晉獻侯夫人或晉
穆侯夫人之墓。〔註 56〕

　　15. 民國八十二年（西元 1993 年）九月十一日至民國八十三年（西元
1994 年）元月六日，在山西省曲沃縣曲村鎮北趙村西南進行第四次發掘，
共清理 M62、M63、M64 三座墓。此三座墓之器物未曾盜擾過。M62 隨葬
銅器有鼎、簋、壺、盤、匜、爵、尊、方彝、鼎形方盒、鈴、銅魚。M63
隨葬銅器有鼎、簋、壺、爵、觶、方彝、盤、盉、鼎形方盒、筒形器、銅魚。
M64 隨葬銅器有鼎、簋、尊、壺、盤、匜、簠、爵、甗、編鐘、鉦、戈、
劍、鏃、銅魚、鈴，其中鼎、簋、編鐘、方壺均有銘文。此地出土之銅器有

〔註 55〕有關張奎等人之推斷，詳見〈天馬——曲村遺址北趙晉侯墓地第二次發掘〉
　　　　（《文物》西元 1994 年第 1 期）。
〔註 56〕有關張奎等人之考證，詳見〈天馬——曲村遺址北趙晉侯墓地第三次發掘〉
　　　　（《文物》西元 1994 年第 8 期）。

飪食器、酒器、水器、樂器、兵器。此三座墓依其墓室、棺槨結構及尺寸與共同之車馬坑，可知爲同一組墓葬，是一夫兩妻並列而葬；再依其陪葬鼎、簋數目，M64 爲晉侯之墓，M62、M63 爲晉侯正夫人與次夫人。若依 M64墓出土鼎之銘文，可知此晉侯爲邦父；依 M63 出土壺之銘文，可知晉侯次夫爲楊桔，是楊國之女。M64 墓有一套編鐘八件，於鉦部與鼓部鑄有銘文六十八字，內容與楚公逆有關，據郭沫若對早年出土之〈楚公逆編鐘〉考證，楚公逆即楚之熊咢，其時代約爲西周宣王之世，故 M64 墓之年代宜在西周晚期。〔註57〕

16. 民國八十三年（西元 1994 年）五月至十月，在山西省曲沃縣曲村鎮北趙村西南進行第五次發掘，此次共清理五座大型墓葬，即 M33、M91、M92、M93、M102，除 M33 墓曾遭盜掘而破壞外，其餘四墓均保存完整。此五座墓出土銅器：M33 墓有鼎、簋、甗、觶、方壺、劍、盂、戈、斧、鑾鈴、軎、轄等，其中方壺有銘文，爲「晉侯僰馬」之器；M91 墓有鼎、簋、爵、鬲、方壺、圓壺、盤、匜、盂、尊、卣、甗、豆、編鐘、戈、劍、矛、鐏、鏃、鑾鈴、馬鑣，其中方壺有銘文爲「晉侯僰馬」之器，另有一器，器體破碎較甚，尚不知爲何器，然其器之底內有鑄銘四行二十七字；M92墓有鼎、盨、壺、盤、盂、軎、轄、銅魚，其中鼎、圓壺、盤均有鑄銘；M93 墓有鼎、簋、方壺、盤、匜、甗、尊、卣、爵、觶、方彝、編鐘、銅鋪首、鈴、銅魚、戈、鏃、銅泡、鑿、削、錛，其中盤、方壺有鑄銘，然盤之銘文因鏽蝕過甚，難以辨讀；M102 墓有鼎、簋、盤、匜、壺、盂、爵、觶、方彝、鈴、銅魚、字形銅飾件、長條形銅片、銅刀、銅鳥形飾物，各器均無銘文。M33 墓與第三次發掘之 M32 墓是夫妻墓，故其時代在西周中期偏晚（即周孝王、周夷王之世），其墓之方壺銘文有「僰馬」，故可知其墓主爲晉侯僰馬，即晉厲侯。M91 墓與 M92 墓爲夫妻并葬墓，M91 墓出土一件不知器名之銅器，上有「喜父」銘文，M92 墓有〈喜父盤〉，故可知其墓主爲晉靖侯，其年代約在西周晚期厲王之時。M93 墓與 M102 墓爲夫妻并葬墓，M93 墓所出之列鼎與〈晉姜鼎〉類似，且 M93 墓之墓葬方式與第四次

〔註57〕郭沫若《兩周》（三）頁 164 收錄〈楚公逆鎛〉，依孫詒讓釋楚公逆爲熊咢。熊咢元年當周宣王廿九年（西元前 799 年）。有關 M64、M62、M63 三墓出土器物之狀況，詳見〈天馬——曲村遺址北趙晉侯墓地第四次發掘〉（《文物》西元 1994 年第 8 期）。

發掘之 M64 墓相比，其時代較晚，今已知 M64 墓之墓主爲晉穆侯，故 M93 墓之墓主宜爲晉文侯，其時代約在春秋早期。

上述曲沃縣曲村鎮北趙村經五次發掘，所清理十七座墓，經張奎等人研判，以爲是西周時期至春秋早期晉侯墓地，約略屬於武侯、成侯、厲侯、靖侯、釐侯、獻侯、穆侯、文侯之墓。此將各墓之墓主及其時代作成一表如下：

發掘次序		第二次	第二次	第三次（M32）第五次（M33）	第五次	第一次	第二次（M8）第三次（M33）	第四次	第五次
墓葬	夫	M9	M6	M33	M91	M1	M8	M64	M93
	妻（妾）	M13	M7	M32	M92	M2	M31	M62、M63	M102〔註58〕
晉侯		晉武侯	晉成侯（晉侯𫑛馬）	晉厲侯（晉侯喜父）	晉靖侯（晉侯喜父）	晉釐侯（晉侯對）〔註59〕	晉獻侯（晉侯蘇）	晉穆侯（晉侯邦父）	晉文侯
周王		周穆王	周恭王周懿王	周孝王周夷王	周厲王	共和周宣王早期	周宣王早期	周宣王晚期	周幽王周平王
史記晉世家晉國世系		武侯（寧族）	成侯（服人）	厲侯（福）	靖侯（宜臼）	釐侯（司徒）	獻侯（籍、蘇）	穆侯（費王）	文侯（仇）

從民國卅八年至民國八十三年，山西、河南出土鄭國銅器約略有四事：

1. 民國四十二年（西元 1953 年）春，河南省郟縣太僕鄉農民王素英、張東木等，因賣土積肥，挖出大批銅器，有鼎、甗、簋、簠、盤、罍、甑、匜、方壺、穿帶壺、箭鏃、車馬飾，此批器物之形制及紋飾與民國十二年（西元 1923 年）新鄭、民國四十六年（西元 1957 年）上村嶺虢國，所發現之銅器極爲類似，且其中之鼎、甑均有銘文，有一鼎爲江國（今河南羅山附近）所作

〔註58〕張奎等人以爲 M102 墓之墓主可能爲 M93 墓主之妾，而 M63 墓之墓主可能爲 M93 墓主之夫人。有關 M9、M13、M6、M7、M32、M33、M91、M92、M1、M2、M8、M31、M62、M63、M64、M93、M102 各墓墓主之判定，可詳見〈天馬——曲村遺址北趙晉侯墓地第五次發掘〉（《文物》西元 1995 年第 7 期）。

〔註59〕M1 墓、M2 墓之墓主，鄒衡和馬承源均以爲晉厲侯（福），其詳見鄒衡〈論早期晉都〉（《文物》西元 1994 年第 1 期）、馬承源〈晉侯𫑝盨〉（《第二屆國際中國文字學研討會論文集》）。孫華以爲「晉侯對」宜是「晉靖侯宜臼」，其詳見〈關於晉侯𫑝組墓的幾個問題〉（《文物》西元 1995 年第 9 期）。

之器。依唐蘭考證，此批銅器屬於東周早期，即春秋早期（西元前 770 年至西元前 650 年）；以地緣而言，屬於鄭國。〔註60〕

2. 民國五十五年（西元 1966 年）五月，河南洛陽玻璃廠東南發掘 M439 一墓，有鼎、豆、鉼、勺一套銅器出土，諸銅器之形制與洛陽中州路 M2415、M2729 之銅器相近似。其中鼎、豆、鉼均有銘文，銘文中有「哀成叔」，依趙振華考證，可能是鄭康公之后裔；其時代，依蔡運章推斷為「春秋晚期」。〔註61〕

3. 民國七十年（西元 1981 年）三月，河南省靈寶縣文管會揀選到一件銅簋，蓋內與器內底部各鑄篆文八字，從銘文可得知，此為鄭簡公為其婦喜氏所作之器。〔註62〕

4. 民國八十二年（西元 1993 年）五月至八月，河南省新鄭縣金城路發現銅器窖藏坑，其中 2 號坑有 24 件青銅樂器，鏄鐘 4 件，編鐘 20 件，各有其大小排列，此為研究鄭國音樂唯一可信與完整套數之器物。〔註63〕

從民國卅八年（西元 1949 年）至民國八十三年（西元 1994 年），山西、河南出土衛國銅器約略僅一事：

1. 民國五十年（西元 1964 年）七月，河南省鶴壁市東郊龐村南邊之斷崖中，出土一批青銅器，有鼎、甗、鬲、簋、爵、觶、尊、卣（內有一斗器）、盉、矛、戈、書、當盧、鎖形飾、圓形飾、泡形飾共有 31 件，其中甗、簋、爵、觶、尊、卣有銘文，字數一至四字，蓋屬於族徽、人名。由於出土地與濬縣辛村相距不遠，且器物風格極為類似，故宜為衛國墓葬之遺物。而諸器物之造型和紋飾尚存殷文化之特點，是以其時代屬於西周早期。此批器物現存河南省博物館。〔註64〕

從民國卅八年至民國八十三年，山西、河南出土虢國銅器，約略有三事：

〔註60〕 有關郟縣出土銅器，可詳見〈河南郟縣發現的古代銅器〉（《文物參考資料》西元 1954 年第 3 期）、唐蘭〈郟縣出土的銅器群〉（《文物參考資料》西元 1954 年第 5 期）。

〔註61〕 有關趙振華考證，詳見〈哀成叔鼎的銘文與年代〉（《文物》西元 1981 年第 7 期）；有關蔡運章推斷，詳見〈洛陽哀成叔墓清理簡報〉（《文物》西元 1981 年第 7 期）。

〔註62〕 有關此簋出土狀況，詳見郭敬昌〈靈寶縣發現春秋銅簋一件〉（《文物》西元 1982 年第 4 期）。

〔註63〕 有關鄭國青銅樂器，可詳見〈河南新鄭縣出土鄭國青銅樂器〉（《中國文物報》西元 1994 年元月 2 日）。

〔註64〕 有關河南鶴壁市出土青銅器，可詳見周到、趙新來〈河南鶴壁龐村出土的青銅器〉（《文物資料叢刊》西元 1980 年第 3 期）。

1. 民國四十五年（西元 1956 年）秋，在河南省陝縣上村嶺進行墓葬挖掘，其中 M1052 墓出土青銅器有鼎、𣪘、壺、鬲、甗、盉、豆、盤、罐、編鐘甬鐘、矛、戈、劍、鏃、車馬器、馬轡飾，而有二件戈鑄有「虢大子元徒戈」六字，故可斷定此爲虢國之器。〔註65〕

2.民國四十六年（西元 1957 年），河南省陝縣上村嶺繼續發掘二三四座墓葬，其中有不少墓葬，如 M1601、M1602、M1603、M1605、M1612、M1617、M1620、M1624、M1631、M1634、M1640、M1646、M1647、M1650、M1651、M1657、M1661、M1665、M1671、M1689、M1691、M1692、M1701、M1702、M1703、M1704、M1705、M1706、M1707、M1708、M1711、M1714、M1715、M1720、M1721、M1743、M1744、M1747、M1753、M1761、M1762、M1765、M1767、M1777、M1779、M1785、M1803、M1810、M1819、M1820、M1839，大致出土青銅器，禮器有鼎、鬲、盤、匜、𣪘、豆、盉、甗、壺、罐；兵器有戈、矛、鏃、劍、刀；車馬器有軸頭、轄、鑾、銜、鑣、節約、銅泡，可謂各形制皆有，眞爲琳琅滿目，且數量極爲盛多，此爲五〇年代重大之發現。在諸多器物中有 M1601 之盤、匜，M1631 之鬲，M1705 之戈，M1711 之矛，M1721 之戈，M1747 之戈，M1753 之鼎，M1819 之鼎，M1820 之盤、豆，皆鑄有銘文，其中 M1631 之鬲之銘文有「虢季」，依《左》、《國》、《古竹》等文獻史料考證，此地爲建都於上陽之北虢，此器物出土對於西周末期至東周初期，有關虢國之歷史提供豐富之資料。另外 M1763 之鼎與 M1820 之豆之銘文有「穌」字，經林壽晉考證，此「穌」爲立國於河南溫縣之「蘇」，且世代與虢國通婚，是以此器物爲隨嫁之器。〔註66〕

3. 民國七十九年（西元 1990 年），河南省陝縣上村嶺繼民國四十五年、四十六年又有重大之發現，此次清理墓葬有 M2001、M2006、M2009、M2010。據考古資料記載，M2001 出土青銅器有鼎、𣪘、盨、甗、豆、鬲、方壺、觶、爵、盤、盉、匜、方彝、甬編鐘、劍，其中甬編鐘、鼎、盨、方壺、鬲均有銘文，且有「虢季」字樣，故可知此爲虢國墓葬，若根據墓葬形制及隨葬器

〔註65〕有關陝縣上村嶺出土青銅器之事，詳見〈1956 年秋河南陝縣發掘簡報〉（《考古通訊》西元 1957 年第 4 期）。

〔註66〕有關河南陝縣上村嶺出土之狀況，可詳見《上村嶺虢國墓地》與〈1956 年秋河南陝縣發掘簡報〉（《考古通訊》西元 1957 年第 4 期）、〈1957 年河南陝縣發掘簡報〉（《考古通訊》西元 1958 年第 11 期）、林壽晉《先秦考古學》中之〈上村嶺發掘的學術貢獻〉一文。

物組合與銘文,可確認此墓爲西周晚期虢國國君之墓,〔註67〕蔡運章依器物組合,考證此墓爲西周宣王晚年時之虢文公。〔註68〕M2006 出土青銅器共 451件,有禮器、車馬器、雜器。禮器有鼎、方甗、鬲、盨、簋、盤、圓壺、盉、尊、方彝、爵、觶;車馬器有軎、轄、銜、鑣、鈴、饕餮首、細腰、節約、絡飾;雜器有樽飾、銅魚。其中盨與簋有銘文,盨之銘文內容爲曶叔爲孟姞作媵器,簋之銘文內容爲豐白自作用器,由此可知此墓之墓主爲曶國或曶氏之女嫁於虢國,且此墓之銅禮器在形制、紋飾、組合與 M1820 所出土之銅器極爲相近,〔註69〕是以可知此墓之年代約在西周晚期。

民國卅八年至民國八十三年,山西、河南出土荀國、賈國銅器約略僅一事:

1. 民國六十三年(西元 1974 年),山西省聞喜縣上郭村出土兩件有銘文之銅器,其一爲〈荀侯匜〉,銘三行十四字,其一爲〈貯子匜〉,銘四行、重文二字,共十八字。此二器之年代約在春秋早期。

民國卅八年至民國八十三年,山西、河南出土韓國銅器約略有八事:

1. 民國四十三年(西元 1954 年)冬至民國四十四年(西元 1955 年)春夏,在山西長治分水嶺發掘十二座墓,其中 M6、M7、M8、M9、M10、M11、M12、M14、M15 有銅器出土,大致禮器有鼎、豆、壺、敦、簋、匜、簠、盤、鑑、甑、鬲,樂器有甬鐘、鈕鐘,兵器有刀、矛、戈、鏃、劍,車馬器有軎、當盧、馬銜、馬鑣,雜器有帶鉤、鵁鶄飾、手狀器、銅羊、銅人。其中 M14 有六件銘文之戈。暢文齋依墓葬形制與器物之形制、紋飾推斷,此九墓爲戰國墓,而長

〔註67〕有關 M2001 出土器物之狀況,詳見〈三門峽上村嶺虢國墓地 M2001 發掘簡報〉(《華夏考古》西元 1992 年第 3 期)、〈西周晚期文物的豐收——記三門峽虢國墓地〉(《中國文物精華》頁 13)。

〔註68〕有關 M2001 墓主之考證詳見蔡運章〈虢文公墓考——三門峽虢國墓地研究之二〉(《中原文物》西元 1994 年第 3 期)。

〔註69〕有關 M2006 出土器物之狀況,詳見〈上村嶺虢國墓地 M2006 的清理〉(《文物》西元 1995 年第 1 期)。M2006 與 M1820 所出土之青銅禮器,此作成一表:

墓　葬	鼎	方甗	鬲	盨	簋	圓壺	盤	盉	尊	方彝	爵	觶	簋	豆	匜
M1820	3	1	2		2	2	1						4	1	1
M2006	3	1	4	2	1	2	1	1	1	1	1	1			

由此表可顯示,M1820 與 M2006 爲三鼎墓,M2006 之盨代 M1820 之簋,M2006之盉代 M1820 之匜,M2006 有爵、觶、尊等一套酒器,M1820 則無,由此可知兩墓之墓主雖爲女性,然其隨葬物各有其異同。

治在戰國時期屬於韓國，故可知此批器物宜爲韓國之物。〔註70〕

2. 民國四十八年（西元 1959 年）十月至民國五十年（西元 1961 年）年底，山西省長治市北城牆外之分水嶺作第二次清理，發覺十九座戰國墓，其中有十二座墓 M20、M21、M25、M26、M35、M36、M41、M43、M45、M49、M53、M24，有銅器出土。依其類別，禮器有鼎、簠、敦、豆、壺、鬲、鑑、敦、匜、盤、舟、匕、盉、鈁、鑪；樂器有編鎛、編鐘；兵器有刀、劍、矛、戟、鏃；車馬器有書、馬銜、蓋弓帽、鈴、合頁、當盧、車衡飾；工具有叉、鑿；雜器有帶鉤、鏡。據墓葬結構、器物形制及紋飾與河南汲縣山彪鎮、輝縣固圍村、洛陽中州路西工段、河北邯鄲百家村、山西侯馬等處極爲相近，故屬戰國時期。「長治」之地，據《戰》、《史》記載，戰國時稱「上黨」，自三家分晉（西元前 403 年）至秦昭王四十五年（西元前 246 年），皆屬韓，是以此墓葬與韓國歷史不無有密切關連。此墓葬若與民國四十三年（西元 1954 年）、四十四年（西元 1955 年）同地之墓葬作結合，有八座墓是兩兩并列，如 M21 與 M20、M12 與 M25、M35 與 M36、M14 與 M26，前者有兵器出土，後者則無，是以可知前者墓主爲男性，後者墓主爲女性，此與山西省曲沃縣曲村鎮北趙村晉侯墓相類似，可能爲韓國士或大夫以上之夫妻墓。由於該墓葬出土銅器無銘文，故無法確知眞正之墓主。〔註71〕

3. 民國五十四年（西元 1965 年），山西省長治市北郊分水嶺發掘一座 M126 大墓，有不少銅器出土，如鼎、鬲、鑑、舟、蓋豆、敦蓋、匕、編鐘、鋪首、戈、鏃、劍，還有不同形制之車馬器，更有一件別致新奇之銅犧立人擎盤。此墓之形制結構與第一次發掘之 M14 及第二次發掘之 M26 相同；且「長治」之地在戰國時期屬於韓國，故此器物應爲韓國。在器物中有一戈，胡上有五字「囗公之造戈」，因第一字漫漶不清，無以辨識，是以欲考證此墓爲韓國那一貴族較爲困難。〔註72〕

4. 民國六十年（西元 1971 年）十一月，河南省新鄭縣城之「鄭韓故城」東

〔註70〕有關長治市分水嶺出土狀況，詳見暢文齋〈山西長治市分水嶺古墓的清理〉（《考古學報》西元 1957 年第 1 期）。

〔註71〕李學勤說：「韓國範圍內的戰國墓葬……最重要應推山西長治分水嶺墓葬群，自 1955 年這裏進行幾次挖掘，發現戰早期至晚期墓葬五十餘座。」（《東周與秦代文明》頁 56）。有關山西省長治分水嶺第二次出土狀況，詳見邊成修等人〈山西長治分水嶺戰國墓第二次發掘〉（《考古》頁西元 1964 年第 3 期）。

〔註72〕有關 M126 墓出土銅器狀況，詳見邊成修〈山西長治分水嶺 126 號墓發掘簡報〉（《文物》西元 1972 年第 4 期）。

南之白廟范村有一處地窖，內藏有一八〇多件之兵器，戈、矛各有八十餘件，劍有二十多件，其中有銘文者多達一七〇餘件，字數少者有一字，多者三十三字，以銅戈銘文爲最多，而銅戈銘文所在部位有內、胡、援，矛之銘文所在部位是骹或矛身中部，僅見一劍有銘文。此批兵器銘文有鑄、刻、先鑄後刻、書寫等四種方式，甚者有銘文界格。郝本性根據兵器銘刻中之年代與人名關係，推斷此批銅兵器是屬於韓國，年代約略在戰國晚期韓桓惠王及韓王安之時。此批銅兵器不僅數量多，且銘文內容極爲豐富，此對研究戰國時期韓國之地理、文字、冶鑄官職、兵器形制與鑄造工藝，提供珍貴之實物史料。〔註73〕

5. 民國六十一年（西元1972年）八月，山西省長治分水嶺北郊偏西作第四次發掘，清理二座M269、M270東周墓和二個馬坑。這2座東周墓出土不少銅器，如M269墓有鼎、鬲、甗、敦、簠、方壺、盃、舟、罐、鑑、盤、匕、編鐘、戈、斧、矛、矩、鏃、車馬器、銅魚、銅圈、銅片，依其用途有禮器、樂器、車馬器及兵器；M270墓有鼎、罍、敦、簠、方壺、盃、舟、盤、匜、編鐘、車馬器，依其用途有禮器、樂器、車馬器，無兵器。由於諸器無紀年銘文，是以其國別及年代僅能以墓葬結構及器物之形制、紋飾作辨識。邊成修以爲此兩墓之器物與同地之M25墓、M26墓近似，然亦有不同，如兩墓之I式鼎及M269墓之銅鑑，若與其他地區東周墓相較，此兩墓之器物，近似於侯馬上馬村、壽縣蔡侯墓、河南新鄭，是以此兩墓之年代約在春秋晚期或戰國初期。以地緣關係來論，長治在春秋時屬晉，戰國時屬韓，故此兩座墓宜爲韓國早期之墓。此兩座墓與同地其他墓（如M12與M25、M14與M26、M21與M20、M35與M36、M126與M127）之屬性相同，均爲夫婦並穴合葬墓。M269出土器物除禮樂器、車馬器，還有兵器，故可知其墓主爲男性。M270出土器物有禮樂器、車馬器，還有大量玉器，故可知其墓主爲女性。如以兩墓出土之鼎數與壽縣蔡侯墓、琉璃閣甲墓、琉璃閣M60墓、陝縣上村嶺M1052墓、陝縣后川M2040墓及長治分水嶺M14墓相較，M269墓之墓主可能爲諸侯或大夫。〔註74〕

〔註73〕所謂「鄭韓故城」，周宣王廿二年（西元前806年），鄭桓公原受封於棫林（今陝西省華縣），周幽王九年（西元前773年）因欲避周之難，遷都於鄭（今河南省新鄭縣），周烈王元年（西元前375年）韓哀侯滅鄭，仍以鄭之都城爲國都，故其後韓亦稱鄭。有關「鄭韓故城」出土銅兵器，詳見郝本性〈新鄭"鄭韓故城"發現一批戰國銅兵器〉（《文物》西元1992年第10期）、黃茂琳〈新鄭出土戰國兵器中的一些問題〉（《考古》西元1973年第6期）、李學勤《東周與秦代文明》頁54。

〔註74〕有關M269墓、M270墓與壽縣蔡侯墓、琉璃閣甲墓、琉璃閣M60墓、陝縣

6. 民國六十八年（西元 1979 年），山西省長子縣牛家坡發掘 M10 墓、M12 墓。M10 墓隨葬銅器有劍、馬銜、鏃、三聯環。M12 墓隨葬銅器有劍、戟、戈、環首刀、書、馬銜、帶鉤、當盧、環、泡飾、傘弓帽、合頁、帶扣、鈴。M10、M12 兩墓出土陶器較多，陶正剛等人以洛陽中州路第六期 M1603 墓與長治分水嶺戰國晚期 M21 墓、M28 墓相較，以為 M10 墓、M12 墓為戰國中晚期之韓國墓，故此銅器宜屬於同時期之物。

7. 民國七十二年（西元 1983 年）一月，山西省潞城縣潞河村大斷溝西邊發掘 M7、M8 兩座墓，此兩座墓有銅器出土。M7 墓出土禮器有鼎、鑑、豆、壺、罍、罐、盃、簠、甗、盤、舟、匜，樂器有編鐘，兵器有戈、矛、劍、鏃、鐏、環首刀，車馬器有書、馬銜、合頁、蓋弓帽，共 170 多件。其中鼎依形制大小有鑊鼎、羞鼎、升鼎，尤其甲組、乙組兩組之升鼎與洛陽中州路之 III 式鼎、IV 式鼎相近似；鑑與〈智君子鑑〉相接近；II 式豆與洛陽中州路之 II 式豆相似；殘破之匜，其上之攻戰宴饗紋飾圖案，與戰國時期寫實之圖象紋相類似，故可知 M7 墓之年代為戰國初期。M8 墓出土銅器有鼎、盒、壺、盤、匜等六件，依器物形制而言，M8 墓之年代亦為戰國初期。由於 M7 墓出土銅器眾多，如以器物之組合而言，有兩組升鼎、一組蓋豆、兩套甬鐘、一套鎛、一套紐鐘，由此

上村嶺 M1052、陝縣后川 M2040、長治分水嶺 M14 出土之鼎數如下：

發現時間	地　點	鼎數	時　代	墓主身份
1935 年至 1937 年	河南琉璃閣甲墓	9	春秋中、晚之際	范子（晉卿）
	河南琉璃閣 M60	9	〃	〃
1954 年冬至 1955 年春	山西長治分水嶺 M14	9	戰國時期	韓國諸侯或大夫
1955 年 5 月	安徽壽縣	9	春秋晚期	蔡昭侯
1956 年	河南陝縣上村嶺 M1052	7	西周晚期至東周早期	虢太子
1957 年	河南陝縣后川 M2040	9	戰國中期	魏國大夫
1972 年 8 月	山西長治分水嶺 M269	9	春秋晚期或戰國初期	韓國諸侯或大夫
1972 年 8 月	山西長治分水嶺 M270	10	〃	韓國諸侯或大夫之夫人

有關 M269 墓、M270 墓之器物出狀況，詳見邊成修等〈長治分水嶺 269、270 號東周墓〉（《考古學報》西元 1974 年第 2 期）。

可知該墓主爲大夫階級。潞河地區，依《元和郡縣圖‧河東道四》：「潞州……禹夏冀州之城，殷時爲黎國，春秋時屬晉，又兼有潞子之國，潞子嬰兒爲晉所滅。戰國時屬韓，別爲都，以其遠韓近趙，至趙孝成王（西元前 265 年至西元前 245 年）時，馮亭以上黨降趙，復爲趙地，秦爲上黨郡地。」，是以可知 M7、M8 兩座墓爲韓國之墓。〔註 75〕

8. 民國七十二年（西元 1983 年）年底，山西省博物館從太原電解銅廠，揀選一批文物，其中有一件銅戈，在胡上鑄有 7 字「奠□敬□□□□」，由於字跡模糊不清，有字難以辨識。此戈之形制與銘文，與民國六十年（西元 1971 年）河南新鄭鄭韓故城所發現之戰國銅兵器相似，故此戈爲戰國晚期之韓國戈。〔註 76〕

自民國卅八年至民國八十三年，山西、河南出土魏國銅器約略有四事：

1. 民國四十六年（西元 1957 年），河南省陝縣后川發掘 92 座東周墓，其中有一座 M2040 墓出土大量銅器，有鼎、豆、壺（圓、方、提梁）、簋、鬲、甗、鑑、簠、洗、匜、編鐘、編鎛、盤、舟、劍、戈、戟、鏃、斧、鑿、銅泡、車馬器，共五八○件，其中有一戈，上鑄錯金銘文十字。M2040 墓之器物，原考證以爲春秋晚期，後王世民以趙固 1 號墓、山彪鎮 1 號墓、長治 12、14 號墓與 M2040 墓相較，其形制與紋飾極爲近似，故 M2040 墓應屬戰國中期。〔註 77〕

2. 民國四十七年（西元 1958 年）三月，山西省萬榮縣廟前村后土廟發現一批銅器，有鼎、鐘、尊、罍、鑑、鬲、匜、簋、車害等共二十九件，諸器物均無銘文，且匜、簋、鬲、鑑、罍、尊、鼎（五件）、鐘（三件）皆已殘破；然從墓葬結構與器物風格，應屬於戰國時期，榮河在戰國時爲魏汾陰地，故此器物宜爲魏國之器。〔註 78〕

3. 民國五十一年（西元 1962 年）秋，山西省芮城縣嶺底鄉坛道村農民挖

〔註 75〕有關山西省潞城縣潞河村山土狀況，詳見邊成修、李奉山〈山西省潞城縣潞河戰國墓〉（《文物》西元 1986 年第 6 期）。

〔註 76〕有關此戈出土狀況，詳見張德光〈太原揀選一件韓國銅戈〉（《文物》西元 1986 年第 3 期）。

〔註 77〕有關河南陝縣后川出土銅器之狀況，可詳見〈1957 年河南陝縣發掘簡報〉（《考古通訊》西元 1958 年第 11 期）、王世民〈陝縣后川 2040 號墓的年代問題〉（《考古》西元 1959 年第 5 期）。

〔註 78〕有關山西萬榮縣廟前村出土銅器狀況，詳見楊富斗〈山西萬榮縣廟前村的戰國墓〉（《文物參考資料》西元 1958 年第 12 期）。

掘洞時曾發現 2 座古墓，其中之一為 M2 墓，有鼎、盤、甗、壺、蓋豆、戈、鏃、矛、鐏、劍、環首刀、馬銜、車轄、當盧、傘弓帽、鑣、帶鉤等共六十件銅器。此批銅器據鄧林秀依此與山西侯馬上馬村東周墓、長子東周 1 號墓、渾源李峪村 2 號墓、山西屯留武家溝等四地出土之銅器相較，以為 M2 墓為戰國早期魏國墓。

4. 民國六十七年（西元 1978 年），河南泌陽官庄發現一批秦墓，其中 M1 墓出土一件〈平安君鼎〉，此鼎器與蓋均有銘文，原報告以為此鼎是秦始皇卅七年（西元前 210 年），李學勤以為此鼎為衛嗣君廿八年（西元前 297 年）之器，然何駑依形制以為此鼎接近於湖北雲夢睡虎地出土之銅鼎，如依衡制，僅有魏國器物之銘文，用「霝」作為鼎之容量單位，故斷定此鼎為魏國，其年代約在魏安釐王廿八年（西元前 249 年）與卅三年（西元前 244 年）。〔註79〕

民國卅八年至民國八十七年，山西、河南出土東周（王城之地）銅器約略僅一事：

1. 民國四十三年（西元 1954 年）九月十八日至民國四十四年（西元 1955 年）一月十八日，河南省洛陽中州路西工段發掘有二六〇座東周墓，其中有不少墓葬出土銅器。整體歸類，青銅禮器有鼎、𣪘、舟、盤、匜、勺、簠、罍、豆、甗、壺，兵器有劍、戈、鏃、戈鐏、刀、戟，車馬器有馬銜、軸頭、銅圈、轡飾，工具有錛、錐，雜器有帶鉤、鏡、簪、透雕銅飾、鈴、環、帶具。由於此墓葬群依年代推定，始於春秋初期，終於戰國晚期，是以據器物之形制及紋飾，蓋可分七期大階段。M2415 為第一期，屬春秋初期；M1、M4、M6、M216、M2205、M2503 為第 2 期，屬於春秋中期；M115、M209、M448、M243、M2604、M2729、M2737 為第三期，屬春秋晚期；M101、M305、M309、M2717、M2719、M2721、M2724、M2728、M2733 為第四期，屬戰國初期；M511、M1721、M257、M1702 為第五期，M2417 為第六期，兩期屬戰國中期；M328、M2213 為第七期，屬戰國晚期。洛陽中州路在歷史沿革，可推溯西周初年，據《後漢書‧郡國志》河南尹條：「河南，周公時所城雒邑也，春秋謂之王城。」，自周平王至周景王凡十二世，均以王城為國都，周敬王四年（西元前 516 年）因王子朝之亂，晉人納王於成周，自此至周赧王均以成周為都城，而周考王即位時（西元前 441 年），將河南（即王城）封其弟揭，是為西

<hr />

〔註79〕有關〈平安君鼎〉出土狀況與年代之考證，詳見何駑〈泌陽平安君夫婦墓所出器物紀年及國別的再考證〉（《中原文物》西元 1992 年第 2 期）。

周桓公。秦莊襄王元年（西元前 249 年）取西周，與東周（河南省鞏縣）、成皋合建成三川郡。是以可知王城是東周王畿，而洛陽中州路東周墓葬，宜與周王室有關，然出土銅器僅有 M2717 墓之二戈有銘文，其餘皆無銘文，故難以確知與周王室之關係。〔註 80〕

總括上述山西、河南二省出土晉、鄭、衛、虢、荀、賈、韓、魏、東周等之青銅器共有 38 事，而各國出土狀況不一，少者僅數件，多者上達千件以上，其數目頗有懸殊。除山西、河南有出土晉系青銅器外，其他省分亦有出土晉系青銅器，此依國別分述於下：

民國七十三年（西元 1984 年）秋，陝西韓城縣東南東范村北，村民張藝賢在果園取土時發現一戈一矛，其中戈之內上鑄有一字「重」，該戈出土地與《左》僖十五年（西元前 645 年）秦晉戰於韓原之地（今山西滎河東北）相接近，或為當時晉國所遺之物，約略為春秋中期。

民國六十二年（西元 1973 年）春，山東濰縣望留公社麓台村之社員，在村西整地時發現一戈，正面鑄銘「京」字，此戈依形制應為春秋中晚期鄭國之器。民國七十七年（西元 1988 年），湖北省襄樊市博物館在襄樊北郊團山發掘 M1 墓，出土二件鼎及二件缶。鼎、缶各有銘文，黃錫全依據銘文考證，此鼎及缶為鄭悼公（瀆）之子，為紀念祖先鄭襄公所作之器。〔註 81〕

民國五十七年（西元 1968 年），陝西鳳翔縣出土一爵，在一柱外面和鋬內有「虢作父癸」四字，據紋飾之特徵，王光永以為西周初期虢國之器。另有一件〈虢仲鬲〉，出土年代不詳，發現地在陝西岐山縣京當公社，在鬲之口沿內有銘文六字，上有「虢仲」名，王光永以為此與郭沫若《兩周》所收錄〈虢仲盨〉之虢仲為同一人，故斷定此器為周厲王時之標準器。〔註 82〕

民國七十六年（西元 1987 年），河北省北京市文物工作隊揀撰不少青銅器，其中有一件簋，在凸棱器表上刻有「宜陽右倉」四字，古「宜陽」在今河南宜陽縣西，戰國時為韓邑，故可知此簋為韓器，而宜陽可能為此簋置用

〔註 80〕有關洛陽中州路西工段東周墓葬出土狀況，詳見《洛陽中州路西工段》（考古學專刊丁種第四號）。

〔註 81〕有關山東省出現鄭國之戈，詳見傅德等人〈山東濰縣發現春秋魯鄭銅戈〉（《文物》西元 1983 年第 12 期）。有關鼎、缶出土及考證狀況，詳見黃錫全《湖北出土商周文字輯證》頁 54。

〔註 82〕有關虢爵、〈虢仲鬲〉出土狀況，詳見〈介紹新出土的兩件虢器〉（《古文字研究》第七輯）。

之所。〔註83〕

　　民國四十七年（西元 1958 年），河北省文化局文化工作隊在邯鄲百家村清理四十九座戰國墓，出土青銅器有七〇八件，容器有鼎、豆、壺、盤、匜、瓿、敦、舟，兵器有劍、戈、戟、矛鐏、鏃，車馬器有車軸頭、帶扣、馬銜、蓋弓冒、環、當盧，工具類有削，其中有一戈刻有「邯鄲上」三字，依其出土地及器物，此墓葬爲戰國中期之趙國。民國四十九年（西元 1960 年）二月，河北省磁縣白陽城出土一劍，有兩行刻銘，此劍形制與《周金》六、九十一、二所收錄之「王立事劍」相同，且此〈王立事劍〉銘文有「南行易」，此爲趙器，故李學勤以爲此劍是趙器。民國五十三年（西元 1964 年）十二月，河北省承德出土一劍，兩面均有刻銘，此劍之銘文、形制與《三代》二十、四十七、三之〈十五年守相圭波劍〉、〈□□年守相圭波劍〉、《小校》十、一〇四、二之〈十六年守相劍〉相同。此「圭波」，李學勤、黃盛璋以爲「廉頗」，廉頗爲趙孝成王時人，故此劍爲趙孝成王十五年（西元前 251 年）。民國六十一年（西元 1972 年），河北省邯鄲市出土一戈，戈內上有刻銘，其中有一「屛」，李學勤以爲并州，此地在戰國屬趙，故此器爲趙器。民國七十三年（西元 1984 年），河北省臨城縣東柏暢村發現一處兵器窖藏，出土銅戈四件、銅矛十四件、銅秘鐏三十二件，據形制而言，有趙、秦、燕等國之器物，其中有二件戈，內上刻銘有「邢令」，此與〈十七年邢令戈〉，不論形制、銘文體例和文字特徵，均爲相同，故劉龍啓以爲趙器，其時代約在戰國晚期。民國七十九年（西元 1990 年），河北省易縣東古城出土一劍，銘文多已鏽泐，李學勤以〈三年相邦建信君劍〉、〈四年相邦建信君劍〉與此劍相較，其銘文行款有相近，故以此劍爲趙悼襄王三年（西元前 242 年）或四年（西元前 241 年）。〔註84〕

　　民國六十三年（西元 1974 年）冬，遼寧省新金縣后元台發現戰國時期銅戈、矛、劍，其中有一戈，內兩面刻有銘文，據許明綱考證此戈可能爲魏襄王廿一年（西元前 272 年）或魏安釐王廿一年（西元前 256 年）。民國六十八

〔註83〕有關北京市文物工作隊揀選〈宜陽右倉簋〉，詳見程長新〈北京市揀選的春秋戰國青銅器〉（《文物》西元 1987 年第 11 期）。

〔註84〕有關邯鄲百家村銅器出土狀況，詳見〈河北邯鄲百家村戰國墓〉（《考古》西元 1962 年第 12 期）。有關河北省磁縣、承德、邯鄲、易縣出土劍或戈，詳見李學勤〈論河北近年出土的戰國有銘青銅器〉（《古文字研究》第 7 輯）。有關河北省臨城縣出土狀況，詳見劉龍啓、李振奇〈河北臨城柏暢城發現戰國兵器〉（《文物》西元 1988 年第 3 期）。

年（西元 1979 年），陝西武功浮沱村墓葬出土一件〈信安君鼎〉，原報導及李學勤釋爲評安君之物，訂爲衛國器，然黃盛璋以爲信安君之物，且從「視吏、下官、私官、益及銘刻格式」，考證此鼎是魏國器，其年代爲魏安釐王十二年（西元前 265 年）。〔註 85〕

總括民國卅八年以後在陝西、山東、河北、遼寧出土晉系青銅器共十四事：晉國有一事、鄭國有二事、虢國有二事、韓國有一事、趙國有六事、魏國有二事，各國出土器數雖少，然大多皆有銘文，不僅可推斷器物之國屬，且於歷史文獻之考證亦有很大之裨益。像如此出土之狀況，猶似山西、河南出土他國之銅器。〔註 86〕這種現象顯示在東周時期各諸侯國，除有朝聘會盟

〔註 85〕有關遼寧新金縣后元台出土銅器狀況，詳見許明綱、于臨祥〈遼寧新金縣后元台發現銅器〉（《考古》西元 1980 年第 5 期）。有關〈信安君鼎〉出土狀況，詳見黃盛璋〈新出信安君鼎、平安君鼎的國別年代與有關制度問題〉（《考古與文物》西元 1982 年第 2 期）。

〔註 86〕有關山西、河南二省出土他國之銅器，此依其出土年代，依序列表於下：

出土時間		出土地點	出土狀況	所屬之國	備　註
同治九年	1870 年	山西省榮河后土祠旁	一件〈鎛鎛〉	齊國	1.楊樹達《積微居金文說》卷四考定此器之器主係爲鮑叔牙之后裔。
同治年間		山西省代縣	一件〈攻吳王夫差鑑〉	吳王夫差時之器	
民國24年	1935 年	河南汲縣山彪鎮一號墓	兩件戈	1.其一爲周王戈 2.另一爲蔡國之戈（有錯金）	1.其詳見李學勤《東周與秦代文明》頁 59。
民國42年	1953 年	河南郟縣太僕鄉	一件鼎	江國	1.有銘文9字「江小中毋生自乍甫鬲」，依形制，此器爲鼎非鬲，銘文雖鑄爲「鬲」，蓋江國鼎鬲不分。
民國50年	1961 年	山西省侯馬上馬村斷崖十四座墓中之 M13 墓	兩件〈庚兒鼎〉	徐國	
		山西省萬榮縣廟前村后土廟賈家崖	一件錯金鳥書戈	吳國	

外，彝器相賜畀是政治外交正常之禮儀。由於有器物相往來，是以今日在地下文物依然可見當時之器，此又與《左》、《國》、《史》等文獻史料之記載相契合。

第四節　晉系青銅器諸問題

晉系青銅器從其數目而言相當繁夥，凡銘文有無或器物大小，概括其數約有超過二萬件以上，從其形制紋飾而言，各有其特徵及其演變軌跡，是以從中原地區青銅器發展狀況來說，晉系青銅器適足以提供極為珍貴之史料。

民國53年	1964年	山西省原平縣峙峪村東南趙家墉	一件〈吳王光劍〉	吳國	
民國65年	1976年	河南省輝縣百泉文管所收集	〈吳差夫差劍〉	吳國	1.銘文有二行10字，其詳見崔墨林〈河南輝縣發現吳王夫差銅器〉《文物》西元1976年第11期）。
民國67年	1978年	山西省聞喜縣上郭村	一件〈陳子胎父扁壺〉	陳國	1.扁壺銘文20字，方甗銘文22字，兩器之考證，詳見拙作〈晉國文獻及銘文研究〉頁379註101及註102。
			一件〈龢五氏孫矩甗〉	龢氏（「龢」是否為國名，尚未可知）	
民國83年	1994年	山西省曲沃縣曲村嶺北趙村西南M63墓、M64墓	兩件銅壺	楊國	1.楊國銅壺有銘文9字，楚國編鐘有銘文68字，其內容與楚公逆有關，郭沫若《兩周》（三）頁164著錄〈楚公逆鎛〉，郭氏考證楚公逆即楚之熊鄂，其時代相當於西周晚期宣王之世。
			八件編鐘	楚國	

由此表可知在晉系領域內有周、齊、吳、楚、蔡、江、徐、陳等國之銅器，而銅器中有鼎、甗、壺、鐘、鑑、戈、劍，皆為禮器或兵器。在《左》等史書記載，鄭、魯以器賄晉，上述他國之器雖無鄭、魯，然此亦可補足文獻記載所闕如。

本文僅就晉系青銅器細瑣問題，如出土禮器組合形式、僞銅器與國別難以確定等略加論述。

一、出土禮器組合形式

　　兩宋鐘鼎彝器之研究著重於銘文，劉敞《先秦古器記》：「禮家明其制度，小學正其文字，譜牒次其世諡」，此爲明證。清代亦是致力於銅器銘文考釋，少涉略銅器本身之研究。民國以後對銅器之研究大爲轉變，除對銅器銘文、型態、紋飾、冶鑄技術之研究外、更深邃探討器群組合狀況，以了解周代禮制。周代各級貴族常於祭祀先祖、宴饗賓客、婚姻喪葬等，以高底之等級位階而行不同之禮儀，尤其殉葬禮器更有嚴格規定不得僭禮。西周中期常有殉葬制度，而陪葬器物常依身分地位而有所差異，尤其是貴族之陪葬器物更爲豐富。《墨·節葬》（下）：「諸侯死者虛車府，然後金玉珠璣比乎身，綸組節約車馬藏乎壙，又必多爲屋幕，鼎鼓几筵壺鑑戈劍羽旄齒革，寢而埋之。」，《呂·節葬》：「國彌大，家彌富，葬彌厚，含珠鱗施，夫玩好貨玉、鐘鼎壺鑑、輿馬衣被戈劍，不可勝數，諸養生之具無不從者；題湊之室，棺槨數襲，積石積炭以環其外。」。此說明當時貴族在喪葬不僅棺槨重疊，且隨葬器物須有車馬、玉器、禮器、樂器、兵器，全然與生前之地位相稱。此於西周時期尚能遵守禮制，然至東周「禮崩樂壞」時，各國諸侯未必遵循西周禮制，常凌越於其位之上，此現象由今日地下出土文物可映證。

　　西周時期禮器組合之使用有其規定，《公》桓公二年（西元 710 年），何休注：「禮祭，天子九鼎，諸侯七鼎，卿大夫五，元士三也。」，此用鼎制度，按禮之規定分爲九、七、五、三或一等四種使用方式。《周禮·天官·膳夫》：「王舉一日，鼎十有二，物皆有俎。」，鄭玄注：「王舉一日，鼎十有二，牢鼎九陪鼎三。」，周天子有太牢禮，其鼎爲九，另有三陪鼎。陪用鼎之外，常有以簋與鼎相配，而簋數依鼎數減一，如九鼎配八簋，七鼎配六簋，五鼎配四簋，三鼎配二簋。是以今日墓葬之發掘，欲推知墓主人之身份與等級，蓋可從鼎簋組合之狀況判斷。有關晉系青銅器出土之禮器組合情況，蓋可從其所屬之年代來了解，由於年代不同，其組合形式亦有差異，此從西周、春秋、戰國等三時期來探討。

　　有關晉系出土青銅器，屬於西周時期約有七事，其禮器組合情況如下表：（見 112 頁）

　　本表「？」號，表示出土時已嚴重破損殘缺不合，或未明確記載器物之件數。由此表可知有四種情況：

　　1. 飪食器有烹炊器和盛食器。西周時期之烹炊器有鼎、鬲、甗。鼎不論早期或晚期皆有，其實鼎在當時非用於烹炊，而是用於升牲，其數少者有一件，多者有十件。若以鼎數論階級，河南陝縣 M2001 墓（出土之十件鼎，其中七件是殉鼎，三件是陪鼎）與山西曲沃曲村北趙村之 M91 墓爲諸侯之墓，其出土之鼎有五件、三件、一件。至於鬲僅出現於西周早期之衛國與西周晚期虢國、晉國，除河南省陝縣上村嶺虢國之 M2001 墓與 M2006 墓出土之鬲較多外，其餘衛國、晉國僅一件與二件，可見鬲在西周晚期之晉國較爲少用。各地出土之甗爲數不多，僅一件，此與鼎、簋、壺、盤、盉組合爲禮器。西周時期晉系之盛食器有簋、盨、簠、豆、盂、簠不論早期或晚期皆有，且其數目大多呈現偶數與鼎相搭配。盨僅出現於西周晚期之虢國與晉國，且成偶數組合。簠僅出現於西周晚期之虢國，豆、盂僅出現於西周晚期之晉國，而簠、豆、盂之數目僅爲一件，可見在當時非盛行之器。

　　2. 酒器有爵、觶、壺、尊、卣、方彝。爵出現於西周早期之衛國與晚期之虢國、晉國，然其數目不多；爵原爲商代盛行之器，至西周中期以後漸少，由此可見晉系之爵與此相合。觶僅出現於西周早期之衛國與西周晚期之虢國、晉國，爲數僅有一件，蓋觶流行於商代與西周早期，西周晚期則極少見。壺皆出現於西周晚期之虢國與晉國，青銅器在商、周、秦、漢普遍使用，且與鼎、簋作禮器組合，是以西周晚期之晉系青銅器有壺必有鼎，且壺大多爲二件，成偶數組合。尊出現於西周早期之衛國與西周晚期之虢國、晉國，卣僅出現於西周早期之衛國與西周晚期之晉國，且爲數僅各一件，商代中期尊卣是相配合，然晉系之尊卣相配，僅見於西周早期之衛國與西周晚期之晉國，往後晉系有卣出現，僅在春秋早期之晉國，自此以後，至戰國晚期未見卣器，由此可知卣在中原地區盛行時間不長。方彝僅出現於西周晚期虢國與晉國，且數目極少，今之所知方彝流行於商代晚期，西周中期以後則少見，是以晉系方彝之少，則爲理所當然。

　　3. 盥洗器有盉、盤、匜。盉出現於西周早期之衛國與西周晚期之虢國、晉國；盤出現於西周晚期之虢國、晉國，爲數不多，各地出土僅一件，由於盉爲以水調和酒，且兼有溫酒之用，故可視爲酒器；然盉又可裝水，作盥洗之用，與盤相結合，故又可視爲盥洗器。西周早期衛國之盉，無盤相配，蓋

為酒器之用。至於西周晚期虢國、晉國之盉，有盤相配，宜為作盥洗之用。
匜僅出現於西周晚期之晉國，原多與盤相配。山西省曲沃天馬曲村 M62 與
M91 兩墓均無盉有匜，是以至西周晚期以後匜逐漸取代盉。

　　4.樂器有鐘、鉦。鐘出現於西周晚期虢國、晉國，其件數為七或八，宜
為編鐘，編鐘之數蓋與墓主有關，地位高者其編鐘之數較多，地位低者編鐘
之數較少，且編鐘之數與鼎數有直接關聯，是以河南省陝縣上村嶺虢國之
M2001 墓鼎有十件，其編鐘為八件，山西省曲沃曲村鎮北趙村之 M91 墓鼎
有七件，其編鐘為七件。

出土時間	出土地點		鼎	鬲	甗	簋	盨	簠	敦	豆	盂	爵	觶	壺	尊	卣	方彝	罍	盉	舟	盤	匜	鑑	鎛	鐘	鉦	國別	時代斷定	備註
民國50年 1961 AD	河南鶴壁市東南郊龐村		3	1	1	3						3	1	1	1						1						衛國	西周早期	
民國79年 1990 AD	河南省陝縣上村嶺	M2001墓	10	8		8	4		?					2							?	?				8		虢國	西周晚期	
		M2006墓	3	4	1		2	1				1	1	1	2				1		1	1							
民國81年 1992 AD	山西省曲沃天馬曲村遺址 M2 墓（第一次發掘）		1			4																						晉國	西周晚期	1.此墓與同地之 M1 墓為晉釐侯夫婦墓。
民國81年底 1992 AD	山西省曲沃天馬曲村遺址（第二次發掘）	M8墓	1		1	4						1		2	3				1		1				2		晉國	西周晚期	1.M8 墓為晉獻侯之墓。 2.M13 墓與同地之 M9 墓為晉武侯夫婦墓。
		M13墓	5		?	4	?														?								
民國82年上半年 1993 AD	山西省曲沃天馬曲村遺址 M31 墓（第三次發掘）		3			2								2							1	1					晉國	西周晚期	1.此墓為晉獻侯夫人之墓。
民國82年 1993 AD	山西省曲沃天馬曲村遺址（第四次發掘）	M64墓	5		?	4	?					?		2	4				?		?	?			8	1	晉國	西周晚期	1.此三墓為晉侯邦父（晉穆侯）及二位夫人之墓。
		M62墓	3			4							1	1	1						1	1							
		M63墓	3			2							1	1	1						1	1							
民國83年 1994 AD	山西省曲沃天馬曲村遺址（第五次發掘）	M33墓	2		?	1						?	?	1													晉國	西周晚期	1.M33 墓為西周孝王、夷王之時晉靖侯之墓。 2.M91、M92 兩座墓為西周厲王時晉靖侯夫婦之墓。
		M91墓	7	2	1	5						1	1	2	2				1		1				7				
		M92墓	2					2						2							1	1							

　　有關晉系出土青銅器於春秋時期約有十七事，其禮器組合情況如下表：
（見 114、115 頁）

　　由此表之器物及其件數，蓋可知有四種情形：

　　1. 春秋時期晉系之烹炊器有鼎、鬲、甗。鼎不論早期、中期、晚期皆有，其少者有一件，多者有二十三件或二十五件。如山西省太原金勝村之鼎二十五件，其形制有七種：I 式鼎一件是鑊鼎，現今所知春秋時期最大銅鼎，煮牛羊豬之用，煮羊稱「羊鑊」，煮豕稱「豕鑊」，煮牛稱「牛鑊」；II 式鼎四件與 IV 式鼎五件是組合為一套兩種器型不同之大牢九鼎；III 式鼎七件是一套完整之大牢七鼎，即升鼎，此為盛牲肉之用。V 式鼎六件是羞鼎，作為加饌之用，是兩套大牢之陪鼎；VI 鼎與 VII 鼎各一件；由出土之鼎數，可知該墓之墓主必為大夫之貴族。如河南新鄭李銳園圃出土之鼎有二十三件，是各有兩套太牢和陪鼎；太牢之鼎有九件與七件，故由出土之鼎可知墓主為諸侯。鬲呈現偶數，與鼎組合，此現象符合於春秋戰國之際墓葬之排置。甗呈現奇數，與鼎、鬲相組合。春秋時期晉系之盛行器有簋、簠、敦、豆、盆，此與西周時期相較，盨已不受重用，而多增「敦」。簋不論春秋早期、中期或晚期皆有，且其數目大多呈現偶數與鼎相合；屬於春秋早期、中期之各墓葬普遍尚有陳列「簋」，然至晚期時，簋逐減少，蓋此時簋已不甚流行。簠出現於春秋早期、中期、晚期，且成偶數組合。由鼎、簋之形制結合而成之「敦」，僅出現於春秋晚期之晉國，蓋「敦」為新興之器。「豆」出現於春秋早、晚期，尤其晚期較多，由於春秋晚期銅簋較少使用，是以銅豆逐取而代之。盆僅出現於春秋晚期之晉國，其他諸侯國未見，且西周時期亦未見有「盆」，故可知「盆」在當時流行不廣。

　　2. 酒器有爵、觶、壺、尊、卣、方彝、罍。爵、觶僅出現春秋早期之晉國，且出土量僅各一件，由此可知，爵、觶在此已非禮器組合重要之器。壺出現於春秋早期之鄭國、虢國與春秋晚期之之晉國，出土量大多為兩件，與三件以上之鼎相組合。尊出現於春秋早期之晉國與春秋晚期之鄭國、晉國、東周王畿，各地出土僅一件；卣、方彝僅出現於春秋早期之晉國，其出土量亦各僅一件；足見此時之尊、卣、方彝已不普遍受重用，是以其量甚少。西周時期晉系未有「罍」，春秋時期之罍出現於早期之鄭國、中期之東周王畿、晚期之鄭國及東周王畿，各地出土量為二件或三件，此時之罍在酒器中有獨自陳設，亦有與壺、尊相組合。

　　3. 盥洗器有盉、盤、匜、鑑。盉出現於春秋早期之虢國、晉國及春秋晚期之晉國，各地出土僅一件，且常與盤相組合。盤、匜出現於春秋早、中、晚期，諸侯中鄭國、晉國、虢國均有盤，可見盤在當時與鼎同爲重要禮器；匜亦與盤相組合，然盤與盉相組合則無匜，或盤與匜相組合則無盉，而盤盉大致流行於春秋早期，春秋中期、晚期則由盤匜取代。鑑僅出現於春秋晚期之晉國，而其他諸侯未有普遍使用。

　　4. 樂器有鐘、鎛。鐘出現於春秋早期之虢國、晉國及晚期之鄭國、晉國，且其數量均有九成以上，足見此爲編鐘，與鼎簋相組合，若鼎數多則鐘數亦多。鎛未見於西周時期，春秋時期僅見於春秋中、晚期之鄭國，由於是大型樂器，是以春秋時晉系諸侯國所見甚少。

出土時間	出土地點		出　土　禮　器　組　合																						國別	時代斷定	備　註
		鼎	鬲	甗	簋	盨	簠	敦	豆	瓶	爵	觶	壺	尊	卣	方彝	罍	盉	罐	盤	匜	鑑	鎛	鐘	鉦			
民國42年1953 AD	河南省郟縣城西太僕鄉	5		1	4		4			1			2					2		2	1	1				鄭國	春秋早期	1.此墓之鼎、甗、簋、壺、盤、匜於形制作風與河南陜縣上村嶺之M1052墓出土之器物相同。
民國45年1956 AD	河南陜縣上村嶺M1052墓	7	6	1	6				1				2						1	1	1			10		虢國	西周晚期至春秋早期	1.此墓出土〈虢太子戈〉，故此墓爲虢太子之墓。
民國46年1957 AD	河南陜縣上村嶺 M1640墓	1			2																					虢國	春秋早期	1.M1706、M1810兩墓爲大夫之墓。2.M1705、M1721、M1820三座墓亦爲大夫之墓。3.凡出土之鼎僅有一件之墓蓋爲士之墓。
	M1701墓	1																		1	1							
	M1702墓	1																		1	1							
	M1704墓	1	1						1																				
	M1711墓	2																		1	1							
	M1714墓	1																		1	1							
	M1720墓	1							1																				
	M1777墓	1	2	1																									
	M1602墓	3	2		4															1	1								
	M1612墓	2																											
	M1689墓	4			5													1		2	1								
	M1705墓	3			4								2							1	1	1							
	M1706墓	5	4		4				1				2							1	1								
	M1721墓	3																		1	1								
	M1761墓	1																		1	1								

出土時間	出土地點		鼎	鬲	甗	簋	盨	簠	敦	豆	盒	爵	觶	壺	尊	卣	方彝	罍	盉	盆	盤	匜	鑑	舟	鐘	鎛	國別	時代斷定	備註
		M1810墓	5	4	1	4		1						2							1	1							
		M1820墓	3	2	1	4		2				1		2							2	1	1						
民國75年1986AD	山西省侯馬上馬村發掘M1284墓		3																		1	1					晉國	春秋早期偏晚	
民國83年1994AD	山西省曲沃曲村鎮北趙村（第五次發掘）	M93墓	6		1	7						1	1	2	1	1	1				2	1			16		晉國	春秋早期	1.此兩墓為晉文侯夫妻墓。
		M102墓	4			5						1	1	1		1					1	1					晉國		

出土時間	出土地點		鼎	鬲	甗	簋	盨	簠	敦	豆	盒	爵	觶	壺	尊	卣	方彝	罍	盉	盆	盤	匜	鑑	舟	鐘	鎛	國別	時代斷定	備註
民國51年1962AD	山西省芮城縣嶺底鄉坛道村之M1墓		3					5						2							1	1					晉國	春秋早中期	
民國43年1954AD	河南省洛陽中州路西工段之M4墓		3			2		2						2							1	1	1				東周	春秋中期	1.此墓與山西省侯馬上馬村之M11墓的器物在器型花紋組合頗相一致。
民國50年1961AD	山西省侯馬上馬村之M11墓		2	2		2															1	1	1				晉國	春秋中期	
民國12年1923AD	河南新鄭縣李銳園圃		23	8	1	8		4				1		6	1				3		2	4		4	17	4	鄭國	春秋中晚期	1.有一套九鼎大牢及一套七鼎大牢,另有二套陪鼎。2.此為諸侯之墓。
民國43年1954AD	河南省洛陽中州路西工段M2729墓		2							2				2							1	1		2			東周	春秋晚期	
民國50年1961AD	山西省侯馬上馬村之M13墓		7	2	1	4				2				2	1						1	1	1	2	9		晉國	春秋晚期	1.此墓之物與民國12年河南新鄭銅器有相同之處。
民國62年1973AD	山西長子縣羊圈溝	M1墓	2							1	1			2								1		2			晉國	春秋晚期	
		M2墓	1							2											1	1		1			晉國	春秋晚期	
民國64年1975AD	山西渾源李峪村之M2墓		1							1																	晉國	春秋中晚期	
民國66年1977AD	山西長子縣牛家坡之M7墓		7		1					2	1	1		1						1	2	1	2				晉國	春秋晚期	
民國68年1979AD	山西省長子縣牛家坡之M11墓		2							2				2													晉國	春秋晚期	

民國76年1987 AD	山西省太原市金勝村	25	6	2		4		14			8	1			1		2	2	6	2	19	晉國	春秋晚期	1.晉國大夫趙鞅（趙簡子）之墓。
民國48年1959 AD	山西省侯馬上馬村	3			1			2									1	1				晉國	春秋時代	

　　有關晉系出土青銅器屬於戰國時期約有十五事，其禮器組合情況如下表：（見117、118頁）

　　由此表出土器物及其數量，蓋可知其情況有四：1.戰國時期晉系之烹炊器有鼎、鬲、甗。鼎不論早期、中期、晚期皆有，其數少者有一件，多者有十八件；春秋中期以後，禮制因政治與經濟之劇烈影響，產生極大變化，原有貴族已少有遵循西周禮制，與禮制有直接關係之青銅器亦隨之改變，是以屬於戰國時期之墓葬，其鼎數較多者，該墓主未必為國君或大夫，故欲判斷其墓主，則須有銘文作依據。鬲大多出現於戰國早期、中期之韓國與魏國；甗出現於戰國早期之晉國、魏國、韓國與戰國中期之魏國，且出土地各僅一件；從出土各地看，大多為有鬲無甗或有甗無鬲；是以可知鬲甗同為烹炊器，在其組合時不宜重疊。戰國時期晉系盛食器有簋、簠、敦、豆、匕。簠出現於戰國早期之魏國、韓國及戰國中期之魏國，其出土數量僅有一件或兩件。簋在戰國早期、中期皆有，然其數量僅有一件、二件，多者僅有四件。戰國時期之「敦」普遍出現於韓國與趙國，且敦與鼎、簋則無豆，或有鼎、豆則無簋，蓋此時銅豆已逐漸取代銅簋。匕出現於戰國時期之魏國、韓國，與鼎、鬲相組合。

　　2. 酒器有壺、尊、舟、勺、罍，與西周時期、春秋時期之酒器相較，此時已無「爵」、「觶」、「方彝」出現。壺出現於戰國時期之韓、魏、趙三國，依其形制而言有方、圓，依其數量而言大多為兩件。尊僅出現於戰國早期之魏國，韓、趙未見有「尊」。舟〔註87〕早已有出於中、晚期，戰國時期韓、趙、魏三國均有，可見銅舟與鼎簋盤匜構成組合形式。勺為取酒漿之器，出現於戰國早期之韓、魏國。罍出現於戰國時期東周王畿、韓國、魏國，各地皆僅出土二件。

　　3. 盥洗器有盉、盤、匜、鑑。盉僅出現於戰國時期之韓國，各地僅出土

〔註87〕《周禮・春官・司尊彝》：「祼用雞彝鳥彝，皆有舟。」，鄭玄《注》引鄭司農云：「舟，尊下臺，若今時承盤。」，故可知「舟」為尊下承盤。

一件。盤、匜出現於戰國時期之韓國、趙國、魏國、東周王畿，其出土數量各地大多僅一件，可見戰國時期盤匜組合是承襲春秋時期而來。鑑出現於戰國時期之韓國、魏國，各地出土數量，少者有一件，多者有四件。

　　4. 樂器有鐘、鎛，出現於戰國早期、中期之韓國與魏國，其數量少者有一件，多者有二十四件。如山西潞城縣潞河村 M7 墓出土編鐘有二十四件，其中甬鐘分為甲組、乙組，各為八件，另有鈕鐘八件，各有三種形制不同之鐘。由此可知戰國時代在「鐘鳴鼎食」時，仍有以鐘、鎛為樂器而助興。

出土時間	出土地點		鼎	簋	甒	鬲	甗	簠	敦	豆	匕	爵	觶	壺	尊	舟	勺	罍	盉	罐	盤	匜	鑑	鎛	鐘	鉦	國別	時代斷定	備註
民國17年 1928 AD	河南洛陽金村太倉古墓		1					1						7								1			14		晉、韓、東周	戰國早期	1.此墓之器物大多被盜掘，流落於外。
民國24年 1935 AD	河南省汲縣山彪鎮		14	1		2	1		4	2				6	1						1	3	1		14		魏國	戰國早期	
民國43年 1954 AD	河南省洛陽中州路西工段	M1墓	1	1										1							1	1					東周	戰國早期	1.此墓之銅器多與民國24年河南汲縣山彪鎮出土之銅器在器型相一致。
		M6墓	1	1										1							1	1							
		M115墓	1							2				1	2							1							
		M216墓	1	1									1	1								1							
		M2415墓	1	1										1							1	1							
		M2717墓	5			1				4				7	1						1	2							
民國50年 1961 AD	山西省長治分水嶺之M25墓（第二次發掘）		6			3		2	2	2				2							1	1	2	4	14		韓國	戰國早期	1.此墓與同地之M12墓為夫妻墓。
民國51年 1962 AD	山西省芮城縣嶺底鄉坛道村之M2墓		2			1				2				2								1					魏國	戰國早期	
民國53年 1964 AD	山西省原平縣峙峪村趙家璃		4			1				1				1													晉國	戰國早期	
民國61年 1972 AD	山西省長治市分水嶺	M269墓	9		1	4				2	2			1		2					1	1	1		18		韓國	戰國早期	
		M270墓	10						2	2				2		2	1				1	1			17				
民國64年 1975 AD	山西省渾源李峪村之M3墓		1		1									1							1	1					晉國	戰國早期	

出土時間	出土地點	墓	鼎	簋	甂	鬲	盨	簠	敦	豆	匕	爵	觶	壺	尊	舟	勺	罍	盃	罐	盤	匜	鑑	鎛	鐘	鉦	國別	時代斷定
民國72年 1983 AD	山西省潞城縣潞河村	M7墓	13	1				2		8				2		1	2	2	1	2	3	1		4	4	24	韓國	戰國早期
		M8墓	1											2							1	1						
民國46年 1957 AD	河南省陝縣后川之M2040墓		18	2	1	3		2		10				5		2					2	1		4	9	20	魏國	戰國中期
民國43年 1954 AD	山西省長治市分水嶺（第一次發掘）	M10墓	2							2																	韓國	戰國時期
		M11墓	2	1					2					2							1							
		M12墓	5	2	1				2	2				2							1	1	3					
		M14墓	9			4																		1		8		
民國47年 1958 AD	山西省萬榮縣榮河鎮廟前村		7	2		3								2	1	2		2			1	1		2		9	魏國	戰國時期
民國47年 1958 AD	河北省邯鄲百家村之M57墓		4	1					1	2				2	1						1	1					趙國	戰國時期
民國50年 1961 AD	山西省長治分水嶺（第二次發掘）	M26墓	7	4					2	2	2			2							2	2					韓國	戰國時期
		M36墓	1		1									1				1										
		M53墓	5							4				2								1						
民國54年 1965 AD	山西省長治分水嶺之M126墓（第三次發掘）		2			3				1	2	5		1										1		1	韓國	戰國時期

二、晉系僞銅器

歷代對於商周時期之青銅彝器極為重視，不僅學者專家以之為歷史考證與文字探源之憑藉，而且古董嗜好者視之為珍玩寶物，愛不釋手。為滿足需要者之所願，常有貪婪之徒仿造作僞以圖取高利，是以自春秋時代以後常有僞器頻傳，如《韓‧說林》下、《呂‧審己》、《新序‧節士篇》、《太平御覽》卷四百卅均有記載春秋時期魯國以贗鼎致贈齊國；〔註88〕宋代金文書籍，如《皇祐三館古器》、薛尚功《薛氏》、王俅《嘯堂》、王復齋《鐘鼎款識》、王黼《博古》，皆有收錄僞器；清代金文書籍：《西清》、《清甲》、《清乙》、《寧

〔註88〕《韓‧說林》下：「齊伐魯，索讒鼎，魯以其贗往，齊人曰贗也，魯人曰真也，齊人曰使樂正子春來，吾將聽子，魯君請樂正子春，樂正子春曰胡不以其真往也？君曰我愛之，答曰臣亦愛臣之信。」，「讒鼎」，《呂》、《新序》作「岑鼎」。「樂正子春」，《呂》、《新序》作「柳子惠」。

壽鑑古》、阮元《積古》、朱善旂《敬吾心室彝器款識》、鄒壽祺《夢坡室獲古叢編》，著錄不少偽器；民國以後在江蘇蘇州、山東濰縣、陝西西安、河北北京等地皆有偽造高手，將眞器刻假字，以眞字殘片崁入假器內，眞器上有假紋飾等種種不同偽造方式。由於仿制偽造之風盛行，是以辨偽之書應運而生。歷代辨偽器之作，如宋趙希鵠《洞天清祿集》有〈古鐘鼎彝器辨偽〉；明代高濂《遵生八牋》中之〈新鑄偽造〉記錄仿造古代青銅器之方法；晚清民國以後鑑別彝器眞偽之名家輩出，如張之洞《廣雅堂論金石札》、陳介祺《簠齋尺牘》、王國維《宋代金文著錄表》與《國朝金文著錄表》、羅福頤校補《三代秦漢金文著錄表》、容庚《通考》及《通論》與〈西清金文眞偽存佚表〉、商承祚〈古代彝器偽字研究〉與〈古代彝器偽字研究補篇〉、徐中舒〈論古銅器之鑑別〉、張光裕《偽作先秦彝器銘文疏要》、陳佩芬〈青銅器辨偽〉、王文昶〈故宮博物館院藏院部分青銅器辨偽〉、程長新等人〈銅器辨偽淺說〉、馬清林等人〈中國古代青銅器科技分析辨偽〉。由於辨偽方法漸趨縝密，不論從鑄造技術、器物造型、紋飾、銘文及銅器之重量聲音味色等，皆可辨識其眞偽；甚者可用現代分析測試技術來鑑別青銅器之眞偽。有關晉系偽銅器之認定，乃透過上述之書之記載，約略可知有十九件，此依晉、鄭、虢、東周、魏、趙等國加以論述。

　　晉國偽銅器目前所知有四件：

　　1.〈晉侯盤〉——〈晉侯盤〉之辨偽，曾見於馮浩〈古鬲辨〉（《孟亭居士文稿》卷一頁4）、容庚《通考》及《通論》與〈晉侯平戎盤辨偽〉、商承祚〈古代彝偽字研究〉、屈萬里《先秦文史資料考辨》、張光裕《偽作先秦彝器銘文疏要》、李學勤《古文字學初階》、陳佩芬《青銅器辨偽》。拙作《晉國文獻及銘文研究》乃爲綜合各家諸說，再論抒己見，已明確可知〈晉侯盤〉不論器與銘均爲偽造，此依其著錄、收藏與偽銘加以概述。〈晉侯盤〉原藏北京怡王家，後經輾轉流傳，今已藏於英國倫敦維多利亞阿拔博物館；其器與銘之拓本著錄於巴納、張光裕《彙編》之中。〈晉侯盤〉是目前所知字數偽刻最多之一盤，其銘文之偽可從文義、器形、字體、用字等四方面辨知，其文詞仿照《書‧費誓》、《左》，文義頗爲矛盾，字體模仿〈散氏盤〉，且間雜〈石鼓文〉，書刻甚劣，眞偽易辨。

　　2.〈周晉姜方鼎〉——此鼎著錄於《西清》卷二頁13。容庚〈西清金文眞偽存佚表〉及《通考》、屈萬里〈先秦文史資料考辨〉、張光裕《偽作先秦

彝器銘文疏要》、拙作《晉國文獻及銘文研究》皆已辨其偽。此器之偽，蓋可從形制與銘文得知；此器之形制為方鼎四扁足，殷商晚期和西周初期之方鼎為長方形，此為正方形，扁足常見於鼎三足，少見於方鼎四足，此為可疑；此器之銘文與《考古圖》、《博古》、《薛氏》、《嘯堂》所著錄〈晉姜鼎〉（此器為圓鼎）相近，但少十九字，張光裕以為「本銘既為仿宋之作，而且銘文亦有缺漏。」，是以斷定此為偽器。

3.〈晉姬鬲〉——此器初為葉志詵所藏，著錄於《平安館藏器目》，往後吳榮光《筠清》、方濬益《綴遺》、吳式芬《攈古》、朱善旂《敬吾》均有著錄；後方濬益《綴遺》、王國維《國朝金文著錄表》、羅福頤校補《三代秦漢金文著錄表》以此器為可疑，視為偽器。

4.〈四虎豆〉（即夔文豆）——民國十一年（西元 1923 年），山西渾源出土青銅器群中有一對〈四虎豆〉，鑄造精美，一豆器形制完整，而另一器則僅存容器，而缺柄部，其形制紋飾大小皆與完整之器一致，可確認為成對，然商承祚《渾源彝器圖》著錄此對之〈四虎豆〉，將原缺柄部之豆，填補成有環節之足，此經馬承源與陳佩芬已鑒為偽器。

鄭國偽銅器目前所知有六件 1.〈鄭義羌父盨〉——〈鄭義羌父盨〉初為葉志詵所藏，後為《筠清》、《釋銘》、《攈古》、《愙齋》、《綴遺》、《奇觚》、《夢鄣》所著錄，僅有一件，且名為「簋」；自《周金》以後，遂著錄二件，《小校》、《三代》、《嚴集》、《殷周金文集成》皆為如此，且《嚴集》、《殷周金文集成》稱此器物為「盨」。有關二件之真偽，可從字體結構與形制兩方面敘述。在字體結構方面：圖 1 之字形筆劃勻稱，大小適中；圖 2 之字形筆劃「癭腫」，商承祚曾以此辨其偽。〔註 89〕在形制方面：此器原著錄僅一件，為盨之蓋，因宋代以後常將盨稱為簋，至清季始將簋與盨分開，是以清代金文書籍皆誤稱為「簋」，待「盨」有定稱後，偽刻者竟將無字之古器以拓本字摹刻，故〈鄭義羌父盨〉遂成為有二件，其實盨之器真銘偽。

〔註89〕陳介祺說：「以拓本字摹成，轉折圓融皆失之弱。古器每有不同處，偽者則無之，有意為奇字，則大謬。」（《簠齋尺牘》第 11 冊頁 15）；商承祚說：「吉金文字凡是行筆纖弱，字沒字神，行沒行氣，一定是假。」〈古代彝器偽字研究〉，《金陵學報》第 3 卷第 2 期頁 257），此說明由字神行氣可鑑識第二件〈鄭義羌父盨〉之銘文為偽刻。

圖一　　　　　　　　　　　圖二

　　2.〈鄭伯燕父鼎〉——劉體智《善齋》卷一頁 69 著錄〈鄭伯燕父鼎〉，銘文廿一字。容庚曰：「銘新刻，疑器亦偽。」（《通考》頁 218），此為器與銘俱偽者。

　　3.〈鄭雕原父彝〉——〈鄭雕原父彝〉著錄於《善齋》卷七頁 42、《貞松》卷四頁 44（圖 3）、《三代》卷六頁 42，銘文「奠雙遼口，乍寶障彝」僅是八字，其字體仍仿照〈鄭雍原父鼎〉（圖 4）偽刻，是以容庚認為〈鄭雕原父彝〉：「文與〈鄭雍原父鼎〉略同，非剔壞則偽刻。」（《通考》頁 221），故可知〈鄭雕原父彝〉是器真而銘偽也。

　　4.〈鄭伯孳鬲〉——鄒壽棋《夢坡室獲古叢編》金四著錄此器，銘文十八字，容庚曰：「〈鄭伯孳鬲〉……乃一手所偽作。」（《通考》頁 224），故可知〈鄭伯孳鬲〉是偽器。

　　5.〈鄭虢仲𤮫〉——《周金》卷五頁 28、《貞松》卷十一頁 6、《小校》卷九頁 100-5、《三代》卷十八頁 15-3 均有著錄〈仲義父𤮫〉，有蓋有器共二件，此為西周中期重要酒器。晚清作偽者乃仿〈仲義父𤮫〉形狀，偽鑄〈鄭虢仲𤮫〉二件，此器今藏於上海博物館。其偽蓋可從三方面辨識：

圖三

圖四

（1）名稱：罍是罍演變而成，其外觀皆爲小口大腹之容酒器，僅罍有三耳而罍有二耳之差別，然在鄭虢仲器組無「罍」，故此時出現〈鄭虢仲罍〉，頗爲可疑。（2）形制：〈仲義父罍〉（圖 5）與〈鄭虢仲罍〉（圖 6、圖 7）之形制大小，如下：

器　名	高	口　徑	腹　徑	底　徑	重
仲義父罍	44.2 厘米	15.5 厘米	17 厘米	17 厘米	12 公斤 460 克
鄭虢仲罍	45.8 厘米	16.5 厘米	20.4 厘米	20.4 厘米	14 公斤 640 克

圖五　　　　　　　圖六　　　　　　　圖七

由此數字可知〈鄭虢仲罍〉較寬重，且四個環繫較大；另外〈仲義父罍〉是平底假圈足，而〈鄭虢仲罍〉是眞圈足。（3）銘文：〈鄭虢仲罍〉之銘文，乃是僞刻者以鄭虢仲器組之銘文爲範本鑄刻而成。是以馬承源、陳佩芬已辨其僞（《中國青銅器》頁 532）。6.〈鄭中小紳敦〉──劉體智《善齋》卷七頁 178著錄〈鄭中小紳敦〉，銘文卅一字。容庚曰：「僞刻之佳者。」（《通考》頁 222），此爲器眞而銘僞也。

　　虢國僞銅器目前所知有二件

　　1.〈虢叔鬲〉──目前所知〈虢叔鬲〉依銘文字數而分有三項（1）銘文五字，著錄於《薛氏》卷十六；（2）銘文八字，著錄《考古圖》卷二頁 17 與《薛氏》卷十六；（3）銘文十四字，著錄於《敬吾》卷下頁 48。王國維《國朝金文著錄表》卷一頁 38；以銘文十四字之〈虢叔鬲〉（圖 8）是「偽器」。

　　2.〈虢叔豆〉──此器著錄於鄒壽祺《夢坡室獲古叢編》金一，銘文三字，容庚曰：「《夢坡室獲古叢編》，書中偽器過半……〈虢仲豆〉之仿〈虢叔彝〉……乃仿宋代器銘而易以他器。」（《通考》頁 224），蓋〈虢叔豆〉銘文字體筆鋒顯露，類似刻款，由此可知〈虢叔豆〉亦是偽器。

　　東周偽銅器目前所知有四件：

　　1.〈周口公鋪〉（周杜嬬鋪）──此器著錄於《考古圖》及《薛氏》，銘文十字「劉公作杜嬬尊鋪永寶用」。《寧壽鑑古》卷十一頁 37，亦著錄此器，然銘文增作十九字「劉公作杜嬬尊鋪永寶子子孫孫其萬年永寶用」；《清甲》卷十三頁 15，亦有著錄此器，銘文則改作六字「劉公作永寶用」。容庚〈西清金文眞偽存佚表〉謂《寧壽鑑古》與《清甲》之〈周杜嬬鋪〉是仿宋偽造。

　　2.〈周伯和尊〉──此器著錄於《西清》卷八頁 26、29、30，共有三件，此三件之形制全異，銘文卅五字。《寧壽鑑古》卷三頁 25 亦有著錄此器，銘文卅六字；《清乙》卷五頁 6 亦有著錄此器，銘文則爲卅七字。容庚〈西清金文眞偽存佚表〉以爲《西清》所著錄第二件、第三件與《寧壽鑑古》、《清乙》所著錄，皆是偽器。

　　3.〈周伯和卣〉──此器著錄於《西清》卷十五頁 15，蓋存銘文卅字，器存銘文十九字，容庚〈西清金文眞偽存佚表〉以此器是「仿宋，偽器。」

　　4.〈周伯和父鼎〉──此器著錄於《清甲》卷一頁 9 及《清乙》卷一頁 19，銘文卅七字（圖 9）。容庚曰：「於『伯和父若曰』之下，即接以『乃稽首敢對揚皇君休』，缺去命辭一段，『用作』之下，缺去器名，此是仿〈師𡊟敦〉銘，而文義不通。」（《通論》頁 137）是以在〈西清金文眞偽存佚表〉以此器是「偽器」。除上述四件偽器外，另有一件〈周虢口簋〉（〈周梁叔彝〉）著錄於《西清》卷十三頁 27，銘文十五字（圖 10），由於文意不全，是以容庚〈西清金文眞偽存佚表〉列爲可疑之器。

圖八　　　　　　圖九　　　　　　圖十

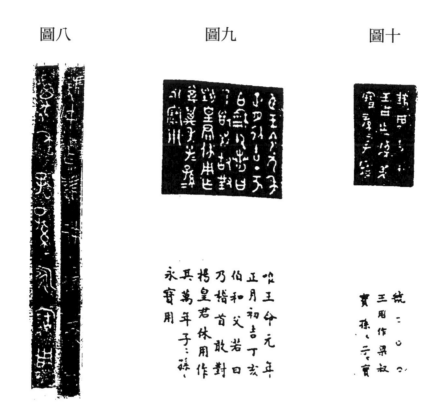

魏國偽銅器目前所知有二件

1.〈馬鐙劍〉——此劍著錄於《周金》卷六頁 100，有二器，有一器銘文四字「陽鐙起疧」（圖 11），有一器銘文已銹蝕，僅存二字「起疧」（圖 12），黃盛璋曰：「〈馬鐙劍〉銘文中有四字，是湊合〈七年宅陽令矛〉銘文，可見亦是偽刻。」（〈試論三晉兵器的國別和年代及其相關問題〉，《考古學報》西元 1974 年第 1 期頁 31），此爲〈馬鐙劍〉之「陽鐙起疧」，乃以〈七年宅陽宅矛〉中之銘文「七年宅陽命陽鐙，右庫工帀夜疧，冶起疧」湊合而成，故可知〈馬鐙劍〉是偽器。

2.〈十年庀陽劍〉——此劍著錄《周金》卷 6 頁 95，銘文 15 字（圖 13），爲吳縣潘祖蔭所藏，黃盛璋曰：「此劍與〈七年宅陽令矛〉『七年宅陽命陽鐙，右庫工師夜疧（瘻），冶起疧』同銘，這是劍銘仿造矛銘偽刻之器。」（〈試論三晉兵器的國別和年代及其相關問題〉，《考古學報》西元 1974 年第 1 期頁 31），故可知此劍爲偽刻之器。

圖十一　　　　　　　　　　　　圖十二

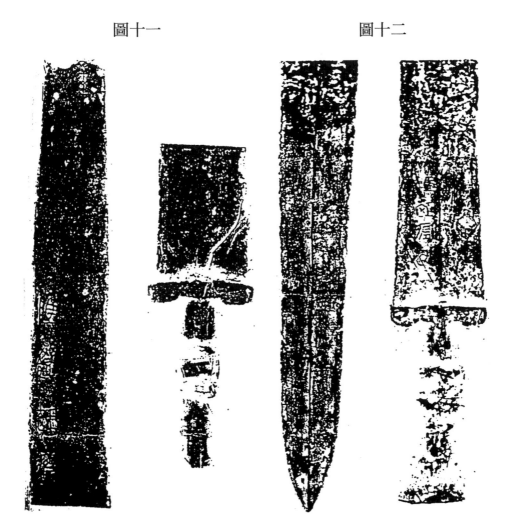

趙國僞銅器目前所知有一件

1.〈王立事劍〉——此劍著錄於《周金》卷 6 頁 1526（圖 14），目錄作〈鄖相邦劍〉；《小校》卷 10 頁 102 之 1 亦著錄此劍，作〈匽王立事劍〉（圖 15）；兩書皆誤認此劍爲燕器。柯朴《早期中國銅器》（Early Chinese Bronze）頁 64 著錄一劍，其銘文與此劍全同，但字體極爲拙劣，一望可知是僞刻。北京中國歷史博物館藏一劍，其銘文爲：「十八年相邦建信君，邦右庫工帀（師）司馬邵，冶尋口執齊，大攻君韓崟。」此銘文是將〈建信君劍〉與〈王立事劍〉相混合而有所僞刻，故亦爲僞器。

圖十三　　　　　　　　圖十四

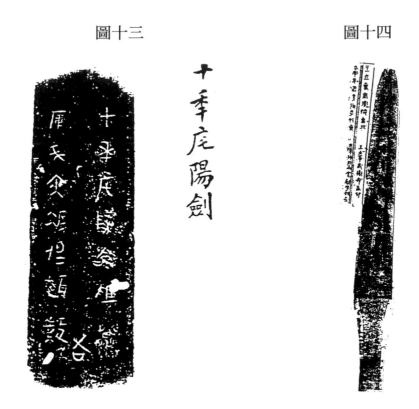

三、國別難以確定之晉系青銅器

　　東周時期各諸侯國為鞏固政權及擴大疆域，無不戮力於政治、經濟之發展，以期臻於「富國強兵」之目標。由於各諸侯國統治方式不一，致使其制度有所差異，誠如《說文‧敘》所言：「田疇異畝，車途異軌，律令異法，衣冠異制，言語異聲，文字異形」。尤其文字方面，在今日出土東周時期之青銅器無不反映此現象。由於文字之差異與多變化，是以在解讀銘文時常有字體不明、語意不清的困難，甚者國別難以確定，晉系青銅器即有如此之情況。此依宋、清時期金文書籍之載錄及近代出土之青銅器，約略可臚列廿一件之器物，其銘文之內容雖與晉系有關，然其國別難以確定。

　　1.〈周伯駒敦〉——著錄於《清乙》卷 12 頁 16，銘文四行 22 字（圖 16），原為內府所藏；阮元《積古》卷 6 頁 9，吳式芬《捃古》卷之 3 亦有著錄，作「伯角父敦」，銘文四行 21 字，少「孫」一字，王國維《三代秦漢金文著錄表》卷 3 頁 85，作「毛白🔲父𣪘」。容庚〈西清金文真偽存佚表〉作「周毛🔲

父簋」，以為眞器。有關此器最重要在於「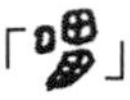」之隸定。《清乙》隸定為「駒」，若以「駒」為姓，則晉國有「駒伯」，即為「郤錡」，若以「駒」為名，則齊國有公子駒。「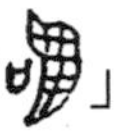」，《積古》、《捃古》隸定為「角」，容庚隸定為「嘼」。按「駒」，〈九年衛鼎〉作「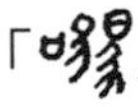」〈兮甲盤〉作「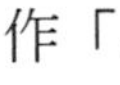」，與「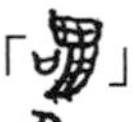」相距甚遠，故「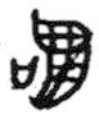」字隸定為「駒」實為訛謬。「角」，〈鄂侯鼎〉作「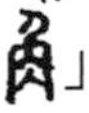」、〈瘐鐘〉作「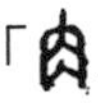」，與「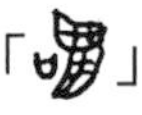」相距甚遠，故「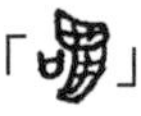」字隸定為「角」，亦為謬誤。「嘼」，金文無，與「嘼」同偏旁之「獵」，其金文作「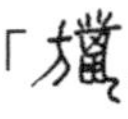」（〈𧊒壺〉），與「嘼」亦相距甚遠，故「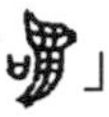」難以隸定成楷書，而《清乙》隸定為「駒」，或以為與晉國有關，此頗有商榷之地。然依銘文「毛伯」二字，蓋可推知識此器與周大夫毛伯有關，因據《逸周書克殷》及《左》之記載，毛伯之始祖名鄭，為周文王子，始封於毛（陝西省岐山），後本封絕滅，食邑畿內（地在今河南宜陽），春秋時期「毛伯衛」，此為周襄王卿士。若以「貴族器重」而言，則〈毛伯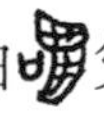父毁〉蓋為毛伯衛或其後人所鑄之器。

圖十五

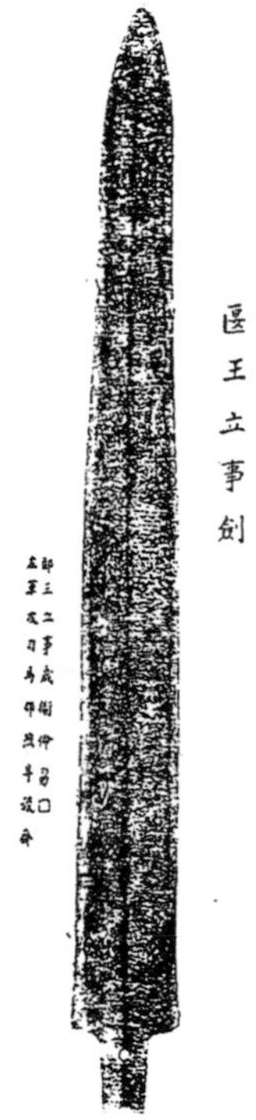

圖十六

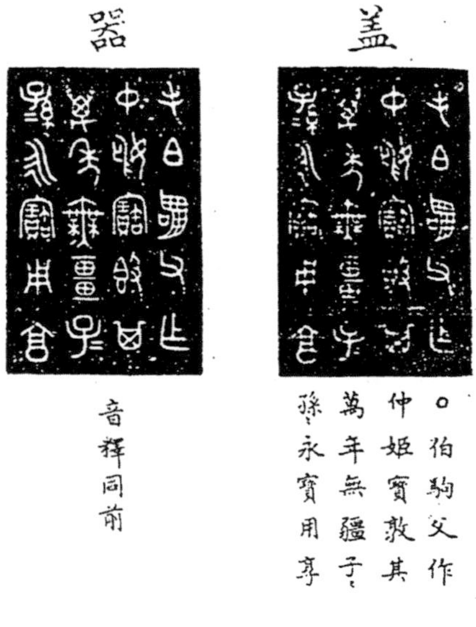

2.〈周孟鄭父殷〉——此器著錄於《清乙》卷 12 頁 31（圖 17），《捃古》卷 2 之 3 頁 29 作「孟鄭父敦蓋」，《周金》卷 3 頁 87 作「孟鄭父敦」，《貞松》卷 5 頁 21、《貞補》（上）頁 25、《三代》卷 7 頁 35 皆作「孟奠父殷」，容庚〈西清金文眞偽存佚表〉以爲眞器。《清乙》以「孟」爲序次之詞，「鄭」爲周人名，尤其晉國爲最多，如平鄭、慶鄭、程鄭；然吳鎮烽《金文人名匯編》以「孟鄭父」爲西周中晚期人。按：《清乙》將「孟」、「鄭」拆開解釋，且「父」未加以說明，故其說恐有訛謬。金文人名有「孟上父」（〈孟上父壺〉）、「孟辛父」（〈孟辛父鬲〉）、「孟戠父」（〈孟戠父壺〉），吳鎮烽皆以爲西周中、晚期期人，故「孟鄭父」既爲西周中晚期人，蓋爲周大夫，此爲自鑄之器。

3.〈周欒季簋〉——此器著錄於《清甲》卷 13 頁 6，蓋器之銘文皆同，三行 16 字（圖 18），原藏於清內府；《三代秦漢金文著錄表》卷 3 頁 30、《貞松》卷 6 頁 38、《三代》卷 10 頁 34、《通考》頁 362、《中華文物集成》〈一〉頁 35 皆作「讌季獻簋」；容庚〈西清金文眞偽存佚表〉作〈周讌季獻盨〉，是眞器。《清甲》釋文：「按晉靖侯孫賓食采欒邑，因以爲氏，《春秋傳》所載欒書、欒黶、欒弗忌、欒共子、欒選、欒枝、欒盈之屬，無字季者，銘曰欒季，蓋其族也。」，按：「𤯍」，《清甲》隸定爲「欒」，以爲此器與晉國欒氏有關，其他金文書皆隸定爲「欒」，吳鎮烽《金文人名匯編》頁 340 以爲讌季獻，名獻，讌國公族，西周中晚期人。故此器恐非晉器，當爲讌國之器。

圖十七　　　　　　　　　　圖十八

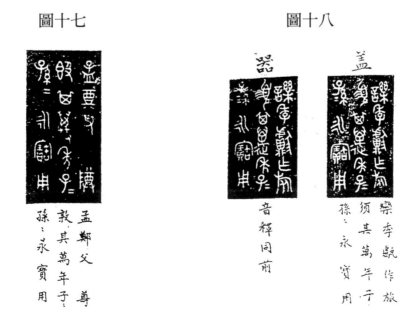

　　4.〈周敦蓋〉——器著錄於《筠清》卷 3 頁 54，銘文五行 33 字；《釋銘》卷 3 頁 56，作「虢叔敢蓋」（圖 19）；《攈古》卷 2 之 3 頁 74 作「撫叔敦蓋」；《愙齋》十二頁 10 作「西宮敢」；《小校》卷八頁 36 作「𢼸叔敦蓋」；《三代》卷 8 頁 37 作「𢼸未毁」。按「𢼸」各書隸定不一，如《釋銘》作「虢」、《攈古》作「撫」、《愙齋》作「𢼸」。「虢」字在虢國銅器銘文作「𤔲」（〈虢仲盨〉）、「𤔲」（〈虢季子白盤〉）、「𤔲」（〈虢文公鼎〉）、「𤔲」（〈虢大子元徒戈〉），均為從𠬪從虎，「𢼸」與上述之字相差甚遠，故隸定為「虢」頗有商榷。「撫」字金文無，小篆作「𤝱」與「𢼸」實不相類，故《攈古》隸定為「撫」宜為大謬。「𢼸」既難以隸定，然從銘文意義可得知周王賞賜諸侯，故此器宜與周有關。

　　5.「稟口鼎」——此器著錄於《陶齋》卷 5 頁 6 作「秦尔甘里鼎」，《三代》卷 2 頁 54 之 2 作「三斗鼎」，兩書所拓印皆模糊不清。黃盛璋曾辨證此器（圖 20）：「此鼎形制屬以三晉為代表之中原型，『稟』與『半』字寫法皆同三晉器，第二字未能確認。『三』為紀數，『半』即『半』，當表半齎，惜原器不知流落何處，無從量測。」（〈三晉銅器的國別年代與相關制度〉頁 32）。按：「稟」，〈土軍扁壺〉作「杏」，〈襄陰鼎〉作「杏」與〈稟口鼎〉之「稟」相近，而〈土軍扁壺〉與〈襄陰鼎〉皆屬於趙國，「稟」字在三晉器物，皆表明用地或鑄地之處；「半」，趙器〈公芻半石權〉作「半」，魏器〈信安君鼎〉作「半」，韓器〈春成侯鍾〉作「半」此三字寫法一致。若以銘文字體推測，〈稟口鼎〉或為趙國之器，然其銘文無鑄地之處，是以難以確知為趙國何地？

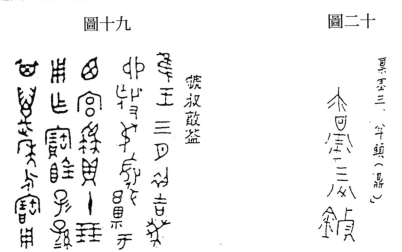

圖十九　　　　　　　　　圖二十

6.〈少侯權〉——此器著錄於《錄遺》五三九，現今藏於中國歷史博物館。黃盛璋曾辨證此器（圖 21）：『鑄』字簡作『寸』……第五字『公』與〈司馬成公權〉之『半』字相近，但下尙有殘劃，也可能爲『公』。」（〈三晉銅器的國別年代與相關制度〉頁 32）。按：「鑄」，魏器〈梁廿七年四分鼎〉作「」、〈梁廿七年半齎鼎〉作「」〈梁十九年亡智鼎〉作「」、〈十三年梁上官鼎〉（即〈梁陰鼎〉）作「」，與〈少侯權〉之「鑄」相近，僅〈少侯權〉之「鑄」簡化而無「金」字旁。「半」，趙器〈司馬成公權〉作「公」，與〈少侯權〉之「公」同。若以銘文字體推測，〈少侯權〉可能是魏國或趙國之器。

7.〈域口府鼎〉——此器著錄於黃濬《尊古齋金石集》。黃盛璋曾辨證此器（圖 22）：「『府』字寫法與〈安邑下官鍾〉相同，第二字不能確認，而與〈稾口鼎〉第三字相依，至少可以肯定爲三晉鼎。左下角也有刻文二字，但與『域口府』方向相倒，刻劃草率，不類三晉，似是入秦後所刻。」（〈三晉銅器的國別年代與相關制度〉頁 32）。按：「府」，魏器〈安邑下官鍾〉作「」，與〈域口府鼎〉之「府」相同，若依此推斷，〈域口府鼎〉可能爲魏器，然銘文第二字及左下角刻文二字皆無法隸定，是以尙待考證三晉那一國之器。

圖二十一　　　　　　　　　圖二十二

8.〈官斗壺〉——此器著錄於《美帝國主義劫掠的我國殷周銅器集錄》A七六七壺，今收藏於美國納爾遜美術陳列館。黃盛璋曾辨識此器（圖 23）：「所謂官斗，或指用官斗校量而測得其容量爲一斗六半升。淮安處魏、楚交界，原當爲宋地，宋後爲魏、楚所分，地當屬魏，從字體看不能屬楚。」（〈三晉銅器的國別年代與相關制度問題〉頁 33）。按：此器蓋上有銘文二字「官斗」，

器內有銘文五字「斗六升半升」。陳夢家曾摹其銘文，然將「𣁗」誤認爲「文」；其實「𣁗」宜隸定爲「斗。」「斗」字，魏器〈私官鼎〉作「𣁗」，與此器之「斗」相近；「半」字在三晉文字常爲「八」、「斗」合文，其「斗」亦是作「𣁗」，如趙器〈公𫵖半石權〉。此器相傳在江蘇淮安出土，戰國魏有大宋郡，其轄境相當今河南省商丘及江蘇省碭山等地，原爲宋地，後爲魏所取，淮安在大宋郡東南邊陲之地，故黃盛璋推斷宜與魏國有關。

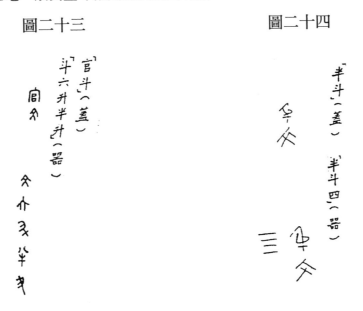

圖二十三　　　　　　　　　　圖二十四

9.〈半斗鼎〉——此器已刊載於〈陝西咸陽塔兒坡出土的銅器〉（《文物》西元 1975 年第 6 期）。黃盛璋曾辨證此器（圖 24）：「『半斗』係我所釋，『斗』字全同〈上官斗鼎〉，『半』字蓋、器寫法不盡一致，但均爲『半』字明確無疑。……〈官斗鼎〉出土淮安，則原爲宋地，此鼎與〈官斗鼎〉嘗同一國別，後入于魏。」（〈三晉銅器的國別年代與相關制度〉頁 34）。按：此器蓋上銘文二字「半斗」，器內銘文三字「半斗四」。「半」，〈秦公簋〉作「半」，與〈半斗鼎〉之「半」相近，僅「八」、「𢆶」未有連接；三晉之「半」多作「八」、「斗」合文，與此字不相類，且此器出土於陝西咸陽，故此器宜與秦國有關。

10.〈元年𡐨口劍〉——此劍著錄於《三代》卷 12 頁 47 之 1，作〈元年劍〉（圖 25），器物拓本殘缺不全，銘文刻於劍上，字體模糊不清。黃盛璋曾辨證此器：「第三字爲汪、匡、枉、往等所從聲符，隸是作𡐨——此劍銘最後有『執齊』，最常見于趙兵器中，可能是趙器。」（〈試論三晉兵器的國別和年

代及其相關問題〉，《考古學報》西元 1974 年第 1 期頁 35）。按：〈元年坙口劍〉
銘文：「元年坙口口（令）王襄，右庫工帀（師）☖生，冶參執齊。」，此器因
地名銹蝕不清，無以辨識為何國之地，然依「執齊」二字，蓋可知與趙國有
關，因趙國兵器銘文最後有「執齊」二字。

　　11.〈七年井疛命劍〉與〈七年井口劍〉——兩劍未見著錄，相傳是燕下
都所出，今藏歷史博物館，黃盛璋曾辨識兩器（圖 26、27）：「『執齊』多見趙
兵器中，文獻所記先秦地名第一字為『井』字的，僅有井陘，系趙地，⋯⋯
『井疛』疑即井陘，又建躬君監造的趙兵器中有『左庫工師期☖』，與疛亦疑
為一字。」（〈試論三晉兵器的國別和年代及其相關問題〉，《考古學報》西元
1974 年第 1 期頁 36）。按：〈七年井疛命劍〉銘文：「七年井疛命（令）邦乙，
下庫工帀（師）孫口，冶口齊。」；〈七年井口劍〉銘文：「七年井口下庫工帀
（師）孫口，冶□執齊。」兩劍銘文相近，僅〈七年井口劍〉銘文較少，然
工師與冶之名相同，故可知兩劍宜為同一地所造。「坙疛」，黃盛璋隸定為「井
陘」，《史‧秦始皇本紀》：「十八年，大興兵攻趙，王翦將上地下井陘。」由
此可知，「井陘」係趙地，則此二劍宜與趙國有關。

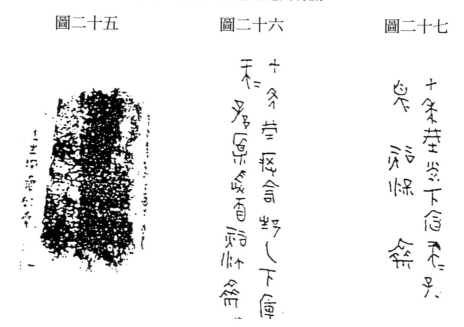

| 圖二十五 | 圖二十六 | 圖二十七 |

　　12.〈口旹命戈〉——此戈著錄於《錄遺》580（圖 28）黃盛璋曾辨證此
戈云：「銘文系用長方形印戳打印，但令之名則是打印後刻上，用印戳打印說

明此地兵器成批生產，令的名字空著不刻，推測此種印戳準備長期使用，監造者即有變更，仍不影響使用，這是兵器大量生產所造成的結果。此戈可能是趙器，但地名第一字殘缺，無法考證。」（〈試論三晉兵器的國別和年代及其相關問題〉，《考古學報》西元1974年第1期頁35）。按：此器銘文：「囗盲命（令）司馬伐，右庫工帀（師）高反，冶囗。」，因第一字殘缺，是以「囗盲」為何地，難以考證。民國六十八年（西元1979年）遼寧建昌縣出土一戈[註90]其內鑄有銘文十四字：「八年盲命（令）……。」（圖29），若此「盲」與「囗」有相關連，則〈囗盲命戈〉或許為趙戈。

　　13.〈十四年武囗戈〉——此器為北京中國歷史博物館所藏，已著錄於北大《古銅兵器展覽會目錄》，黃盛璋曾辨證此器（圖30）：「『武』字下似是『城』字，武城是趙地，其《戰國策‧趙策》，銘末有『執齊』，亦以趙兵器為最多。」（〈試論三晉兵器的國別和年代及其相關問題〉，《考古學報》西元1974年第1期頁36）。按：此器銘文：「十四年武囗命（令）囗囗苜枲囗、嗇囗囗歆、冶章執齊。」，「武」字下「𡉚」，黃盛璋隸定為「城」，「武城」見於《戰國策》卷十八〈趙策一〉：「趙王封孟嘗君以武城。」，武城為趙邑，今山東省費縣西南。「執齊」常見於趙兵器，由上述可知〈十四年武囗戈〉蓋為趙國器物，今出土於河北易縣燕下都，此或戰國末年燕國取自於趙國而藏於燕地。

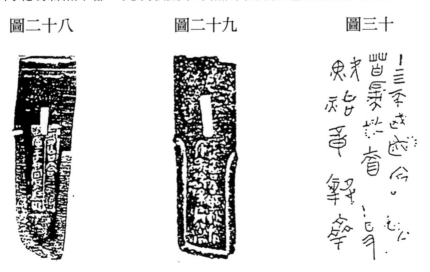

圖二十八　　　　　圖二十九　　　　　圖三十

[註90]　遼寧建昌縣除出土〈八年盲命戈〉外，還有一件〈屯留戈〉，馮永謙、鄧寶學以為：「這兩件銅戈可能是秦滅燕過程中或秦兵戍守遼西的遺留。」其詳見〈遼寧建昌普查中發現的重大文物〉，其文刊於《文物》1983年第9期。

－133－

14.〈廿三年口丘口戈〉——黃盛璋曾辨識此戈（圖 31）：「工師上所缺只一字，應是『左』或『右』字，『左』或『右工師』見魏兵器中，此種格式以魏器爲多，此戈可能是魏器。」（〈試論三晉兵器的國別和年代及其相關問題〉，《考古學報》西元 1974 年第 1 期頁 35）。按：此器銘文：「廿三年口丘口夾，口工市口、冶奚。」三晉與秦國兵器冶鑄官職有「工師」，其職掌爲兵器監工者，尤其三晉「工師」之上又有「左庫」、「右庫」、「上庫」、「下庫」、「左」、「右」之分。黃盛璋以爲「工師」上所缺一只字，由於字體銹蝕不清，無以辨識，故此爲推測之詞。

15.〈四年口匋戈〉——此戈著錄於《三代》卷 20 頁 24 之 1（圖 32），黃盛璋曾辨識此戈：「戰國以至秦漢間地名最後爲『陶』字」，……僅『館陶』差近，『館陶』因趙置館于此而得名，但戈銘此字是否即『館』，尚待證明。」（〈試論三晉兵器的國別和年代及相關問題〉，《考古學報》西元 1974 年第 1 期頁 35）。按：此器銘文「四年口匋命富反、下庫工師王岂、冶禽。」，由於地名銹蝕模糊難以辨識，若依銅兵器銘文鑄刻方式，可能是魏器。

圖三十一　　　　　　　　　圖三十二

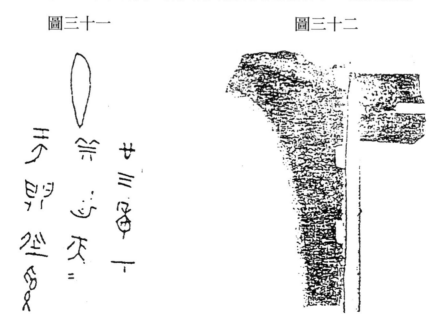

16.〈十三年口陽戈〉——此戈著錄於《三代》卷 20 頁 20 之 1（圖 33），銘文爲：「十三年口陽命（令）口戲，工市北宮壘，冶黃。」，由於地名銹蝕模糊無以辨識，若依銅兵器銘文鑄刻方式，可能是魏器或韓器。

17.〈王三年馬雍戈〉——此戈著錄於《陶齋》卷 5 頁 38（圖 34），作〈秦

武庫戈〉，誤以爲秦器。黃盛璋曾辨證此戈：「『雍』字與上述魏兵器十八年戈之『鄘』，除後者多邑旁外，其餘全同，應是三晉的寫法。但馬雍不見記載，國別有待進一步研究。」（〈試論三晉兵器的國別和年代及其相關問題〉，《考古學報》西元 1974 年第 1 期頁 36）。按：此戈銘文：「王三年馬雍命（令）史吳，武庫工帀奭□，冶□瞉。」，馬雍不知何國之地，然依銅兵器銘文鑄刻方式有「冶□瞉」，蓋爲韓器之特徵，故〈王三年馬雍戈〉宜屬於韓器。

圖三十三　　　　　　　　　　圖三十四

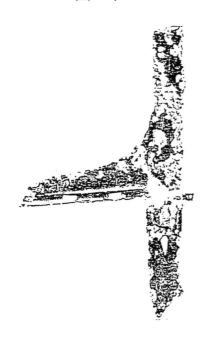
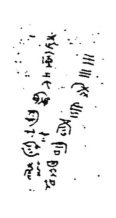

第三章　晉系青銅器形制與紋飾研究

　　宋代以前所能目睹晉系青銅器，僅著錄於文獻典籍，然無以見其實物。宋代以後，有金文專書著錄晉系青銅器，如宋之《考古圖》、《博古》、《薛氏》、《嘯堂》，清之《西清》、《清甲》、《清乙》、《積古》、《筠清》、《長安》、《恆軒》、《攈古》、《綴遺》、《奇觚》等，然宋、清時期所著錄之晉系青銅器，今已大半不知藏在何處，是以無法見其真器。民國初期，晉系青銅器雖時有所出土，然因戰亂頻繁，器物難以集中貯存，是以器物常散佚各處，且流落海外，為外國博物館所收藏。民國卅八年以後，海峽兩岸雖分治，然皆重視青銅器在考古之重要性，遂各有專司董理此器物；由於器物有妥善保存，是以其著錄之資料更為詳實豐富。現今若欲具體了解晉系青銅器之形制與紋飾，除依據宋、清時期金文專書所著錄有銘文之器物外，唯有憑藉者乃為民國以後所出土之器物。

第一節　形制分類

　　往昔青銅器分類標準與分類體系眾說紛紜，莫衷一是。朱鳳瀚從前人研究青銅器所作分類，綜合分為古代分類法和近現代分類法兩階段來了解其分類狀況，〔註1〕因其分類各有其優劣，是以提出自身分類法，其分類法乃將青

───────────────

〔註1〕所謂「古代分類法」，乃為宋、清時期金文專書以用途相近同之器物，依其器類歸并入同卷中，如《考古圖》、《博古》，由於對器物功用不能盡知，遂造成分類不夠嚴謹。「近現代分類法」有三種：（1）以王國維《國朝金文著錄表》與羅振玉《三代》為主；（2）以青銅器之同途為分類之第一標準，如日本濱田耕作《關于中國之古銅器》、容庚《殷周禮樂器考略》、《通考》、《通論》，陳夢家《中國銅器概述》；（3）以青銅器之器形作分類，如梅原末治《古銅器

銅器分爲六大類：容器、樂器、兵器、工具、車馬器、雜器，容器依其器物用途又分爲食器、酒器、水器及量器四項，食器又細分爲烹煮與盛食器、挹取器、切肉器三部分，酒器又細分爲溫熱酒器、盛酒器、飲酒器、挹注器、承尊器五部分。朱鳳瀚之分類法，固然有兼顧器物形制與用途，然分之太細，故本文論晉系青銅器之形制分類，乃採飪食器、酒器、水器、樂器、兵器、車馬器、生活用具與農工具、雜器八項。

一、飪食器

　　晉系飪食器依用途而言，有烹煮、盛食、挹取；依名稱而言，有鼎、鬲、甗、簋、盨、簠、敦、豆、盂、匕、甑等十一項。由於各器物在周朝各有不同之形制，爲能全面了解器物形制之特徵與演變，是以分爲西周、春秋、戰國三時期，而各階段器物之年代若能明確訂定，則再細分爲早、中、晚期，如此則對晉系飪食器形制之概況必能瞭若指掌。

　　（一）鼎——甲骨文已有鼎字，作「鼎」（《戩》47‧8）、「鼎」（《乙》9073），鼎本來作煮熟食物之器具，尚兼盛肉或盛調味品之用，而甲骨文已假借爲「貞」，顯然先民鼎煮食或裝盛已有相當時日，僅商之前用陶質而商之後用銅質之差異而已。馬承源《中國青銅器》對兩周時期之銅鼎，依其外觀分爲西周階段有圓鼎、方鼎、異形鼎三種，與東周階段僅有圓鼎一種。至於晉系銅鼎之形制分爲西周、春秋、戰國三時期論述。

　　西周時期晉系之銅鼎，依其所屬之時代可分爲三階段。西周早期出土之銅鼎有三事：

出土年代	出土地點	鼎名	通高	口	耳	腹	足	數量	國屬	備註
1961年	河南省鶴壁市東南郊龐村南邊	渦紋鼎	25米厘	卷沿	上連鑄繩形兩耳	深腹圓底	二柱足與鼎底連鑄	1	衛國	
		饕餮紋鼎	24.5米厘	平口	上連鑄兩耳直立	同上	三柱足與鼎底連鑄，足下端微向內收	1		
		夔紋鼎	24米厘	平口	同上	同上	三柱足與鼎底連鑄	1		

　　　形態之考古學的研究》、李濟〈記小屯出土之青銅器〉。有關「古代分類法」
　　與「近現代分類法」，其詳見朱鳳瀚《古代中國青銅器》頁 59 至 64。

1990年	范季融在香港購得，轉贈上海博物館	自鼎			立耳	垂腹而實	柱足	1	晉成侯或武侯	
1992年	山西省曲沃縣曲村鎮北趙村西南（第二次發掘）	M9	目前形制不明					?	晉武侯夫婦	
		M13						5		

　　依此所示，蓋可知西周早期之晉系銅鼎，其形制爲：兩耳直立、深腹、三柱足（圖1）。西周中期晉系銅鼎，現知出土僅有西元1994年山西省曲沃縣曲村鎮北趙村西南（第五次發掘）之M33墓兩件鼎，因嚴重破損殘缺不全，是以形制不明。西周晚期晉系銅鼎現知有八事：

圖1　饕餮紋鼎

出土年代	出土地點	墓號或器名	通高	口徑	腹徑	口	耳	腹	足	數量	國屬	備註
		伯狘父鼎	19.7米厘	25.4米厘	24.7米厘		立耳	圓腹	三足	1	可能晉靖侯之世	《博古》、《嘯堂》、《薛氏》均有著錄。
		虢文公鼎	29.3米厘	31.3米厘	31米厘					1	虢國	遼寧省旅順博物館藏
1990年	河南省陝縣上村嶺	M2001　I式					附耳加小梁	鍋狀鼎腹	蹄狀三足	7	虢國	
		II式					二直耳	深腹下垂	三細柱形足	3		
		M2006	22.2米厘	23.5米厘	22米厘	窄沿，口微斂	立耳	半球形腹	蹄足	3	酆國之女嫁到虢國	此鼎與西周晚期之〈虢文公鼎〉、〈毛公鼎〉、〈此鼎〉等形制相似。

年代	出土地	墓號				口沿	耳	腹	足	數量	墓主	備註
			20.8米厘	20.8米厘	20米厘							
			26.4米厘	25.8米厘	24.5米厘							
1992年	山西省曲沃翼城兩縣境內之天馬──曲村遺址（第一次發掘）	M1	24.2米厘	20米厘		平沿	索狀立耳	垂腹較深	柱足	1	晉釐侯	
		M2	19米厘	21.2米厘		僅存口沿			柱足	1	晉釐侯夫人	
1992～1993年	山西省曲沃縣曲村鎮北趙村西南（第二次發掘）	M8（晉侯蘇鼎）	19米厘	24.8米厘	13.2米厘	口微缺，短斜折沿，有雙梁與沿相連	口下附耳	肩腹渾圓，圜底，半球形	三瘦蹄形足	1	晉獻侯	此鼎與〈晉姜鼎〉相似而形制偏早。
1993年	山西省曲沃縣曲村鎮北趙村西南（第三次發掘）	M31	24米厘	25米厘	12.2米厘	平折沿微斜	立耳微外侈	球形腹	三蹄形足	3	晉獻侯夫人	
1993～1994年	同上（第四次發掘）	M64	28.2米厘	29.2米厘		短折沿	立耳	腹壁較直，圜底略平	蹄足	5	晉侯邦父（晉穆侯）	
		M62	18.4米厘	20米厘		短折沿，沿與耳之間有雙梁連接	附耳	圜底	蹄足	3	晉侯邦父正夫人	
		M63								3	晉侯邦父次夫人	
1994年	同上（第五次發掘）	M91								7	晉侯喜父（晉靖侯）	
		M92（晉侯對鼎）	20.4米厘	22.2米厘		口微斂，斜窄折沿	附耳，耳上有小雙梁和口沿相接	腹壁微凸，圜底	三獸蹄形足	2	晉靖侯夫人	此鼎特徵與〈毛公鼎〉相似。

　　依此所示，蓋可知西周晚期之晉系銅鼎，其形制：口有折沿、平沿、窄沿，尚有雙梁相連接；耳為立耳；腹為球形腹，圜底；足有三柱足或蹄形足

（圖 2、3）。西元 1956 年、西元 1957 年河南省陝縣上村嶺發掘虢國墓葬群，有大量青銅器出土，其中銅鼎為數不少，由於多為無銘文，是以其時代僅能依形制結構推斷，大約為西周晚期至東周早期。有關虢國銅鼎之形制如下：

圖 2　伯碶父鼎

圖 3　晉侯蘇鼎

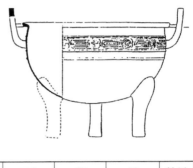

墓號	型號	通　高		口徑	腹徑	口	耳	腹	足	數量	備註
M1052	IVA 鼎	最大	36 米厘		36.5 米厘		耳立口沿上，作長方形	腹作半球形	足作獸蹄形	7	
		最小	24 米厘		24.2 米厘						
M1602	IVA 鼎						同上	同上	同上	3	
M1612	I 式鼎						耳立口沿上	腹作袋形，腹壁下段向外鼓出	足作圓柱形	1	
	III式鼎							腹甚深	足甚短	1	
M1620	IVB 鼎						耳立口沿上，耳如半環形之繩索	腹作半球形	足作獸蹄形	1	
M1634	IVA 鼎						耳立口沿上，耳作長方形	同上	同上	1	
M1651	V 式鼎					口大		腹淺	三蹄足	1	
M1657	IVA 鼎						耳立口沿上	腹作半球形	足作獸蹄形	1	
M1661	IIA 鼎						耳作長方形	腹作袋形，腹壁下段不向外鼓出		1	
M1671	IVA 鼎						耳立口沿上，耳作長方形	腹作半球形	足作獸蹄形	1	

M1689	I 式鼎					耳立口沿上	腹作袋形，腹壁下段向外鼓出	足作圓柱形	1	
	IVA 鼎					耳立口沿上，耳作長方形	腹作半球形	足作獸蹄形	2	
M1691	IVA 鼎					同上	同上	同上	2	
M1692	IVA 鼎					同上	同上	同上	1	
M1701	VII式鼎					耳在腹側	同上	同上	1	
M1702	IVA 鼎					耳立口沿上，耳作長方形	同上	同上	1	
M1704					有流				1	帶流小鼎
M1705	IVA 鼎	最大	17 米厘	20.7 米厘		耳立口沿上，耳作長方形	腹作半球形	足作獸蹄形	3	
		最小	13.7 米厘	15.5 米厘						
M1706	IVA 鼎	最大	30 米厘	32 米厘		同上	同上	同上	5	
		最小	23.5 米厘	27.7 米厘						
M1707	IVA 鼎					同上	同上	同上	1	
M1708	VI式鼎					耳附腹側	底平靠足處略向下凹		1	
M1711	IVA 鼎					耳立口沿上，耳作長方形	腹作半球形	足作獸蹄形	2	
M1714	IIB 鼎					耳如半環形之繩索	腹作袋形，腹壁下段不鼓出		1	
M1715	I 式鼎					耳立口沿上	腹作袋形，腹壁下段向外鼓出	足作圓柱形	1	
	VI式鼎						腹較深	足較短	1	
M1720	V 式鼎				口大		腹淺		1	
M1721	IVA 鼎	最大	19.8 米厘	22 米厘		耳立口沿上，作長方形	同上	足作獸蹄形	3	
		最小	16 米厘	17.2 米厘						
M1744	IVA 鼎					同上	同上	同上	1	

M1761	VII式鼎					耳立腹側	同上	同上	1	
M1765	IVA鼎					耳立口沿上，作長方形	腹作半球形	同上	1	
M1777	IVA鼎					同上	同上			
M1810	IVA鼎	最大	32米厘		30米厘	同上	同上	足作獸蹄形	5	
		最小	18.5米厘		27米厘					
M1819	I式鼎					耳立口沿上	腹作袋形腹壁下段向外鼓出	足作圓柱形	1	
	IVA鼎	15.7米厘			16米厘	耳立口沿上，作長方形	腹作半球形	足作獸蹄形	1	
M1820	IVA鼎	最大	29米厘		28.3米厘	耳立口沿上，作長方形	腹作半球形	足作獸蹄形	3	
		最小	27米厘		24米厘					
M1762	V式鼎					口大	腹淺		1	

依此所示，蓋可知虢國墓葬群之銅鼎，其形制：耳大多在口沿上，少數在腹側；腹部依形狀有半球形或袋形；足部有獸蹄形或圓柱形（圖4、5）；尚有一件形制較為特殊，是帶流小鼎（圖6）。

圖4　M1691 IV式鼎　　　　　圖5　M1819 I式鼎

圖6　M1704帶流小鼎

　　春秋時期晉系之銅鼎，依其所屬之時代，可分爲三階段。春秋早期銅鼎現知有七事：

出土年代	出土地點	墓號或器名	通高	口徑	腹徑	口	蓋	耳	腹	足	數量	國屬	備註
	相傳出土於陝西省韓城	晉姜鼎	41.21米厘	46米厘	47.47米厘			兩耳		三足	1	晉文侯	劉敞《先秦古器記》、呂大臨《考古圖》、武樹善《陝西金石志‧韓城志》均有著錄。
		蘇𢵁妊鼎						立耳		三獸足底部淺而呈半椀形	1	蘇國	
		蘇衛妃鼎	29米厘	26.5米厘				立耳		三獸足	1	蘇國	現藏於山東省博物館
1954～1955年	河南省洛陽中州路西工段有東周墓（第一期）	M2415 Ⅰ式鼎	37.2米厘		35米厘	大口，唇外折	無蓋	有長方形之雙耳直立在口緣上	淺腹圓底	細高三獸蹄足	1	東周	
1961年	山西侯馬上馬村斷崖	M14	6.5米厘	8.4米厘		大口，沿外卷，前有獸頭狀流	平蓋，蓋鈕系一豎魁尾之小狗	附耳	深腹圓底	獸蹄形短足	1	晉國	

1962年	山西芮城縣嶺底鄉坛道村	M1　I式鼎	25.5米厘	25米厘	口微斂，平沿	兩耳直立沿上	同上	三蹄足粗壯	2	晉國	此鼎與上村嶺虢國墓地之M1819 IVA鼎相近。
		M1　II式鼎	23.5米厘	27.8米厘	侈口，平沿	兩耳直立沿上，微向外侈	淺腹，腹底略瘦	同上	1		此鼎與上村嶺虢國墓地之M1651 V式鼎相近。
1994年	山西省曲沃縣曲村鎮北趙村西南（第五次發掘）	M93:37	36.8米厘	44.6米厘	寬折沿窄方唇	附耳，耳上有雙梁和沿唇相接	半球形腹	獸蹄形足	5	晉文侯	此列鼎形制與〈晉姜鼎〉相類似。
		M93:49	17.4	18	窄折沿厚方唇	立耳	半球形腹	獸蹄形足	1		
		M102:11	24.4	26.4	窄折沿方唇	同上	同上	同上	4	晉文侯之妾	

　　依此所示，蓋可知春秋早期之晉系銅鼎，其形制：口多為大口，有平沿、實折沿、窄折沿；耳為立耳；腹有淺腹、深腹，圜底（圖7、8）；足為獸蹄形，有長、短之分。山西侯馬上馬村 M14 出土之匜形鼎（圖9），與上村嶺虢國墓葬 M1704 之帶流小鼎皆為有流之鼎，〔註2〕且此鼎之蓋鈕更具別致，鑄有豎耳翹尾之小狗，此意謂春秋早期銅鼎之演變已逐漸脫離西周晚期之形制，走入具有創意風格之境界。春秋中期晉系之銅鼎，現知出土僅有西元 1954 年秋至西元 1955 年春，河南省洛陽中州路西工段所發掘之東周墓（屬於第二期），其中 M1 與 M4 之 I 式鼎與春秋早期同地之 M2415 之 I 式鼎相同（圖10）；M6 之 II 式鼎與 M2415 之 I 式鼎相似，僅兩耳移至腹側（圖11）；M4 之III式鼎與 M216 之III式鼎相同，其形制是斂口，直唇作子母口，雙耳微外移，立在腹側，深腹，高足。總括可知春秋中期晉系銅鼎之形制，口有大口、斂口，耳有雙耳立在口沿上或腹側，腹有淺腹、深腹，足為蹄形足。春秋晚期晉系銅鼎現知有十一事：

────────────

〔註2〕　山西侯馬上馬村 M14 之匜形鼎，其形制除與上村嶺虢國墓葬 M1704 之帶流小鼎類似，又與〈芮太子鼎〉（容庚《通考》頁 299 圖 75）近似。

圖 7　蘇冶妊鼎

圖 8　蘇衛妃鼎

圖 9　M14 之匜形鼎

圖 10　洛陽中州路 2415:4

圖 11　洛陽中州路 M6:22

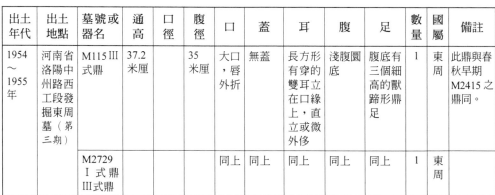

出土年代	出土地點	墓號或器名	通高	口徑	腹徑	口	蓋	耳	腹	足	數量	國屬	備註
1954～1955年	河南省洛陽中州路西工段發掘東周墓（第三期）	M115 III式鼎	37.2米厘		35米厘	大口，唇外折	無蓋	長方形有穿的雙耳立在口緣上，直立或微外侈	淺腹圓底	腹底有三個細高的獸蹄形鼎足	1	東周	此鼎與春秋早期M2415之鼎同。
		M2729 I 式鼎 III式鼎				同上	同上	同上	同上	同上	1	東周	

年代	地點	器名				口	蓋	耳	腹	足	數	國別	備註
1961年	山西侯馬上馬村斷崖	M5 I 式鼎	23.5米厘	16.5米厘		弇口圓唇	蓋有三環鈕	附耳	深腹圓底	獸蹄足	1	晉國	此鼎與M13之III式鼎近似。
		M5 II 式鼎	37米厘	17米厘		弇口短唇	平蓋,上有三扁平矩形鈕	同上	鼓腹圓底	同上	2		
		M11	37米厘	17米厘		同上	同上	同上	同上	同上	2		
		M13 I 式鼎	66米厘	60米厘		大口窄沿	無蓋	附耳外侈	深腹圓底	同上	1		此鼎與新鄭出土之蟠虺鼎(《新鄭彝器》P.33)近似。
		M13 III 式鼎	40米厘			直口圓唇	蓋有三環鈕	附耳	同上	同上	3		
		M13 IV 式鼎				大口	蓋鈕作大條豎立的蛇首,同唧一圓環鈕	附耳較直	同上	足略細高獸蹄足	1		
1964年	山西原平縣峙峪村東南趙家墻						有蓋	附耳	同上	瘦高蹄足	4	晉國	〔註3〕
1966年	河南洛陽玻璃廠東南郊M439	哀成叔鼎	34米厘	28.5米厘		口微斂	蓋已殘破〔註4〕	有方形附耳	鼓腹,小平底	三蹄足	1	鄭國	〔註5〕
1972年	山西省長治分水嶺西部發掘韓國墓(第四次發掘)	M269 I 式鼎					無蓋	侈耳立于器身口沿	深腹圓底	瘦長蹄足	5	韓國	
		M269 II 式鼎					帶蓋,蓋頂三環鈕	附耳外侈	同上	獸蹄足	4		此鼎與侯馬上馬村東周墓葬M13之III式鼎相似。

〔註3〕 此鼎與渾源李峪村〈鳥蓋獸帶紋鼎〉和1961年山西侯馬村M13出土之III式鼎風格基本相同。

〔註4〕 此鼎之蓋雖已殘破,蓋頂有一環鈕,外有兩道凸棱,兩棱之間豎立三個近似鳥形之裝飾,鳥目為穿孔,孔內範泥尚存,此說明新鑄器。

〔註5〕 此鼎與洛陽中州路M2729：35形制相似(M2729屬東周第三期,即春秋晚期,此期之銅器組合中才有「豆」出現),此鼎銘文書體與〈樂書缶〉相近,可作為斷代參考。

年	地點	器名			口	蓋	耳	腹	足	數量	國別	備註
		M270 I 式鼎				無蓋	侈耳立于口沿上	同上	同上	5		
		M270 II 式鼎				帶蓋，蓋上三環鈕	附耳外侈	同上	同上	5		
1973年	山西省長子縣羊圈溝	M1 I 式鼎	28米厘	28.3米厘		蓋上有小鴨形鈕				1	晉國	此鼎與渾源彝器中之夔紋鼎相似。
		M1 II 式鼎	25米厘	25米厘	斂口	帶蓋，蓋上三個環形鈕	附耳	深腹，直腹壁	蹄足	1		
		M2 I 式鼎	22.3米厘	20.8米厘	子母口	蓋扁平，上有三個環形鈕	附耳	平底	三蹄足	1		
		M2 II 式鼎	16.4米厘	7.4米厘				腹部較深		1		
1975年	山西省渾源縣李峪村	M2	20米厘		斂口	有蓋，上有三環形鈕	附耳	深腹圓底	獸蹄足	1	晉國	〔註6〕
1977年	山西省長子縣牛家坡	M7 I 式鼎			子母口微斂，厚唇	有蓋，蓋扁弧形上有三環鈕	耳微侈	鼓腹圓底	馬蹄形足	5	晉國	
		M7 II 式鼎	19.2米厘	18.3米厘	子母口斂口，邊沿有三只臥牛	帶蓋，鼎蓋正中有環形鈕	一對鋪獸銜環		低矮獸蹄形足	1		
		M7 III 式鼎	8.9米厘	8.2米厘	斂口	蓋鈕作三圓環		鼓腹圓底近平	矮蹄形足	1		
1979年	山西省長子縣牛家坡	M11 I 式鼎	15米厘	16.9米厘		蓋上有三牛鈕				2	晉國	此鼎與同地之M7 II 式鼎相同
		M11 II 式鼎	14.4米厘	13.8米厘	子母口		附耳	鼓腹	獸蹄形足	1		此鼎與同地之M7 III 式鼎相同

〔註6〕 此鼎與長治分水嶺 M270 II 式之八號鼎、侯馬上馬村 M13 III 式鼎、1964 年山西原平峙峪出土之鼎相同。

1987年	山西省太原市金勝村M251大墓	I式鼎		10.4米厘		圜口平折沿束頸		附耳	深腹圜底	獸蹄形足	1	晉國	〔註7〕
		II式鼎				圜口平沿，頸微束	無蓋	長方形立耳	深直腹圜底	同上	4		
		III式鼎				子母口，微斂	覆鉢形蓋，上置三個環形鈕，鈕頂附一圓釘形突起	長方形附耳	鼓腹圜底	同上	7		此鼎爲升鼎〔註8〕
		IV式鼎				同上	鉢形蓋，蓋上置三個環形鈕	腹上部兩側各附一個鋪首銜環，鋪首作獸形有眉有目	腹微鼓圜底	同上	5		此鼎狀如敦，故稱敦形鼎，且與上馬村M13之III式鼎器形接近，但鼎足較矮。
		V式鼎				同上	鉢形蓋〔註9〕	肩兩側各有一鋪首銜環	鼓腹圜底平襠	同上	6		此鼎狀如鬲，故稱鬲形鼎。
		VI式鼎	14.5米厘	13米厘		子母口，微斂	鉢形蓋〔註10〕	肩附長方形耳	圜腹圜底	同上	1		
		VII式鼎	11.3米厘	10.3米厘	12.3米厘	同上	鉢形蓋〔註11〕	附耳	圓腹平底	獸蹄形足	1		
		寬兒鼎	27.1米厘	19.9米厘			有蓋	附耳			1	蘇國	

〔註7〕此鼎爲現今所知春秋時期最大銅鼎，即鑊鼎，且此鼎與新鄭古墓之II3鼎、I5鼎之形制花紋很接近。

〔註8〕此鼎和長子東周M7墓同類器物之形制花紋完全一致。渠川福以爲：「此鼎形制介于侯馬上馬M15和長子東周墓M2的同式鼎之間。」（〈太原金勝村大墓年代的推定〉，《文物》西元1989年第9期）。

〔註9〕此鼎之蓋頂附一環形鈕，鈕內銜環鈕周圍環繞三頭立雕臥牛（牛昂首，豎耳，尾擺向一側）。此鼎與長子東周M7墓同類器物之形制紋飾完全一致。

〔註10〕此鼎之蓋頂正中立雕一小熊，四足直立，周圍置三個曲尺形鈕，如將蓋倒置則爲盤。

〔註11〕此鼎之蓋頂置一穿環橋形鈕，周圍分別立雕三頭臥牛，牛頭向外昂起，角、耳、鼻、目甚爲清晰。

　　依此所示，春秋晚期晉系銅鼎不僅出土量多，且其形制變化萬端，蓋略可知：口有弇口、直口、子母口、斂口、圓口；唇有圓唇、短唇；「蓋」，在春秋中期以前少有出現，然在春秋晚期器蓋與器身常合鑄，不僅有「蓋」，且其「蓋」之形制常為匠心獨運，各具有不同之風貌，除普遍有三環鈕外，常於「鈕」上作成蛇、鴨、牛、熊之形狀，栩栩如生，實饒有風趣；耳有作成長方形立在口沿上（圖12），有作成一對鋪首銜環立在腹側（圖13）；腹有深腹、淺腹、鼓腹；底有圜底、平底；足為三足獸蹄形，有高矮之分。

圖12　山西金勝村Ⅵ式銅鼎　　　圖13　山西金勝村Ⅳ式銅鼎

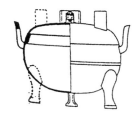
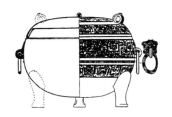

　　戰國時期晉系之銅鼎，依其所屬之時代，可分為三階段。戰國早期銅鼎現知有五事：

出土年代	出土地點	墓號或器名	通高	口徑	腹徑	口	蓋	耳	腹	足	數量	國屬	備註
1954～1955年	河南省洛陽中州路西工段發掘東周墓（第四期）	M2717 Ⅳ式鼎	28米厘		30米厘	斂口直唇作子母口	蓋頂鐶鈕上有一突起	雙耳微外侈立在腹側	深腹	高足	3	東周	此鼎之形制，基本與M4之Ⅲ式鼎（春秋中期）相同。
		M2717 Ⅴ式鼎	27.9米厘		30.6米厘		蓋中央鐶鈕中唧一環，周緣附鑄三個立體臥獸		腹較深，腹底分襠	三足粗矮	2		
1956年	陝西省臨潼縣斜口地窰村	私官口鼎	19米厘	18米厘				兩耳為長方形穿孔，稍向外侈		三馬蹄足	1	魏國	此鼎現藏於陝西博物館
1959～1961年	山西省長治市北城牆外分水嶺（第二次發掘）	M26 Ⅰ式鼎				口緣上鈴有四個立體螭首		侈耳	圓底	蹄足	2	韓國	
		M26 Ⅳ式a鼎					蓋上有三環鈕		扁圓腹	粗淺蹄足	5		

年代	出土地	器名	口徑	高	口	蓋	耳	腹	足	數量	國別	備註
1962年	山西芮城縣嶺底鄉坛道村	M2 Ⅰ式鼎	23.2米厘	22.2米厘	斂口	蓋較平,上有等距三環鈕	侈耳附于沿外	深腹圓底	瘦長蹄足	1	魏國	〔註12〕
		M2 Ⅱ式鼎	24.6米厘	24米厘	斂口平沿	蓋上有三環鈕	附耳	同上	粗壯蹄足	1		〔註13〕
1983年	山西省潞城縣潞河村大斷溝西邊	M7 Ⅰ式鼎	58米厘	65米厘	平沿束頸		方形附耳,正腹部有一小環形耳	淺腹圓底	蹄形足	1	韓國	根據蔡侯墓銅鼎銘文,這種形制之鼎,稱為「鑊鼎」。
		M7 Ⅱ式鼎	43.5米厘	53米厘	同上		立耳外撇	鼓腹圓底	同上	2		據蔡侯墓銅鼎銘文,此鼎應定爲「羞鼎」
		M7 Ⅲ式鼎			子母口	扁平蓋上附三個環形鈕	附耳	同上	高蹄足	4		〔註14〕
		M7 Ⅳ式鼎			子母口,平沿	蓋有三環形鈕	同上	同上	矮蹄形足	4		〔註15〕
		M7 Ⅴ式鼎	8米厘	14米厘	折沿			淺盆形腹圓底	三柱足(腹部至足根有三個扉棱)			
		M8	25.3米厘	19.8米厘	斂口	平蓋,正中附一環鈕,周圍立三曲尺狀鈕	兩方形耳	鼓腹圓底	三高蹄足	1	韓國	

依此所示,戰國早期晉系銅鼎之形制,約略可知:口有斂口、子母口,

〔註12〕此鼎與山西侯馬上馬村東周墓(民國 48 年 4 月出土,楊富斗〈山西侯馬上馬村發現東周銅器〉,《考古》西元 1959 年第 7 期)所出土之Ⅲ式鼎,在形制、花紋上均有相近之處。

〔註13〕此鼎與屯留武家溝戰國墓所出鼎、1973 年山西長子東周 M1 所出Ⅰ式鼎(春秋晚期)、1975 山西渾源李峪村 M2 所出鼎(春秋晚期)形制相近。

〔註14〕根據此鼎之形制可定爲甲組「升鼎」,且此器形與洛陽中州路 M2729Ⅲ式鼎(春秋晚期)近似。

〔註15〕根據此鼎之形制可定爲乙組「升鼎」,且此器形與洛陽中州路之 M2717Ⅳ(戰國早期)接近。

沿有平沿、折沿；蓋與春秋晚期之蓋近似，均在頂上有三環鈕；耳有長方形耳或侈耳，有立於腹側，有立於沿外；腹有淺腹、深腹、扁圓腹、鼓腹、淺盆腹（圖14），圓底；足有三柱足（圖15）、三蹄足，蹄足有粗矮、瘦長之分。戰國中期晉系銅鼎，現知出土有三事：

圖 14　山西潞城　M7 V 式鼎　　圖 15　山西潞城　M7 V 式鼎
　　　　　（111）　　　　　　　　　　　　　（112）

出土年代	出土地點	墓號或器名	通高	口徑	腹徑	蓋	耳	腹	足	數量	國屬	備註
1957年	河南省陝縣后川發現一批東周墓葬以M2040有大量銅器	M2040 I 式鼎		80米厘		無蓋	侈耳	深腹	三蹄足	6	魏國	此鼎與新鄭所出「虺螭夔紋鼎」（春秋晚期）近似。
		M2040 II 式鼎				有蓋，蓋上有三環鈕	附耳		短足	5		
		M2040 III 式鼎				蓋上亦有三環鈕，中央復有一環	環耳		同上	7		此鼎與洛陽中州路（第四期）M2717 V 式鼎（戰國早期）近似。
1959年	河北邯鄲百家村	M3 I 式鼎	19米厘	23米厘	26米厘	蓋上有三個臥獸形鈕，中間有一系環		腹較深	蹄形足	4	趙國	此鼎形似鬲狀，故稱鬲鼎。
		M57 II 式鼎	34米厘	32.5米厘	33米厘	有蓋，蓋上有一個方形鈕			高蹄足			
1959～1961年	山西省長治市北城牆外的分水嶺（第二次發掘）	M53 III 式鼎				蓋上有三環鈕		底較平	瘦長蹄足	5	韓國	

　　依此所示，晉系銅鼎至戰國中期不僅出土量逐漸遞減，且形制與戰國早期類似。蓋上有三環鈕、獸形鈕（圖 16）、方形鈕；耳有侈耳或環耳；腹較深；足為蹄足，僅有高、瘦長之別。戰國晚期晉系銅鼎現知出土有七事：

圖16　河北邯鄲百家村 M3 Ⅰ 式鼎

出土年代	出土地點	墓號或器名	通高	口徑	腹徑	口	蓋	耳	腹	足	數量	國屬	備註
1959～1961年	山西省長治市北城牆外分水嶺（第二次發掘）	M36 Ⅴ式鼎					蓋平，頂有三環鈕			蹄足較瘦	1	韓國	
1966年	陝西咸陽塔兒坡	私官鼎	20米厘	14.7米厘		斂口，子母唇	蓋隆起，上有三環鈕，可以倒置盛食物	長方形耳，稍向外撇	鼓腹	馬蹄形足	1	魏國	
1978年	河南省泌陽官庄 M1	平安君鼎	15米厘	13米厘	10米厘				腹稍淺扁橢圓底			魏國	此鼎近於湖北雲夢睡虎地（秦代至漢初）之銅鼎。
1979年	陝西省武功縣游鳳公社張堡大隊潭沱村	平安君鼎（信安君鼎）	19米厘	19米厘		弇口	有蓋，蓋上有三環鈕	附耳，微向外張	腹有一道凸稜	三蹄足	1	魏國	
	相傳河南洛陽金村出土	上樂床鼎					有蓋，蓋有三環，有環練繫於蓋之一環及耳	附耳			1		此鼎曾為加拿大明義士舊藏，現藏故宮博物院

	內黃鼎	20米厘			有蓋，蓋有三環	同上		三足	1	原藏於瀋陽清故宮，現藏故宮博物院（台北市）
	十三年梁上官鼎（梁陰鼎）				有蓋，蓋上有三環鈕	腹沿有兩耳	圓腹	三蹄足	1	

除上述所列銅鼎外，隸屬爲戰國晚期尚有〈亐朕鼎〉、〈襄陰鼎〉、〈四年昌國鼎〉、〈十一年庫鼎〉、〈梁廿七年四分鼎〉、〈廿七年大梁鼎〉、〈梁十九年鼎〉、〈梁上官鼎〉、〈弗官鼎〉、〈四分鼎〉、〈卅二年平安君鼎〉。總括而言，戰國晚期晉系銅鼎之形制，約略可知：蓋頂上多有三環鈕，較爲特殊者，有環練連接於環與耳之間（圖17），其意在於蓋不易脫落；耳有長方形；腹爲圓腹；足爲三蹄足。目前有三事，在出土之銅鼎，難以區分爲早、中、晚期，均統歸爲戰國時期，其銅鼎形制如下：

圖17 上樂床鼎

出土年代	出土地點	墓號或器名	口	蓋	耳	腹	足	數量	國屬	備註
1954～1955年	山西省長治分水嶺（第一次發掘）	M10		蓋有三環鈕	附耳		三蹄足	2	韓國	
		M11		蓋有三鈕	同上		同上	2		
		M12		同上	同上		同上	5		
		M14Ⅰ式鼎	捲脣，斂頸	無蓋	侈耳	腹淺，底微平，外有圈	同上	2		
		M14Ⅱ式鼎		蓋有三環鈕	附耳		同上	7		
1958年	山西省萬榮縣榮河鎮西南十五里廟前村	Ⅰ式鼎		蓋上有一喇叭形鈕	同上		同上	5	魏國	
		Ⅱ式鼎		蓋上有三環鈕	同上		同上	2		

| 1959～1961年 | 山西省長治市北城牆外分水嶺（第二次發掘） | M25 II 式鼎 | 沿外折 | 無蓋 | 侈耳 | 圓底 | 三蹄足 | 1 | 韓國 | |
| | | IV 式 a 鼎 | | 蓋上有三環鈕 | | 扁圓形 | 蹄足較粗短 | 5 | | |

依此所示，蓋多為三環鈕（圖18）、侈耳、圓腹（圖19）、三蹄足。此形制無不為戰國早、中、晚三期之共同特徵，故其時期早為戰國初期，晚為不超過戰國末期。

圖 18　山西長治分水嶺 M25 IV　　圖 19　山西長治分水嶺 M25 II
式 a 鼎　　　　　　　　　　　式鼎

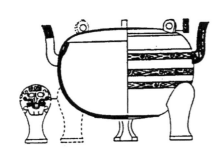 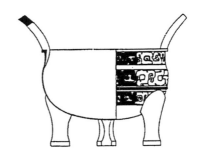

　　（二）鬲——《爾雅·釋器》：「鼎款足者謂之鬲。」，《漢書·郊祀志》：「鼎空足曰鬲。」，此二書釋「鬲」不清，難以明曉「鬲」形制之特徵，且與鼎不同之處。蘇秉琦先生曰：「鼎是由一個半球形器加上三足，鬲是腹足不分。」，[註16] 此足以說明鬲與鼎在外形上極為相似，最大不同在於腹與足，鼎之腹與足是區隔極為明顯，而鬲之足與腹是合連，且腹呈袋形，足是錐形足較短。銅鬲是仿照陶鬲，在商代早期已有此器，西周中期以後，銅鬲量激增，常與鼎成數組合，戰國晚期銅鬲逐漸消失。有關晉系銅鬲形制分為西周、春秋、戰國三時期敘述。

　　西周早期之晉系銅鬲，現知僅有一事，即西元1961年河南省鶴壁市東南郊龐村所出土〈夔紋鬲〉（0948號），其形制：口沿向外捲，兩耳直立口沿上，三款足下端作圓柱狀（圖20），蘇秉琦先生以為「分襠鬲」，屬 Ac 型。[註17] 西

〔註16〕見〈陝西省寶雞縣斗雞台發掘所得瓦鬲的研究〉，此文收錄於《蘇秉琦考古學論述選集》中。

〔註17〕所謂「分襠鬲」，襠部三分，從側面看，襠部中∧形，倒過來看，從底部中心點向腹部引出三根射線，可將三足截然分開。Ac 型之特徵是器身高大，頸部作束頸，有高柱形足跟，其詳見朱鳳瀚《古代中國青銅器》頁74。

周中期之晉系銅鬲，現知有〈虢仲作姞鬲〉，此器有二件，相傳是陝西岐山縣京當公社出土，今一件藏於寶雞市博物館，一件藏於澳大利亞買亞氏，〔註18〕其形制：寬平沿、方唇、束頸、平襠、獸蹄足。西周晚期晉系銅鬲現知有四事：

圖20　鶴壁龐村0948號鬲

出土年代	出土地點	墓號或器名	通高	口徑	口	蓋	耳	腹	足	數量	國屬	備註
1990年	河南省陝縣上村嶺	M2001	12.7米厘		折沿			淺腹	三蹄足，每個足之上方均飾扉稜	8	虢國	
1994年	山西省曲沃縣曲村鎮北趙村西南（第五次發掘）	M91	16.6米厘	17米厘	寬折沿束頸		肩上置一對附耳	鼓腹弧襠	中空圓柱足	2	晉侯喜父（晉靖侯）	
		虢仲鬲	13.2米厘	18米厘	束頸寬緣				平襠 三獸蹄足	1	虢國	現藏於上海博物館
		虢叔鬲（虢弔鬲）					無耳	下垂直線有三稜	三足	1	虢國	

依此所示，西周晚期銅鬲之形制，約略可知：口有寬平沿、寬折沿；束頸；耳有附耳（圖21）、亦有無耳；腹有淺腹、鼓腹；襠有平襠、弧襠；足有三蹄足或圓柱足，有足之上方飾扉稜（圖22）；大致上西周晚期銅鬲之形制與西周中期銅鬲相近似。西元1956年、西元1957年河南省陝縣上村嶺發掘虢國墓葬群，有不少銅鬲出土，由於無銘文之銅鬲居多，故其時代僅能依形制結構推斷，大致為西周晚期至東周早期。有關虢國銅鬲之形制如下：

〔註18〕張光裕〈澳大利亞所見中國銅器選錄〉曾提及〈虢仲乍姞鬲〉，其文收錄於《屈萬里先生八秩榮慶論文集》頁55。

圖 21　山西省曲沃縣北趙村 M9　　　圖 22　河南陝縣上村嶺 M2001

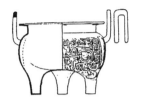 

墓　號	型　號	耳	足	襠	數量
M1052	IIAB 鬲	無耳	足下端作獸蹄形	實足下不分襠	6
M1062	I 式鬲	無耳	足下端作鉗形	空足不分襠	2
M1631	IIA 鬲	無耳	足下端作獸啼形，足上方有扉稜	空足不分襠	1
M1704	III式鬲	腹側附方形有穿耳		襠部甚低，襠底近平	1
M1706	IIA 鬲	無耳	足下端作獸蹄形	實足不分襠	4
M1777	IIA 鬲		同上	同上	2
M1810	IIAB 鬲	無耳	同上	同上	4
M1820	IIA 鬲	無耳	同上	同上	2

　　此依所示，虢國墓葬群之銅鬲，據現有資料記載，其足、襠有二類：足有獸蹄形與鉗形（圖 23）；襠有分襠與不分襠（圖 24），甚者襠部甚低近平（圖 25）。大抵而言，虢國墓葬群之銅鬲與西周晚期之銅鬲相類似。

圖 23　M1602 I 式鬲　　　　　圖 24　M1810 II B 鬲

圖 25　M1704 III 式鬲

　　春秋時期晉系銅鬲，依其所屬之時代可分為二階段。春秋早期銅鬲，除上述虢國墓葬群外，現今尚未見有大量銅鬲出土，所知有〈衛夫人文君叔姜鬲〉（現藏於南京市博物館）、〈鄭登伯鬲〉（圖26）、〈鄭師口父鬲〉（圖27）。〈鄭登伯鬲〉寬平沿、無蓋無耳、腹有三稜、三蹄足、弧襠；〈鄭師口父鬲〉口緣上有兩耳、鼓腹外凸、三足細長。兩鬲相較絕然有異。春秋晚期晉系銅鬲現知有四事：

圖26　鄭登伯鬲　　　　　　　　圖27　鄭師口父鬲

出土年代	出土地點	墓號或器名	通高	口徑	腹徑	口	腹	足	數量	國屬	備註
1961年	山西侯馬上馬村斷崖	M11	15米厘	13米厘		寬沿	腹壁有翼形飾	獸蹄形足不分襠	2	晉國	
		M13 I 式鬲	10.8米厘	13.4米厘		同上	同上	不分襠	1		
		M13 II 式鬲	9米厘	12.6米厘		同上	同上		1		
1972年	山西省長治分水嶺（第四次發掘）	M269	9.6米厘	11.2米厘		平口，寬沿外折	腹部有翼形飾	三蹄足，平襠	4	韓國大夫	
1977年	山西省長子縣牛家坡	M7	7.3米厘	9.5米厘		短唇，斂口	鼓腹，平底	矮蹄形足（足為空心）器內足根部稍有四弧	2	晉國	
1987年	山西省太原市金勝村	M251	11米厘	14米厘	14.4米厘	折沿，斂口，束頸	腹微凸，上附有三龍形，平底	三獸蹄形足，平襠	6	晉國	此鬲與萬榮廟前村春秋墓和長子東周墓M7所出之鬲形制極近。

　　依此所示，春秋晚期晉系銅鬲之形制：口有平口、斂口；沿有寬沿、折

沿；腹是鼓腹、平底，上有翼形飾或三龍形（圖 28），足有三蹄足、平襠。（圖 29）。

圖 28　山西太原金勝村 M251　　　圖 29　山西侯馬上馬村 M13

　　戰國時期晉系銅鬲依其所屬之時代可分兩期。戰國早期之銅鬲，現知有西元 1935 年河南省輝縣琉璃閣甲墓，其銅鬲有兩式，Ⅰ式鬲口圓稍侈，肩上附兩小耳直立，三足下端似馬蹄形，圓襠較平，Ⅱ式鬲圓口、束頸、平上口方唇向外卷，淺腹平底、三足扁平直立，圓襠（圖 30）。戰國晚期晉系銅鬲現知有西元 1959 年至西元 1961 年山西省長治分水嶺（第二次發掘）之 M35 及 M36。M35 與 M36 之鬲皆有蓋，此與上述時期之鬲迥然有異。M35 之鬲，蓋頂有環鈕；M36 之鬲，蓋頂有臥鳥鈕（圖 31）。至於 M36 之鬲形制似鼎，通體扁圓，雙耳爲獸面銜環，三短蹄足。據現有晉系銅鬲出土資料之記錄，其年代屬於戰國時期有四事：一爲西元 1954 年冬至西元 1955 年春夏，山西省長治分水嶺（第一次發掘），其出土之銅鬲已殘破，約略可知口平侈、足爲上空而下實之蹄形，至於爲戰國早、中、晚期則難以立斷；二爲西元 1958 年山西省萬榮縣榮河鎮西南十五里廟前村，其出土之銅鬲已殘破，約略可知口平侈、足作馬蹄形，此鬲與西元 1987 年山西省太原市金勝村 M251 出土之銅鬲近似，故此鬲之年代可爲春秋晚期或戰國早期；三爲西元 1959 年十月至西元 1961 年年底山西省長治市分水嶺（第二次發掘）M25 所出土之Ⅰ式鬲（圖 32），其形制口爲寬沿外折、無蓋耳、圓腹平襠、三蹄足，此鬲與戰國早期之晉系銅鬲相較極爲近似，故此鬲蓋可歸屬於戰國早期；四爲西元 1965 年山西省長治市分水嶺（第三次發掘）M126 所出土之鬲（圖 33），其形制口爲平口寬沿外折、頸微斂、無蓋耳、圓腹分襠、三蹄足、足上有三扉稜，此鬲與春秋晚期之晉系銅鬲相較極爲近似，故此鬲宜爲春秋晚期，或遲至戰國早期。

圖 30　河南輝縣琉璃閣甲墓 II 式鬲　　圖 31　山西長治分水嶺 M36

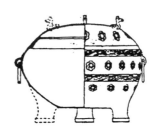

圖 32　山西長治市 M25 I 式　　　　圖 33　山西長治市 M126

（三）甗──《說文解字》：「甗，甑也，一曰穿也。」，「甑，甗也。」，許慎以甗甑為互訓。甗為上甑下鬲之間有箄，箄上有十字形孔或直線孔，以通蒸氣，故甗為炊蒸器，即似今日之蒸鍋。銅甗在商代早期已有鑄造，西周時期普遍流行，尤其在西周晚期與春秋早期，甗與鼎簋豆壺盤匜為殉葬禮器，此足以顯示在當時頗受重視。晉系之銅甗依現存所知，可分為西周、春秋、戰國三期。

西周早期之晉系銅甗，現知有一事，即西元 1961 年河南省鶴壁市東南郊龐村所出土〈饕餮紋甗〉（0940 號，圖 34），其形制：敞口，耳直立于口沿，甑鬲上下連鑄（即聯體甗），內有圓箄，下端為三蹄足。西周中期之晉系銅甗，現知有二事：一為清宮舊藏之〈虢伯甗〉（圖 35），其形制敞口平沿，兩耳立於口沿上，甑鬲上下連鑄，鬲腹鼓圓弧襠，下有三蹄足，此與上述西周早期之銅甗極為近似。二為西元 1994 年山西省曲沃縣曲村鎮北趙村西南（第五次發掘）之 M33 出土之銅鬲，因嚴重破損多殘缺不全，是以形制不明。西周晚期之晉系銅甗，現所知有二事，一為西元 1990 年河南省陝縣上村嶺 M2001，二為西元 1993 年九月至西元 1994 年元月山西省曲沃縣曲村鎮北趙村西南（第四次發掘）M64，兩地所出土之銅甗未有明確資料之記載，是以其形制不明。

西元 1956 年、西元 1957 年河南省陝縣上村嶺發掘虢國墓葬群，有一些銅甗
出土，由於無銘文，故其年代僅能從形制推斷，約爲西周晚期至東周早期。
有關虢國銅甗之形制如下：

圖 34　鶴壁龐村 0940 號甗　　　　　圖 35　虢伯甗

墓號	型號	甑			鬲		數量	備註
		口	耳	腹	腹	足		
M1052	I 式甗	敞口	兩耳立於腹側	方腹	方腹	鬲平底不分襠無空足	1	上下分體方甗
M1777	III式甗	同上	同上	同上	同上	四蹄足	1	上下合體方甗
M1810	I 式甗	同上	兩耳立於口沿上	同上	同上	鬲平底不分襠無空足	1	上下合體方甗
M1820	II式甗	同上	同上	同上	同上	鬲略有分襠，有淺空足	1	上下分體方甗

　　依此所示，虢國之銅甗均爲方甗，甑鬲有合體、分體，M1052、M1820 之
鬲爲分體（圖 36、37），M1777、M1810 之鬲爲合體，而分體之甑在鬲部有兩
耳，此與合體之甗有所不同。虢國方甗之形制固然有異於西周早期、中期之圓
甗，亦可意謂在西周晚期或春秋早期銅甗形制趨向於多重之變化（圖 38、39）。

圖 36　M1052 I 式甗　　　　　圖 37　M1820 II 式甗

圖 38　M1777 Ⅲ 式鬲　　　　圖 39　M1810 Ⅰ 式鬲

　　春秋時期晉系銅鬲，依其所屬之時代，可分為二階段。春秋早期銅鬲，
除上述虢國墓葬群外，現知有二事：一為西元 1953 年河南省郟縣城西太僕鄉
之〈兩頭獸紋方鬲〉（圖 40），其形制甗部為敞口、雙耳立於口沿上、腹方形
平底；鬲部為直口、雙耳立於沿上，腹方形微外凸、四蹄足、弧襠近於平，
此甗為甗鬲分體。二為西元 1994 年山西省曲沃縣曲村鎮北趙村西南（第五次
發掘）M93 之甗（圖 41），其形制甗部為敞口、雙耳立於腹側，腹圓平底；鬲
部為袋形腹、箅隔處有三枚尖凸釘用以承箅、圓柱足、分襠，此甗為甗鬲合
體。兩處銅甗之形制各有所異，然與虢國墓葬群之銅甗相比，無不反映出春
秋早期晉系銅甗之特徵。春秋晚期晉系銅甗現知有四事：

圖 40　兩頭獸紋式甗　　　　圖 41　M93 之甗

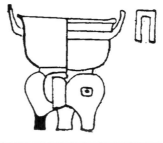

出土年代	出土地點	墓號	甗鬲	口	蓋	耳	腹	足	數量	國屬	備註
1961年	山西侯馬上馬村斷崖	M3	甗	大口，唇外卷			腹深，甗底箅孔為長修形		1	晉國	此甗為甗鬲合體。
			鬲	有唇套入甗底			鼓腹，平襠，圓肩上有三環	足較高			

年代	出處	編號	器類	口	耳	腹	足	數量	國別	備註
1964年	山西原平崞村東南趙家塢		甗	窄沿束頸	附耳	下腹內收，箅與器腹合鑄而成，箅作長條輻狀孔	圈足	1	晉國	此甗為甗鬲分體。
			鬲	束口直沿		圓腹，平襠，肩部有二銜環鈕	空足			
1972年	山西省長治分水嶺（第四次發掘）	M269	甗	大平口沿外折	附耳	底有長條箅孔，圈底套於鬲口		1	韓國大夫	此甗為甗鬲合體。
			鬲	平口斂頸	腹肩有雙環耳對稱	圓腹	三蹄足			
1977年	山西省長子縣牛家坡	M7	甗	平折沿	有一對鋪器銜環	斂腹似盆，平底微內凹，底部有箅孔	圈足	1	晉國	此甗為甗鬲分體。
			鬲	小口直領	有鋪獸銜環	寬腹	三蹄足			

依此所示，以甗部而言，口為大口，耳有附耳（圖 42、43）或鋪獸銜環（圖 44），腹有盆腹或深腹，下有圈足；以鬲部而言，口有束口、小口、平口，耳有雙環耳，腹為圓腹或寬腹，襠有平襠（圖 45）或弧襠，足為三空足或三蹄足。此形制與春秋早期最大不同之處，在於甗部或鬲部有對稱銜環。

圖 42　山西原平崞峪村之甗　　圖 43　山西長治分水嶺 M269

圖 44　山西長子縣牛家坡 M7　　圖 45　山西侯馬上馬村 M13

戰國時期晉系銅甗依其所屬之時代，可分爲兩期。戰國早期之銅甗，現知有三事：

出土年代	出土地點	墓號	甑鬲	口	蓋	耳	腹	足	數量	國屬	備註
1954～1955年	河南省洛陽中州路西工段（第四期）	M2717 II式甗	甑	大口，唇外折			底爲透孔之甑箄，腹兩側有銜鐶鋪首	腹底收縮成圈足	1	東周	此甗爲甑鬲分體。
			鬲	小口，直唇可以套入甑底			圓肩凸腹肩上兩鈕各啣一鐶	有三個分襠矮足			
1962年	山西芮城縣嶺底鄉坛道村	M2	甑	平沿束頸		兩耳外侈附于沿下	底有長條形孔	圈足與鬲口相套	1	魏國	此甗原已殘碎，今已復原。
			鬲	斂口束頸		肩有雙耳雙環，耳下起稜一周	弧襠	三柱狀實足			
1983年	山西省潞城縣潞河村大斷溝	M7	甑	小口，爲盆形甑					1	韓國下大夫	此甗已銹蝕殘破。
			鬲			肩部有一對鋪首銜環	寬肩	三蹄足			

依此所示，以甑部而言，口爲大口，耳有附耳立于沿下（圖46），腹爲圓腹平底，腹兩側有銜環鋪首（圖47），下有圈足與鬲口相套；以鬲部而言，口有小口、斂口，肩有雙環，腹爲圓腹弧襠，足有三矮蹄足或三柱形足。此形制皆承襲春秋晚期而來。戰國中期晉系銅甗現知有兩事：一爲西元 1957 年河南省陝縣后川 M2040 所出土之銅甗（圖 48），其形制：甑部敞口、雙耳立於沿下，鼓腹；鬲部口與甑底相合，肩有雙環，袋形足甚矮若平底。二爲西元 1959 年河北邯鄲百家村 M57 所出土之甗（圖 49），其形制：甑部口爲敞口，雙耳立於沿下，鼓腹向下微凹，圈足與鬲口相扣合；鬲部小口，肩部各有一對環形鈕，圓腹，下有三矮足，足端平。此形制與春秋晚期、戰國中期之銅甗相似。由此可見晉系銅甗形制之演變，由圓甗而方甗，由方甗而圓甗，其脈絡是歷歷可指。

圖46　山西芮城縣 M2　　圖47　河南洛陽中州路 M2717 II 式甗

圖48　陝縣后川 M2040　　圖49　河北邯鄲百家村 M57

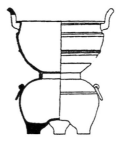

（四）簋——《詩·小雅·伐木》：「陳饋八簋。」，《周禮·地官·舍人》：「祭祀共簠簋。」，鄭玄注：「方曰簠，圓曰簋，盛黍稷稻粱器。」，許慎《說文解字》五篇上：「簋，黍稷方器也。」，黃紹箕〈說𣪘〉〔註 19〕一文指出𣪘即「簋」字，且證明簋為圓形器，簠為方形器，由此可知鄭玄之說為是，許慎之說為誤。商代早期已有銅簋，為數較少，西周時期銅簋配合鼎作禮器組合，不僅數量增多，且樣式多變化，戰國時期簋已不再是禮器之列，故量大為遞減。有關晉系銅簋形制分為西周、春秋、戰國三時期敘述。

　　西周時期晉系之銅簋，依其所屬之時代可分為三階段。西周早期出土之銅簋現知有二事：一為西元 1961 年河南省鶴壁市東南郊龐村南邊之〈伯作簋〉（圖 50）、〈雲雷紋簋〉（圖 51），兩簋器形相同，侈口，無蓋，頸部前後兩面各飾一獸面，兩耳為虵形，高圈足；二為西元 1992 年至西元 1993 年山西省曲沃縣曲村鎮北趙村西南（第二次發掘）之 M13 墓有四件銅簋，因未有器形資料之記錄，是以形制不得而知。西周中期晉系銅簋現知有二事：一為西元 1994 年山西省曲沃縣曲村鎮北趙村西南（第五次發掘）M33 之銅簋，因破損嚴重，多殘缺不全，是以其形制不明；二為相傳陝西鳳翔出土之〈城虢仲𣪘〉

〔註 19〕收入清王懿榮輯《翠墨圓語》一卷，《古學彙刊》第一集金石類。

（圖 52），其形制：侈口，失蓋，雙耳立於腹側，圓腹圈足，圈足下有三足基座。西周晚期晉系銅簋出土量增加，現知有八事：

圖 50　伯作簋　　　　圖 51　雲雷紋簋　　　　圖 52　城虢仲𣪘

出土年代	出土地點	墓號或器名	通高	口徑	口	蓋	耳	腹	足	數量	國屬	備註
1990年	河南省陝縣上村嶺	M2001			斂口	有蓋	雙獸耳	圓腹	圈足下有三小獸足	8	虢國	
1992～1993年	山西省曲沃縣曲村鎮北趙村西南（第二次發掘）	M8（晉侯斷簋）	38.4米厘	24.8米厘	敞口束頸	蓋如覆入盤，上有圈狀捉手	身兩旁附獸首垂珥鋬	鼓腹圓底	圈足，足下連方座圈部有一環為懸鈴之用	2	晉國	
1993年	同上（第三次發掘）	M31	26米厘	15.8米厘	斂口	覆碗形蓋，花瓣形捉手	獸首垂珥形耳	同上	圈足下有三獸首形足	2	晉獻侯夫人	
1993～1994年	同上（第四次發掘）	M64（𤳯休簋）	37.2米厘	24.5米厘	敞口	蓋圓鼓上有喇叭形捉手	頸部有對稱之附耳，及柱形飾底近平	鼓腹	圈足較矮，下接方座，方座每面有 5 至 6 個長方形孔	4	晉侯邦父（晉穆侯）	
		M62	20.6米厘	18.4米厘	斂口	蓋作球面形頂有喇叭形捉手	腹兩側有雙獸首耳	同上	喇叭形圈足，下接三個獸首銜足	4	晉穆侯正夫人	
		M63					（形制未有記載）			2	晉侯邦父次夫人	
1994年	山西省曲沃縣曲村鎮北趙村西南（第五次發掘）	M91					（形制未有記載）			5	晉侯喜父（晉靖侯）	

	鄭義伯	14 米			失蓋	兩耳作	圈足旁	1	鄭國	現藏於
	簋	厘				獸首形	有四獸			台北故
							首下垂			宮博物
							爲四足			院。
陝西省鳳	虢季氏	9.4 米	24.3			兩耳	三圈足	3	虢國	現藏於
翔縣	子簋蓋	厘	米厘							上海博
										物館。
	鄭虢仲					兩耳作	三足	3	虢國	一器藏
	簋					獸首形				於日本
										東京書
										道博物
										館；一
										器藏於
										上海博
										物館。

依此所示，蓋可知西周晚期晉系銅簋之形制：口有斂口、敞口，有蓋，蓋上有圈狀、花瓣形、喇叭形等不同形狀之捉手，此與西周早期、中期之晉系銅簋有所不同，雙耳爲獸首，腹有圓腹、鼓腹，圈足下有方座（圖 53）、三獸足（圖 54）或四獸足。由此可知西周晚期晉系銅簋之形制，不僅奇特且樣式極盡巧思。西元 1956 年、西元 1957 年河南省陝縣上村嶺發掘虢國墓葬群有不少銅簋，由於無銘文，是以其時代僅能依形制結構推斷，大約爲西周晚期至東周早期。有關虢國銅簋之形制如下：

圖 53　山西曲沃曲村鎮 M8 之晉侯斷簋

圖 54　山西曲沃曲村鎮 M31 之簋

墓號	型號	口	蓋	耳	腹	足	數量
M1052	ⅠB簋	小口	有蓋	雙耳立於中	圓腹	三足	1
M1602	ⅠA簋		同上	雙耳			4

M1640	II式簋		有蓋，蓋與器身鑄成一體	雙耳			2
M1689	II式簋	小口	同上	雙耳立於腹側上	圓腹	三足	5
M1705	I B簋	小口	有蓋	雙耳立於腹側上	圓腹	三足	4
M1706	I A簋	同上	同上	同上	同上	同上	4
M1810	I A簋	同上	有蓋，蓋近器口處稍鼓	同上	寬腹	同上	4
M1820	I B簋	同上	有蓋	同上	寬腹微凸	同上	4

由此所示，虢國墓葬群之銅簋，其形制皆爲近似（圖 55、56、57、58、59、60），此與西周早期、中期之晉系銅簋有所異，而與西周晚期之晉系銅簋有相類似，由此可見小口圓腹雙耳三足之銅簋，在西周晚期相當盛行，且流傳至春秋早期。

圖 55　M1052 I B簋　　　　圖 56　M1689 II式簋

圖 57　M1705 I B簋　　　　圖 58　M1706 I A簋

圖 59　M1810 I A 簋　　　　　　　圖 60　M1820 I B 簋

　　春秋時期晉系銅簋，依其所屬之時代可分爲三階段。春秋早期銅簋現知有三事：

出土年代	出土地點	墓號或器名	通高	口徑	口	蓋	耳	腹	足	數量	國屬	備註
1954～1955年	河南省洛陽中州路西工段（第一期）	M2415 I 式簋	16 米厘		斂口，唇外折	蓋作覆盤形，蓋頂有中心凹入周緣外折之圓鈕	腹兩側有獸形環耳	深腹		1	東周	
1962年	山西芮城縣嶺底鄉坛道村	M1 I 式簋	18.6 米厘	18 米厘			圓形獸耳	鼓腹	圈足下有三細小直柱足	4	晉國	
		M1 II 式簋	9.3 米厘			蓋腹無分界線	腹兩側有耳	鼓腹	下有圈足	1		
1994年	山西省曲沃縣曲村鎮北趙村西南（第五次發掘）	M93 I 式簋	24.8 米厘	20.8 米厘	斂口	鉢形蓋上有圈足式捉手	腹兩側有一對獸首環形	淺腹平底	矮圈足，圈足上有三個突起之獸首，下接三獸蹄形足	6	殤叔	
		M93 II 式簋	9.6 米厘			蓋身一體		鼓腹平底	圈足上附三小足	1		
		M102	21.2 米厘	17.6 米厘	斂口	蓋呈淺覆鉢形圈足式捉手	腹兩側爲一對獸首環形耳	圓鼓腹平底	矮圈足，上有三個突起之獸首，下銜接三獸蹄形足	5	殤叔夫人	

　　依此所示，春秋早期晉系銅簋之形制，大致相類似（圖 61、62、63、64），口多爲斂口，有蓋，蓋形作覆盤形或覆鉢形，上有圈足式捉手，便於倒置盛物用，腹側有雙耳，多作獸形環，腹有淺腹、深腹、鼓腹，底有圈足，下有三直柱足或獸蹄形足。此形制與上述虢國墓葬群之銅簋相近似，如山西芮城縣嶺底鄉坛道村 M1 I 式簋與虢國墓地之 M1706、M1810 IA 簋相近，即使

是《澂秋》頁 16 所著錄虞國之〈吳彪父段〉（圖 65）亦是極爲相似。由此可知晉系銅簋在春秋早期雖國別不同，然其形制皆有其共同之特徵。

春秋中期晉系銅簋，現知有二事：一爲西元 1954 年秋至西元 1955 年春河南省洛陽中州路西工段（第二期）M1 II 式簋、M4 III 式簋、M6 I 式簋（圖 66）、M216 II 式簋；M1 II 簋之形制與同地 M2415 I 式簋相似，所不同者 M1 II 式簋蓋上有三環鈕，蓋緣下有三小垂柱；M4 III 式簋與 M1 II 式簋相似，所不同者蓋緣下無垂柱；M6 I 式簋與 M1 II 式簋相似，所不同者蓋鈕有八條豎立之蛇首，共啣一圓環鈕；M216 II 式簋與 M1 II 式簋相同。二爲西元 1981 年河南省靈寶縣揀選一件〈伯嘉父簋〉（圖 67），其形制爲斂口，口爲子母口；有蓋，上有圓形抓手；腹側有二獸首耳，耳下有近方形珥；腹爲鼓腹，圈足下有三小方短足。

春秋晚期晉系銅簋現知有一事，即爲西元 1961 年山西侯馬上馬村斷崖 M5、M11、M13 之簋。M15 與 M11 之簋相同（圖 68），其形制：斂口、豆形蓋，上有短捉手，蓋之邊沿作三小齒合于口沿上，腹側有雙環耳，鼓腹圓底。M13 之簋形制（圖 69）：唇短略外捲，蓋作三環鈕，雙環耳立於腹側，鼓腹扁圓圜底，足短小作獸蹄形，此簋與上述春秋早期、中期晉系銅簋有所差異，與春秋中期以後之敦相近似。

圖 61　山西芮城 M1 I 式簋　　圖 62　山西曲沃北趙村 M93 I 式簋

圖 63　山西曲沃北趙村 M93 II 式簋　圖 64　山西曲沃北趙村 M102簋

圖 65　吳彣父簋

圖 66　河南洛陽中州路 M6 I 式簋

圖 67　伯嘉父簋

圖 68　山西侯馬上馬村 M5 之簋

圖 69　山西侯馬上馬村 M13 之簋

　　戰國時期晉系銅簋，依其所屬之時代，可分為二階段。戰國早期銅簋現知有一事，即為西元 1959 年十月至西元 1961 年年底，山西省長治市北城牆外的分水嶺（第二次發掘）M26 I 式簋、II 式簋，I 式簋（圖 70）形制：敞口，無蓋，腹側有雙環耳對稱，圓腹圓底圈足，下有方座，座四面鏤孔，II 式簋因殘破，略知與 I 式簋近似，僅是無座。戰國中期晉系銅簋現知僅一事，即西元 1957 年河南省陝縣后川 M2040 之簋，其形制：底蓋形狀相同，近口處

兩側均有一環耳，下爲圈足非三短足。目前在出土之銅簋中有三事，難以判斷早、中、晚三期，均統歸爲戰國時期。一爲西元 1954 年多至西元 1955 年春夏山西省長治分水嶺（第一次發掘）之 M11 之簋與 M12 I 式簋、II 式簋；M11 之簋形制腹兩側有小鈕、底小、圈足；M12 之 I 式簋（圖 71）形制，口稍侈，腹側有對稱環耳，腹淺如鼓，圈足，下有方座，每面鏤方孔五個，此簋若與同地 M26 I 式簋相較，其形制極爲類似，故此簋宜屬戰國早期；M12之 II 式簋（圖 72）形制，敞口折沿，橫側圓鏊對稱，深腹，圈足，此形制與同地 M26 I 式簋相較，器身極爲近似，皆爲低矮淺腹，僅此簋少一方座，蓋此簋原有方座與器身相連，出土後方座分離未見，若爲如此，則此簋宜爲戰國早期。二爲西元 1958 年山西省萬榮縣榮河鎮廟前村有二件之簋，因殘破過甚無以推斷眞確年代。三爲西元 1987 年北京市文物工作隊揀選之〈宜陽右倉簋〉（圖 73），其形制：子母口、蓋已失、器腹兩側有對稱之鏊狀耳、圓鼓腹、腹中部有一周凸稜、喇叭形矮圈足，此形制與晉系各期銅簋相比，較爲特殊，器腹與一般簋之形制相似，然其足與豆近似，此或爲戰國中期韓國融合簋豆之形制而自鑄之器也。

圖 70　山西長治分水嶺 M26 I
　　　式簋

圖 71　山西長治分水嶺 M12 I
　　　式簋

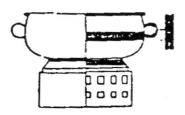

圖 72　山西長治分水嶺 M12 II
　　　式簋

圖 73　宜陽右倉簋

（五）盨——《說文解字》五篇上：「盨，㯱盨，負載器也，从皿須聲。」，段玉裁《說文解字注》：「負載器者，謂藉以負載物之器。」，宋代金石學家以盨

為簋，以簋為敦，造成「盨、簋、敦」形制混淆，經錢站、黃紹箕、容庚之辨證，始將「盨、簋、敦」有所區分。盨之基本形制，體為圓角長方形、斂口、鼓腹、雙耳、圈足、有蓋可仰置盛物，蓋頂有四矩尺形紐或有圈足形提手。盨目前所知最早出現於西周中期，流行於西周後期，春秋早期已逐漸消失，是以晉系銅盨出土量甚少，所知僅有西周中期、晚期及春秋早期三期而已。

西周早、中期之際之晉系銅盨現知有一事，即西元 1992 年至西元 1993 年山西省曲沃縣曲村鎮北趙村西南（第二次發掘）M13 之盨，由於出土資料未有詳細記載，是以其形制不得而知。西周晚期晉系銅盨現知有四事。一為西元 1990 年河南省陝縣上村嶺 M2001 之四件盨，由於出土未有資料記錄，僅知其形制與〈叔尃父盨〉同。〔註20〕二為西元 1992 年山西省曲沃翼城兩縣境內天馬曲村遺址（第一次發掘）M1 與 M2，M1 原出土之〈晉侯靮盨〉僅是蓋頂之殘片，在同年春天上海博物館收歸流失在外之〈晉侯靮盨〉有四器，其實現知〈晉侯靮盨〉有兩組六器，M1 出土一組二器是橢圓盨（圖 74），上海博物館僅收歸一器，其形制：蓋頂有四環形鈕，兩側有附耳，橢圓形腹，下有四足，四足很特殊，為側面裸體蹲式人像，長臂上舉伸出五指與頭頂緊托盨底，此人雙目突出，眼眶很大，兩個大耳有穿耳環痕，大鼻下有鬍子，闊嘴，足有平底翹頭靴，兩足並立；M2 出土一組四器，是長方形盨，上海博物館收歸三器，其形制：蓋頂有四鈕可倒置，兩側各有一獸耳。三為西元 1994 年山西省曲沃縣曲村鎮北趙村（第五次發掘）之 M92 二件盨，由於出土時未有詳細記錄，是以無法得知其形制。四為中國社會科學院考古研究所現藏之〈虢仲盨〉，僅存一蓋（圖 75），蓋為橢方體，蓋頂四角有矩形鈕，可以倒置，此與〈晉侯靮盨〉之蓋頂有異。春秋時期晉系銅盨現知僅一事。相傳陝西西安出土之〈甫人盨〉（圖 76），蓋為橢方體，上有四個矩形鈕，器為為橢方體，斂口，鼓腹，腹側有兩耳作獸首形，圈足，下有缺口，此器之蓋與〈虢仲盨〉近似，雖〈虢仲盨〉無器身與〈甫人盨〉相比，然由蓋之形制，可知兩器年代宜為接近，故〈甫人盨〉之年代最遲至春秋早期。

〔註20〕1964 年十月陝西省長安縣張家坡出土九件銅器，其中〈叔尃父盨〉有四件，其形制為有蓋，兩耳作獸首形，圈足下四小足，此盨之時代約在西周晚期。有關〈叔尃父盨〉詳見趙永福〈陝西長安張家坡西周墓清理簡報〉，其文刊於《考古》1965 年第 9 期。

圖 74　山西曲沃天馬曲村 M1 之〈晉　圖 75　虢仲盨蓋
　　　　　侯鄇盨〉

圖 76　甫人盨

　　（六）簠——簠方簋圓之辨已見上述之簋，簠基本形制爲大口、長方形斗器，器蓋同形，可相扣合。簠之出現於西周早期，西周晚期至春秋早期極爲盛行，戰國晚期以後消失。有關晉系銅簠形制分爲西周、春秋、戰國三時期敘述。

　　西周中晚期之晉系銅簠，現知僅有一事。西元 1956 年青島市孫惠之先生將原爲山東省濰縣陳簠齋所藏〈虢叔簠〉（圖 77），捐贈給青島市文物管理委員會，此器之形制：侈口，無蓋無耳，腹部上寬下窄呈倒置梯形狀，圈足呈曲尺形。西周晚期晉系銅簠現知有二事。一爲西元 1957 年河南省陝縣上村嶺 M1820 之簠（圖 78），大小不詳，其形制：蓋與器形狀相同，爲長方體，敞口，腹兩側有獸首耳，腹壁斜直，矩形圈足，四邊正中有缺口。二爲西元 1993 年九月至西元 1994 年元月山西省曲沃縣曲村鎮北趙村西南（第四次發掘）M64 之簠，於出土未有記錄，故不得知其形制。

圖 77 虢叔簠

圖 78 河南陝縣上村嶺 M1820 之簠

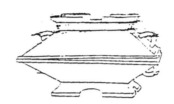

　　春秋時期晉系銅簠，依其所屬之時代可分為三階段。春秋早期晉系銅簠現知有二事。一為西元 1953 年河南省郟縣城西太僕鄉出土四件簠（圖 79），此形制：蓋與器形狀相同為長方體，此器與上村嶺 M1820 之簠相似。二為傳世之〈召叔山父簠〉（圖 80）原為清內府所藏，今台北故宮博物院收藏一器，此二器皆已失蓋，其器之形制：器為長方體，敞口，兩耳作獸耳形，四圈足，中間有四個缺口，此器之形制與河南省郟縣城西太僕鄉出土之簠相似。春秋中期晉系銅簠現知僅一事，即西元 1954 年秋至西元 1955 年春河南省洛陽中州路西工段（第二期）M4 之簠（圖 81），其形制：口作規則矩形，唇外折作平緣，腹部垂直一段，然後斜向腹底收縮，在腹側各有獸首形耳，底部有矩形圈足，在圈足四邊各有一段缺口，此器與上村嶺 M1820 之簠相異處，在於腹壁，M1820 之簠腹壁傾斜至邊沿，M4 之簠腹壁傾斜一段，後轉成垂直於邊沿。春秋晚期晉系銅簠現知有五事：

圖 79 河南郟縣太僕鄉之簠

圖 80 召叔山父簠

圖 81　河南洛陽中州路 M4 之簠

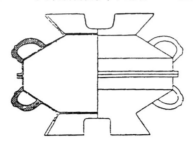

出土年代	出土地點	墓號或器名	通高	長	寬	口	蓋	耳	腹	足	數量	國屬	備註
1959~1964年		長子鰍臣簠	19.3米厘				蓋與器身形狀相同	獸耳	淺腹	矩形圈足，中間各有一缺口	1	晉國	現藏於上海博物館。
1961年	山西省侯馬上馬村斷崖	M13	20米厘	30米厘	25.5米厘	口作長方形，無唇	長方形，器蓋與器身相扣合	兩端有環耳對稱	淺腹	矩形圈足，圈足四邊各有一段缺口，兩短邊之腹部下端有環	2	晉國	
1972年	山西省長治分水嶺（第四次發掘）	M269	20米厘	29.2米厘	22.5米厘	口沿平齊	長方形，由相同之器蓋器身扣合而成	兩端雙獸耳對稱		底有四個缺口	2	韓國大夫	
		M270	19米厘	17.8米厘	21.5米厘		長方形，蓋底相同	兩端腹部有環耳對稱	淺腹	矩形圈足，圈足四邊各有一段缺口	2		
1977年	山西省長子縣牛家坡	M7	13.6米厘	23.8米厘			蓋與器身形狀相同	兩端有一對環形耳	直腹平底	四角焊接有矩形足	4	晉國	
1987年	山西省太原市金勝村	M251					蓋與器身形狀相同	兩端有一對環形耳	淺腹	矩形圈足，四邊中間各有缺口	4	晉國	

依此所示，春秋晚期晉系銅簠在量而言，較上述諸期之簠為多，可見此時在

禮器必常用簠；在形制而言，皆爲長方體，器蓋與器身相合，所不同者腹有淺腹與直腹（圖82）、腹側之耳有環形或獸形（圖83）。

圖82　山西長子縣牛家坡之簠　　　圖83　山西長治 M270 之簠

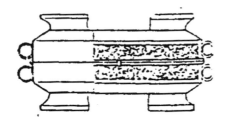
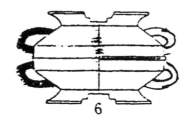

　　戰國時期晉系之銅簠，依其所屬之時代，可分爲二階段。戰國早期晉系銅簠現知有二事。一爲西元 1959 年十月至西元 1961 年年底山西省長治市分水嶺（第二次發掘）M26 之簠（圖84），其形制：敞口、平沿唇外折、器蓋與器身相扣合、淺腹長方形、腹側兩端有獸面雙環耳、底窄、下有四圈足，四邊中間各有缺口。二爲西元 1983 年山西省潞城縣潞河村大斷溝西邊 M7 之簠（圖85），其形制：器蓋與器身相扣合、扁長方體、敞口、淺腹、腹壁垂直向內傾斜、底平、下有四曲尺形足，中間有缺口，此器與山西省長治市分水嶺 M26 之簠相較，M26 之簠器身高於 M7 之簠。戰國中期晉系銅簠現知僅有一事，即西元 1957 年河南省陝縣后川 M2040 之二件簠，由於出土時未有記錄，是以不得其形制。現有晉系銅簠出土資料之記錄，其年代屬於戰國時期僅有一事，即西元 1954 年冬至西元 1955 年春夏山西省長治分水嶺（第一次發掘）M12 之簠，其形制：器蓋與器身相扣合是長方體、腹側有雙環耳、腹部下折、底小、四足外侈。此器與同地 M26 之簠相近，故此器宜屬於戰國早期。

圖84　山西長治分水嶺 M26 之簠　　　圖85　山西省潞城縣 M7 之簠

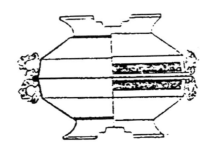

（七）敦——《禮·內則》：「敦牟卮匜。」，鄭玄注：「敦、牟，黍稷器也。」，《爾雅·釋丘》邢昺疏引《孝經緯》：「敦與簠簋容受雖同，上下內外皆圓爲異。」，此說明敦體爲圓形，有別於簠簋，然宋代學者卻以簋爲敦，以敦爲鼎，造成簋敦混淆，清代學者錢坫始將簋敦作明確劃分。敦出現於春秋中期，盛行於春秋晚期至戰國晚期，秦代以後消失。晉系銅敦之形制分爲春秋、戰國二時期論述。春秋時期晉系銅敦依其所屬之時代僅有一階段，即春秋晚期，現知有三事：一爲西元 1972 年山西省長治分水嶺（第四次發掘）M269、M270 之敦，M269 之敦（圖 86），其形制：口微斂、沿外折、弇口，蓋頂三環鈕，腹部有雙環耳對稱，圓腹圓底，三短蹄足，M270 之敦與此近似。二爲西元 1973 年山西省長子縣羊圈溝 M1 之敦（圖 87），其形制：子母口，蓋已失，腹側有雙環耳，圓腹圓底，馬蹄形矮足。三爲西元 1977 年山西省長子縣牛家坡 M7 之敦（圖 88），其形制與同縣羊圈溝 M1 之敦相同。

圖87　山西省長子縣羊圈溝 M1
　　　之敦

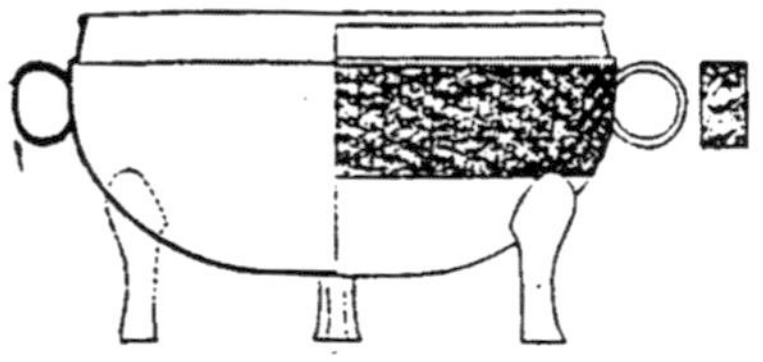

圖 88　山西省長子縣牛家坡
　　　　M7 之敦

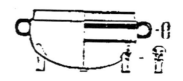

戰國時期晉系銅敦依其所屬之時代，可分爲兩期。戰國早期晉系銅敦現知僅有一事，西元 1959 年十月至西元 1961 年年底山西省長治市北城牆外分水嶺（第二次發掘）M26 之Ⅰ式敦（圖 89），其形制：蓋與器相合成卵圓形，蓋有圓捉手，蓋內飾有三花瓣形，蓋與器有雙環耳，器腹下有短圈足。戰國中期晉系銅敦現知僅有一事，西元 1959 年河北邯鄲百家村 M3 之敦（圖 90），其形制：同形之器與蓋相扣合而成，口微外侈，肩部左右各有一環形耳，肩部內收成一凹頸，鼓腹圓底，下有三短蹄足。依現有晉系銅敦出土資料之記錄，其年代屬於戰國時期有三事：一爲西元 1954 年冬至西元 1955 年春夏山西省長治分水嶺（第一次發掘）M11 與 M12 之敦。M11 之敦形制：蓋有喇叭形鈕、環耳、蹄足特小，依此器之特徵，或爲戰國中期之物；M12 之敦（圖 91）形制：器蓋同形相扣合，腹側各有兩素環，蓋器上下各有三鈕作

獸環，此器與〈齊陳侯午敦〉近似，故其時代蓋為戰國早期或中期。二為山西省長治分水嶺（第二次發掘）M25 之 II 式敦（圖 92），其形制：蓋器同形，腹較淺，皆有雙環耳，三短蹄足，此器與河北邯鄲百家村 M3 之敦近似，故朱鳳翰以此器為戰國中期（《古代中國青銅器》頁 85）。三為西元 1965 年山西省長治分水嶺（第三次發掘）M126 之敦（圖 93），其形制：器蓋同形合成橢圓形，足與蓋鈕皆三獸環，腹側以二素環為耳，此器與同地之 M12 之敦近似，故其時代宜同屬於戰國早期或中期之器。

圖 89　山西長治分水嶺 M26 之　圖 90　河北邯鄲百家村 M3 之
　　　I 式敦　　　　　　　　　　　　　敦

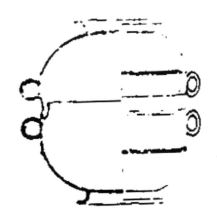 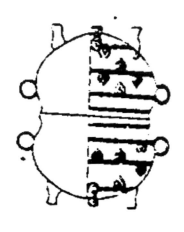

圖 91　山西長治分水嶺 M12 之　圖 92　山西省長治分水嶺 M25
　　　敦　　　　　　　　　　　　　　　之 II 式敦

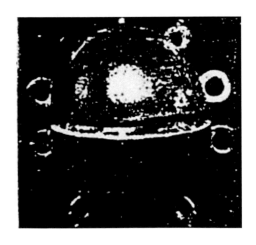 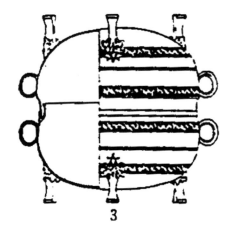

圖93　山西長治分水嶺 M126 之敦

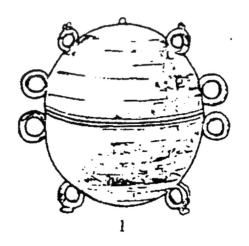

（八）豆——《周禮・天官・醢人》：「醢人掌四豆之實。」四豆即朝事之豆、饋食之豆、加豆、羞豆，依其盛裝之物多為肉醬、肉汁、醬菜之類。「豆」字早已見於甲骨文，然銅豆最早出現於商代晚期，蓋當時大多用陶豆或漆豆，現所知銅豆是通行於兩周，盛行於春秋晚期至戰國，且與鼎作禮器組合。銅豆基本形制有蓋、腹、柄、豆。有關晉系銅豆形制分為西周、春秋、戰國三時期論述。

西周時期晉系銅豆依其所屬之時代，現知僅有西周晚期，其出土之銅豆有四事。一為西元 1956 年河南省陝縣上村嶺 M1052 Ⅰ 式豆（圖 94），其形制：敞口、無蓋、粗柄、短腹、圈足侈大。二為西元 1957 年河南省陝縣上村嶺 M1704、M1706、M1720、M1810、M1820 之豆，M1704 之豆為獸形豆（圖 95），其形制：有一獸，雙耳直立，頸直首昂，軀體碩健，四短足，後有一小尾，在背上有一豆，其形為敞口短腹粗柄，盤與獸皆相連，此豆之造型栩栩如生極為別致，由此可知晉系銅豆在匠心獨運能鑄造頗具風格之器物，亦可顯示晉系青銅器之特徵。M1706、1720、M1810、M1820 之豆（圖 96、97、98），其形制一致，敞口，平沿外折，淺腹，高粗柄，柄束腰處有凸棱。三為西元 1990 年河南省陝縣上村嶺 M2001 之豆，所知其形制為平盤、鏤孔粗糙。四為西元 1994 年山西省曲沃縣曲村鎮北趙村西南（第五次發掘）M91 之豆，出土資料有記錄一件，然未有詳細敘述其形制，是以其器形不得而知。

圖 94　河南省陝縣上村嶺
　　　　M1052 I 式豆

圖 95　河南省陝縣上村嶺
　　　　M1704 之豆

圖 96　河南省陝縣上村嶺
　　　　M1720 之豆

圖 97　河南省陝縣上村嶺
　　　　M1810 之豆

圖 98　河南省陝縣上村嶺
　　　　M1820 之豆

　　春秋時期晉系銅豆依其所屬之時代，所知僅有春秋晚期，據出土資料有八事：

出土年代	出土地點	墓號或器名	通高	口徑	口	蓋	耳	腹	足	數量	國屬	備註
1954年秋～1955年春	河南省洛陽中州路西工段（第三期）	M115 I 式豆			斂口，直唇作子母口	覆鉢形蓋，蓋頂有中心凹入周緣外折之圓鈕	無耳	圓腹圓底	喇叭筒形之細高圈足	2	東周	
		M2729 I 式豆	21米厘	17.4米厘		與 M115 之 I 式豆相同				2		
1964年	山西原平縣峙峪村東南趙家壩		20米厘			蓋有三環鈕	雙環耳	深腹	矮足	1	晉國	
1966年	河南洛陽玻璃廠東南郊	M439（哀成叔豆）	24.5米厘	20米厘		蓋和豆盤有子母口緊相吻合		圓腹圓底	喇叭筒形之細高圈足	1	鄭國	此豆與 M2729 I 式相同。
1973年	山西省長子縣羊圈溝	M1	17米厘	16米厘	子母口	蓋作覆豆狀，圓捉手	兩環形耳	深盤	矮喇叭形圈足	1	晉國	此豆與渾源彝器中之蓋豆相似。
		M2 I 式豆	17米厘	16.4米厘	同上	同上	同上	同上	同上	3		
		M2 II 式豆	17.8米厘	15.4米厘		蓋捉手和豆座均成喇叭狀形	同上					
1975年	山西省渾源縣李峪村	M2	20米厘	16.3米厘			口兩側有兩環形耳			1	晉國	此豆與洛陽中州路 M2729 I 式豆之器身相似。
1977年	山西省長子縣牛家坡	M7 I 式豆	18.5米厘	16.5米厘	子母口	蓋作覆豆狀，圓捉手	兩環形耳	深盤	矮喇叭形圈足	5	晉國	
		M7 II 式豆	19.2米厘	14.85米厘		蓋上有環形紐			下有方座			
		M7 III 式豆	20米厘			高細腰柄			淺盤	喇叭形圈足			
1979	山西省	M11								2	晉	此為蓋

年	長子縣牛家坡										國	豆,然其器已殘碎。
1987年	山西省太原市金勝村	M251 I 式豆		15.5米厘	子口母口,內斂,小平沿	蓋如鉢形,上附喇叭形捉手	肩部有一對環形耳	圓腹圓底	喇叭形圈足	14	晉國	〔註21〕
		M251 II 式豆	17.6米厘	16.9米厘	斂口平沿束頸		肩部有四個對稱環形耳	圓腹下腹內收平底喇叭形柄	下有方座			此豆與長子縣牛家坡 M7 II 式豆相同。
		M251 III 式豆	20.2米厘	14.2米厘	平沿斜直壁較厚	高豆把,上粗下細		淺盤平底	喇叭形,圈足			

依此所示,春秋晚期晉系銅豆,不僅出土數量驟增,且形制多變化,如口多為斂口,作子母口(圖99),有頸則為束頸,蓋有覆鉢形、覆豆狀、環鈕形(圖100),肩部多有雙環耳,腹部為圓腹圓底,足有喇叭形細高圈足(圖101)或方座(圖102)。由上述諸形之豆與西周晚期晉系銅豆,在形制而言,已有很大之轉變,其外觀與「豆」字形體極為近似。

圖99　河南省洛陽中州路 M2729　　　圖100　山西原平縣峙峪村趙
　　　I 式豆　　　　　　　　　　　　　　　　　家壩之豆

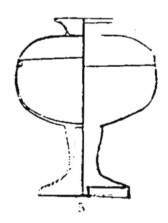 

〔註21〕此豆與 1965 年山西省長治市分水嶺 M126 之錯金豆一致,但此豆只在凹刻紋中填紅塗料,長治市分水嶺之豆是嵌金,由此顯示錯金工藝使用於豆上之過程。

圖 101　哀成叔豆

圖 102　山西省太原市金勝村
M251 II 式豆

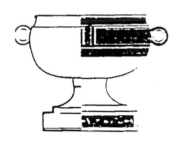

　　戰國時期晉系銅豆，依其所屬之時代可分爲二階段。戰國早期晉系銅豆
知有五事：

出土年代	出土地點	墓號或器名	通高	口徑	口	蓋	耳	腹	足	數量	國屬	備註
1935年	河南省輝縣琉璃閣甲乙兩墓	I式豆	13米厘	24.3米厘	口沿略向外侈內平			下爲圓	圈足中空盤爲圓形	1	魏國	
		II式豆	41.5米厘	35.3米厘		蓋上有一鏤空大柱式把鈕	口下外壁有兩耳對稱，耳向外侈曲	深腹	足爲空柱式，上細下粗呈喇叭狀	1		
1954年秋～1955年春	河南省洛陽中州路西工段（第四期）	M2717 II式豆	18.5米厘	18米厘	斂口直唇作子母口	覆鉢形蓋，蓋頂有中心凹入周緣外折之圓鈕	腹側有雙環耳	圓腹圓底	喇叭筒形細高圈足較矮	4	東周	此豆與同地M115 I式豆（春秋晚期）相似。
1959年10月～1961年年底	山西省長治市分水嶺（第二次發掘）	M26 II式豆	17米厘						喇叭形高足，淺盤	2	韓國	
1962年	山西芮城縣嶺底鄉坛道村	M2	19米厘			蓋爲圓盤形，上有圓形捉手子母口	腹側有雙環耳	圓底	圈足較矮	2	魏國	此蓋豆與屯留武家溝戰國墓所出之蓋豆形制相似。

1983年	山西省潞城縣潞河村大斷溝	M7 I 式豆	20.2米厘	14.2米厘	平沿，斜直壁			淺盤平底，腹側有豆把上粗下細	喇叭形，圈足	2	韓國	
		M7 II 式豆	17.7米厘	16米厘	斂口小平沿	蓋略呈球面形，上附喇叭狀捉手	肩部有一對環形耳	圓腹圓底	喇叭形，圈足	4		此豆與洛陽中州路M2717之II式豆近似。
		M7 III 式豆	15.2米厘	16.2米厘	平沿斂頸			圓腹下腹內收平底	喇叭形柄下接方形座	2		

由此所示，戰國早期晉系銅豆承襲春秋晚期繼續發展，不僅量多，且造型新穎，大致可歸納為三類：（一）為蓋有捉手、圓腹圓底、腹側有雙耳、喇叭形圈足（圖 103、104、105、106）；（二）為平沿、淺盤平底、喇叭形圈足（圖 107）；（三）為平沿、淺腹圓底、喇叭形圈足下有方座（圖 108）。戰國中期晉系銅豆現知有三事。一為西元 1957 年河南省陝縣后川 M2040 之豆，其形制為豆身短柄、蓋上有喇叭形鈕，此與同時代之洛陽中州路、長治分水嶺之豆極為近似。二為西元 1959 年河北邯鄲百家村 M57 之豆（圖 109），其形制：子母口，有蓋，蓋上有一圈足，圓腹圓底，腹側有雙耳，短柄深盤，喇叭形圈足。三為西元 1959 年十月至西元 1961 年年底山西省長治市分水嶺（第二次發掘）M53 I 式豆（圖 110），其形制：蓋作覆碗狀，上有圓捉手，深腹圓底，腹側有雙環耳對稱，喇叭式矮圈足。目前在銅豆出土之資料中，記載其年代為戰國時期有三事。一為西元 1954 年冬至西元 1955 年春夏山西省長治分水嶺（第一次發掘）M10 之豆（圖 111），其形制：蓋有喇叭形鈕，圓腹圓底，腹側有雙環耳，短柄，喇叭形圈足，此器與同地之戰國早期、中期之銅豆完全相同，故其時代宜屬於戰國早期或中期。二為西元 1959 年十月至西元 1961 年年底山西省長治分水嶺（第二次發掘）M25 I 式豆，其形制：蓋作覆碗狀，上有圓捉手，深腹，腹側有雙環耳，喇叭式矮圈足，此器與同地 M53 之 I 式豆相同，故其時代宜屬於戰國中期。三為西元 1965 年山西省長治市分水嶺（第三次發掘）M126 之豆（圖 112），其形制：口沿略外折，曲頸，蓋上捉手較大，倒置似盤，腹側有雙環耳，深腹圓底，短柄，圈足內側有四個穿孔，此器之形制與山西省太原市金勝村 M126 之豆（春秋晚期）相同，然此器通體錯金，故其時代宜在戰國早期或中期。

圖 103　河南省輝縣甲乙墓 II 式豆

圖 104　河南省洛陽中州路 M2717 II 式豆

圖 105　山西省芮城縣 M2 之豆

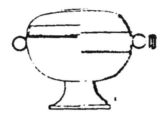

圖 106　山西省潞城縣 M7 II 式豆

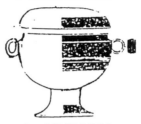

圖 107　山西省潞城縣 M7 I 式豆

圖 108　山西省潞城縣 M7 III 式豆

圖 109　河北邯鄲百家村 M57 之豆

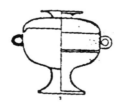

圖 110　山西省長治分水嶺 M53 I 式豆

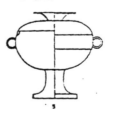

圖 111　山西省長治分水嶺 M10 之豆

圖 112　山西省長治市分水嶺 M126 之豆

　　（九）盂——盂之用途，依朱鳳翰《古代中國青銅器》所言有三項：水器、盛稀食器、盛飯器，因其主要功用在於盛水，故歸類在水器。馬承源《中國青銅器》以盂為盛放熟飯，作盛飯器，故歸類在飪食器。由於晉系銅盂甚少，故暫且歸類在飪食器。現知西周中期晉系銅盂有二事。一為西元 1994 年山西省曲沃縣曲村鎮北趙村西南（第五次發掘）M33 與 M91 之盂，M33 之盂因破損嚴重多殘缺不全，是以其形制不明，M91 之盂，因出土資料未有明確之記錄，是以不知其形制。二為山東省博物館所藏二件〈虢仲盂〉，今所見僅其銘文之拓本，未見器形之拓本，是以其形制不明。

　　（十）匕——《易經·震》：「不喪匕鬯。」，晉王弼注：「匕所以載鼎實也。」，《儀禮·士昏禮》：「匕俎從設。」，鄭玄注：「匕所以別出牲體也。」，《儀禮·少牢饋食禮》：「廩人概甑甗匕與敦于廩爨。」，鄭玄注：「匕，所以匕黍稷。」，由此可知匕之用途是挹取飯和牲肉，即今日之羹匙。匕之基本形制為體與柄，體即匕首，其形為橢圓形，柄有直柄和曲柄。有關晉系銅匕形制可分為春秋、戰國二時期敘述。春秋時期晉系銅匕，就其出土之資料，僅知春秋晚期一期。春秋晚期晉系銅匕現知僅有一事，即西元 1972 年山西省長治分水嶺（第四次發掘）M269 之匕，此匕在同墓四號鼎內，其形制：勺橢圓形，柄筒狀，中空，末端對穿。戰國時期晉系銅匕，依其所屬之時代，可分為二個時期。戰國早期晉系銅匕現知僅一事，即西元 1930 年相傳山西省渾源出土之〈魚鼎匕〉（圖 113），現藏於遼寧博物館，其形制：匕前端圓形，柄首殘斷，通體有錯金銘文正反共存三十六字。戰國中期晉系銅匕現知僅有一事，即西元 1959 年河北邯鄲百家村 M3 與 M10 之匕，M3 之匕（圖 114）形制：柄細長，匕首作橢圓形，M10 之匕（圖 115）形制：與 M3 之匕相同，僅柄首作鳥形。目前在桐匕出土之資料中，記載其年代為戰國時期有二事。一為西元 1959 年十月至西元 1961 年年底山西省長治市分水嶺（第二次發掘）M25 之匕（圖 116），其形制：長柄，匕部扁平橢圓，此匕與河北省邯鄲百家村 M3 之匕近似，故其時代宜為戰國中期。二為西元 1965 年山西省長治市分水嶺（第三次發掘）M126 之五件匕，較完整者僅一件，匕部扁平橢圓，依 M126 墓葬之器物推斷，此匕宜屬於戰國中期。

圖 113　魚鼎匕

圖 114　河北邯鄲百家村 M3 之匕

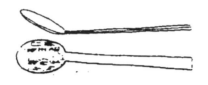

圖 115　河北邯鄲百家村
　　　　M6 之匕

圖 116　山西省長治市分水嶺 M25 之
　　　　匕

　　（十一）甑——前述之甗是上甑下鬲之組合器，在晉系青銅器有單獨之甑，如西元 1964 年山西省原平縣峙峪村東南趙家壖之甑（圖 117），其形制：窄沿敞口，無蓋，在口沿有雙耳，下腹內收，箅與器腹合鑄而成，箅作長條輻狀孔，圈足，此器是春秋晚期或戰國早期之物。西元 1954 年冬至西元 1955 年春夏山西省長治分水嶺（第一次發掘）M12 之甑，其形制：斂口，唇向外平側，唇下有雙鋪首啣環對稱，底小凸出，鏤長孔而成箅，依 M12 墓葬器物之推斷，此甑蓋為戰國早期或中期之器。

圖 117　山西省原平峙峪村之甑

二、酒　器

　　晉系酒器依用途而言，有溫酒、盛酒、飲酒、挹注及承尊，依名稱而言，有爵、斝、尊、方彝、卣、罍、缶、皿、壺、鈁、鍾、觶、鉶、勺、舟、罐、盃等，由於各器物之形制，在兩周時期有其不同之特徵與發展，是以在時代上可劃分為西周、春秋、戰國三時期，若年代確定則各階段再細分為早、中、

晚三期，如此遂能掌握整個晉系酒器形制之狀況。

　　（一）爵——「爵」字，甲骨文作「&#xFFFD;」（《殷虛書契後編》下7，7），此象爵之器型，是寫實之象形字。金文作「&#xFFFD;」（〈縣改簋〉），亦是象形，上為柱，中為流，下為腹與足，《說文解字》五篇下：「爵，禮器也，像雀之形，中有鬯酒。」，爵之形制，前有流，中為杯，後有尖銳狀尾，一側有鋬，下有三足，流與杯口之際有柱。銅爵最早出現於二里頭文化期，通行於西周時期，春秋以後逐漸減少。有關晉系銅爵形制可分為西周與春秋二時期論述。西周時期晉系銅爵，依其所屬之時代可分為二階段。西周早期出土之晉系銅爵有二事。一為西元1961年河南省鶴壁市東南郊龐村南邊之三件〈&#xFFFD;父爵〉（圖118），其形制：流部較寬大、尖尾上翹，流口有兩個菌狀柱，鋬作獸形，長腹圓底，下有三棱足。二為西元1968年陝西省鳳翔縣之〈虢爵〉，其形制：口上有柱與流，腹側有鋬，王光永以此器之紋飾與〈酉爵〉相較，是屬於西周初期之器。〔註22〕西周晚期晉系銅爵現知有四事。一為西元1990年河南省陝縣上村嶺M2001之爵，由於出土資料未有詳細記錄其形制，是以其器形不得而知。二為西元1992年至西元1993年西元前曲沃縣曲村鎮北趙村西南（第二次發掘）M8之爵（圖119），其形制：口前有流，後有尖尾，口上有雙柱，腹側有鋬，直腹圓底，下有三足。三為西元1993年九月至西元1994年元月山西省曲沃縣曲村鎮北趙村西南（第四次發掘）M64、M63、M62之爵，由於出土資料未有詳細記錄其形制，是以其器形不得而知。四為西元1994年山西省曲沃縣曲村鎮北趙村西南（第五次發掘）M91之爵二件，其出土資料未有記載其形制，是以器形不得知。

圖118　河南省鶴壁市龐村〈&#xFFFD;　　圖119　山西省曲沃縣曲村鎮
　　　　父爵〉　　　　　　　　　　　　　　　M8之爵

〔註22〕王光永之說見於〈介紹新出土的兩件虢器〉，其文刊於《古文字研究》第七輯頁185。

春秋時期晉系銅爵，依其所屬之時代僅有春秋早期一期，即西元 1994 年山西省曲沃縣曲村鎮北趙村西南（第五次發掘）M93 與 M02 之爵。M93 之爵（圖 120）形制：口上之流與尾皆較短，雙柱立于口上，與鋬相對，柱爲菌狀，直腹圓底，下有三棱形錐足。M102 之爵，由於出土資料未有詳細記錄，是以其形制不得而知。總之晉系銅爵不論西周早期、晚期或春秋晚期，其形制大致相同，變化不大。

圖 120　山西省曲沃縣曲村鎮 M93 之爵

（二）斝——《禮·明堂位》：「灌尊，夏后氏以雞夷（彝），殷以斝，周以黃目。」，《周禮·春官·司尊彝》：「秋嘗冬烝，裸用斝彝黃彝。」《左》昭十七年：「若我用瓘斝玉瓚。」，上述之「斝」皆爲行裸禮之酒器。斝基本形制：口上有雙柱，腹側有一鋬，腹部有圓腹平底，下有三足。斝通行於商朝和西周早期。有關晉系銅斝根據現有出土資料，僅有西周早中期之一事，即西元 1992 年十月至西元 1993 年元月山西省曲沃縣曲村鎮北趙村西南（第二次發掘）M9 之斝，由於正在清理中，是以此斝之形制不得而知。

（三）尊——「尊」字，金文作「𩫖」，象雙手奉酒器，是會意字。以「尊」爲器名，在先秦時是酒器、食器之共名，如《周禮·春官·司尊彝》有六尊六彝。自《博古圖》所收錄之尊與現今青銅器所稱之「尊」相合。馬承源《中國青銅器》依「尊」之形制，大約歸類爲有肩大口尊、觚形尊、鳥獸尊三項。有關晉系銅尊之形制分爲西周、春秋、戰國三時期論述。

西周時期晉系銅尊，依其所屬之時代，可分爲二階段。西周早期出土之晉系銅尊僅有一事，即西元 1961 年河南省鶴壁市東南都龐村之〈饕餮紋尊〉（圖 121），其形制：侈口，深腹，有四個扉棱，高圈足，此尊爲觚形尊。西周晚期晉系銅尊現知有三事。一爲西元 1992 年十月至西元 1993 年元月山西省曲沃縣曲村鎮北趙村西南（第二次發掘）M8 之三件兔尊（圖 122），此兔尊

之形制有二，一爲兔作匍匐狀，背上有喇叭口，腹部中空與背上喇叭形口相連，足下有矮長方形圈足；二爲兔背上開有長方形口，口上有蓋，背上圓角長方形器口上覆以與身融爲一體之環鈕器蓋，腹部中空，前後足作行走狀。此兔尊頗爲別致，與河南省陝縣上村嶺 M1704 之獸形豆，皆爲栩栩如生之器，此可彰顯晉系青銅器在形制上頗具有創意。二爲西元 1993 年九月至西元 1994 年元月山西省曲沃縣曲村鎮北趙村西南（第四次發掘）M64 與 M62 之尊，M64 之尊有四件，由於出土資料未有詳細記錄，是以其形制不得而知。三爲西元 1994 年山西省曲沃縣曲村鎮北趙村西南（第五次發掘）M91 之尊一件，因出土資料未有詳細記錄，故不得其形制。

圖121　河南省鶴壁市之〈饕餮紋尊〉

圖 122　山西省曲沃縣曲村鎮 M8 之兔尊

春秋時期晉系銅尊，依其所屬之時代可分爲二階段。春秋早期晉系銅尊現知僅有一事，即西元 1994 年山西省曲沃縣曲村鎮北趙村西南（第五次發掘）M93 之尊（圖 123），其形制：圓敞口，腹內斂，與口形成喇叭狀，脰及圈足爲方形。春秋晚期晉系銅尊現知有三事。一爲西元 1961 年山西省侯馬上馬村斷崖 M13 之小尊（圖 124），其形制：敞口折沿，沿上有雙直耳，深腹，高圈足，因其高僅 7.5 厘米，故名爲小尊。二爲西元 1964 年山西省原平縣峙峪村東南趙家璃之小尊，其形制爲雙環耳，腹鏤空，圈足，因其高僅爲 8.5 厘米，故亦名爲小尊。三爲西元 1987 年山西省太原市金勝村 M251 之鳥尊（圖 125），其形制：頭聳立著冠和毛角，雙目圓睜，尖嘴喙，頸細長中空，與鳥首、喙和腹相通，鳥背有一橢圓形口，口上有蓋，蓋上羽毛紋與背上羽毛紋連接妥貼，鳥背上有一虎形提梁，從虎鞭上接一鏈與蓋鈕連接，雙足直立，足間有蹼，鳥尾有一隻昂首捲尾縱身反撲之小虎，虎之前爪撐地，後腿緊貼鳥身。此鳥尊即爲馬承源所謂「鳥獸尊」，造型極爲新穎鮮活，此可顯示晉系青銅器頗具獨特形象之器。

戰國時期晉系銅尊現知僅有一事，即西元 1958 年山西省萬榮縣榮河鎮廟

前村之尊一件，由於出土時已破碎，故其形制無以得知。

圖 123　山西省曲沃縣曲村鎮 M93　　圖 124　山西省侯馬上馬村
　　　　之尊　　　　　　　　　　　　　　　　M13 之小尊

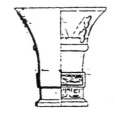　

圖 125　山西省太原市金勝村 M251
　　　　之鳥尊

（四）方彝——《周禮・春官・司尊彝》有六彝，《爾雅・釋器》：「彝、
卣、罍，器也。」，此「彝」皆爲禮器之共名。宋代《博古》爲區別彝與段，
將器腹爲長方形、四隅與腰有扉棱、方圈足之器稱爲「彝」。容庚將彝歸類爲
盛酒器之方彝。方彝除有上述之特徵外，皆有蓋，蓋作屋頂形，其通行於商
中晚期至西周中晚期。晉系銅方彝依其形制可分爲西周晚期與春秋早期敘述。

　　西周晚期晉系銅方彝現知有二事。一爲西元 1990 年河南省陝縣上村嶺
M2001 之方彝，由於出土資料未有詳細記錄，是以不知其形制。二爲西元 1993
年九月至西元 1994 年元月山西省曲沃縣曲村鎮北趙村西南（第四次發掘）M62
與 M63 之方彝，M62 之方彝因出土資料未有明確說明，是以不知其形制，M63
之方彝（圖 126）之形制：四面坡形頂蓋，頂脊和器身轉折處及四面正中部位
有扉棱。

　　春秋早期晉系銅方彝現知有一事，即西元 1994 年山西省曲沃縣曲村鎮北
趙村西南（第五次發掘）M93 與 M102 之方彝，M93 之方彝（圖 127）形制：
盝頂式器蓋，捉手兩側各附一蹲踞狀小熊，蓋上四側分別附帶顧首臥龍 2、臥
虎 2，器身上亦有 4 臥獸，蓋及器身四角飾扉棱，下有圈足。M102 之方彝因
出土資料未有明確記錄，是以不知其形制。

圖 126　山西省曲沃縣曲村鎮　　圖 127　山西省曲沃縣曲村鎮
　　　　M63 之方彝　　　　　　　　　　　M93 之方彝

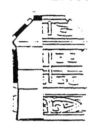 

　　（五）卣──《尚書・洛誥》：「予以秬鬯二卣」，《詩・大雅・江漢》：「秬鬯二卣。」，據此可知卣為盛鬯酒之酒器。宋代《博古》將斂口、腹橢圓、頸側有提梁、上有蓋、下有圈足之器稱為卣。卣通行於商代晚期至西周中晚期。晉系銅卣依其形制蓋可分西周與春秋二時期論述。

　　西周時期晉系銅卣，依其所屬之時代可分為二階段。西周早期晉系銅卣現知有一事，即西元 1961 年河南省鶴壁市東南郊龐村之〈魚父己卣〉（圖 128），此器為衛國之器，其形制：直口高頸，蓋上有一圓形捉手，肩部兩側各有一環形鼻，安置一繩鈕提梁，圈足。西周晚期晉系銅卣現知僅有一事，即西元 1994 年山西省曲沃縣曲村鎮北趙村西南（第五次發掘）M91 之卣一件，由於出土資料未有明確記錄，是以其形制不明。

　　春秋早期晉系銅卣現知僅有一事，即西元 1994 年山西省曲沃縣曲村鎮北趙村西南（第五次發掘）M93 之卣一件（圖 129），其形制：斂口，平頂重階式蓋，頸附環形雙耳，頸側接提梁，垂腹平底，大圈足，卣身橫截面呈圓角長方形。由於晉系銅卣數量少，是以其形制特徵較難以凸顯。

圖 128　河南省鶴壁市郊龐村之　　圖 129　山西省曲沃縣曲村鎮
　　　　〈魚父己卣〉　　　　　　　　　　　　M93 之卣

 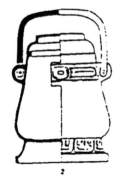

（六）罍──《詩·周南·卷耳》：「我姑酌彼金罍。」，《詩·小雅·蓼莪》：「缾之罄矣，唯罍之恥。」，毛亨傳：「缾小而罍大。」。《爾雅·釋器》：「彝、卣、罍，器也，小罍謂之坎。」，晉郭璞注：「罍形似壺，大者受一斛。」，據此可知「罍」為大型盛酒器。罍通行於商代晚期至春秋中期，其外型有圓體和方體之分，形制為斂口、肩較寬、腹部圓斂、下收於底。有關晉系銅罍形制分為春秋、戰國二時期論述。

春秋時期晉系銅罍，依其所屬之時代可分為三階段。春秋早期晉系銅罍現知僅有一事，即為西元1953年河南省郟縣城西太僕鄉之罍二件，此罍屬於鄭國之器，其形制為斂口、肩寬、肩上有雙環耳、上腹圓凸、下腹內斂、圈足。春秋中期晉系銅罍現知僅有一事，即西元1954年秋至西元1955年春河南省洛陽中州路西工段（第二期）M4之罍（圖130），其形制：小口、唇外折、短頸圓肩、肩部附兩個獸形鐶耳、並唧有一鐶、腹底收縮成平底。春秋晚期晉系銅罍現知有三事。一為西元1954年秋至西元1955年春河南省洛陽中州路西工段（第三期）M115與M2729之罍，M115之罍（圖131）形制與同地M4之罍近，僅是M115之罍肩部無鐶耳，底為矮圈足，M2729之罍與M115之罍相同。二為西元1972年山西省長治分水嶺（第四次發掘）M270之二件罍（圖132），其形制：平口、沿外折、斂頸、鼓腹圓底、腹肩附雙獸耳銜環、獸首作回顧狀、圈足。三為西元1987年山西省太原市金勝村M251之罍，此器尚在修復中，是以形制不得而知。

圖130　河南省洛陽中州路 M4 之罍

圖 131　河南省洛陽中州路 M115 之罍

圖 132　山西省長治分水嶺 M270 之罍

戰國初期晉系銅罍現知僅一事，即西元 1983 年山西省潞城縣潞河村大斷溝西邊 M7 之罍（圖 133），其形制：敞口斜唇直頸、肩部有一對環形耳，圓腹內收平底、矮圈足。據現有晉系銅罍出土資料之記錄，其年代屬於戰國時期有一事，即西元 1958 年山西省萬榮縣榮河鎮廟前村之罍二件（圖 134），此器屬於魏國，出土時此器已殘破，所知僅為斂口、肩有帶環雙耳、耳上飾獸頭、腹圓、下腹內收。此器與山西省潞城縣潞河村 M7 之罍近似，故此器宜屬於戰國早期。

圖 133　山西省潞城縣潞河村　　圖 134　山西省萬榮縣榮河鎮
　　　　　M7 之罍　　　　　　　　　　　廟前村之罍

（七）缶——《說文解字》五篇下：「缶，瓦器，所以盛酒漿。」，據此可知缶器原為陶質，後之青銅缶仿陶缶鑄造，今所見青銅缶皆在春秋中、晚期，如〈蔡侯尊缶〉、〈孟縢姬缶〉。晉系銅缶現知僅有春秋中期之〈欒書缶〉（圖 135），此器為容庚自北平估人倪玉書購得；今歸廣州博物館，其形制：有蓋、蓋上四鐶鈕、近腹中部有四環耳，下腹斜收，矮直圈足。

（八）皿——《說文解字》五篇上：「皿、飯食之用器也，象形，與豆同意。」，小徐本「飯」作「飲」，容庚將「皿」歸類為雜器（《通考》頁 481）。晉系戰國晚期青銅器有一件〈二十七年寧鈿〉（圖 136），其銘文自名為「鈿」，此器形制：斂口、兩耳作獸面銜環、圓腹、圈足，朱鳳翰以為此器特徵同于酒器中之 Ab 型缶，唯此器下腹部較鼓，內收緩轉。由於此器與缶相類似，故歸類於酒器之中。

圖 135　欒書缶　　　　　　　　圖 136　廿七年寧鈿

（九）壺

1. 方壺——《詩‧大雅‧韓奕》：「清酒百壺。」，《周禮‧秩官‧掌客》：「壺四十。」，鄭玄注：「壺，酒器。」，據此可知「壺」原當酒器用，往後亦作盛水之用。青銅壺自商代通行至漢代，由於使用時間漫長，是以其形制變化多端有方壺、圓壺、扁壺、瓠壺、穿帶壺、提梁壺等，晉系青銅壺依不同形制就其所屬之時期，可分爲西周、春秋、戰國三時期。

西周中期偏晚晉系銅方壺，現知僅有一事，即西元 1994 年山西省曲沃縣曲村鎮北趙村西南（第五次發現）M33 之方壺，由於器身銹蝕嚴重已破碎，是以形制所知有限，壺身長頸，器蓋完整，長子口蓋，圈足式捉手，頸部有對稱虎首形鋬，垂腹，大圈足。西周晚期晉系銅方壺現知有六事。一爲〈虢季氏子組壺〉（圖 137），此爲虢國之器，其形制：方口，無蓋，頸側有兩獸耳銜環，腹帶四方菱形，下爲方圈足。二爲西元 1979 年九月相傳山西省黎城縣出土之〈虞侯政壺〉（圖 138），其形制：方口無蓋，頸左右有獸首雙耳啣素環，腹部方形，下有圈足。三爲西元 1990 年河南省陝縣上村嶺 M2001 之方壺（圖 139），其形制：方口，有蓋，頸部兩側有一對套環象鼻耳，方腹，圈足。四爲西元 1993 年九月至西元 1994 年元月山西省曲沃縣曲村鎮北趙村西南（第四次發掘）M64 之方壺（圖 140）與 M8 之〈晉侯斷壺〉。M64 之方壺形制：口微敞，有蓋，壺頸兩側各有一套環長鼻龍形耳，鼓腹扁方，圈足，此器與上述之三虢國方壺相同；〈晉侯斷壺〉形制：口上立波帶狀壺冠，頸曲長，帶頂立波帶狀山形捉手，頸側附雙龍套環大耳，垂腹，大圈足。五爲西元 1994 年山西省曲沃縣曲村鎮北趙村西南（第五次發掘）M91 之〈晉侯僰馬銅方壺〉，器身因銹蝕破碎，只有器蓋完整，長子口，上有圈足式捉手。六爲西元 1993 年山西省曲沃縣曲村鎮北趙村西南（第三次發掘）M31 之方壺，由於出土資料未有明確，是以不知其形制。西元 1956 年至西元 1957 年河南省陝縣上村嶺發掘虢國墓葬群，其中 M1052、M1705、M1706、M1765、M1810、M1820 均有方壺出土，大致外型相同，僅是壺身略有差異，可分爲三式，Ⅰ式有 M1052、M1765、M1810（圖 141），壺身較扁，即左右寬，前後窄，Ⅱ式有 M1705、M1820（圖 142），壺身細高，腹壁彎度大，Ⅲ式有 M1706，壺身方正，左右和前後之寬度相等。上述虢國方壺和山西省曲沃縣曲村鎮 M64 之方壺極爲相似，是以虢國方壺之時代蓋爲西周晚期至春秋早期之際。

圖 137 虢季氏子組壺

圖 138 虞侯政壺

圖 139 河南省陝縣上村嶺
M2001 之方壺

圖 140 山西省曲沃縣曲村鎮
M64 之方壺

圖 141 河南省陝縣上村嶺
M1052 之 I 式壺

圖 142 河南省陝縣上村嶺
M1820 之 II 式壺

　　春秋早期晉系銅方壺現知有三事。一爲西元 1953 年河南省郟縣城西太僕鄉之方壺二件，此爲鄭國之器，其形制：方口、頸側有雙耳、腹壁垂直向外微凸、圈足，此與河南省陝縣上村嶺虢國方壺相同。二爲西元 1962 年秋山西省芮城縣嶺底鄉坛道村 M1 之方壺（圖 143），其形制：方口、有蓋、蓋與器身澆鑄爲一體，腹側有雙環獸耳、垂腹、圈足，此壺與上村嶺虢國墓地 M1705 II 式壺相近。三爲西元 1994 年山西省曲沃縣曲村鎮北趙村西南（第五次發掘）M93 與 M102 之方壺，M93 之方壺爲〈晉叔家父方壺〉（圖 144），並形制：方口、有蓋，蓋上有圈足式捉手、頸附獸首長鼻龍首套環雙耳、垂

腹平底、大圈足，M102 之方壺（圖 145），其形制：長頸、長子口蓋、蓋上有圈足式捉手、壺身橫截面呈圓角長方形、獸首套環雙耳、垂腹平底、大圈足。此壺與同地 M93 之方壺近似。春秋晚期晉系銅方壺現知有三事：一為西元 1961 年十二月山西省侯馬上馬村斷崖 M13 之方壺（圖 146），其形制：方口、沿窄略外卷、長頸、壺肩四角亦有龍形附獸、壺蓋四角作透雕龍形附獸、兩耳作獸狀有環，腹部四方形，下有透雕高圈足，此壺與西周中、晚期或春秋早期之方壺有所殊異，不僅造型獨特，且雕飾立體追求逼真。二為西元 1972 年山西省長治市分水嶺西部（第四次發掘）M269 與 M270 之方壺，M269 之方壺形制：長頸，蓋中透空，邊緣作透雕仰蓮瓣，蓋與壺口覆合為弇口，頸側兩耳作蹲雙獸形銜環，腹下鼓，平底圈足，此壺與新鄭出土之〈蓮鶴方壺〉（圖 147）近似，與西元 1955 年安徽省壽縣蔡侯墓出土銅方壺（圖 148）近似；〔註23〕M270 方壺（圖 149）形制與同地 M269 之方壺相同。三為西元 1987 年七月山西省太原市金勝村 M251 之銅方壺（圖 150）與高柄小方壺（圖 151），銅方壺形制：子母口，小平沿，直口折肩，方形蓋中空，有一周凹槽，八片鏤空之蓮花瓣斜立於蓋沿，頸兩側各附一龍形耳，此龍作回首狀，有卷尾眉目及卷鼻，圓腹平底，喇叭形方座；高柄小方壺形制：平沿小方口，頸微束，溜肩，盝頂形蓋，蓋 4 坡分別附一環形鈕，蓋內有子母口，同壺口扣合，瘦腹平底，長柄下接喇叭形圈足。綜觀春秋晚期晉系銅方壺與西周中晚期、春秋早期之銅方壺，不僅形制迥然有異，且壺蓋作成蓮瓣狀，此可彰顯此時期銅方壺之特徵。

圖 143　山西省芮城縣嶺底鄉　　圖 144　山西省曲沃縣曲村鎮北
　　　　　M1 之墓　　　　　　　　　　　趙村 M93 之方壺

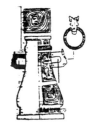

〔註23〕此銅方壺形制，方口圓腹，蓋頂作鏤空之蓮瓣形，兩耳獸形並附環，四獸作足，背承壺底，頭部昂起。有關此銅方壺出土記載詳見於《壽縣蔡侯墓出土遺物》頁 8。

圖 145　山西省曲沃縣曲村鎮北　　圖 146　山西省侯馬上馬村 M13
　　　　趙村 M102 之方壺　　　　　　　　　之方壺

圖 147　蓮鶴方壺　　　　　　　　　圖 148　安徽壽縣蔡侯墓之方壺

圖 149　山西省長治市分水嶺　　　　圖 150　山西省太原市金勝村
　　　　M270 之方壺　　　　　　　　　　　　M251 之銅方壺

圖 151　山西省太原市金勝村
　　　　M251 之高柄小方壺

　　戰國時期晉系銅方壺依其所屬之時代，可分為二階段。戰國早期晉系銅方壺現知僅一事，即西元 1935 年河南省輝縣琉璃閣甲乙墓之銅方壺（圖 152），其形制：器蓋下有子榫合入器口母榫，蓋上面為方空盒式，器身中為束腰，兩側有鋪首銜環，下腹微凸，圈足。戰國中期晉系銅方壺現知僅一事，即西元 1957 年河南省陝縣后川 M2040 之銅方壺二件，此壺屬於魏國之器，其形制所知有限，僅知蓋為蓮花瓣，蓋上有雙龍鈕，此與河南新鄭〈蓮鶴方壺〉、蔡侯墓銅方壺近似。據現有晉系銅方壺出土資料之記錄，其年代屬於戰國時期有一事，即〈盛季壺〉（圖 153），此壺屬於韓國之器，舊為羅振玉所藏，其形制：方口，腹部上下內縮，中間微凸，足部成四方形，腹側有雙環，此壺依其形制之特徵蓋為戰國中期之器。

圖 152　河南省輝縣琉璃閣甲乙墓之方壺　　　圖 153　盛季壺

　　2. 圓壺——圓壺形制大致為腹、口、足橫截面作橢圓形或腹橫截面作圓形。西周晚期晉系銅圓壺現知有二事。一為西元 1993 年九月至西元 1994 年元月山西省曲沃縣曲村鎮北趙村西南（第四次發掘）M62 之圓壺（圖 154），其形制：子口束頸，平蓋，蓋上立雄雞一隻，蓋沿及壺頸兩側各有兩個對稱之管狀耳，鼓腹，圈足。二為西元 1994 年山西省曲沃縣曲村鎮北趙村西南（第五次發掘）M91 之圓壺與 M92 之〈晉侯僰馬圓壺〉，M91 之圓壺，由於出土資料未有明確之記錄，是以不詳其形制，M92 之〈晉侯僰馬圓壺〉（圖 155）形制為長子口蓋，壺頸微內斂，圈足式捉手，頸兩側各有一虎首形鋬，圓垂腹平底，高圈足。

圖 154　山西省曲沃縣曲村鎮北　　圖 155　山西省曲沃縣曲村鎮北
　　　　趙村 M62 之圓壺　　　　　　　　趙村 M92 之圓壺

　　春秋晚期晉系銅圓壺現知有七事。一為西元 1929 年河南洛陽金村周古墓出土之兩件〈嗣子壺〉（圖 156），其形制：短頸，蓋作六片花瓣形，肩兩側有兩耳獸面銜環，鼓腹低圈足。二為西元 1938 年河南輝縣出土兩件之〈趙孟介壺〉（圖 157），其形制：有蓋，蓋上有花瓣八片，兩耳作怪獸耳，捲鼻而脩尾，腹微鼓，下有小圈足。三為西元 1964 年山西省原平縣峙峪村東南趙家塿之圓壺（圖 158），其形制：小口長頸，蓋有三環鈕，肩部有獸首銜環雙耳，深腹，腹下有三環鈕，圈足。四為西元 1973 年山西省長子縣羊圈溝 M1 之圓壺（圖 159），其形制：侈口，束頸，腹部凸出，頸側有半環形雙耳，圈足，此壺和洛陽中州 M2717 墓之Ⅰ式壺同。五為西元 1975 年山西省渾源縣李峪村 M3 之圓壺，其形制：小口細頸，口沿上鋸有一個小三角口似流，便於傾注酒或水，頸部有一對獸面銜環耳，鼓腹，矮圈足，此壺身與〈嗣子壺〉相似。六為西元 1977 年山西省長子縣牛家坡 M7Ⅰ式壺與Ⅱ式壺，Ⅰ式壺（圖 160）形制：口微侈，長頸，帶蓋，蓋上有三鈕，頸側有一對獸首銜環，鼓腹平底，矮圈足；Ⅱ式壺（圖 161）形制：Ⅰ式壺基本相同，蓋中心作環形鈕，附有環形連扣，蓋頂有三個回首蹲坐之小鴨，獸首倒置銜環，並三環相扣，底部稍大。七為西元 1979 年山西省長子縣牛家坡 M11 兩件壺，一件已殘碎，另一件形制與《通考》圖七五八之〈獸紋壺〉相似，此〈獸紋壺〉（圖 162）形制：蓋有四環，腹兩旁有獸面銜環，腹鼓，下有圈足。

圖 156　嗣子壺

圖 157　趙孟介壺

圖 158　山西省原平縣峙峪村東
　　　　南趙家塿之圓壺

圖 159　山西省長子縣羊圈溝
　　　　M1 之圓壺

圖160　山西省長子縣牛家坡Ⅰ
　　　　式壺

圖 161　山西省長子縣牛家坡Ⅱ
　　　　式壺

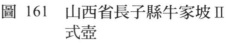

圖 162　　獸紋壺

圖 163　　河南省洛陽中州路
　　　　　M2717Ⅲ式壺

　　戰國時期晉系銅圓壺依其所屬之時代可分爲三階段。戰國早期晉系銅圓壺現知有四事。一爲西元 1954 年秋至西元 1955 年春河南省洛陽中州路西工段（第四期）M2717Ⅰ式壺、Ⅱ式壺、Ⅲ式壺，Ⅰ式壺形制：小口直唇，長頸之中部略向入凹，蓋近平，頂附三個鐶鈕，緣下有子母口，肩腹無顯著分界，肩上一對銜環鋪首，腹部凸出，圈足較高；Ⅱ式壺形制與Ⅰ式壺相似，僅頸上多出四個銜環鋪首，與蓋上四個銜環鋪首相對，圈足較矮；Ⅲ式壺（圖163）形制：口腹與Ⅰ、Ⅱ式壺相似，蓋近平，無鈕，緣下有子母口，圈足細而長。二爲西元 1959 年十月至西元 1961 年年底山西省長治市分水嶺（第二次發掘）M26Ⅰ式壺二件，因殘甚，故其形制所知僅爲侈口卷唇、四耳有鋪首銜環，平底。三爲西元 1962 年山西省芮城縣嶺底鄉坛道村 M2 之圓壺（圖 164），其形制：敞口平沿，頸內收較矮，頸有一對鋪首銜環，深鼓腹，平底，圈足較高，此壺與武家溝戰國墓所出壺之形制相近。四爲西元 1983 年元月山西省潞城縣潞河村大斷溝 M7Ⅰ式壺與 M8 之圓壺，M7Ⅰ式壺（圖165）形制：子母口，口上有一凹卯，可與蓋上凸榫扣合，蓋弧平頂上附一半環形紐，蓋沿有一凸榫，頸間和下腹各有三個獸面鋪首銜環，頸間一鋪首銜環與蓋頂半環鈕之間用馬銜狀銅鏈相連，鼓腹，下腹內收，平底，矮圈足；

M8 之圓壺（圖 166）形制：敞口，內折沿，束頸，平蓋，蓋沿有七片蓮花瓣，鼓腹平底，圈足。戰國中期晉系銅圓壺現知有三事。一為西元 1957 年河南省陝縣后川 M2040 之圓壺，其形制：短頸，蓋作鏤空喇叭口形，圓腹。二為西元 1595 年河北邯鄲百家村 M57 之圓壺（圖 167），其形制：敞口，長頸，頸左右為獸面銜環，有蓋，鼓腹圈足。三為西元 1959 年十月至西元 1961 年年底山西省長治市分水嶺（第二次發掘）M53Ⅱ式 b 型壺，因出土時有所殘損，是以其形制所知僅為肩部二半環鈕。戰國晚期晉系銅圓壺現知僅有一事，即西元 1959 年十月至西元 1961 年年底山西省長治市分水嶺（第二次發掘）M36Ⅲ式壺（圖 168），其形制：短頸，肩部雙耳獸面銜環，腹較大，圈足。據現有晉系銅圓壺出土資料之記錄，其年代屬於戰國時期有二事：一為西元 1954 年多至西元 1955 年春夏山西省長治分水嶺（第一次發掘）M11 與 M12 之圓壺，M11 之圓壺（圖 169），形制：口稍侈，頸微長，蓋平，腹頸各作凸弦一周，圈足，此壺與同地 M36Ⅲ式壺近似，故其年代宜屬於戰國中期；M12 之圓壺形制：口稍侈，頸短，鋪首銜環，有蓋，蓋上加四鈕，腹碩，圈足，此壺與同地之 M25Ⅱ式 a 型之圓壺近似，故其年代宜屬於戰國早期。二為西元 1959 年十月至西元 1961 年年底山西省長治市分水嶺（第二次發掘）M25Ⅱ式 a 型圓壺（圖 170），其形制：長頸，有蓋，蓋上有三環鈕，頸側有獸面銜環雙耳，腹鼓，下腹內收，圈足，此壺與同地之戰國早期M26Ⅰ式壺近似，故此壺宜屬於戰國早期。

圖 164　山西省芮城縣 M2 之　　圖 165　山西省潞城縣潞河村
　　　　圓壺　　　　　　　　　　　　　M7Ⅰ式壺

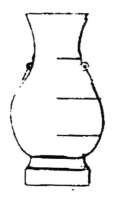

圖 166　山西省潞城縣潞河村
　　　　M8 之圓壺

圖 167　河北邯鄲百家村 M57
　　　　之圓壺

圖 168　山西省長治市分水嶺
　　　　M36Ⅲ式壺

圖 169　山西省長治分水嶺
　　　　M11 之圓壺

圖 170　山西省長治市分水嶺
　　　　M25Ⅰ式 a 型壺

　　3. 扁壺——扁壺與方壺、圓壺之區別，在於腹部扁平。晉系銅扁壺在春秋晚期僅知一事，即西元 1987 年七月山西省太原市金勝村 M251 之扁壺（圖171），其形制：平沿直口，頸微束，溜肩，肩兩側附環形耳，瘦腹平底，橢圓形圈足。戰國早期現知僅有一事，即西元 1935 年河南省輝縣琉璃閣甲乙墓之扁壺（圖 172），其形制：頸部以上漸斂至口，蓋為橢圓形，下面有子口扣

入器口內，上面飾環紐直立，肩部及下部兩側和下部正面飾五個環形鼻，腹鼓扁平底。據現有晉系銅扁壺出土資料之記錄，其年代屬於戰國時期有二事：一為西元 1978 年山西省文物工作委員會和太原電解廠揀到一件〈土勻錍〉（圖 173），即〈土軍扁壺〉，其形制為敞口短頸，頸側有雙環耳，鼓腹扁圓，平底圈足。扁壺秦漢常見，舊以為秦國器物特徵，其實三晉早有，此由上述兩器可以證明，故〈土軍扁壺〉即屬於趙國器，其年代蓋為戰國早、中期之時。二為上海博物館所收集之〈原氏扁壺〉（圖 174），其形制為斂口短頸，腹寬扁，足部原有殘缺，經修補成方足，此壺屬於趙國器，銘文中有「原氏」二字，即元氏，《史·趙世家》：「孝成王十一年城元氏。」，趙孝成王十一年即西元前 255 年，為戰國晚期，故〈原氏扁壺〉蓋為戰國晚期趙國之器。

圖 171　山西省太原市金勝村　　　圖 172　河南省輝縣琉璃閣甲乙
　　　　　M251 之扁壺　　　　　　　　　墓之扁壺

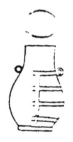

圖 173　土軍扁壺　　　　　　　　圖 174　原氏扁壺

4. 穿帶壺——穿帶壺形制基本上與圓壺相近，僅是上腹兩側有貫耳可以穿帶。春秋早期晉系穿帶壺現知僅有一事，即西元 1953 年河南省郟縣城西太僕鄉有一件穿帶壺，此壺屬於鄭國之器，由於出土資料未有明確記錄，是以不明其形制。戰國早期晉系穿帶壺現知僅有一事，即西元 1935 年河南省輝縣琉璃閣發掘甲乙墓之穿帶壺（圖 175），其形制：口直有蓋，蓋上有一紐可執，

兩側各有獸頭貫耳，耳下有立體虎，此虎張口對尾，頭向上卷成環，器腹成橢圓略方，下爲平底。

　　5. 匏壺——匏壺基本形制爲長頸向一側彎曲，腹身細長而圓鼓，由於此壺似匏，故以此爲名。春秋晚期晉系匏壺現知僅有一事，即西元 1987 年山西省太原市金勝村 M251 之匏壺（圖 176），其形制：壺身直口微侈，束頸修長而向一側傾斜，溜肩，蓋作鳥抓蛇之狀，腹部一側附一虎形捉手，虎作昂首張口前肢微伏後肢直立，腹部鼓圓，下有矮圈足，此壺之造型頗能展現晉系青銅器藝術之特質。戰國早期晉系匏壺現知亦僅一事，即西元 1983 年山西省潞城縣潞河村大斷溝 M7 II 式壺（圖 177），其形制：壺首已殘破僅存小口，細頸，頸腹間附一扁平耳，寬腹，平底，矮圈足。

圖 175　河南省輝縣琉璃閣發掘　　圖 176　山西省太原市金勝村
　　　　甲乙墓之穿帶壺　　　　　　　　　　　之匏壺

圖 177　山西省潞城縣潞河村 M7　圖 178　山西省長治市分水嶺
　　　　之匏壺　　　　　　　　　　　　　　M12 之鈁

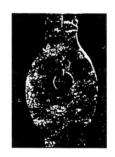

　　（十）鈁——鈁始見於戰國早期，通行於西漢。鈁之基本形制：腹部橫截面作正方形，口、足形同，頸較細，鼓腹，四隅有棱，腹壁呈弧形，雙獸

面形鋪首銜環，平底圈足。由此可知鈁與鈁相近似之酒器。戰國早期晉系銅鈁現知僅有一事，即西元 1959 年十月至西元 1961 年年底山西省長治市分水嶺（第二次發掘）M26 之鈁二件，由於此鈁殘破，故其形制所知僅為平口，蓋有四環鈕，圈足。據現有晉系銅鈁出土資料之記錄，其年代屬於戰國時期有一事，即西元 1954 年冬至西元 1955 年春夏山西省長治市分水嶺（第一次發掘）M12 之鈁二件（圖 178），其形制：口侈頸短，蓋有四獸環鈕，蓋作樺圈，扣入口內，肩部左右鋪首啣環，腹碩，底與口大小均稱，圈足。由於晉系銅鈁出土量少，故此鈁時代，朱鳳翰推測為戰國中期（《古代中國青銅器》頁 116）。

（十一）觶——《禮・禮器》：「尊者舉觶。」，鄭玄注：「三升曰觶。」，《說文解字》四篇下：「觶，鄉令酒觶，……禮曰一人洗舉觶，觶受四升。」，由此可知觶為容量大之飲酒器，其形制為敞口鼓腹高圈足。銅觶是出現于商代中期，通行於西周中期，中期以後則為罕見。西周時期晉系銅觶依其所屬之時代可分為三階段，西周早期晉系銅觶現知僅有一事，即西元 1961 年河南省鶴壁市郊龐村之〈冈父己觶〉，由於出土時已殘破，故所知之形制僅為侈口呈喇叭狀，鼓腹，高圈足。西周中期偏晚晉系銅觶現知有一事，即西元 1994 年山西省曲沃縣曲村鎮北趙村西南（第五次發掘）M33 之觶，因出土時嚴重破損，是以其形制不明。西周晚期晉系銅觶現知有二事，一為西元 1990 年河南省陝縣上村嶺 M2001 之觶，因出土時未有明確記錄，是以其形制不明；二為西元 1993 年九月至西元 1994 年元月山西省曲沃縣曲村鎮北趙村西南（第四次發掘）M63 之觶一件，因出土時未有明確記錄，是以其形制不明。

春秋早期晉系銅觶現知有一事，即西元 1994 年山西省曲沃縣曲村鎮北趙村西南（第五次發掘）M93 與 M102 之觶，M93 之觶（圖 179）形制：敞口卷沿，垂腹，底近平，大圈足，M102 之觶因出土時未有明確記錄，故其形制不明。

（十二）鉶——鉶出現於春秋中期，通行於戰國，其形制為器身低矮，敞口，腹面橢圓形，腹側有雙耳，下有圈足。晉系銅鉶現知有名者是西元 1966 年河南省洛陽玻璃廠東南郊 M439 之〈哀成叔鉶〉（圖 180），其形制為蓋與器可扣合，蓋和底各有四個小蹄狀足，器身兩側有一對環耳。此鉶為春秋晚期鄭國之器。

圖 179　山西省曲沃縣曲村鎮 M93 之觶　　　　圖 180 哀成叔鋪

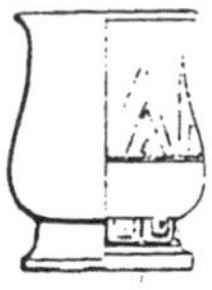

（十三）勺——《周禮・考工記・梓人》：「梓人爲飲器，勺一升。」，鄭玄注：「勺，尊升也。」，《說文解字》十四篇上：「勺，科也，所以挹取也。」，勺、科皆爲取酒之器，形制大同小異，同者科勺有小杯，異者科柄略有曲折，勺柄則爲筆直。春秋時期晉系銅勺依其所屬之時代可分爲二階段。春秋早期晉系銅勺現知有一事，即西元 1954 年秋至西元 1955 年春河南省洛陽中州路西工段（第一期）M2415 之勺（圖 181），其形制爲柄上有一圓穿，柄中空成銎，淺腹圓底，勺身圓形，橫剖面作不規則圓形。春秋晚期晉系銅勺現知有一事，即河南省洛陽玻璃廠東南郊 M439 之勺（圖 182），其形制：勺部橢圓形，柄有方銎，銎上有小孔，可以穿釘，固定木板，此勺與河南省洛陽中州路西工段 M2415 之勺近似。

戰國早期晉系銅勺現知有二事，一爲西元 1954 年秋至西元 1955 年春河南省洛陽中州路西工段（第四期）M2717 之勺（圖 183），其形制爲柄上無穿，淺腹圓底，勺身橢圓形；二爲西元 1983 年山西省潞城縣潞河村大斷溝 M7 之勺二件（圖 184），由於出土時已殘損，所知形制僅爲橢圓形勺，後接銎柄。

圖 181　河南省洛陽中州路　　　圖 182　河南省洛陽玻璃廠 M439
　　　　　M2415 之勺　　　　　　　　　　之勺

圖 183　河南省洛陽中州路　　　圖 184　山西省潞城縣潞河村 M7
　　　　　M2717 之勺　　　　　　　　　　之勺

　　（十四）舟——《周禮・春官・司尊彝》：「祼用雞彝鳥彝，皆有舟。」，鄭玄《注》引鄭司農云：「舟，尊下臺，若今時承盤。」，故可知漢儒以舟爲尊下承盤，然清《西清》卷十四〈周雷紋舟〉等，以器身低矮敞口寬腹，定名爲「舟」，朱鳳瀚將此「舟」歸類在「鍪」之內（《古代中國青銅器》頁 125）。由於出土資料有劃歸「舟」一類，故此「舟」未與「鍪」合併。

　　春秋時期晉系銅舟依其所屬之時代可分爲三階段。春秋早期晉系銅舟現知僅有一事，即西元 1954 年秋至西元 1955 年春河南省洛陽中州路西工段（第一期）M2415 Ⅰ式舟（圖 185），此器身作橢圓形，口微斂，唇外侈，腹側附一環耳，兩端附突起之圓鈕，淺腹平底。春秋中期晉系銅舟現知有一事，即西元 1954 年秋至西元 1955 年春河南省洛陽中州路西工段（第二期）M1、M4、M6、M216 之 Ⅱ式舟（圖 186），此舟形制與同地之 M2415 之舟近似，惟腹長邊兩側對生雙環耳，兩端無突鈕。春秋晚期晉系銅舟現知有四事：一爲西元 1954 年秋至西元 1955 年春河南省洛陽中州路西工段（第三期）M115 與 M2729 之 Ⅲ式舟（圖 187），此舟形制與同地 M1 Ⅱ式舟近似，惟口部外敞，唇外折近平，腹下有矮圈足；二爲西元 1961 年十二月山西省侯馬上馬村斷崖 M11 與 M13 之舟，M11 之舟形制爲雙環耳，器身爲橢圓形，M13 之舟（圖 188）形制與 M11 之舟近似，大口，腹側各有一環耳，深腹平底，器身橢圓形；三爲西元 1972 年八月山西省長治市分水嶺（第四次發掘）M269 與 M270 之舟，M269 之舟（圖 189）形制爲口微斂，鼓腹，腹側有對稱獸面雙耳，器身橢圓形，M270 之舟與 M269 之舟同爲橢圓形，惟近口沿處有對稱獸面雙耳，腹斜修平底；四爲西元 1973 年山西省長子縣羊圈溝 M1 與 M2 之舟，M1 之舟（圖 190）形制爲斂口寬肩，上腹兩側有一對耳，平底，M2 之舟（圖 191）形制爲窄唇，腹側有半環形耳，平底圈足。

 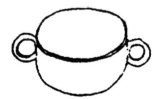

圖 185　河南省洛陽中州路 M2415 之舟　　　圖 186　河南省洛陽中州路西工段 M6 之 Ⅱ 式舟

圖 187　河南省洛陽中州路西工
段 M2729 之Ⅲ式舟

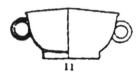

圖 188　山西省侯馬上馬村
M13 之舟

圖 189　山西省長治市分水嶺
M269 之舟

圖 190　山西省長子縣羊圈溝
M1 之舟

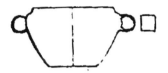

圖 191　山西省長子縣羊圈溝 M2
之舟

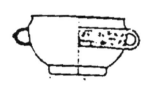

　　戰國時期晉系銅舟依其所屬之時代可分爲二階段。戰國早期晉系銅舟現
知有二事：一爲西元 1954 年秋至西元 1955 年春河南省洛陽中州路西工段（第
四期）M2717 之Ⅲ式舟，其形制與同地春秋晚期 M115Ⅲ式舟相同；二爲西元
1983 年山西省潞城縣潞河村大斷溝 M7 之舟（圖 192），其形制爲口作橢圓形，
有一對環形耳，深腹，下腹內收爲圓底，矮圈足。戰國中期晉系銅舟現知有
二事：一爲西元 1957 年河南省陝縣后川 M2040 之二件舟，由於出土資料未有
明確記錄，是以其形制不明；二爲西元 1959 年河北邯鄲百家村 M57 之舟（圖
193），其形制爲口微外侈，小平唇，腹側各有一環形，腹鼓，下有圈足。據
現有晉系銅舟出土資料之記載，其年代屬於戰國時期有二事：一爲西元 1959
年山西省長治市分水嶺（第二次發掘）M25 之舟（圖 194），其形制：器身上
爲長方形，下腹內收，腹側有雙環耳，平底圈足，此舟與河北邯鄲百家村 M57

之舟相近，故其年代宜爲戰國時期；二爲西元 1965 年山西省長治市分水嶺
M126 之舟（圖 195），此舟器身橢圓形，斂頸腹圈足飾有錯金，斂頸，腹部雙環
耳對稱，圈足，此舟與上述之舟稍有別異，即器身有錯金，若以此推側，其
年代蓋爲戰國早、中期。

圖 192　山西省潞城縣潞河村
　　　　M7 之舟

圖 193　河北邯鄲百家村 M57 之舟

圖 194　山西省長治市分水嶺
　　　　M25 之舟

圖 195　山西省長治市分水嶺
　　　　M126 之舟

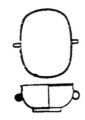

　　（十五）罐——罐的基本形制爲器身作圓筒形，斂口短頸，腹圓圜底。
西周晚期晉系銅罐現知有二事，一爲西元 1956 年河南省陝縣上村嶺 M1052 I
式小罐（圖 196），其形制爲斂口有蓋，器身作圓筒形，沿邊有兩耳可以繫繩，
腹圓圜底；二爲西元 1957 年河南省陝縣上村嶺 M1705III式小罐、M1820 II式
小罐和 M1820 之罐，M1705III式小罐（圖 197）形制：斂口有蓋，罐身作圓
球形，腹鼓圜底，M1820 II式小罐（圖 198）形制：斂口有蓋，腹圓圜底，下
有圈足，M1820 之罐（圖 199）形制：斂口，頸部內收，寬肩，上腹外鼓，下
腹內斂，平底，此罐與洛陽中州路 M4 之罍類似，惟此罐在肩部無雙環。春秋
晚期晉系銅罐現知僅有一事，即西元 1972 年山西省長治市分水嶺 M269 之罐
二件（圖 200），其形制爲侈口，沿外折，斂頸，鼓腹平底。戰國早期晉系銅
罐現知有一事，即西元 1983 年山西省潞城縣潞河村大斷溝 M7 之罐二件（圖
201），其形制爲斂口平沿，直頸斜肩，圓腹平底。

圖 196　河南省陝縣上村嶺
　　　　M1052 之小罐

圖 197　河南省陝縣上村嶺
　　　　M1705Ⅲ式小罐

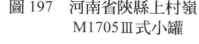

圖 198　河南省陝縣上村嶺
　　　　M1820Ⅱ式小罐

圖 199　河南省陝縣上村嶺
　　　　M1820 之罐

圖 200　山西省長治市分水嶺
　　　　M269 之罐

圖 201　山西省潞城縣潞河村 M7
　　　　之罐

　　（十六）盉——《說文解字》五篇上：「盉，調味也。」，王國維《觀堂集林》卷三藝林三〈說盉〉：「盉之爲用，在受尊中之酒與玄酒而和之，而注之於爵。」，故可知王國維以盉爲調酒器，此說爲容庚、郭寶鈞、陳夢家等人〔註24〕所採用，然朱鳳瀚從盤、匜、盉出土之狀況，以爲盤盉或盤匜常配套組合，故以盉爲盥洗器，由於目前銅盉出土資料有限，其用爲酒器或水器尙無明確之論證，故暫置於酒器之中。銅盉通行於商代至戰國早期，有關晉系銅盉形制可分爲西周、春秋、戰國三時期論述。

　　西周時期晉系銅盉依其所屬之時代可分爲二階段。西周早期晉系銅盉現知有一事，即西元 1961 年河南省鶴壁市郊龐村 0941 號盉（圖 202），其形制：小口頸內束，前有流，執把爲獸面附一小圓鼻紐，附蓋，蓋頂有鈕，鼓腹圜底，三棱足。西周晚期晉系銅盉現知有六事：一爲西元 1956 年河南省陝縣上村嶺 M1052Ⅰ式盉，其形制爲蓋與器身合鑄，腹側附以銅片作爲流與鋬，腹

〔註24〕容庚說盉見《通考》頁384及《通論》頁46；郭寶鈞說盉見《商周銅器群綜合研究》頁151；陳夢家說盉見《海外中國銅器圖錄》頁22。

底中空，內部填以範土；二為西元 1957 年河南省陝縣上村嶺 M1689 與 M1810
之盉，M1689 之盉形制為蓋與器身鑄成一體，無底，不能實用，M1810 之盉
（圖 203）形制為蓋與器身鑄成一體，腹側前有流後有鋬，腹鼓圓底，下有三
足；三為西元 1990 年河南省陝縣上村嶺 M2001 之盉，此盉與洛陽白馬寺 M1
出土西周晚期之銅盉相同；四為西元 1993 年山西省曲沃縣曲村鎮北趙村西南
（第三次發掘）M31 之盉（圖 204-1），其形制：頂有長方形口，沿外侈，上
有鳥形蓋，〔註25〕流作曲體管狀，龍首形口，〔註26〕足為兩個半蹲之裸體人，
人頭上無髮，曲肘架于腿上，手放在膝蓋，身前傾，背負器身，雙足半蹲。
此盉之造型實為新穎獨特，亦為晉系青銅器在形制上別具風格之一器；五為
西元 1993 年九月至西元 1994 年元月山西省曲沃縣曲村鎮北趙村西南（第四
次發掘）M63 之盉，由於出土資料未有明確說明，是以不知其形制；六為西
元 1994 年五月至十月山西省曲沃縣曲村鎮北趙村西南（第五次發掘）M92 之
盉一件，由於出土資料未有明確記錄，故不詳其形制。

圖 202　河南省鶴壁市郊龐村 0941
　　　　號盉　　　　　　圖 203　河南省陝縣上村嶺
　　　　　　　　　　　　　　　　1810 之盉

圖 204-1　山西省曲沃縣曲村嶺 M31
　　　　　之盉　　　　　圖 204-2　山西省芮城縣嶺
　　　　　　　　　　　　　　　　　底鄉 M1 之盉

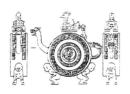

〔註25〕此鳥形蓋有鳥首和鳥身，鳥首有冠尖喙圓目，張翼，曲爪伏臥狀，鳥身後有
　　　　一環，通過一熊形鏈與器身一環相連，熊形鏈為前爪捉一帶過肩成環，後肢
　　　　向內合為一環。
〔註26〕龍首有冠，雙角有眉，眼圓睜，張口，口上有鬚，鋬作半環狀，飾高浮雕龍
　　　　首銜環。

　　春秋時期晉系銅盉依其所屬之年代可分爲二階段。春秋早期晉系銅盉現知有二事：一爲西元 1962 年山西省芮城縣嶺底鄉坛道村 M1 之盉（圖 204-2），其形制爲蓋與器身合鑄爲一體，有鋬有流，流爲一細銅方棍無底，四腿呈細小直柱狀，此盉與上述上村嶺虢國墓地 M1810 之盉相近。二爲西元 1994 年山西省曲沃縣曲村鎮北趙村西南（第五次發掘）M102 之盉一件，由於出土資料未有明確記錄，是以不明其形制。春秋晚期晉系銅盉現知有二事：一爲西元 1972 年八月山西省長治分水嶺（第四次發掘）M269 與 M270 之盉，M269 之盉（圖 205）形制：小口直沿，流作夔龍狀，昂首張口，頸繫帶圈，蓋帶鏈，蟠形提梁作弓形，腹扁圓，獸蹄足。M270 之盉（圖 206-1）形制：小口直沿，流作龍首，張口聳首，蓋帶鏈，螭形提梁作弓形，螭首前後足分立于器肩，螭首張口前伸尾上卷，腹扁圓，三蹄足。二爲西元 1977 年山西省長子縣牛家坡 M7 之盉（圖 206-2），其形制：小口直沿，流作虎頭形，帶蓋，虎形提梁，腹扁圓，蹄形足。

圖 205　山西省長治分水嶺　　　圖 206-1　山西省長治分水嶺
　　　　　M269 之盉　　　　　　　　　　　 M270 之盉

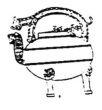

圖 206-2　山西省長子縣牛家坡　　圖 207　山西省長治市分水嶺
　　　　　 M7 之盉　　　　　　　　　　　　 M36 之盉

　　戰國時期晉系銅盉依其所屬之年代，可分爲二階段。戰國早期晉系銅盉現知有一事，即西元 1983 年山西省潞河縣潞河村大斷溝 M7 之盉，出土時已殘破，所知形制爲斂口，廣肩，一側出獸形流嘴，頭似狗，平蓋，上附半環

形紐，半環形提梁，扁圓腹圜底，三蹄形足。戰國晚期晉系銅盉現知有二事：一為西元 1959 年十月至西元 1961 年年底山西省長治市分水嶺（第二次發掘）M36 之盉（圖 207），其形制為龍形提梁，蓋頂有鈕，以三環連繫在梁上，流作鳳首形，圓腹平底，三蹄足；二為上海博物館所藏〈長陵盉〉（圖 208），此為韓國之器，其形制為：圓形蓋，獸形流，圓腹圜底，三蹄足。上述晉系銅盉之形制，其演變軌跡在於提梁與流，由原先弧形素面之提梁演變成獸形提梁，由原先直線素面之流演變成獸形流，由此可知晉系銅盉不僅講求實用，且重視造型藝術美。

（十七）鍾──《說文解字》十四篇上：「鍾，酒器也。」，段玉裁注：「古者此器蓋用以貯酒，故大其下，小其頸，自鍾傾之而入於尊，自尊勺之而入於觶，故量之大者亦曰鍾。」，故可知鍾為盛酒器，戰國時期已將圓壺稱為鍾。現知晉系銅鍾有二事：一為西元 1966 年陝西省咸陽塔兒坡出土之〈安邑下官鍾〉一件（圖 209），此鍾為戰國中晚期之魏國器，其形制為斂頸圓口，蓋上置三環鈕，鈕頂作角狀，腹部兩側有鋪首銜環耳，鼓腹圈足；二為〈春成侯鍾〉（圖 210），此鍾舊由羅振玉收藏，其形制為圓口束頸，斜肩無蓋，腹側有雙環耳，圓腹圈足。

圖 208　長陵盉

圖 209　安邑下官鍾

圖 210　春成侯鍾

三、水　器

晉系水器依用途而言，有承水、注水、盛水，依名稱而言，有盤、匜、鑑、洗、盉。由於各器之形制在兩周時期各有其不同之演變發展及其時代之特徵，故可從西周、春秋、戰國三時期來作剖析，若年代可確定者則細分為早、中、晚三期，如此則能易於掌握整個晉系水器形制之狀況。

（一）盤——《禮·內則》：「進盥，少者奉槃，長者奉水，請沃盥，盥卒，授巾。」，鄭玄注：「盤，承盥水者。」，故可知盤為承水器。一般「盤」之形制為器體呈扁平狀，大口，口沿平折，腹較淺，有耳，圈足，通行於商代至戰國，尤其在兩周時期盤常與盉或匜配套使用。晉系銅盤依現存所知，可分為西周、春秋、戰國三時期。

西周早期晉系銅盤現知有一事，即西元 1992 年十月至西元 1993 年山西省曲沃縣曲村鎮北趙村西南（第二次發掘）M13 之盤，由於出土資料未有明確記錄，是以不知其形制。西周晚期晉系銅盤現知有六事：一為〈虢季子白盤〉（圖211），此盤傳聞是陝西寶雞縣虢川司出土，道光年間徐燮鈞宰郿縣時所得，現藏於北京中國歷史博物館，其形制為器體為長方形，敞口，四面各有二獸首銜環，腹短，下有四足甚短作矩形。二為西元 1961 年十月陝西省長安縣張家坡出土之〈筍侯盤〉（圖 212），此盤為筍國之器，其形制為敞口窄折沿，淺腹，腹側有雙耳直立，下有圈足。三為西元 1990 年河南省陝縣上村嶺 M2001 之盤，由於出土資料未有明確記錄，是以不知其形制。〔註27〕四為西元 1993 年山西省曲沃縣曲村鎮北趙村西南（第三次發掘）M31 之盤（圖 213）形制為敞口卷沿，腹側附有雙耳，腹淺平底，圈足外侈。五為西元 1993 年九月至西元 1994 年元月山西省曲沃縣曲村鎮北趙村西南（第四次發掘）M64、M62、M63 之盤，此三墓之盤，由於出土資料未有明確記錄，是以不知其形制。六為西元 1994 年五月至十月山西省曲沃縣曲村鎮北趙村西南（第五次發掘）M91 與 M92 之盤，M91 之盤一件，由於出土資料未有明確記錄，是以不知其形制；M92 之盤即〈晉侯喜父盤〉，其形制為窄折沿，方唇腹側有雙耳，淺腹大圈足。西元 1956 年、西元 1957 年河南省陝縣上村嶺發掘虢國墓葬群，有不少銅盤出土，由於大多無銘文之盤，是以其時代僅能依形制結構推斷，大約為西周晚期至春秋早期，其

〔註27〕蔡運章說：「M2001 銅盤與洛陽北窰西周晚期墓 M501 出土的形制相近。」，其說見於〈虢文公墓考──三門峽虢國墓地研究之二〉，刊於《中原文物》1994年第 3 期頁 42。

形制可分爲四式，Ⅰ式盤有 M1705、M1706、M1711、M1744、M1761（圖 214）
形制爲敞口卷沿，腹側有雙耳直立，淺腹高圈足，足壁有穿孔，Ⅱ式盤有 M1052、
M1689、M1701、M1714、M1721、M1810（圖 215）形制與Ⅰ式盤相似，僅足
壁無穿孔，Ⅲ式盤有 M1601、M1602、M1702、M1767、M1820（圖 216）形制
爲敞口，腹側有雙耳直立，圈足下附三小足，Ⅳ式盤有 M1689（圖 217）形制
爲敞口，耳直立於口沿上，淺腹圈足。上述虢國諸銅盤與山西省曲沃縣曲村鎮
北趙村 M31 之銅盤近似，故其時代蓋爲西周晚期，遲者尚可延至春秋早期。

圖 211　虢季子白盤

圖 212　筍侯盤

圖 213　山西省曲沃縣曲村鎮
　　　　M31 之盤

圖 214　河南省陝縣上村嶺
　　　　M1705 之盤

圖 215　河南省陝縣上村嶺
　　　　M1721 之盤

圖 216　河南省陝縣上村嶺
　　　　M1601 之盤

圖 217　河南省陝縣上村嶺
　　　　M1689 之盤

　　春秋早期晉系銅盤現知有五事：一爲西元 1953 年河南省陝縣城西太僕鄉之盤一件（圖 218），其形制爲敞口折沿，腹側有兩耳，圈足，盤內中間蟠曲一條龍，旁邊有十四條魚圍繞。二爲西元 1954 年秋至西元 1955 年春河南省洛陽中州路西工段（第一期）M2415 I 式盤（圖 219），其形制爲大口唇外折，腹兩側附長方形立耳，淺腹圈足，此盤與上述河南省郟縣所出土之盤相似。三爲西元 1962 年山西省芮城縣嶺底鄉坛道村 M1 之盤（圖 220），其形制爲直口，兩耳直立於口沿上，淺腹圜底，圈足。四爲西元 1994 年山西省曲沃縣曲村鎮北趙村西南（第五次發掘）M93、M102 之盤，M93 盤（圖 221）有二件，一件爲實用器，一件爲明器，其形制爲敞口折沿，附耳，耳上有雙小梁和唇部相接，淺盤，圈足上附有三獸首小矮足；M102 之盤一件，由於出土資料未有記錄，是以不知其形制。五爲現藏於上海博物館之〈鄭伯盤〉，此爲鄭國之器，由於著錄文獻未有拓印其器，是以不知其形制。春秋中期晉系銅盤現知有一事，即西元 1954 年秋至西元 1955 年春河南省洛陽中州路西工段（第二期）M1、M4、M6 之 II 式盤（圖 222），其形制爲大口唇外折，腹兩側有兩耳豎立外折，淺腹，腹底有粗矮獸蹄形三足。春秋晚期晉系銅盤現知有六事：一爲西元 1954 年秋至西元 1955 年春河南省洛陽中州路西工段（第三期）M2727 II 式盤一件，其形制與上述同地 M1 II 式盤相同。二爲西元 1961 年山西省馬上馬村斷崖 M5、M11、M13 之盤；M5 之盤（圖 223）形制：敞口，腹側有雙環耳，淺盤圈足，M11 之盤形制：敞口外折，腹側有雙耳直立，淺盤，下有三獸蹄形足；M13 之盤（圖 224）形制爲窄沿唇外折，腹兩側附耳外侈，淺腹，足細短獸蹄形。三爲西元 1972 年山西省長治市分水嶺（第四次發掘）M269 與 M270 之盤，M269 之盤（圖 225）形制爲平口直沿，饕餮獸面雙耳，平底，獸蹄足，M270 之盤（圖 226）與上述 M269 之盤相似。四爲西元 1973 年山西省長子縣羊圈溝 M2 之盤一件，小平唇，兩側附耳，淺腹平底，小蹄形足。五爲西元 1975 年八月山西渾源縣李峪村 M3 之盤，其形制爲折沿方唇，腹側有獸形耳，淺盤，高圈足，此盤和唐山賈各庄出土之 M18 銅盤相近。六爲西元 1977 年山西省長子縣牛家坡 M7 之盤（圖 227），其形制爲唇微侈較平，直壁，腹側有一對連環耳，腹下部折收成平底。晉系銅盤尚有二事，因時期難以立斷，僅歸爲春秋時代，一爲西元 1959 年山西省侯馬上馬村之盤，由於出土時已殘破，所知僅爲附耳、淺腹、蹄足，此盤與上述河南省洛陽中州路 M6 II 式盤近似，故其時代蓋爲春秋中期。二爲〈虢季氏子組盤〉（圖 228）形制：敞

口折沿，腹側有雙耳直立，淺腹圈足，下有四足作長方形爲盤座，此盤座雖
與〈虢季子白盤〉相似，然其盤身與西元 1957 年河南省陝縣上村嶺 M1601
之盤近似，故其年代或爲春秋早期。

圖 218　河南省郟縣太僕鄉之盤　　圖 219　河南省洛陽中州路
　　　　　　　　　　　　　　　　　　　　　　　M2415 之Ⅰ式盤

圖 220　山西省芮城縣 M1 之盤 　　圖 221　山西省曲沃縣曲村鎮
　　　　　　　　　　　　　　　　　　　　　　　M93 之盤

圖 222　河南省洛陽中州路 M6　　圖 223　山西省侯馬上馬村 M5
　　　　　　Ⅱ式盤　　　　　　　　　　　　　之盤

圖 224　山西省侯馬上馬村 M13　　圖 225　山西省長治市分水嶺
　　　　　　之盤　　　　　　　　　　　　　　M269 之盤

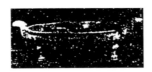 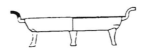

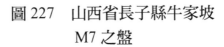

圖 226　山西省長治市分水嶺　　　圖 227　山西省長子縣牛家坡
　　　　　　M270 之盤　　　　　　　　　　　M7 之盤

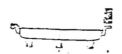 

圖 228　虢季氏子組盤

　　戰國早期晉系銅盤現知有二事：一爲西元 1954 年秋至西元 1955 年春河南省洛陽中州路西工段（第四期）M2717III式盤，此盤形制與上述同地 M1II式盤（春秋中期）相似，略有不同之處是盤腹較深，腹側有兩個銜環鋪首。二爲西元 1983 年山西省潞城縣潞河村大斷溝 M7 I 式盤、II 式盤、III 式盤和 M8 之盤，M7 I 式盤（圖 229）形制爲大方盤，盤折沿，方唇，腹底平直，兩邊外壁各附一對獸面鋪首銜環，盤四角下接四個柱形怪獸頭，此怪獸大耳圓眼，相貌凶惡，分別立在四只小獸上，小獸短尾，形成此盤之足；M7 II 式盤形制爲平沿，沿上有一對提梁耳，腹部弧凸，淺腹平底，三獸蹄足；M7 III 式盤形制爲平沿，淺腹，腹側有一對向外撇之耳；M8 之盤（圖 230）形制爲敞口折沿，沿邊有兩個外侈之方耳，腹微鼓，大平底，三蹄足。戰國中期晉系銅盤現知有兩事：一爲西元 1957 年河南省陝縣后川 M2040 之兩件盤，由於出土資料未有明確記錄，是以不知其形制。二爲西元 1959 年河北邯鄲百家村 M57 之一件盤（圖 231），其形制爲平唇，腹側有外撇之雙耳，腹淺平底。據現有晉系銅盤出土資料之記錄，其年代屬於戰國時期有三事：一爲西元 1954 年多至西元 1955 年春夏山西省長治市分水嶺（第一次發掘）M12 之盤，其形制爲唇平側出，柄兩端作獸頭，環鍊成雙鋬，淺腹平底，三蹄足，此形制與上述同地之 M269、M270 之盤較爲接近，故其年代蓋爲春秋晚期或戰國早期。二爲西元 1959 年十月至西元 1961 年年底山西省長治市分水嶺（第二次發掘）M25 之盤，出土時已殘破，所知形制爲平底，附耳，三蹄足，依此形制而言，其年代或爲戰國早期。三爲西元 1965 年山西省長治市分水嶺（第三次發掘）M126 之銅犧立人擎盤（圖 232），其形制有一隻銅犧，其造型爲豎耳短尾四蹄足，犧背站立一女俑，面目清晰，束髮垂脊，身穿右衽窄細長袍，腰繫帶，兩臂前伸成合抱形，雙手捧一圓形柱，柱頂置一盤，柱可周旋轉動，此盤折沿，腹淺平底，此造型頗爲新穎富有創意，可顯現晉系青銅器在形制之藝術特徵，若欲推算年代蓋爲戰國中期或晚期。

圖 229　山西省潞城縣潞河村　　圖 230　山西省潞城縣潞河村 M8
　　　　 M7 之 I 式盤　　　　　　　　　　 之盤

圖 231　河北邯鄲百家村 M57　　圖 232　山西省長治市分水嶺
　　　　 之盤　　　　　　　　　　　　　　 M126 之銅犧立人擎盤

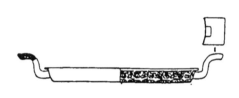

　　（二）匜——《儀禮‧公食大夫禮》：「小臣具槃匜，在東堂下。」，《左》僖廿三年：「奉匜沃盥」，鄭玄注：「匜，沃盥器。」，《國‧吳語》：「一個嫡男，奉槃匜以隨諸御。」，由此可知匜器作為澆灌洗手之用，下有盤承接澆灌之水。由於洗手時上有匜下有盤，故在典籍史料或出土禮器組合常有盤匜並用。匜之一般形制為前有流，後有鋬，腹身呈橢圓形，似瓢。匜通行於西周晚期至戰國時期。西周晚期晉系銅匜現知有三事：一為西元 1990 年河南省陝縣上村嶺 M2001 之匜，由於出土資料未有明確之記錄，故不明其形制。二為西元 1993 年九月至西元 1994 年元月山西省曲沃縣曲村鎮北趙村西南（第四次發掘）M64 與 M62 之匜，M64 之匜因出土資料未有詳細記錄，是以不知其形制；M62 之匜（圖 233）形制為流敞口微翹，匜後接獸形鋬，腹長圓底，下接四扁足。三為西元 1994 年山西省曲沃縣曲村鎮北趙村西南（第五次發掘）M91 之匜一件，由於出土資料未有明確敘述，是以不知其形制。西元 1957 年河南省陝縣上村嶺發掘虢國墓葬群，其中有不少銅匜出土，因大多為無銘文，是以其時代僅推算為西周晚期至春秋早期，其形制有 I 式與 II 式，I 式匜有 M1601、M1602、M1689、M1701、M1702、M1705、M1711、M1714、M1721、M1761、M1767、M1820（圖 234），其形制為口沿呈弧線，

流較長，獸形鋬，腹長圜底，下有四蹄形，II 式匜有 M1706（圖 235），其
形制爲口沿略成水平線無弧度，淺較短，獸形鋬，四短蹄形。上述虢國銅匜
與山西省曲沃縣曲村鎮北趙村西南 M62 之匜相比，其形制近似，故虢國銅
匜時代蓋爲西周晚期，遲者可延至春秋早期。

圖 233　山西省曲沃縣曲村鎮　　圖 234　河南省陝縣上村嶺
　　　　　M62 之匜　　　　　　　　　　　　M1601 之匜

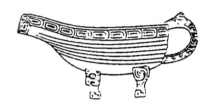

圖 235　河南省陝縣上村嶺
　　　　　M1706 之匜

　　春秋早期晉系銅匜現知有三事，一爲西元 1953 年河南省郟縣城西太僕鄉之
匜一件，其形制爲前端有流，後有獸形鋬，腹長圜底，下有四足。二爲西元 1954
年秋至西元 1955 年春河南省洛陽中州路西工段（第一期）M2415 之 I 式匜（圖
236），其形制爲前端有流，尾端有獸形鋬，淺腹平底，下有四獸蹄形矮足。三
爲西元 1994 年五月至十月山西省曲沃縣曲村鎮北趙村西南（第五次發掘）M93
與 M102 之匜，M93 之匜一件因出土資料未有明確記錄，是以不知其形制，M102
之匜（圖 237）形制爲敞口，流微上昂，鋬作獸首銜沿狀，腹長圜底，下有四
扁獸形蹄足。春秋中期晉系銅匜現知有一事，即西元 1954 年秋至西元 1955 年
春河南省洛陽中州路西工段（第二期）M1、M6 III 式匜與 M4 之 II 式匜，M1、
M6 之 III 式匜與同地之 M2415 之 I 式匜相似，僅 III 式匜流上有蓋，M4 之 II 式
匜（圖 238）形制爲前有流較短，後有獸形鋬，腹長圜底，下有四蹄足。春秋
晚期晉系銅匜現知有五事：一爲西元 1954 年秋至西元 1955 年春河南省洛陽中
州路西工段（第三期）M115、M2729 之 III 式匜（圖 239），其形制爲前端有流，

流上有蓋，淺腹，尾端有獸形鋬，下有四獸蹄形矮足。二為西元 1961 年十二月
山西省侯馬上馬村斷崖 M5、M11、M13 之匜，M5 之匜形制為前有短流後有獸
頭把手，腹部扁圓，下有四短足；M11 之匜因出土時已殘破，所知形制僅為獸
頭狀流，環把手上端飾一獸面，下有三足獸蹄形；M13 之匜與 M11 之匜相似，
器身橢圓形，前端有流，尾端作獸形鋬，腹較深，底附三獸蹄形短足。三為西
元 1972 年山西省長治分水嶺（第四次發掘）M270 之匜，出土時已殘損，所知
形制僅為帶寬流，器身橢圓形。四為西元 1973 年山西省長子縣羊圈溝 M1 與
M2 之匜，M1 之匜出土時已殘損，所知形制僅為方口淺盤，平底，三矮足；
M2 之匜（圖 240）形制為方流，橢圓形淺盤，平底，半圓形片狀尾，矮尖足。
五為西元 1975 年山西省渾源縣李峪村 M3 之匜，其形制為流短，肩部有一周突
稜，尾部有條狀環形捉手，平底。據現有晉系銅匜出土資料之記錄，其年代屬
於春秋時期有三事：一為西元 1959 年四月山西省侯馬上馬村東門外有一件銅
匜，其形制為流作獸面，尾有一環鈕，下有四蹄足，此匜與西元 1981 年洛陽西
工區 M4:3 之匜相近似，故其時代蓋為春秋中期偏晚；二為西元 1974 年山西省
聞喜縣上郭村之〈荀侯匜〉與〈貯子匜〉。〈荀侯匜〉為荀國器，今藏於山西博
物館，由於著錄書未記載其形制，是以其年代僅依史料推斷，據《竹書紀年》
晉武公卅八年（西元前 678 年）滅荀，故可知〈荀侯匜〉製器，絕不宜晚於此
年，蓋為西周晚期或春秋早期。〈貯子匜〉為賈國器，今藏於山西省博物館，《左》
文六年（西元前 612 年，晉襄公七年），晉之公族狐偃之子射姑食邑於賈，謂之
賈季，其後則以邑為氏，故可知此匜絕不宜晚於此年，蓋為春秋早期；三為《西
清》卷卅二頁 4 所著錄〈鄭義伯匜〉（圖 241），其形制為前有流，後有獸形鋬，
腹長圜底，四蹄足，此匜與上述河南省陝縣上村嶺 M1601 之匜相近似，故其年
代為西周晚期或春秋早期。

圖 236　河南省洛陽中州路　　　圖 237　山西省曲沃縣曲村鎮
　　　　　　M2415 之匜　　　　　　　　　　北趙村 M102 之匜

圖238　河南省洛陽中州路 M4 之　　圖239　河南省洛陽中州路
　　　　匜　　　　　　　　　　　　　　　　　M2729 之匜

圖240　山西省長子縣羊圈溝　　圖241　鄭義伯匜
　　　　M2 之匜

戰國早期晉系銅匜現知有四事：一為西元 1935 年河南省輝縣琉璃閣發掘甲、乙墓之匜一件（圖 242），其形制為器身為長方形，前邊有瓦形流，流部壁面略高，兩側飾方形環耳，四足為圓環滲鑄。二為西元 1954 年秋至西元 1955 年春河南省洛陽中州路西工段（第四期）M2717IV式匜兩件（圖 243），其形制為器身長側伸出一流如瓢形，大口，直唇微向裡折，腹後側附扁平鋬，腹底收縮，下附矮圈足。三為西元 1959 年十月至西元 1961 年年底山西省長治市分水嶺（第二次發掘）M26II式匜（圖 244），其形制器身如桃形，平口，圓底，三環足。四為西元 1983 年山西省潞城縣潞河村大斷溝西邊 M7 與 M8 之匜，M7 之匜出土已殘破，其器身呈橢圓淺盤形，前有流，後有環形耳；M8 之匜（圖 245）形制為瓢形，後附環形扣手，圈足。戰國中期晉系銅匜現知有兩事：一為西元 1957 年河南省陝縣后川 M2040 之匜一件，由於出土資料未有明確記錄，是以不知其形制。二為西元 1959 年河南省邯鄲百家村 M57 之匜一件，出土時已腐蝕殘破，所知形制僅為似桃形，一端為方形流，另一端為鉚制環形鈕。據現有晉系銅匜出土資料之記錄，其年代屬於戰國時期有三事：一為西元 1954 年冬至西元 1955 年春夏山西省長治分水嶺（第一次發掘）M11 與 M12 之匜，M11 之匜形制為平面瓢形，流部漸仰，圈足，此匜與山西省潞城縣潞河村 M8 之匜相類似，故此匜蓋為戰國早期之器；M12 之匜出土時已殘甚，僅留大流一段，流部與上述山西省潞城縣潞河村大斷溝 M7 之匜相類似，刻飾有人物、動物等圖案，故 M12 之匜蓋為戰國早期之器。二

為西元 1958 年山西省萬榮縣榮河鎮廟前村之匜一件，因殘破過甚，是以其形制不明，僅知為魏國之器。三為西元 1959 年十月至西元 1961 年年底山西省長治市分水嶺 M25 I 式匜（圖 246），其形制為前有寬流，腹長平底，後有一環鈕，下有圈足，此匜與上述山西省潞城縣潞河村大斷溝 M8 之匜相近似，故其時代蓋為戰國早期。

圖 242　　河南省琉璃閣甲乙墓之
　　　　　匜

圖 243　　河南省洛陽中州路
　　　　　M2717 IV 式匜

圖 244　　山西省長治市分水嶺
　　　　　M26 II 式匜

圖 245　　山西省潞城縣潞河村
　　　　　大斷溝 M8 之匜

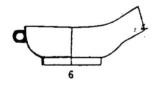

圖 246　　山西省長治市分水嶺
　　　　　M25 I 式匜

（三）鑑──依典籍文獻之記載，大略可知「鑑」有盛水、浴盆、盛冰之用，［註 28］由於「鑑」形體大，故《說文解字》十四篇〈上〉：「鑑，大盆

〔註28〕　《左》襄九年：「具綆缶，備水器。」，杜預注：「盆甖之屬。」，甖為陶質，鑒為銅質，故同為盛水器；《莊子‧則陽》：「衛靈公有妻三人，同濫而浴。」，奚侗曰：「濫當作鑑，鑑是大盆。」，此鑑為共浴之大盆；《周禮‧天官‧凌人》：「春始治鑑，凡外內饔之膳羞鑑焉，凡酒漿之酒醴亦如之，祭祀共冰鑑。」，鄭玄注：「鑑如甄，大口以盛冰。」。

也。」。一般鑑之形制為敞口深腹，上腹壁較直，下腹壁圓曲內收成底。鑑通行於春秋中、晚期至戰國中、晚期。春秋晚期晉系銅鑑現知有六事：一為西元 1938 年相傳河南省輝縣出土兩件〈智君子鑑〉（圖 247），此二器根據巴納、張光裕所言，一藏於華盛頓弗利亞美術館、另一藏於米里阿波里斯美術館，其形制為敞口，口沿兩旁有四獸耳，其中兩耳貫以扁平之環，腹圓圈足。二為西元 1961 年山西省侯馬上馬村斷崖 M13 之鑑兩件（圖 248），其形制為大口寬沿，沿下有四耳，深腹平底。三為西元 1961 年山西省萬榮縣榮河鎮西南廟前村之鑑，由於出土資料未有記錄，是以不明其形制。四為西元 1972 年山西省長治市分水嶺 M269 之鑑（圖 249），其形制為平口，寬沿外折，頸微斂，腹有四個互為對稱之獸面銜環，平底。五為西元 1977 年山西省長子縣牛家坡 M7 之鑑（圖 250），其形制為平唇曲壁，器壁渾厚，兩側有一對鋪獸銜環耳，平底圈足。六為西元 1987 年山西省太原市金勝村 M251 I 式鑑、II 式鑑，I 式鑑四件（圖 251）形制為平折沿，直口，頸微束，頸肩部附有四個對稱之半環形耳，耳懸扁體圓環，耳上部正面雕飾一對夔龍，兩龍相向組成獸頭，有眉、目、卷鼻，下腹斜收，平底圈足；II 式鑑二件，形制為斂口平沿束頸，肩部附有四個對稱之獸頭鋪首銜環，下腹斜收，平底矮圈足。

圖 247　智君子鑑

圖 248　山西省侯馬上馬村 M13 之鑑

圖 249　山西省長治市分水嶺 M269 之鑑

圖 250　山西省長子縣牛家坡 M7 之鑑

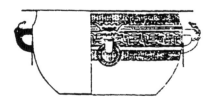

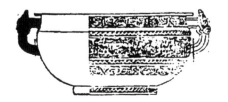

圖 251　山西省太原市金勝村 I
　　　　式鑑

　　戰國早期晉系銅鑑現知有二事：一爲西元 1959 年十月至西元 1961 年年底
山西省長治市分水嶺 M26 II 式 a 型鑑兩件，其形制爲大口，口沿外折，四耳獸
面銜環，深腹圈足。二爲西元 1983 年山西省潞城縣潞河村大斷溝 M7 之 I 式鑑
與 II 式鑑，I 式鑑（圖 252）形制爲敞口平窄沿，頸部內收，頸腹兩側附一對
獸面鋪首銜環，鼓腹，下腹內收作平底，矮圈足，此鑑與〈智君子鑑〉近似；
II 式鑑（圖 253）形制爲窄平沿直頸，圓肩腹附有一對獸面鋪首銜環，下腹內
收爲平底，矮圈足。戰國中期晉系銅鑑現知有兩事：一爲西元 1957 年河南省陝
縣后川 M2040 之四件鑑，由於出土資料未有明確之記錄，是以不明其形制。二
爲西元 1959 年十月至西元 1961 年年底山西省長治市分水嶺（第二次發掘）M53
II 式 a 型鑑，其形制爲大口，口沿外折，四耳獸面銜環，深腹圈足，此鑑與上
述同地之 M26 II 式 a 型鑑相同。戰國晚期晉系銅鑑現知有一事，即西元 1959
年十月至西元 1961 年年底山西省長治市分水嶺（第二次發掘）M35 II 式 b 型鑑，
其形制爲腹部有獸面銜環，圈足。據現有晉系銅鑑出土資料之記錄，其年代屬
於戰國時期有四事：一爲西元 1954 年多至西元 1955 年春夏山西省長治市分水
嶺（第一次發掘）M12 及 M14 之鑑，M12 之鑑有三件，其形制爲唇外平側，
鋪首啣環，腹深小平底，此鑑與上述山西省潞城縣潞河村大斷溝 M7 II 式鑑近
似，故其年代或爲戰國早期；M14 之鑑有一件因出土時已殘破失形，僅知器耳
啣環，是以其眞正年代難以立斷。二爲西元 1958 年山西省萬榮縣榮河鎮西南廟
前村之鑑二件，因出土時已殘破，所知形制僅爲口平侈，腹有四環耳，耳上飾
以獸頭，是以其年代難以推斷。三爲西元 1959 年十月至西元 1961 年年底山西
省長治市分水嶺（第二次發掘）M25 I 式鑑兩件（圖 254），其形制爲沿厚鈍外
折，腹部兩錾作獸面雙耳，有對稱之四獸面銜環，腹圓圜底，下有圈足，此鑑
與〈智君子鑑〉相近似，故其年代蓋爲春秋晚期或戰國早期。四爲西元 1965
年五月山西省長治市分水嶺（第三次發掘）M126 之鑑一件，因出土時已殘破，

所知形制僅為五個捉手，獸面，附有螭首，是以其年代難以明斷。

（四）洗——《儀禮‧士冠禮》：「夙興，設洗直于東榮。」，鄭玄注：「洗承盥洗者，棄水器也。」，故可知「洗」為古盥器，以承棄水者；《說文解字》十一篇〈上〉：「洗，洒足也。」，將「洗」以名詞作動詞用。洗是一種圓形水器，形狀有如今日之面盆，戰國時期不多見，漢代甚為流行。戰國中期晉系銅洗現知有一事，即為西元 1957 年河南省陝縣后川 M2040 之銅洗一件，因出土已破碎，是以其形制難以確知。

（五）盆——盆即甑，器形與「盆」相同，朱鳳翰以為青銅器銘文自名為「盆」有二類，其中一類形制為斂口、肩寬、腹壁斜收成平底，此類之「盆」，即為「盆」，〔註29〕其功用依典籍文獻之記載有盛水或盛血之用。〔註30〕晉系銅盆所知為春秋晚期之〈晉公盆〉（圖 255），〔註31〕其形制為侈口廣脣，無蓋，雙環耳上端作獸首形，腹寬斜收，平底。

圖 252　山西省潞城縣潞河村
　　　　M7Ⅰ式鑑

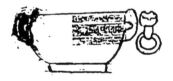

圖 253　山西省潞城縣潞河村
　　　　M7Ⅱ式鑑

圖 254　山西省長治市分水嶺
　　　　M25Ⅰ式鑑

圖 255　晉公甑

〔註29〕朱鳳翰論述「盆」之形制，可詳見《古代中國青銅器》頁 143 至 144。

〔註30〕《儀禮‧士喪禮》：「新盆、槃、瓶、廢敦、重鬲，皆濯造于西階下。」，鄭玄注：「盆以盛水。」，此盆作盛水器。《周禮‧地官‧牛人》：「凡祭祀共其牛牲之互與其盆簝以待事。」鄭玄注：「盆，所以盛血。」，此盆作盛血器。

〔註31〕〈晉公盆〉名稱，眾說殊異，有以敦、盒、盆、盨命名，其辨證詳見拙著《晉國文獻及銘文研究》頁 311、312。

四、樂　器

　　晉系樂器依名稱而言，有鐘、鎛、鐃、鉦，其形制在兩周時期各有不同特徵及演變發展，此仍依時序加以論述，以了解晉系樂器整個形制之狀況。

　　（一）鐘——鐘之形制是由鐃演化而來，其形制可從舞之上與舞之下來說，舞之上有衡、甬、旋、幹，舞之下有枚、篆、鉦、鼓、銑、于。由於懸掛有異，分爲斜掛式之甬鐘和直懸式之紐鐘，又鐘常編組成套，少者有三件，多者有數十件，是以謂之編鐘。典籍文獻記載鐘之用途有宴饗、軍樂及銘刻功勳之用。〔註32〕鐘是通行於兩周時期。西周早中期晉系銅鐘現知有一事，即爲西元1992年十月至西元1993年元月山西省曲沃縣曲村鎮北趙村西南（第二次發掘）M9之編鐘，由於出土資料未有明確之記錄，是以不知其形制。西周晚期晉系銅鐘現知有五事。一爲出土於長安河壖中之〈虢叔旅鐘〉（圖 256），此爲甬鐘有七件，亦爲編鐘，有甬、衡與幹，鉦部有枚卅六。二爲西元1990年河南省陝縣上村嶺M2001之鐘（圖 257），此爲甬鐘有八件，亦爲編鐘，鐘體扁圓，有甬與幹，鉦部兩面有枚卅六，兩銑尖銳，弧形口。三爲西元1992年十月至西元1993年元月山西省曲沃縣曲村鎮北趙村西南（第二次發掘）M8之鐘（圖 258），原先爲一套編鐘，因大半被盜，現所見者僅爲兩件，〔註33〕此鐘爲甬鐘，鐘體呈合瓦形，內有調音之構槽，甬較短有旋，舞部兩端微翹，鉦部較鼓部略長，鉦部以陰線分隔出枚、篆、鉦各部，枚較長呈兩段式，共有36個。四爲西元1994年五月至十月山西省曲沃縣曲村鎮北趙村西南（第五次發掘）M91之鐘七件，由於出土資料未有明確，是以不知其形制。五爲西元1957年河南省陝縣上村嶺發掘虢國墓葬群，其中M1052出土有九件之鐘，此鐘有長方形鈕（圖 259），是爲紐鐘，其形制爲鉦部長於鼓部，鉦部無枚與篆，于部略平。此鐘形制與上述諸鐘大有所異，是以其年代不宜爲西周晚期，蓋爲春秋早期。

〔註32〕《詩・小雅・彤弓》：「鐘鼓既設，一朝饗之。……鐘鼓既設，一朝醻之。」，此「鐘」用於宴饗。《左》莊廿九年（西元前665年）：「凡師，有鐘鼓曰伐，無曰侵。」，此「鐘」用爲軍樂。《左》襄十九年（西元前554年）：「季武子以所得於齊之兵作林鐘而銘魯功焉。」，此「鐘」是銘記功勳。

〔註33〕裘錫圭説：「上海博物館購得的〈晉侯蘇編鐘〉顯然就出自此墓，晉侯蘇即西周晚期的晉獻侯。從銘文看，考古隊所獲的兩件和上海購得的十四件，正好配成套，這十六件鐘按大小分成八件一組的編鐘兩組，而其上的銘文則相連而成一整篇。」，由此可知M8原爲編鐘有十六件。有關裘氏之説詳見〈也談子犯編鐘〉，其文刊於《故宮文物月刊》民國84年8月第十三卷第5期。

圖 256　虢叔旅鐘

圖 257　河南省陝縣上村嶺
　　　　　M2001 之鐘

圖 258　山西省曲沃縣曲村鎮
　　　　　M8 之鐘

圖 259　河南省陝縣上村嶺
　　　　　M1052 之鐘

　　春秋早期晉系銅鐘現知有一事，即爲西元 1994 年山西省曲沃縣曲村鎮北趙村西南（第五次發掘）M93 之甬鐘，共有十六件可分爲兩套，形制較大者（圖 260）有八件，鐘體瘦長，合瓦形，內有調音溝漕，舞部平齊，枚、鉦、篆各部以陰線相隔，枚較長，呈平頂兩段式；形制較小者（圖 261）有八件，其器體與形制較大者相同。春秋中期晉系銅鐘現知有一事，即相傳出土於山西省聞喜縣之〈子犯編鐘〉（圖 262），西元 1994 年八月〈子犯編鐘〉流落在香港古董店，九月、十月間台北故宮博物院採購有十二件，十一月台北陳鴻榮先生獲藏一件大鐘與故宮博物院所購十二件〈子犯編鐘〉中第一件相同，另外香港坊間相傳尚有二件與〈子犯編鐘〉同爲一系列之編鐘，故可知〈子犯編鐘〉蓋爲共十五件，〔註34〕是兩組編鐘，一組八件，一組七件。〈子犯編鐘〉是一套大小不一之甬鐘，其形制爲有甬、旋、鉦、鼓、隧，在

〔註34〕蔡哲茂先生以爲臺北除故宮博物院所收購十二件外，陳鴻榮先生所得有三件，徐展堂先生所得有一件，〈子犯編鐘〉應共有十六件，是兩套之編鐘。有關蔡哲茂先生所論，詳見〈再論子犯編鐘〉，其文刊於《故宮文物月刊》150 期。

鉦部前後有三排長乳丁，右左各9枚，共三十六枚。春秋晚期晉系銅鐘現知有四事，一為西元1870年（清同治九年）山西省榮河縣漢后土祠旁河岸出土十三件〈邵鐘〉（圖263），今上海博物館藏十件，臺灣故宮博物院藏一件，英國不列顛博物館藏一件，另有一件下落不明。〔註35〕〈邵鐘〉是甬鐘，其形制有衡、甬、幹、舞、鉦、鼓，鉦部兩面有36個枚。二為西元1961年十二月山西省侯馬上馬村斷崖M13之鐘九件，為一組形式相同，尺寸遞次減小之鈕鐘（圖264），其形制為舞上有一環鈕，鉦部有枚36個。三為西元1961年山西省萬榮縣榮河鎮廟前村出土有編鐘，因出土資料未有明確記錄，是以不知其形制。四為西元1972年八月山西省長治市分水嶺（第四次發掘）M269與M270之編鐘，M269之編鐘有二種：（一）為九件甬鐘（圖265），大小相次形式相同，形制為有長甬、獸頭單旋、幹、鉦、鼓、于；（二）為九件鈕鐘（圖266），大小相次形式相同，形制為有鈕、鉦、鼓、枚；此甬鐘、鈕鐘與蔡侯墓出土之甬鐘、鈕鐘類似，亦與傳世之〈䲹羌鐘〉相似；M270之編鐘有二種：（一）為八件甬鐘，大小相次形式相同，形制有長甬、方形單旋、鉦、篆、舞、鼓，（二）為九件鈕鐘，形式相同大小相次，形制有鈕作長方形、鉦、篆、舞、鼓。晉系銅鐘尚有一事，因時期難以劃分，僅歸為春秋時代，即為西元1993年五月至八月河南省新鄭縣金城路M2之鈕鐘20件，此鐘為鄭國青銅樂器，形制相同大小相次，其鐘體為上有圓角梯形鈕，鉦面有枚36個。由於出土資料僅是數語之記錄，是以無法遽斷此鐘為春秋早、中、晚那一期之器。

圖260　山西省曲沃縣曲村鎮　　圖261　山西省曲沃縣曲村鎮
　　　　　M93之鐘　　　　　　　　　　　　　M93之鐘

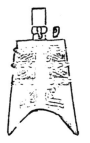

〔註35〕有關〈邵鐘〉出土流傳及器數，詳見拙著《晉國文獻及銘文研究》頁313至324。

圖 262　子犯編鐘

圖 263　邵鐘

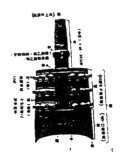

圖 264　山西省侯馬上馬村之鐘

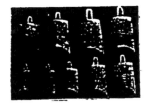

圖 265　山西省長治市分水嶺
　　　　M269 之甬鐘

圖 266　山西省長治分水嶺
　　　　M269 之鈕鐘

　　戰國早期晉系銅鐘現知有二事：一為西元 1928 年河南省洛陽金村太倉李密城韓君墓出土之〈驫羌鐘〉十四件（圖 267），〔註36〕有十二件為日本京都泉屋博古館所藏，有二件為加拿大多倫多安大略博物館所藏，此鐘依銘文多寡可分為二種，一為銘文六十一字之〈驫羌鐘〉有五件，另一為銘文八字之〈驫氏鐘〉有九件，〈驫羌鐘〉、〈驫氏鐘〉均是鈕鐘，此為形制相同大小相次之編鐘，其形制為舞上有長方形鈕，鉦面有枚 36 個。二為西元 1983 年山西省潞城縣潞河村大斷溝 M7 之鐘，此鐘有甬鐘 16 件與鈕鐘 8 件，甬

────────────

〔註36〕有關〈驫羌鐘〉出土流傳及器數，詳見拙著《晉國文獻及銘文研究》頁 327
　　　至 334。

鐘（圖 268）可分爲二組，每組各八件，是形制相同大小相次之編鐘，鐘體有甬、舞、旋、幹，鉦部狹長，枚高聳而瘦，于之弧度較深；鈕鐘之形制（圖 269）爲長環形鈕，弧形于，枚作圓圈。戰國中期晉系銅鐘現知僅有一事，即爲西元 1957 年河南省陝縣后川 M2040 之甬鐘廿件，是二套各十件之編鐘。據現有晉系銅鐘出土資料之記錄，其年代屬於戰國時期有四事：一爲西元 1954 年冬至西元 1955 年春夏山西省長治市分水嶺（第一次發掘）M14之鐘，此鐘有兩種，一爲甬鐘二件，因殘破過甚，所知僅爲甬有旋蟲，器體較大，是以眞正時期無法斷定；二爲鈕鐘八件（圖 270），是保存完整一套編鐘，形制相同大小漸次，舞上有鈕，鉦部兩面有枚 36，于部呈弧形，此鈕鐘與〈驫羌鐘〉近似，故其年代蓋爲戰國早期。二爲西元 1958 年山西省萬榮縣榮河鎭廟前村鈕鐘九件（圖 271），完整 6 件，殘破 3 件，形制相同大小漸次，舞上有環形鈕，鉦部兩面有枚 36，于部略平，此鐘與上述山西省潞城縣潞河村 M7 之鈕鐘近似，故其年代宜爲戰國早期。三爲西元 1959年十月至西元 1961 年年底山西省長治市分水嶺（第二次發掘）M25 之甬鐘與鈕鐘，甬鐘五件（圖 272）殘甚，形制所知長甬單旋，鉦部兩部有枚 36，于部略有弧度，朱鳳瀚以爲此鐘約爲戰國中期（《古代中國青銅器》頁 246）；鈕鐘九件（圖 273）形制相同大小相次，舞上有長鈕，下端爲二獸頭，篆帶上下及兩篆間各有螭首形鐘乳突出，朱鳳瀚以爲此鐘約戰國中期（《古代中國青銅器》頁 247）。四爲西元 1965 年山西省長治市分水嶺（第三次發掘）M126 之鈕鐘完整者僅一件（圖 274），長方鈕下端爲二獸頭，篆帶上下及兩篆間各有螭首形鐘乳突出，此鐘形制與上述同地 M25 之鈕鐘近似，故其年代宜爲戰國中期。

圖 267　驫羌鐘　　　　　　圖 268　山西省潞城縣潞河村 M7 之
　　　　　　　　　　　　　　　　　甬鐘

圖 269　山西省潞城縣潞河
　　　　村 M7 之鈕鐘

圖 270　山西省長治市分水嶺 M14
　　　　之鈕鐘

圖 271　山西省萬榮縣榮河
　　　　鎮廟前村之鈕鐘

圖 272　山西省長治市分水嶺 M25
　　　　之甬鐘

圖 273　山西省長治市分水
　　　　嶺 M25 之鈕鐘

圖 274　山西省長治市分水嶺 M126
　　　　之鈕鐘

（二）鎛——《儀禮・大射禮》：「其南鎛。」，鄭玄注：「鎛如鐘而大，奏樂，以鼓鎛爲節。」，《說文解字》第十四篇〈上〉：「大鐘，湻于之屬，所以應鐘磬也。」，鎛雖爲大鐘，形制近似於鐘，然有三點不同之處：器身呈扁橢圓形，鈕部有蟠曲獸形紋飾，平口。春秋時代晉系銅鎛現知有二事，一爲西元 1987 年山西省太原市金勝村 M251 之夔龍夔鳳紋之編鎛與散虺紋之編鎛，夔龍夔鳳紋之編鎛有五件（圖 275），形體高大，尺寸相次，鐘體正視呈梯形，俯視呈橢圓形，紐作兩夔龍相對峙，銜梁狀，龍張口昂首，弓身卷尾，

龍口中各銜觚，鉦部有篆帶兩條，篆帶上下及兩篆間各有團身螭首形枚突，
每區三層五枚，正背四區共 36 枚，每區枚之螭首面向不一，裡排螭首向內，
中排向下，邊排向外；散觚紋之編鎛有十四件（圖 276），形制相同尺寸相次，
大致與上述之夔龍夔鳳紋之編鎛相同，僅為器體瘦小。二為西元 1993 年河南
省新鄭縣金城路 M2 之鎛四件，其形制為鈕鐘是雙獸首形，鉦部呈梯形，鐘面
有枚 36 個，此鐘依出土地點而言，宜為鄭國青銅樂器。戰國早期晉系銅鎛現
知有一事，即為西元 1983 年山西省潞城縣潞河村大斷溝 M7 之鎛 4 件（圖
277），其形制為鈕呈伏獸狀，平于，枚呈池形有 36 個。戰國中期晉系銅鎛現
知有一事，即為西元 1957 年河南省陝縣后川 M2040 之編鎛九件，由於出土資
料未有明確記錄，是以其形制不知其詳。據現有晉系銅鎛出土資料之記錄，
其年代屬於戰國時期有一事，即為西元 1959 年十月至西元 1961 年年底山西
省長治市分水嶺（第二次發掘）M25 之鎛 4 件，兩件較完整，小大相次，鈕
飾兩夔龍，此鎛之年代依其形制蓋為戰國中期。

圖 275　山西省太原市金勝村
　　　　M251 之夔龍夔鳳紋之
　　　　編鎛

圖 276　山西省太原市金勝村
　　　　M251 之散觚紋之編鎛

圖 277　山西省潞城縣潞河村
　　　　M7 之鎛

　　（三）鐸——《周禮・天官・小宰》：「徇以木鐸。」，鄭玄注：「木鐸，木舌也，文事奮木鐸，武事奮金鐸。」，《國・吳語》：「王乃秉枹，親就鳴鐘、丁寧、錞于、振鐸，勇怯盡應。」，由上所述可知「鐸」爲敲擊樂器，有用於軍旅。鐸之形制近似鈴，而比鈴大，頂有鍙可安裝木柄，腔體內有舌，手搖動木柄而舌敲擊腔體發生響聲。西周晚期至東周早期晉系銅鐸現知有一事，即西元 1956 年河南省陝縣上村嶺 M1052 有鐸一件，由於出土資料未有明確記錄，是以其形制無以得知。

　　（四）鉦——鉦即丁寧，《說文解字》第十四篇〈上〉：「鉦，鐃也，似鈴，柄中上下通。」，其實鉦之形體較鐃高大，故有大鐃之稱，使用時，口部朝上，舞部有甬朝下，甬內可插入木柄搖動。西周晚期晉系銅鉦現知有一事，即西元 1993 年九月至西元 1994 年元月山西省曲沃縣曲村鎮北趙村西南（第四次發掘）M64 之鉦一件，由於出土資料未有明確記錄，是以其形制不得而知。

五、兵　器

　　青銅兵器依用途有攻擊型兵器與防禦型兵器，攻擊型兵器依其長短遠近有長兵器（如戈、戟、矛）、短兵器（如刀、劍、匕首）、遠射程兵器（如弩機、矢鏃），防禦型兵器有甲、胄之類。晉系兵器依現有出土資料之記載，大致有戈、戟、矛、鈹、鉞、刀、劍、鏃，由於兩周時期各兵器之形制有不同之特徵及演變之進展，是以依其時序加以論述。

　　（一）戈——戈之基本形制有三：戈頭、柲、戈鐏。戈頭有援、鋒、刃、穿、胡、闌、內；柲之上端有冒，是固定柲與戈頭，郭寶鈞認爲《禮・少儀》中所說戈之籥即爲柲冒；柲之下端有鐏，多呈尖銳狀，便於將戈柲立於地。青銅戈通行於商周時期。西周早期晉系銅戈現知有二事，一爲西元 1961 年七月河南省鶴壁市東南郊龐村編號 0579 之戈一件（圖 278），其形制爲雙刃無胡，內有一孔，內前部兩面各飾一獸面，內後部有一缺角。二爲相傳河南洛陽北窰出土之〈史矢戈〉一件，此戈援鋒殘失，短胡一穿，是衛國之戈。〔註 37〕西周中期晉系銅戈現知有二事，，一爲西元 1992 年十月至西元 1993 年元月山西省曲沃縣曲村鎮北趙村西南（第二次發掘）M6 之戈，由於此墓青銅器被

〔註37〕蔡運章認爲此戈銘文「史矢」與 1932 年河南浚縣辛村 M8 出土〈伯矢戟〉是同一人。其詳見〈洛陽北窰西周墓墨書文字略論〉，此文刊於《文物》1994 年第 7 期。

盜相當嚴重，是以出土資料未有明確記載銅戈數量及形制。二爲西元 1994 年山西省曲沃縣曲村鎮北趙村西南（第五次發掘）M33 之戈兩件，M33：340 戈（圖 279）直內，M 內上有一圓穿，窄援，短胡無穿，援部肥厚無中脊，闌近內一側有三角形凹槽；33：66 戈（圖 280）直內，內上一菱形穿，窄闌上下出齒，三角援，援末一圓穿。西周晚期晉系銅戈現知有四事，一爲西元 1992 年山西省曲沃縣天馬曲村遺址（第一次發掘）M1 之戈三件，M1：025 戈（圖 281）直內，短胡二穿，闌上方有獸首形翼，直援，援中起脊，斷面呈菱形，援末爲三角形；M1：024 戈（圖 282）殘損，長胡三穿，援中起脊，斷面呈菱形；M1：023 戈（圖 283）殘缺甚重，僅存援部。

圖 278　河南省鶴壁市龐村之戈　　圖 279　山西省曲沃縣曲村鎮
M33：340 戈

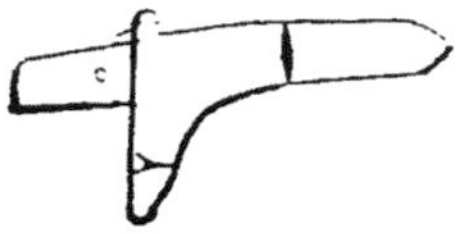

圖 280　山西省曲沃縣曲村鎮　　　圖 281　山西省曲沃縣曲村鎮
M33：66 戈　　　　　　　　　　　　M1：25 戈

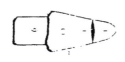

圖 282　山西省曲沃縣曲村鎮　　　圖 283　山西省曲沃縣曲村鎮
M1：24 戈　　　　　　　　　　　　　M1：23 戈

　　二爲西元 1993 年九月至西元 1994 年元月山西省曲沃縣曲村鎮北趙村西南（第四次發掘）M64 之戈一件，由於出土資料未有明確記錄，是以不知其形制。三爲西元 1994 年五月至十月山西省曲沃縣曲村鎮北趙村西南（第五次發掘）M91

之戈 13 件，由於出土資料未有明確記錄，是以不知其形制。四爲〈晉公戈〉（圖284），此戈爲臺灣古越閣所藏青銅兵器之一，其形制爲方內，一長穿，中胡，有一小穿，二長穿，三角形鋒，不起脊，有明顯刃緣，此戈蓋爲晉釐侯四年（西元前 827 年）之器。西元 1956 年至西元 1957 年河南省陝縣上村嶺發掘虢國墓葬群，其中 M1052、M1602、M1605、M1617、M1705、M1706、M1711、M1715、M1721、M1747、M1767、M1810 均有銅戈出土，其形制有三種，Ⅰ式戈有 M1721（圖 285），直內，有一圓穿，胡較短，有二穿，援前鋒尖削似玉器圭頭；Ⅱ式戈有 M1052、M1602、M1605、M1617、M1705、M1706、M1711、M1715、M1747、M1767、M1810（圖 286），長直內，有一長穿，胡較長，有 3 或 4 個穿孔，援呈圭形；Ⅲ式戈有 M1715（圖 287），直內，有一穿，胡較長，有二穿，上闌有一穿，援呈圭形，胡、援間之轉角處有刺，此三式戈與山西省曲沃縣曲村鎮 M25之戈相近似，故其年代約爲西周晚期，遲至春秋早期。

圖 284　晉公戈

圖 285　河南省陝縣上村嶺
　　　　　M1721 之 Ⅰ 式戈

圖 286　河南省陝縣上村嶺
　　　　　M1747 之 Ⅱ 式戈

圖 287　河南省陝縣上村嶺
　　　　　M1715 之 Ⅲ 式戈

　　春秋早期晉系銅戈垻知有三事，一爲西元 1954 年秋至西元 1955 年春河南省洛陽中州路西工段（第一期）M2415 Ⅰ 式戈（圖 288），其形制爲援上下刃相聚成鋒，末作三角形，下刃作鈍角彎向下延長成胡，援後有長方形之內，援胡及內上各有兩穿。二爲西元 1962 年秋山西省芮城縣嶺底鄉坛道村 M1 之Ⅰ式戈與Ⅱ式戈各一件，Ⅰ式戈（圖 289）形制爲援脊起棱，闌側有一長方穿，胡較短，援、內各有一穿；Ⅱ式戈（圖 290）形制爲援上有一中心呈十字形之

圓穿，闌側有三穿，胡較長，內殘。三為西元 1994 年山西省曲沃縣曲村鎮北趙村西南（第五次發掘）M93 之戈兩件，兩戈基本形制相同（圖 291），直內，內上有長方穿，內之下角有缺口，長胡兩穿，鋒呈圭首形，唯一不同之處在於援身中間有脊與無脊。春秋中期晉系銅戈現知有二事，一為西元 1954 年秋至西元 1955 年春河南省洛陽中州路西工段（第二期）M1、M4、M6 之 II 式戈與 M216 之 III 式戈，II 式戈（圖 292）基本形制與上述之 M2415 之 I 式戈相同，唯一不同之處 I 式戈內有二穿而 II 式戈內無穿或一圓穿；III 式戈（圖 293）形制與 M1 之 II 式戈相似，不同之點有二：內後緣傾斜下緣有缺口，胡較長。二為西元 1984 年陝西省韓城縣東南東范村出土一戈，是晉國之戈，今藏於韓城市博物館，其形制為內上無刃，胡有刃，闌有三穿，援有刃且上昂。春秋晚期晉系銅戈有八事，一為西元 1954 年秋至西元 1955 年春河南省洛陽中州路西工段（第三期）M115 之 II 式戈與 M2729 之 III 式戈，II 式戈與上述同地 M2415 之 I 式戈相同，III 式戈與上述同地 M216 之 III 式戈相同，僅是此戈內較長。二為西元 1961 年山西省侯馬上馬村斷崖 M13 之 I 式戈、II 式戈、III 式戈，I 式戈形制為援平而寬，援後有長方形之內，內上有一穿，短胡，有二穿；II 式戈形制為援平，援與內上緣平直，鋒成三角形，內為長方形，長胡三穿；III 式戈形制之胡、內與 II 式戈相同，僅是援較長，且中有凸起之圓形脊棱。三為西元 1964 年九月山西省原平縣峙峪村東南趙家璟出土之戈三件，I 式戈之形制為短援隆脊，直內，上有一個圓穿，長胡三穿，此戈與壽縣蔡侯墓之戈類似；II 式戈形制為長援隆脊有棱，直內，上有一個圓穿，長胡三穿。四為西元 1972 年山西省長治市分水嶺 M269 之 I 式戈與 II 式戈，I 式戈二件（圖 294）形制為援細長弧形，鋒刃銳利，脊隆起，斷面呈菱形，闌側四穿，內一穿，胡較短，II 式戈四件（圖 295）形制為援直而短，隆脊，闌側三穿，內一穿，其中有三件附有戈鐏。五為西元 1973 年山西省長子縣羊圈溝 M1 與 M2 之戈，M1 之戈二件（圖 296）形制為短援，長胡，三穿，方內；M2 之戈一件形制為長胡，三穿，胡有殘損。六為西元 1975 年八月山西省渾源縣李峪村 M2 之 I 式戈與 II 式戈，I 式戈形制為胡有二穿，內上有一穿；II 式戈形制為援已銹蝕，胡有二穿，內後部近圓弧狀，上有方穿一、圓穿一，此二戈與西元 1954 年秋至西元 1955 年春河南省洛陽中州路西工路 M2717IV 式戈相似。七為西元 1977 年山西省長子縣牛家坡 M7 之 I 式戈與 II 式戈，I 式戈是帶有柲與鐏，柲為藤條外纏絲線，並髹黑紅漆，鐏形如筆帽，上有一

道籥；II式戈所知僅為短胡一穿。八為西元 1987 年七月山西省太原市金勝村 M251 之 58 件，其形制（圖 297）為長援，橫斷面中間扁厚，兩側呈銳三角形，援中心透雕花紋，鋅上部與內上立雕一猛虎扼雄鷹圖案，短胡，此批戈中有一戈上有銘文「趙孟之御戈」，陶正剛以為此「趙孟」即趙簡子（趙鞅）。春秋時期晉系銅戈另有三件是有銘文之戈：一為〈晉左軍戈〉陸徵祥以此器為晉國欒氏之物，其器形為圭援短胡，內有一穿；二為〈欒左軍戈〉，此戈係為欒氏之物，其器形與〈晉左軍戈〉近似；三為〈晉陽戈〉，晉陽屬於晉國，此戈形制為圓鋒，援與胡有四穿，內有一穿，此三戈與上述春秋晚期晉系銅戈相近，故此三戈宜屬於春秋晚期。〔註38〕

圖 288　河南省陝縣上村嶺
　　　　　M2415 I 式戈

圖 289　山西省芮城縣嶺底鄉 M1
　　　　　之 I 式戈

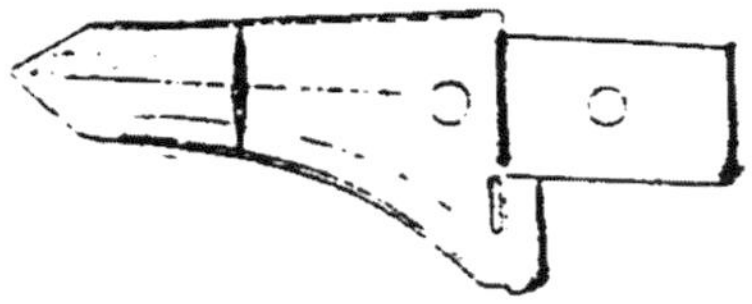

圖 290　山西省芮城縣嶺底鄉
　　　　　M1 之 II 式戈

圖 291　山西省曲沃縣曲村鎮北
　　　　　趙村 M93：125 戈

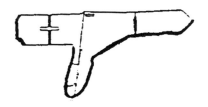

圖 292　河南省洛陽中州路 M4
　　　　　之 II 式戈

圖 293　河南省洛陽中州路 M216
　　　　　之 III 式戈

〔註38〕陸氏之說詳見《八瓊室金石札記》卷二頁 20。有關〈晉左軍戈〉、〈欒左軍戈〉、〈晉陽戈〉之名稱與形制詳見拙著《晉國文獻及銘文研究》頁 309 及 310。

圖 294　山西省長治市分水嶺
　　　　M269 之 I 式戈

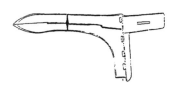

圖 295　山西省長治市分水嶺
　　　　M269 之 II 式戈

圖 296　山西省長子縣羊圈溝
　　　　M1 之戈

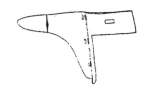

圖 297　趙簡子戈

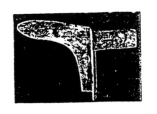

　　戰國早期晉系銅戈現知有三事，一爲西元 1954 年秋至西元 1955 年春河南省洛陽中州路西工段（第四期）M2717、M2719 之 IV 式戈與 M2719 之 V 式戈，M2717、M2719 之 IV 式戈（圖 298）形制爲鋒是圓形，胡加長有三穿，內有一穿；M2719 之 V 式戈形制爲援與 IV 式相同，援脊凹入有五穿，內作鳥獸合搏之透雕，胡作圓柱形，中空成銎有一穿。二爲西元 1962 年山西省芮城縣嶺底鄉坛道村 M2 之 I 式戈與 II 式戈，I 式戈（圖 299）形制爲援尖銳刃利，闌側三穿，內上有一穿；II 式戈（圖 300）形制爲援端圓鈍，闌側三穿，內有穿呈 T 字形。三爲西元 1983 年山西省潞城縣潞河村大斷溝西邊 M7 之 I 式戈、II 式戈、III 式戈，I 式戈形制爲長援方內，內上有一方孔，中胡有三穿；II 式戈形制爲短援，闌側三穿，內微上翹，上有一方孔；III 式戈形制爲短援方內，闌側有二穿或三穿，均爲明器，戈上置矛，組合成戟狀。戰國中期晉系銅戈現知有八事，一爲西元 1957 年河南省陝縣后川 M2040 之銅戈 14 件，其形制大多爲直內中胡三穿。二爲西元 1959 年河北省邯鄲百家村之 I 式戈、II 式戈、III 式戈，I 式戈（圖 301）形制爲援較平直，內作長方形，上有一長方形穿孔，胡上有三穿孔；II 式戈（圖 302）形制爲援微上斜，內作長方形，上角爲圓角，上有一長方形穿孔，胡較寬，並有三個長方形之穿孔；III 式戈僅存戈內，內作鉤形似一雞尾。三爲西元 1959 年十月至西元 1961 年年底山西省長治市分水嶺（第二次發掘）M53

之I式戈、II式戈、III式戈，I式戈（圖 303）形制為短援平脊無棱，闌側三穿，直內；II式戈（圖 304）形制為援稍長，闌側三穿，直內有一穿；III式戈（圖 305）形制為長援，稍微上昂，闌側有三穿，內作長方形向外翹，有一穿。四為西元 1979 年山西省長子縣牛家坡 M12 之戈兩件，由於出土資料未有明確記錄，是以不知其形制。五為西元 1971 年湖北省江陵拍馬山 M5 之〈卅四年頓丘戈〉（圖 306），此戈現藏於湖北省博物館，其形制為援較長，兩端上翹，闌側有三穿，內之兩端上翹，有一穿呈條狀。六為西元 1974 年湖南省衡陽市白沙洲唐家山市 M2 之〈廿三年大梁左庫戈〉（圖 307），其形制為長援，內為長方形，有一穿，長胡三穿。七為西元 1977 年十月至西元 1978 年元月湖北省黃陂縣魚臺山西南出土一件〈綌戈〉，其形制為長胡三穿。八為西元 1980 年湖北省江陵縣張家山之〈魏十四年鄴下庫戈〉（圖 308），此戈現藏於沙市博物館，其形制為援較長向上翹，長胡三穿，方內，有一穿。戰國晚期晉系銅戈現知有十事，一為西元 1942 年根據《巖窟吉金錄》卷七頁 57、《錄遺》581 著錄〈八年新城大令韓定戈〉是安徽壽縣出土，其形制（圖 309）為援較長，鋒圓尖，闌側有三穿，內為長方形上翹，有一穿。二為西元 1959 年十月至西元 1961 年年底山西省長治市分水嶺（第二次發掘）M35 之II式戈一件，其形制為短援，隆脊，方內，闌側有三穿，此與上述同地 M53 之II式戈為同一類型。三為西元 1971 年十一月河南省新鄭縣城之「鄭韓故城」東南之白廟范村有一地窖內藏兵器有 180 多件，其中戈有八十餘件（完整者有四十三件，缺內者有十三件，缺胡者有四件，缺援者有廿一件），其形式可分為I式、II式、III式、IV式、V式、VI式。I式戈（圖 310）形制為援部較短而寬，胡上有三個長方形穿，方內無刃，內有一穿；II式戈（圖 311）形制為長援，長胡上有三個半月形穿，內端有刃，內有一長方形穿，僅有下齒；III式戈（圖 312）形制為援上刃與內上刃聯線呈弧形，兩端略上翹，長胡上有三個長方形穿，內有一長方形穿，此戈與〈秦呂不韋戈〉（秦始皇五年，西元前 242 年）近似；IV式戈（圖 313）形制為長援，鋒圓向上翹，方內較短，內有一穿，闌側有三穿；V式戈（圖 314）形制為援上刃與內上刃聯成弧形，兩端略上昂，長胡，有四個半圓形穿，內端有刃，內端呈二折角；VI式戈（圖 315）形制為長援，長胡上有四個長方形穿，內殘缺。四為西元 1974 年冬遼寧省新金后元台出土〈廿一年啟封端癰戈〉一件（圖 316），其形制為長援，平突脊，援內端有刃，長胡，胡上闌側有長方形三穿，內有一穿。五為西元 1975 年冬山西省臨縣窰頭村出土〈宜安戈〉一件（圖

317），其形制爲長援，長胡三穿，內方有一穿。六爲西元 1976 年山西省臨縣窰頭村出土〈關輿戈〉一件，現藏於山西省博物館，其形制爲長胡有四穿，內有一穿。七爲西元 1977 年遼寧省建昌縣發現〈屯留戈〉（圖 318），其形制爲援微翹，援有中脊，闌旁有四穿，兩側及胡均有刃，內微翹，內兩側亦有刃，當中一穿。八爲西元 1979 年遼寧省建昌縣發現〈八年言命戈〉，只存內一部分，內上有一穿。九爲西元 1983 年山西省博物館從太原電解銅廠揀選〈鄭□敬□□□□戈〉（圖 319），其形制爲長援微上翹，中部凸起，剖面呈菱形，長胡下端齊平，近闌處有長方形穿三個，內亦上翹，上有一長方形穿，端有刃，此戈之形制及銘文與西元 1971 年河南新鄭鄭韓故城所發現之戰國銅戈相似。十爲河北省臨城縣東柏暢村發現有兩戈（即柏 003、004）（圖 320），其形制爲援、內微向上翹，援斷面呈菱形，中有脊隆起，援脊較內稍高，闌側三穿，上穿呈半圓形，下兩穿爲半橢圓形，長胡，直內一橫穿，此戈之形制、銘文體例、文字特徵與趙國〈十七年邢令戈〉同。晉系銅戈尚有八事，由於不知其出土時間或地點，然依其形制推斷是屬於戰國晚期，故同列於此敘述。一爲《積古》卷九頁 5 所著錄〈廿四年郫陽命戈〉（圖 321），此戈阮元以爲秦戈，名爲〈秦右軍戈〉，實爲韓戈，其形制爲長援微向上翹，闌側有五穿，內方，有一穿。二爲《三代》卷十九頁 52 之 1 所著錄之〈六年鄭令韓熙戈〉（圖 322），此戈爲韓戈，其形制爲長援圓鋒，闌側有三穿，胡較短，內較長，有一穿。三爲《貞松》卷十二頁 7 所著錄之〈三年脩余令韓謹戈〉（圖 323），此戈爲韓戈，其形制爲長援圓鋒，胡較短，方向，有一橫穿。四爲《錄遺》五七九所著錄之〈四年令韓謹戈〉（圖 324），此戈爲韓戈，其形制爲長援圓鋒，闌側有三穿，胡較長，方內，有一橫穿。五爲相傳安徽省壽縣出土之〈相邦趙□廿九年戈〉（圖 325），此戈爲趙戈，其形制爲長援圓鋒，援微向上翹，闌側有三穿，胡較長，方內，有一穿。六爲北京市揀選之〈十七年邢令戈〉（圖 326），此戈爲趙戈，現藏於北京市文物研究所，其形制爲長援圓鋒，援上端平直，闌側有三穿，胡較長，方內微向上翹，有一穿。七爲現藏於湖南省博物館之〈十八年庖宰韓贈戈〉，此戈爲韓戈，出土時援已殘斷，中胡有三穿，方內有一穿。八爲現藏於中國歷史博物館之〈廿三年郚命垠戈〉，此戈爲魏戈，因出土時銹蝕比較嚴重，其形制所知僅爲中胡有三穿，內有鋒刃。據現有晉系銅戈出土資料之記錄，其年代屬於戰國時期有七事：一爲著錄於《奇觚》卷十頁 14 與西元 1971 年河南省新鄭出土之〈鄭武庫戈〉，由於該戈僅存內一部分，是以欲辨明屬於戰國早、中、晚期較爲困難，然因銘

文有「鄭」字，故可知是韓戈。二為西元 1954 年冬至西元 1955 年春夏山西省
長治分水嶺（第一次發掘）M10、M12 與 M14 之戈，M10 之戈有兩式，Ⅰ式戈
之形制為長援隆脊有稜，下援弧形，無上闌，胡小二穿，內長有一穿，依此戈
之形制與晉系戰國中期銅戈近似，故其年代宜屬為戰國中期；Ⅱ式戈之形制為
隆脊無稜，胡大於援，胡三穿，有上闌，內長一穿，依此戈之形制與晉系戰國
晚期銅戈近似，故其年代不宜早於戰國中期；M12 之戈有六件，由於出土資料
僅記載「有三穿」，是以無法辨識其年代；M14 之戈有三式，Ⅰ式戈之形制為
援狹長曲脊，闌側有三穿，Ⅱ式戈之形制為援長曲脊，下援如刀，胡有五鋒，
闌側有三穿，Ⅲ式戈之形制為援有直脊，闌側有五穿，直內，此三式之形制與
晉系戰國晚期銅戈相近似，故其年代宜為戰國晚期。三為西元 1958 年河北省易
縣燕下都遺址出土之〈三年蒲子戈〉，此戈現藏於中國歷史博物館，此戈為魏戈，
其形制為援刃作弧形，內端刃向上，方內有一穿，依其銘文有「蒲子」，此戈蓋
為蒲子入於秦之前（西元前 312 年）所鑄，〔註39〕故宜屬於戰國晚期。四為西
元 1959 年湖南省長沙市東郊柳家大山出土〈鄭左庫戈〉（圖 327），此戈為韓戈，
現藏於湖南省博物館，其形制為曲援，闌側有三穿，內上揚，上下有刃，內上
有一穿，依此戈之形制與戰國晚期晉系銅戈近似，故其年代宜為戰國晚期。五
為西元 1965 年五月山西省長治市分水嶺（第三次發掘）M126 之戈廿三件，有
三式，Ⅰ式戈（圖 328）形制為援細長帶弧度鋒刃銳利，中脊隆起，橫斷面呈
菱形，援胡間呈鈍角，闌側三穿，內有二刃一穿，依此戈之形制與晉系戰國早
期之銅戈近似，故其年代宜為戰國早期；Ⅱ式戈（圖 329）形制為援短而寬，
鋒刃銳利，中脊隆起，闌側三穿，直內一穿，Ⅲ式戈（圖 330）形制為援短斜
而上翹，直內一穿，闌側三穿，此二式戈與戰國早期晉系銅戈近似，故其年代
宜為戰國早期。六為西元 1972 年河北省邯鄲市出土〈六年𨸤令戈〉，此戈為趙
戈，其形制為闌側三穿，內有一穿，由於出土資料未有明確記錄，故難以邃知
此戈為戰國早、中、晚那一時期？七為現藏於湖南省博物館之〈六年格氏令戈〉，
此戈為韓戈，其形制為中胡三穿，內有鋒刃，由於出土資料記錄有限，難以辨
識此戈真正屬於戰國時期那一階段？

〔註39〕 黃盛璋根據《史・晉世家》、《史・魏世家》、《史・秦始皇本紀》、《水經注・
河水三》考證「蒲子」之地，以為〈三年蒲子戈〉宜鑄于入秦之前（西元前
312 年），其詳見〈試論三晉兵器的國別和年代及其相關問題〉，其文刊於《考
古學報》1974 年第 1 期。

圖 298　河南省洛陽中州路
　　　　　M2717 之IV式戈

圖 299　山西省芮城縣嶺底鄉
　　　　　坛道村 M2 I 式戈

圖 300　山西省芮城縣嶺底鄉
　　　　　坛道村 M2 II 式戈

圖 301　河北省邯鄲百家村 I
　　　　　式戈

圖 302　河北省邯鄲百家村 II
　　　　　式戈

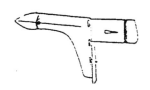

圖 303　山西省長治市分水嶺
　　　　　M53 之 I 式戈

圖 304　山西省長治分水嶺
　　　　　M53 之 II 式戈

圖 305　山西省長治分水嶺
　　　　　M53 之 III 式戈

圖 306　卅四年頓丘戈

圖 307　廿三年大梁左庫戈

圖308 魏十四年鄴下庫戈

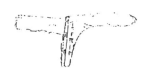

圖309 八年新城大令韓定戈

圖310 河南省新鄭縣白廟范
村之Ⅰ式戈

圖311 河南省新鄭縣白廟范
村之Ⅱ式戈

圖312 河南省新鄭縣白廟范
村之Ⅲ式戈

圖313 河南省新鄭縣白廟范
村之Ⅳ式戈

圖314 河南省新鄭縣白廟范
村之Ⅴ式戈

圖315 河南省新鄭縣白廟范
村之Ⅵ式戈

圖316 廿一年启封嗇癰戈

圖317 宜安戈

圖 318　屯留戈

圖 319　鄭□敬□□□□戈

圖 320　河北省臨城縣東柏暢村之戈

圖 321　廿四年邨陽命戈

圖 322　六年鄭令韓熙戈

圖 323　三年脩余令韓謹戈

圖 324　四年令韓謹戈

圖 325　相邦趙□廿九年戈

圖 326　十七年邢令戈

圖 327　鄭左庫戈

圖 328　山西省長治市分水嶺M126 I 式戈

圖 329　山西省長治市分水嶺M126 II 式戈

圖 330　山西省長治市分水嶺M126 III 式戈

（二）戟——《說文解字》第十二篇〈下〉：「戟、有枝兵也。」，此「枝兵」意謂戟為戈矛之合體，今所見之戟除「三戈一矛」，外，尚有「三戈無矛、雙戈無矛」，故可知「戟」除作「前刺」用外，其用在於「橫擊」。青銅戟流行於西周早期以後，晉系銅戟現知較早是在春秋晚期，即西元 1987 年山西省太原市金勝村 M251 之戟四件，由於出土資料未有明確記錄，是以不知其形制。

戰國早期晉系銅戟現知有一事，即為西元 1954 年秋至西元 1955 年春河南省洛陽中州路西工段（第四期發掘）M2717 之 I 式戟與 II 式戟，I 式戟形制為戈內殘缺，矛柄圓箇形，中空直透脊部，脊部隆起，兩鍔垂末小敞，葉底成鈍角，箇上兩面有穿；II 式戟之形制為戈內下緣有一轉角，矛身較短，兩葉下垂至箇底又行翹起，箇上無穿。戰國中期晉系銅戟現知有四事：一為西元 1957 年河南省陝縣后川 M2040 之戟五件，由於出土資料未有明確記錄，是以不知其形制。二為西元 1959 年河北省邯鄲百家村出土 I 式戟和 II 式戟，I 式戟（圖 331）形制為矛是左右刃，箇上有一小孔，戈之援較長，弧度明顯，胡上有三穿，內作長方形，外端較斜，上有一長方形穿，此戟為戈矛異體組合；II 式戟（圖 332）形制為矛是呈扁錐體，鋒圓鈍，箇中空可裝置柲，戈之形制與 I 式戟同，此戟亦是戈矛異體組合。三為西元 1959 年十月至西元 1961 年年底山西省長治市分水嶺（第二次發掘）M35 之 I 式戟與 II 式戟，I 式戟形制為矛是雙翼側鋒，戈狹長，內直，曲脊，闌側四穿；II 式戟形制為矛是三棱，戈之援下有刃，曲脊，闌側三穿，內直。四為西元 1979 年山西省長子縣牛家坡 M12 之戟一件，由於出土資料未有明確記錄，是以不知其形制。

圖 331　河北省邯鄲百家村之 I
式戟

圖 332　河北省邯鄲百家村之 II
式戟

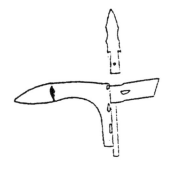

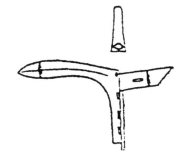

（三）矛——矛依形制有三部分爲矛頭、矛柲、矛鐓，矛頭有鋒、刃、叶、脊、骹五部分，矛與戈皆爲衝刺之兵器，故商周時期就已普遍流行。西周早期晉系銅矛現知有一事，即爲西元 1961 年七月河南省鶴壁市東南郊龐村之戈（圖 333），其形制爲雙刃對稱，銎口兩側各有一環鈕。西周晚期晉系銅矛現知有二事，一爲西元 1992 年山西省曲沃縣翼城天馬曲村遺址（第一次發掘）M1 之 I 式矛與 II 式矛，I 式矛（圖 334），僅存鋒部，鋒起脊，鋒起脊，II 式矛（圖 335）形制爲鋒起脊，骹斷面呈圓形，下部有二環，內有木柄痕跡。二爲西元 1994 年五月至十月山西省曲沃縣曲村鎮北趙村西南（第五次發掘）M91 之矛一件，由於出土資料未有明確記錄，是以不知其形制。西周晚期至春秋早期晉系銅矛現知有虢國墓葬群，即西元 1956 年、西元 1957 年河南省陝縣上村嶺之矛，其形制可分爲 I 式矛與 II 式矛，I 式矛有 M1617、M1706、M1747、M1810（圖 336），其形制爲鋒呈尖形，中有脊，矛葉細而長，骹作銎狀，可爲安柲之用；II 式矛有 M1052、M1602、M1705、M1711、M1721（圖 337），其形制爲鋒呈尖形，中有脊，矛葉寬而短，骹作銎狀。虢國之矛與上述西周早、晚期晉系銅矛略有不同，尤其骹旁無環鈕。

圖 333　河南省鶴壁市龐村之矛

圖 334　山西省曲沃縣天馬曲村遺址 M1 之 I 式矛

圖 335　山西省曲沃縣天馬曲村遺址 M1 之 II 式矛

圖 336　河南省陝縣上村嶺 M1810 之矛

圖 337　河南省陝縣上村嶺 M1052 之矛

春秋中期晉系銅矛現知有一事，即爲西元 1984 年陝西省韓城縣東南范村之矛一件，其體較小，銎上有一小孔。春秋晚期晉系銅矛現知有四事，一

爲西元 1961 年十二月山西省侯馬上馬村 M13 之矛二件（圖 338），其形制爲鋒刃銳利，脊高成梯形，骹部兩面有穿，銎內皆留有殘木。二爲西元 1964 年九月山西省原平縣峙峪村東南趙家塙之 I 式矛與 II 式矛，I 式矛形制爲鋒芒銳利，隆脊有棱，圓銎，銎有二穿；II 式矛形制爲扁平，鋒芒銳利，方銎，銎有二穿，此二矛之形制與安徽省壽縣蔡侯墓之多類似。三爲西元 1972 年八月山西省長治市分水嶺（第四次發掘）M269 之矛二件（圖 339），其形制爲鋒刃銳利，矛身橫斷面三棱形，骹筒狀，內有朽木，外有對穿。四爲西元 1987 年七月山西省太原市金勝村 M251 之矛廿四件，由於出土資料未有明確記錄，是以不知其形制。

圖 338　山西省侯馬上馬村 M13　　圖 339　山西省長治市分水嶺
　　　　之矛　　　　　　　　　　　　　　　　M269 之矛

戰國早期晉系銅矛現知有二事，一爲西元 1962 年秋山西省芮城縣嶺底鄉坛道村 M2 之矛一件（圖 340），其形制爲鋒芒銳利，中間起脊，骹與身有明顯分界線，銎口爲圓形，骹部有對穿。二爲西元 1983 年元月山西省潞城縣潞河村大斷溝 M7 之 I 式矛與 II 式矛，I 式矛（圖 341）形制爲矛身一鋒二刃，中起單脊，骹呈直筒狀，上窄下略寬，上有穿孔；II 式矛（圖 342）形制爲矛身狹長，二刃中部起凸尖，刃面下凹，短骹，骹上端有穿孔。戰國中期晉系銅矛現知有一事，即爲西元 1959 年河北省邯鄲百家村之 I 式矛與 II 式矛，I 式矛（圖 343）形制爲鋒圓鈍，矛身橫斷面呈三角形，骹圓中空，上有一方孔；II 式矛（圖 344）形制爲鋒銳利，三面有刃而鋒利，骹中空，上有一圓孔。戰國晚期晉系銅矛現知有七事，一爲著錄於《貞松》卷十二頁16 之〈五年鄭令韓□矛〉（即〈朱左軍矛〉）（圖 345），此矛爲韓矛，其形制爲鋒尖利，骹部有圓形孔。二爲現藏於中國歷史博物館之〈四年□雍命韓匡矛〉，由於著錄資料未有明確敘述，是以不知其形制。三爲著錄於《陶續》卷二頁 25 之〈六年安陽令韓望矛〉，原《陶續》誤爲〈秦安陽斷劍〉，此矛實爲韓矛，已殘斷僅存骹部。四爲西元 1959 年十月至西元 1961 年年底山西省長治市分水嶺（第二次發掘）M35 之 I 式矛、III 式矛與 M21 之 II 式矛、III 式矛，M35 之 I 式矛（圖 346）形制爲鋒尖利，隆脊，雙翼，圓銎；M35

之Ⅲ式矛（圖 347）形制爲鋒短而銳利，中有隆脊與凹槽，成扁平狀；M21
之Ⅱ式矛（圖 348）形制爲鋒尖銳，骹上有一穿，長方鍪；M21 之Ⅲ式矛形
制爲棱脊，無凹槽。五爲西元 1971 年十一月河南省新鄭縣城之「鄭韓故城」
東南之白廟范村之矛有八十餘件，其形式有五，Ⅰ式矛形制爲矛身橫斷面略
呈菱形，骹作直筒狀，有一穿，鍪口呈橢圓形，此矛與〈秦呂不韋矛〉（秦
王政四年，西元前 243 年）近似；Ⅱ式矛形制爲矛身、骹部與Ⅰ式矛略同，
唯脊部與刃部起凸棱，形成矛身之血槽；Ⅲ式矛形制爲脊部、刃部與Ⅱ式矛
同，惟矛身橫斷面呈橢圓形，骹部作圓直筒狀，並有一鈕；Ⅳ式矛形制爲矛
身較短，脊部寬平，骹部作圓直筒狀，上有一穿；Ⅴ式矛形制爲矛身橫斷面
呈扁六角形，刃部平直，骹作圓形直筒狀。六爲西元 1983 年二月濟南市博
物館揀選〈元年閏矛〉（圖 349），此矛爲魏矛，其形體短小爲三棱形，骹部
有穿。七爲西元 1985 年河南省新鄭縣徵集之〈十九年冢子□□矛〉（圖 350），
其形制爲矛身橫斷面呈菱形，有中脊，骹作直筒狀，身與骹間有圓穿，鍪口
呈橢圓形。據現有晉系銅矛出土資料之記錄，其年代屬於戰國時期有二事，
一爲西元 1954 年冬至西元 1955 年春夏山西省長治分水嶺（第一次發掘）
M12 之矛與 M14 Ⅰ式矛、Ⅱ式矛，M12 之矛形制爲鋒尖銳，中有脊，雙刃，
鍪口可轄柄；M14 Ⅰ式矛與Ⅱ式矛之形體較小（圖 351），雙翼有側鋒，Ⅱ
式矛中有隆脊，骹部有一小孔，此三種矛與同地之 M35 之Ⅰ式矛皆類似，
故其年代宜屬於戰國晚期。二爲西元 1965 年五月山西省長治市分水嶺（第
三次發掘）M126 之Ⅰ式矛與Ⅱ式矛，Ⅰ式矛（圖 352）形制爲雙翼側鋒，
棱脊，骹圓中空，兩側帶刺，上有一穿，此矛之形制極爲特殊，與上述晉系
銅矛絕然迴異，尤其骹部兩旁有刺，此蓋爲戰國晚期戰爭頻繁且激烈，故兵
器之制作以具有攻擊殺傷爲原則；Ⅱ式矛（圖 353）形體爲扁平，鋒尖銳，
圓鍪，骹部有一穿，此矛爲韓矛，其形制與上述山西省芮城縣嶺底鄉 M2 之
矛相近似，故此矛之年代蓋爲戰國早期至晚期之間。

圖 340　山西省芮城縣嶺底鄉 M2　圖 341　山西省潞城縣潞河村
　　　　之矛　　　　　　　　　　　　　　　M7 之Ⅰ式矛

圖342　山西省潞城縣潞河村 M7
之 II 式矛

圖 343　河北省邯鄲百家村之
I 式矛

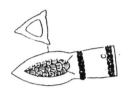

圖 344　河北省邯鄲百家村之 II
式矛

圖 345　五年鄭令韓□矛

圖 346　山西省長治市分水嶺
M35 之 I 式矛

圖 347　山西省長治市分水嶺
M35 之 III 式矛

圖 348　山西省長治市分水嶺
M21 之 II 式矛

圖 349　元年閏矛

圖 350　十九年冢子□□矛

圖 351　山西省長治分水嶺
M14
II 式矛

圖 352　山西省長治市分水嶺　　　　圖 353　山西省長治市分水嶺
　　　　　M126 之 Ⅰ 式矛　　　　　　　　　　　M126 之 Ⅱ 式矛

　　（四）鈹——鈹是有柲之長兵器，前鋒近似於矛，鋒刃又似劍，故典籍或稱大矛爲鈹，〔註40〕由於鈹與劍極爲相似，是以常有將鈹誤稱爲劍。晉系銅鈹現知不多，僅爲西元 1972 年河南省長葛縣官亭鄉孟寨村所挖得之〈卅年鈹〉（圖 354），此鈹爲韓國兵器，其形制爲鈹身橫斷面呈扁六邊形，脊扁平，無格，莖殘斷，刃部仍爲鋒利，此鈹從其出土地點及銘文考證，蓋爲戰國晚期之器。

　　（五）鉞——《尚書·顧命》：「一人冕執鉞。」，鄭玄注：「鉞，大斧也。」，鉞是有柄與弧形刃之兵器，除作砍劈用外，在西周時期常爲政治軍事權力之象徵。晉系銅鉞現知僅爲二事，一爲西元 1987 年七月山西省太原市金勝村M251 之鉞四件，此銅鉞爲春秋晚期晉國器，由於出土資料未有明確之記錄，是以不知其形制。二爲西元 1959 年河北省邯鄲百家村之鉞（圖 355），此鉞爲戰國中期趙國器，其形制爲上部長方形並有一長方形穿孔，下部似梯形，上下之間伸出兩個刺釘爲欄，此鉞與一般之鉞極爲殊異。

圖 354　卅年鈹　　　　　　圖 355　河北省邯鄲百家村之鉞

　　　　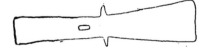

　　（六）劍——劍依其形制有劍身與劍把，劍身有鋒、脊、從、鍔，劍把有莖、格（又稱鐔、衛）、首、緱。青銅劍流行於兩周時期。西周中期晉系銅劍現知有一事，即爲西元 1994 年五月至十月山西省曲沃縣曲村鎮北趙村西南（第五次發掘）M33 之劍一件（圖 356），此劍爲晉國器，其形制爲鋒及莖部略殘，上有兩個圓穿，劍格斷面呈"Ⅰ"字形，劍身近格處鑄有凸起之獸首。

〔註40〕揚雄《方言》九：「錟謂之鈹。」，郭璞注：「今江東呼大矛爲鈹是也」。

西周晚期晉系銅劍現知有三事，一爲西元 1990 年河南省陝縣上村嶺 M2001
之劍，此劍爲虢國器，其鑄造頗爲奇特——玉柄銅芯鐵劍，即柄部爲玉質，
嵌有綠松石，內部爲銅芯，劍身部分爲鐵質，此爲「三合一」鑄法，在中國
冶鑄史上是一項重大之進展。二爲西元 1993 年九月至西元 1994 年元月山西
省曲沃縣曲村鎮北趙村西南（第四次發掘）M64 之劍一件，此劍爲晉國器，
由於出土資料未有明確之敘述，是以其形制不明。三爲西元 1994 年五月至十
月山西省曲沃縣曲村鎮北趙村西南（第五次發掘）M91 之劍一件，此劍爲晉
國器，由於出土資料未有明確之記錄，是以不知其形制。西周晚期至春秋早
期晉系銅劍現知有虢國墓葬群，即西元 1956 年、西元 1957 年河南省陝縣上
村嶺 M1052、M1705、M1721 之劍，M1052 之劍（圖 357）形制爲扁圓形劍
首，柄作圓柱形，劍身短小，脊中凸起圓稜，此劍與西元 1954 年洛陽西郊東
周早期 M2415 之 I 式劍近似；M1705 及 M1721 之劍（圖 358）形制爲圓形劍
首，脊隆起作圓稜，莖作圓柱形。

圖 356　山西省曲沃縣曲村鎮北　　圖 357　　河南省陝縣上村嶺
　　　　趙村 M33 之劍　　　　　　　　　　　M1052 之劍

圖 358　　河南省陝縣上村嶺 M1721 之劍

　　春秋早期晉系銅劍現知有一事，即爲西元 1954 年秋至西元 1955 年春河南
省洛陽中州路西工段（第一期發掘）M2415 之 I 式劍（圖 359），此劍略有殘缺，
無劍首、臘，莖作圓柱形，脊隆起作圓稜，柄爲象牙所作。春秋晚期晉系銅劍
現知有九事，一爲西元 1923 年山西省渾源縣李峪村之〈吉日劍〉二件（圖 360），
一劍藏於美國華盛頓費里亞博物館，一劍藏於巴黎魯佛耳國立博物院，其形制
爲莖首完好，有格，劍身已有銹朽，刃亦有毀損。〔註41〕二爲西元 1952 年山西
省垣曲縣譚家公社發現〈韓鍾鑣劍〉（圖 361），此劍出土時已殘缺，屬于晉國列

〔註41〕有關〈吉日劍〉之名稱與出土時間地點，詳見拙作《晉國文獻及銘文研究》
　　　　頁 324。

卿中韓氏之物，現存於山西省博物館，其形制爲莖已殘存一半，無首，劍格已脫落，劍身前端已斷落，中有脊。三爲西元 1954 年秋至西元 1955 年春河南省洛陽中州路西工段（第三期發掘）M115、M448、M2413、M2737 之 II 式劍、M2729 之 IV 式劍與 M2604 之 V 式劍，M115、M448、M2413、M2737 之 II 式劍（圖 362）形制爲莖作長條形，隆脊無棱，無臘無格；M2729 之 IV 式劍（圖 363）形制爲莖首爲圓形，莖有雙環，有格有脊；M2604 之 V 式劍形制爲劍身是隆脊有棱，缺莖及首。四爲西元 1964 年山西省原平縣峙峪村東南趙家塬之劍一件，其形制爲莖首圓形，莖作圓柱形，首端中空，劍身是隆脊有棱窄臘。五爲西元 1973 年山西省長子縣羊圈溝 M1 與 M2 之劍，M 之 1 劍（圖 364）形制爲莖扁圓，劍身是柳葉形，中有脊：M2 之劍（圖 365）形制爲莖上有兩道凸籍，劍身是柳葉形，中有脊，長鋒刃。六爲山西省渾源縣李峪村 M2 與 M3 之劍，M2 之劍形制爲莖作扁條形，橫截面呈菱形，無首，有臘，此劍與洛陽中州路 M2717 之 II 式劍（戰國早期）相似；M3 之劍形制爲莖作圓柱形，上有兩周凸起之圓籍，首呈圓盤形向內凹，劍身橫截面呈菱形，臘厚而寬，此劍除與上述〈吉日劍〉、洛陽中州路 M2729 之 IV 式劍相同外，又與山西原平峙峪村之〈吳王光劍〉、陝西省客庄 M202 之劍、唐山賈各庄 M16 之劍相同。七爲西元 1977 年山西省長子縣牛家坡 M7 之劍一件，此劍有殘缺，莖首成喇叭口，臘瘦長，有脊，劍身剖面成菱形。八爲西元 1979 年山西省長子縣牛家 M11 之劍，由於出土資料未有明確之記錄，是以其形制不明。九爲西元 1987 年七月山西省太原市金勝村 M251 之劍十件（圖 366），其形制爲莖首略粗，莖爲橢圓形實心體，劍格是一窄長形扁玉鑲嵌，劍身修長呈柳葉形，中間起單脊，橫截面呈扁菱形。

圖 359　河南省洛陽中州路西工段　　圖 360　吉日劍
　　　　M2415 之 I 式劍

圖 361　韓鍾鑃劍　　　　　　　圖 362　河南省洛陽中州路
　　　　　　　　　　　　　　　　　　　M2737 之 II 式劍

圖 363　河南省洛陽中州路
　　　　M2729 之Ⅳ式劍

圖 364　山西省長子縣羊圈溝
　　　　M1 之劍

圖 365　山西省長子縣羊圈溝
　　　　M2 之劍

圖 366　山西省太原市金勝村
　　　　M251 之劍

　　戰國早期晉系銅劍現知有三事，一爲西元 1954 年秋至西元 1955 年春河南省洛陽中州路西工段（第四期發掘）所出土之劍，其形式有四——Ⅱ式劍有 M303、M309、M338、M2717，Ⅲ式劍有 M309、M2717、M2719、M2721，Ⅳ式劍有 M2724、M2728，Ⅴ式劍有 M101、M2733，Ⅱ式劍之形制與上述同地之 M115 之Ⅱ式劍（春秋晚期）同；Ⅲ式劍之形制（圖 367）莖首圓形，莖作圓筒形，中空透底，劍身隆脊有凸棱，臘廣無從，Ⅳ式劍之形制（圖 368）莖首圓形，莖上有兩道匜箍，有格，劍身有脊；Ⅴ式劍之形制爲莖首圓形，莖是扁平長條形，狹臘無從。二爲西元 1962 年山西省芮城縣嶺底鄉壇道村之劍一件（圖 369），此劍爲魏國器，出土時已殘碎成六截，其形制約略可見其莖斷面呈長方形，莖首成環形，劍身中有脊，脊斷面呈菱形。三爲西元 1983 年元月山西省潞城縣潞河村大斷溝 M7 之Ⅰ式劍、Ⅱ式劍，Ⅰ式劍形制爲莖首是圓餅形，莖是空心圓柱形，上有二道箍，劍身橫斷面呈菱形，Ⅱ式劍（圖 370）形制爲莖呈圓形，無莖首與格，劍身是柳葉形。戰國中期晉系銅劍現知有五事，一爲西元 1954 年秋至西元 1955 年春河南省洛陽中州路西工段（第五、六期發掘）M511、M257 之Ⅴ式劍與 M2417、M1203Ⅳ式劍，M511、M257 之Ⅴ式劍之形制與上述同地之 M2733 之Ⅴ式劍（戰國早期）同，M2417、M1203 之Ⅳ式劍形制與上述同地之 M2429 之Ⅳ式劍（春秋晚期）同。二爲西元 1957 年河南省陝縣后川 M2040 之劍二件，此劍爲魏國器，由於出土資料未有明確之敘述，是以其形制不得而知。三爲西元 1959 年河北邯鄲百家村有Ⅰ式劍、Ⅱ式劍、Ⅲ式劍，Ⅰ式劍（圖 371）形制爲莖是圓柱狀，上有兩道凸箍，劍格爲銅質，上有錯銀紋飾，莖首爲圓形，劍身中有脊；Ⅱ式劍（圖 372）形制爲莖作圓柱狀，無莖首與凸箍，劍格窄平，劍身中有脊，

此劍之長度略短於Ⅰ式劍；Ⅲ式劍（圖 373）形制爲莖首是圓形，爲白玉雕成，劍格亦爲玉質，此劍之長度皆長於Ⅰ式劍、Ⅱ式劍。四爲西元 1959 年十月至西元 1961 年年底山西省長治市分水嶺（第二次發掘）M53 之Ⅰ式 a 劍一件（圖 374），此劍爲韓國器，其形制爲莖首是圓形，莖上有二道凸箍，劍格是窄平，劍身中有脊。五爲西元 1979 年山西省長子縣牛家坡 M12 與 M10 之劍，M12 之劍一件，爲韓國器，因出土資料未有明確之記錄，是以不知其形制；M10 之劍一件，亦爲韓國器，其形制爲莖首是盤狀，莖上有兩道箍，此劍長度有五十九釐米，是一把長劍。戰國晚期晉系銅劍現知有六事，一爲西元 1954 年秋至西元 1955 年春河南省洛陽中州路西工段（第七期發掘）M2213 之Ⅲ式劍，此劍形制與上述同地之 M2417 之Ⅲ式劍（戰國早期）同。二爲西元 1959 年十月至西元 1961 年年底山西省長治市分水嶺（第二次發掘）M21 之Ⅰ式 b 劍二件（圖 375），此劍爲韓國器，其形制爲莖上有兩道凸箍，有劍格，劍身中有脊，此劍與上述同地之 M53Ⅰ式 a 劍近似，然此劍之長度略長。三爲西元 1964 年十二月河北省承德出土之〈十五年守相劍〉一件，此劍爲趙國器，其形制爲莖呈扁條形，上有一穿，無莖首與臘，劍身之脊爲平，《三代》卷廿頁 47 之 4、5 與《貞松》卷十頁 24 之 3 曾著錄〈十五年守相𡍱波劍〉，其形制略同。四爲西元 1970 年秋旅大地區庄河縣桂云花公社出土〈春平侯四年劍〉一件（圖 376），此劍爲趙國器，出土時僅有劍身、劍莖，無莖首與格，劍身有脊、刃，劍口極爲鋒利。五爲西元 1971 年十一月河南省新鄭縣城之鄭韓故城東南之白廟村之Ⅰ式劍與Ⅱ式劍各一件，此爲韓國器，Ⅰ式劍即〈卅三年鄭令槶湆劍〉，其形制爲莖作扁條狀，劍身橫斷面呈六角形，鋒稍殘，脊扁平，刃平直；Ⅱ式劍之形制爲劍身橫斷面呈菱形，莖作扁條狀，劍身與莖均殘。六爲西元 1990 年河北省易縣東古城之〈建信君劍〉一件，此劍爲趙國器，其形制與上述之〈十五守相劍〉同。據現有晉系銅劍出土資料之記錄，其年代屬於戰國時期有六事，一爲著錄於《陶齋》卷五頁 30 之〈鄭武庫冶劍〉，原作〈秦鄭武軍斷劍〉，誤爲秦兵器，實爲韓國器，其形制（圖 377）爲莖是圓柱形，上有二道凸箍，莖首爲圓形，有格，劍身缺鋒，中有脊，此劍與上述河南省洛陽中州路西工段 M2728 之Ⅳ式劍相近似，故年代或爲戰國早期。二爲上海博物館所藏之〈六年安平守劍〉一件，著錄於馬承源《銘文選》〈四〉之八九七，由於著錄未有詳細敘述，是以不知其形制，然依銘文有「安平守畝疾」，據《史‧趙世家》記載，趙惠文王

四年（西元前 295 年）公子成與李兌平定公子章之亂，因功而封公子成為相，號安平君，若此「安平」與銘文「安平」同一地者，則此劍蓋為戰國晚期之物。三為西元 1954 年冬至西元 1955 年春夏山西省長治分水嶺（第一次發掘）M7、M10、M12 與 M14 之劍，M7 之劍（圖 378）形制為莖首是菱形，莖為圓柱形，中有兩道平行之凸箍，劍身隆脊無棱，兩鍔寬廣，此劍與〈吉日劍〉近似，故其年代蓋為春秋晚期或戰國早期；M10 之劍形制為莖首是平圓，莖為圓柱形，中有兩道平行凸箍，劍身隆脊無棱，兩鍔寬廣，M12 與 M14 之劍與 M10 之劍相同，而三處之劍又與 M7 之劍極為近似，故三處之劍年代宜在戰國初期。四為西元 1959 年十月至西元 1961 年年底山西省長治市分水嶺（第二次發掘）M45 之 II 式劍與 M41 之 III 式劍，M45 之 II 式劍形制為莖首圓形，莖作筒狀，劍身有窄臘，M41 之 III 式劍形制為莖是扁形，劍身無臘，此二劍皆為長劍，其形制與上述同地 M53 之 I 式 b 劍類似，故其年代蓋為戰國中期。五為西元 1960 年二月河北省磁縣白陽城之〈王立事劍〉一件，此劍為趙國器，其形制與上述戰國晚期之〈十五年守相劍〉、〈建信君劍〉同，故其年代宜為戰國晚期；于省吾《錄遺》五九九著錄〈王立事劍〉，雖與此劍同名稱，然其銘文略有差異，若依其形制而言，兩劍皆為相似，宜為同期之物。六為西元 1965 年五月山西省長治市北郊分水嶺（第三次發掘）M126 之劍一件，此劍出土時已殘缺，其形制為莖扁平，劍身無臘，隆脊，兩直刃前聚成鋒，此與上述戰國晚期之〈十五年守相劍〉類似，故其年代宜為戰國晚期。

圖 367　河南省洛陽中州路西工段 M2719 之 III 式劍

圖 368　河南省洛陽中州路西 I 段 M2728 之 V 式劍

圖 369　山西省芮城縣嶺底鄉坛道村之劍

圖 370　山西省潞城縣潞河村大斷溝 M7 之 II 式劍

圖 371　河北邯鄲百家村之
　　　　Ⅰ式劍

圖 372　河北邯鄲百家村之Ⅱ式
　　　　劍

。

圖 373　河北邯鄲百家村之
　　　　Ⅲ式劍

圖 374　山西省長治市分水嶺
　　　　M53 之Ⅰ式 a 劍

圖 375　山西省長治市分水
　　　　嶺 M21 之Ⅰ式 b 劍

圖 376　春平侯四年劍

圖 377　秦鄭武軍斷劍

圖 378　山西省長治市分水嶺
　　　　M7 之劍

　　（七）鏃──鏃是附於箭桿頭端，鏃依其形制有前鋒，後鋒、翼、刃、脊、本、關、鋌，二里頭文化遺址已出現青銅矢鏃，往後各朝代均有大量鑄造。西周晚期晉系銅鏃現知有三事，一為西元 1992 年四月至六月山西省曲沃翼城天馬曲村遺址（第一次發掘）M1 之鏃一件（圖 379），其形制為雙翼式，兩翼較短，且有殘缺，脊往後延伸。二為西元 1993 年九月至西元 1994 年元月山西省曲沃縣曲村鎮北趙村四南（第四次發掘）M64 之鏃，三為西元 1994 年五月至十月同地（第五次發掘）M91 之鏃七十件，由於兩處出土資料未有明確之記錄，是以其形制不得而知。西元 1956 年至西元 1957 年河南省陝縣上村嶺發掘虢國墓葬群，其中 M1052、M1602、M1617、M1634、M1646、M1703、M1705、M1706、M1711、M1715、M1721、M1747、M1761、M1803、M1838 均有銅鏃出土，其形式有八種，Ⅰ式鏃（圖 380）形制為雙翼式，刃呈直線，翼與脊平齊；Ⅱ式鏃（圖 381）形制為雙翼式，刃呈弧線，翼與脊平齊；Ⅲ式鏃（圖 382）制為雙翼式，刃呈弧線，翼略向外張開，後鋒與關之間有銅絲相連接；Ⅳ式鏃（圖 383）

形制爲雙翼式，刃呈弧線，後鋒與脊之距離較窄；Ｖ式鏃（圖 384）形制爲雙翼式，翼窄而長，翼與脊之距離較窄且平齊；Ⅵ式鏃（圖 385）形制爲雙翼式，刃作三稜形，後鋒與本距離甚短；Ⅶ式鏃（圖 386）形制爲頂端作圓錐形，無翼，中爲圓柱，此形制頗爲奇特；Ⅷ式鏃（圖 387）形制爲圓筒形，頂端有四個尖齒。

圖 379　山西省曲沃天馬曲村遺址 M1 之鏃

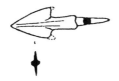

圖 380　河南省陝縣上村嶺之Ⅰ式鏃

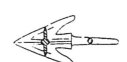

圖 381　河南省陝縣上村嶺之Ⅱ式鏃

圖 382　河南省陝縣上村嶺之Ⅲ式鏃

圖 383　河南省陝縣上村嶺之Ⅳ式鏃

圖 384　河南省陝縣上村嶺之Ⅴ式鏃

圖 385　河南省陝縣上村嶺之Ⅵ式鏃

圖 386　河南省陝縣上村嶺之Ⅶ式鏃

圖 387　河南省陝縣上村嶺之Ⅷ式鏃

　　春秋早期晉系銅鏃現知有三事，一為西元 1953 年河南省郟縣城西太僕鄉曾
出土銅鏃，由於出土資料未有明確之記錄，是以不知其形制。二為西元 1954 年
秋至西元 1955 年春河南省洛陽中州路西工段（第一期發掘）M2415 之 I 式鏃（圖
388）五件，其形制為雙翼式，中央有脊，兩翼向前聚成前鋒，向後距離漸寬成
倒刺形之後鋒，後鋒尖端與脊平齊。三為西元 1994 年五月至十月山西省曲沃縣
曲村鎮北趙村西南（第五次發掘）M93 之鏃十餘枚，由於出土資料未有明確之
記錄，是以不知其形制。春秋中期晉系銅鏃現知有一事，即為西元 1954 年秋至
西元 1955 年春河南省洛陽中州路西工段（第二期發掘）M1、M4、M216 之 I
式鏃，其形制與上述春秋早期之 M2415 之 I 式鏃同。春秋晚期晉系銅鏃現知有
六事，一為西元 1954 年秋至西元 1955 年春河南省洛陽中州路西工段（第三期
發掘）M2413、M2729 之 I 式鏃與 M2737 之 IV 式鏃、VII 式鏃及 M2604 之 V 式鏃，
M2413、M2727 之 I 式鏃與上述春秋早期之 M2415 之 I 式鏃同；M2737 之 IV 式
鏃（圖 389）形制為鏃身較長，是三翼式，三刃向前聚成前鋒，向後延長構成後
鋒，脊在鏃身形成凹槽，下端作圓形；M2737 之 VII 式鏃（圖 390）形制為全器由
脊鋌構成，無翼，圓頂，鈍尖，短脊；M2604 之 V 式鏃（圖 391）形制為鏃身甚
短，兩翼後鋒直達鏃關。二為西元 1961 年十二月山西省侯馬上馬村斷崖 M13
之 I 式鏃、II 式鏃、III 式鏃，I 式鏃（圖 392）形制為雙翼式，有脊，雙翼與脊
齊平，鋌較長，II 式鏃（圖 393）形制為三翼式，雙翼短於脊，鋌較長，III 式鏃
（圖 394）形制為鏃身短小，圓頭長鋌。三為西元 1972 年八月山西省長治市分
水嶺（第四次發掘）M269 之鏃廿七件，有一件作棒形（圖 395），其餘為雙翼式
（圖 396），雙翼與脊幾於平齊，鋌較長。四為西元 1973 年山西省長子縣羊圈溝
M1 I 式鏃、II 式鏃、III 式鏃，I 式鏃（圖 397）形制為三翼式，長頭，鋌較長；
II 式鏃形制為為三翼式，頭較 I 式鏃短而略粗壯；III 式鏃（圖 398）形制為三翼
式，短頭較粗，鋌較長。五為西元 1977 年山西省長子縣牛家坡 M7 之 I 式鏃、
II 式鏃、III 式鏃，I 式鏃形制為三翼式，無倒鉤；II 式鏃形制為三翼式，瘦長
有倒鉤；III 式鏃形制為三翼式，粗短有倒鉤。六為西元 1987 年七月山西省太原
市金勝村 M251 之鏃 465 件，由於出土資料未有明確之記錄，是以不知其形制。

圖 388　河南省洛陽中州路西工段　　圖 389　河南省洛陽中州路
　　　　　M2415 之 I 式鏃　　　　　　　　　M2737 之 IV 式鏃

圖 390　河南省洛陽中州路
　　　　M2737 之Ⅶ式鏃

圖 391　河南省洛陽中州路
　　　　M2604 之Ⅴ式鏃

圖 392　山西省侯馬上馬村 M13
　　　　之Ⅰ式鏃

圖 393　山西省侯馬上馬村
　　　　M13 之Ⅱ式鏃

圖 394　山西省侯馬上馬村 M13
　　　　之Ⅲ式鏃

圖 395　山西省長治市分水嶺
　　　　M269 之棒形鏃

圖 396　山西省長治市分水嶺
　　　　M269 之翼形鏃

圖 397　山西省長子縣羊圈溝
　　　　M1 之Ⅰ式鏃

圖 398　山西省長子縣羊圈溝 M1
　　　　之Ⅲ式鏃

　　戰國早期晉系銅鏃現知有三事，一為西元 1954 年秋至西元 1955 年春河
南省洛陽中州路西工段（第四期發掘）M2717 之Ⅱ式鏃、Ⅳ式鏃、Ⅵ式鏃、
Ⅶ式鏃、Ⅷ式鏃，M2719 之Ⅰ式鏃、Ⅱ式鏃、Ⅲ式鏃、Ⅳ式鏃、Ⅷ式鏃，M2721
Ⅳ式鏃，M2724 之Ⅰ式鏃、Ⅴ式鏃、Ⅶ式鏃、Ⅷ式鏃，M2728 之Ⅳ式鏃，其
中形制較為殊異為Ⅱ式鏃、Ⅲ式鏃、Ⅵ式鏃、Ⅷ式鏃，Ⅱ式鏃（圖 399）形制
為鏃身較長，後鋒與脊平齊且距離較窄，鋌較長；Ⅲ式鏃（圖 400）形制為雙
翼式，中央有脊，前鋒作三角形，後鋒甚短，鏃之本凹入較淺，脊下接箭形
中空成銎之長鋌，鋌側附一環鈕；Ⅵ式鏃（圖 401）形制為鏃身較長，身、鋌
各佔一半，鏃鋒是脊長三分之一；Ⅷ式鏃（圖 402）形制為全器由脊與鋌構成，
長脊齊頭。二為西元 1962 年秋山西省芮城縣嶺底鄉坢道村 M2 之Ⅰ式鏃、Ⅱ

式鏃、III式鏃、IV式鏃、V式鏃、VI式鏃，I式鏃（圖403）形制為雙翼式，雙翼較短，中脊與後鋒間有凹槽，刃端圓鈍呈弧形；II式鏃（圖404）形制為雙翼式，雙翼較長，刃銳；III式鏃（圖405）形制為鏃頭呈三棱狀，刃銳，鋌較長；IV式鏃（圖406）形制為鏃頭呈三棱狀，刃銳，鋌較短；V式鏃（圖407）形制為鏃頭呈三棱狀，刃銳，鏃身與鋌等長；VI式鏃（圖408）形制為鏃頭為圓棒形，無鋒，鏃身與鋌等長。三為西元1983年山西省潞城縣潞河村大斷溝M7之I式鏃與II式鏃，I式鏃（圖409）形制為鏃身作三棱形，三翼極窄無後鋒，鏃身與鋌等長；II式鏃（圖410）形制為鏃身作圓柱形，圓頭無鋒，後有圓柱形鋌。戰國中期晉系銅鏃現知有五事，一為西元1954年秋至西元1955年春河南省洛陽中州路西工段（第五期）M2417之IV式鏃、VII式鏃，IV式鏃形制與上述同地M2737之IV式鏃（春秋晚期）近似；VII式鏃形與上述同地M2737之VII式鏃（春秋晚期）近似。二為西元1957年河南省陝縣后川M2040之鏃，由於出土資料未有明確之記錄，是以不知其形制。三為西元1959年河北省邯鄲百家村之鏃588件，其形式可分為七式，I式鏃（圖411）形制為雙翼式，後鋒略短，與脊平齊，鋌較長，呈圓柱狀；II式鏃（圖412）形制為雙翼式，後鋒微外翹，翼間形成長方形的空隙，鋌有殘缺；III式鏃（圖413）形制為鏃頭為三棱式，近關處微內收，短關，鋌短於鏃身；IV式鏃（圖414）形制為鏃頭為三棱形且尖銳，鏃身長於鋌；V式鏃（圖415）形制為雙翼式，鏃頭圓鈍，雙翼向外伸展，鋌為圓柱狀，有殘缺；VI式鏃（圖416）形制為鏃身呈三棱式，鏃頭銳利，關短，鋌較長且為圓柱狀；VII式鏃（圖417）形制為鏃身斷面是菱形，後鋒不甚顯著，鏃頭銳利，關與翼為一整體。四為西元1959年十月至西元1961年年底山西省長治市分水嶺（第二次發掘）M53之I式鏃十三件，其形制為鏃身斷面三棱形，後鋒與脊平齊，鏃身與鋌等長。五為西元1979年山西省長子縣牛家坡M10之鏃一件，此鏃為韓國器，由於出土資料未有明確之記錄，是以不知其形制。戰國晚期晉系銅鏃現知有一事，即為西元1959年十月至西元1961年年底山西省長治市分水嶺（第二次發掘）M21之I式鏃、III式鏃與M435之I式鏃、II式鏃、III式鏃、IV式鏃，M21之I式鏃與M435之I式鏃同，其形制（圖418）為鏃身斷面三棱形，後鋒與脊齊平，鋌長於鏃身；M35之II式鏃之形制為鏃身短，中有隆脊；M21之III式鏃與M35之III式鏃同，僅是M21之III式鏃素面，M35之III式鏃有錯金雲紋，其形制（圖419）為鏃身為圓柱形，鏃頭平，鋌略短；IV式鏃（圖420）形制為

雙翼式，隆脊，後鋒與脊平齊，鋌與鏃身等長。據現有晉系銅鏃出土資料之
記錄，其年代屬於戰國時期有三事，一爲西元 1954 年秋至西元 1955 年春河
南省洛陽中州路西工段 M1037 與 M1104 之 I 式鏃，此 I 式鏃與上述同地之
M1、M4、M216（春秋中期）、M2413、M2729（春秋晚期）、M2724（戰國早
期）之 I 式鏃同，故 M1037 與 M1104 之 I 式鏃之年代或爲戰國早期之後。二
爲西元 1954 年冬至西元 1955 年春夏山西省長治分水嶺（第一次發掘）M7、
M9、M10、M12、M14 之鏃，諸墓之鏃皆爲韓國器，其形制如下表：

墓號	形式	頭	翼	身	鋌	形狀	紋飾
M7		圓鈍		錐形			
M9		圓鈍	三棱	長身	長鋌		
M10		圓頭	雙翼	長身	長鋌		
M12	I 式		狹翼	長身			
	II 式						翼有鳥紋
	III 式		寬翼 三棱		長鋌		
	IV 式		三棱	長身	長鋌		
	V 式	圓頭		長身	長鋌		
	VI 式		小雙翼	短身	長鋌		
M14	I 式	圓頭		長身	長鋌	如棒鎚	錯金花
	II 式	小平頭		短身	長鋌	如棒鎚	錯金花
	III 式	平頭		長身	長鋌		刻花
	IV 式	平頭		長身	長鋌		素面
	V 式	平頭		短身	長鋌		素面
	VI 式		三棱	長脊	長鋌		
	VII 式		雙翼	隆脊	長鋌		

由此表可知，諸墓之鏃大多爲長身、長鋌，鏃頭有圓、平，翼多爲雙翼，若與
上述戰國早、中期晉系銅鏃相比，多所相近似，故其年代蓋爲戰國早期或中期。
三爲西元 1965 年五月山西省長治市分水嶺（第三次發掘）M126 之鏃，其形式
有七，I 式鏃形制爲平頭、鋌作圓柱狀，II 式鏃形制爲鏃頭是圓椎頂，III 式鏃
形制爲鏃頭是圓錐頂，鋌是圓柱狀，IV 式鏃形制爲鏃頭是平頭，體有棱，鋌是
圓柱狀，V 式鏃形制爲爲鏃頭是平頭，鏃身長於鋌，VI 式鏃形制是鏃身三棱，
鏃頭成鋒，VII 式鏃形制是雙翼式，鏃身與鋌甚短，此諸鏃之形制若與上述戰國
早、中期晉系銅鏃相較，多所相類似，故其年代蓋爲戰國早期或中期。

圖 399　河南省洛陽中州路
　　　　M2719 之 II 式鏃

圖 400　河南省洛陽中州路
　　　　M2719 之 III 式鏃

圖 401　河南省洛陽中州路
　　　　M2717 之 VI 式鏃

圖 402　河南省洛陽中州路
　　　　M2719 之 VIII 式鏃

圖 403　山西省芮城縣 M2 之 I
　　　　式鏃

圖 404　山西省芮城縣 M2 之 II
　　　　式鏃

圖 405　山西省芮城縣 M2 之 III
　　　　式鏃

圖 406　山西省芮城縣 M2 之 IV
　　　　式鏃

圖 407　山西省芮城縣 M2 之 V
　　　　式鏃

圖 408　山西省芮城縣 M2 之 VI
　　　　式鏃

圖 409　山西省潞城縣潞河村
　　　　M7 之 I 式鏃

圖 410　山西省潞城縣潞河村
　　　　M7 之 II 式鏃

圖 411　河北省邯鄲百家村之 I
　　　　式鏃

圖 412　河北省邯鄲百家村之 II
　　　　式鏃

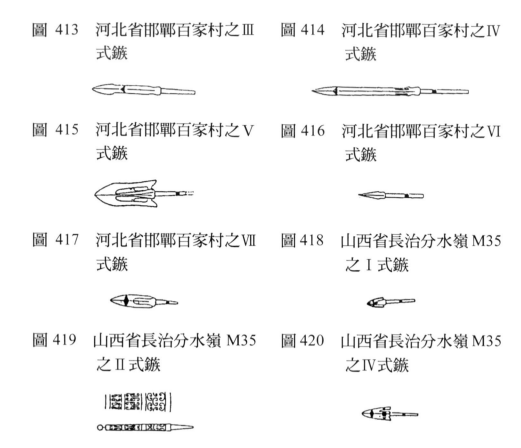

圖 413　河北省邯鄲百家村之Ⅲ
　　　　式鏃

圖 414　河北省邯鄲百家村之Ⅳ
　　　　式鏃

圖 415　河北省邯鄲百家村之Ⅴ
　　　　式鏃

圖 416　河北省邯鄲百家村之Ⅵ
　　　　式鏃

圖 417　河北省邯鄲百家村之Ⅶ
　　　　式鏃

圖 418　山西省長治分水嶺 M35
　　　　之Ⅰ式鏃

圖 419　山西省長治分水嶺 M35
　　　　之Ⅱ式鏃

圖 420　山西省長治分水嶺 M35
　　　　之Ⅳ式鏃

六、車馬器

　　由於車馬器少有紋飾與銘文，是以曩者收藏家常不收藏此器物，而著錄青銅器之書亦少有車馬器之記載。近年來大陸各地不斷有車馬坑發掘，因而車馬器亦相繼出土，數量亦逐漸增多，是以讓世人對先秦之車馬器亦有具體之認識。所謂「車馬器」是指車器和馬器，車器是車上之銅質飾件，即軎、轄、軸頭、鑾鈴等，馬器是指附著于馬體上之銅質飾件，即銜、鑣、當盧、節約等。近四十年中原地區發掘不少車馬坑，如西元 1956 年至西元 1957 年河南省陝縣上村嶺「虢國墓地」M1051、M1727 車馬坑，西元 1986 年山西省侯馬上馬村 M3 車馬坑、西元 1988 年山西省太原金勝村 M252 車馬坑，是以今日可見到相當多之晉系車馬器。此依車器、馬器之順序加以論述，以了解晉系車器、馬器之形制特徵。

　　（一）軎──軎是套於車軸兩端之筒形器，其意在於加固軸頭，讓車軸不

任意向外延伸。西周早期晉系銅軎現知有一事，即爲西元 1961 年七月河南省鶴壁市龐村之軎（圖 421）一件，其形制爲圓形，安轄處有長方孔，中部有一圓孔可穿，器身外端凸起五個棱。西周中期晉系銅軎現知有二事，一爲西元 1992 年十月至西元 1993 年元月山西省曲沃縣曲村鎮北趙村西南（第二次發掘）M7 之軎，由於出土資料未有明確之記錄，是以不知其形制。二爲西元 1994 年五月至十月山西省曲沃縣曲村鎮北趙村西南（第五次發掘）M33 之軎，其形式有三，Ⅰ 式軎（圖 422）形制爲器體較小，中部有一周凸棱，以凸棱爲界；Ⅱ 式軎（圖 423）形制爲器體是圓管狀，中部有一周凸棱，以凸棱爲界；Ⅲ 式軎（圖 424）形制爲中部有三周凸棱爲界。西周晚期晉系銅軎現知有三事，一爲西元 1990 年河南省陝縣上村嶺 M2006 之軎二件（圖 425），其形制大小相同，圓筒狀，內端較粗，外端封頂，長方形轄孔。二爲西元 1992 年四月至六月山西省曲沃翼縣天馬曲村遺址（第一次發掘）M1 之軎一件（圖 426），出土時已有殘缺，其形制爲頂圓鼓，梯形轄孔。三爲西元 1994 年五月至十月山西省曲沃縣曲村鎮北趙村西南（第五次發掘）M92 之軎，由於出土資料未有明確之記錄，是以不知其形制。

圖 421　河南省鶴壁市龐村之軎　　圖 422　山西省曲沃縣曲村鎮北
　　　　　　　　　　　　　　　　　　　　趙村之 Ⅰ 式軎

圖 423　山西省曲沃縣曲村鎮北　圖 424　山西省曲沃縣曲村鎮北
　　　　趙村之 Ⅱ 式軎　　　　　　　　　趙村之 Ⅲ 式軎

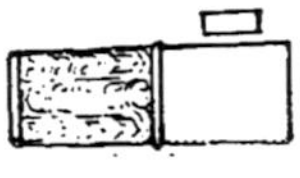

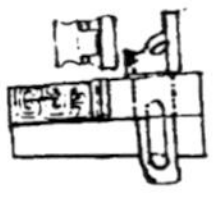

圖 425　河南省陝縣上村嶺　　　圖 426　山西省曲沃縣天馬遺址
　　　　M2006 之軎　　　　　　　　　　M1 之軎

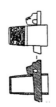

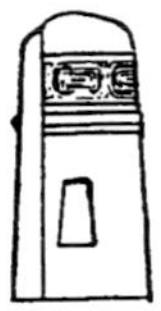

春秋早期晉系銅軎現知有一事，即爲西元 1959 年四月山西省侯馬上馬村東門外之軎二件，由於出土資料未有明確敘述，是以不知其形制。春秋晚期晉系銅軎現知有八事，一爲相傳河南省輝縣出土，現藏於上海博物館之〈晉公軎〉二件（圖 427），其形制爲圓筒形，內端有凹槽，外端封頂。〔註42〕二爲西元 1961 年十二月山西省侯馬上馬村斷崖 M5 與 M13 之軎，M5 之軎四件，其形制爲一對較長，一對較短，上有長方孔，穿轄，轄頭作獸頭狀；M13 之軎十件，有長有短，形制相同，軎上有長方形穿，上穿轄，軎身作長筒形。三爲西元 1964 年九月山西省原平縣峙峪村東南趙家堝之軎二件，其形制爲圓筒形，有棱，兩側鏤空，素面，此軎與安徽省壽縣蔡侯墓之軎類似。四爲西元 1972 年山西省長治市分水嶺（第四次發掘）M269 與 M270 之軎，M269 之軎四件，其形制爲橢圓筒狀，一端唇外捲，唇上下對穿，附轄；M270 之軎四件，其形制爲筒狀，一端平沿外折，附轄，轄首作獸面。五爲西元 1973 年山西省長子縣羊圈溝 M1 與 M2 之軎，M1 之軎兩件，其形制爲圓筒形，一端封頂；M2 之軎兩件，其形制爲長圓筒形，上有轄孔，一端封頂。六爲西元 1977 年山西省長子縣牛家坡 M7 之軎有四式，基本形制相同，僅爲大小不一，Ⅰ 式軎（圖 428）兩件，其形制爲長圓筒形，上有轄孔，一端封頂，此軎與上述山西省長子縣羊圈溝 M2 之軎同；Ⅱ 式軎（圖 429）二件，其形制爲圓筒形，一端封頂，此軎與上述山西省長子縣羊圈溝 M1 之軎同；Ⅲ 式軎（圖 430）兩件，其形制爲長圓筒形，上有轄孔；Ⅳ 式軎（圖 431）兩件，其形制爲粗矮圓筒形，上有轄孔。七爲西元 1979 年山西省長子縣牛家坡 M11 之軎，八爲西元 1987 年七月山西省太原市金勝村 M251 之軎，兩處出土之資料因未明確記錄，是以不明其形制。

圖 427　晉公軎　　　　　　圖 428　山西省長子縣牛家坡
　　　　　　　　　　　　　　　　　　　　M7 之 Ⅰ 式軎

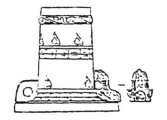

〔註42〕有關〈晉公軎〉之名稱及出土狀況，詳見拙作《晉國文獻及銘文研究》頁 325 及頁 392 註 158。

圖 429　山西省長子縣牛家坡
M7 之 II 式軎

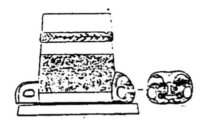

圖 430　山西省長子縣牛家坡
M7 之 III 式軎

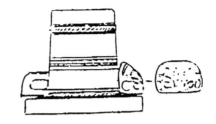

圖 431　山西省長子縣牛家坡
M7 之 IV 式軎

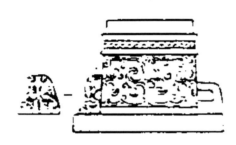

　　戰國早期晉系銅軎現知有三事，一為西元 1959 年十月與西元 1961 年年底山西省長治市分水嶺（第二次發掘）M26 之 I 式軎十件，其形制（圖 432）為長圓筒狀，軎首作獸面。二為西元 1962 年秋山西省芮城縣嶺底鄉坛道村 M2 之 I 式軎、II 式軎，I 式軎（圖 433）二件，其形制為圓筒形，有對穿可穿轄，軎首呈獸首形，兩端皆有對穿；II 式軎（圖 434）二件，其形制為圓筒形，軎首是獸首形，兩端有對穿。三為西元 1983 年元月山西省潞城縣潞河村大斷溝西之 M7 之軎十件，其形制為圓筒形，一端封頂，軎首作虎頭形。戰國中期晉系銅軎現知有二事，一為西元 1959 年十月至西元 1961 年年底山西省長治市分水嶺（第二次發掘）M53 之 II 式軎二件，其形制（圖 435）為粗短圓筒形，軎首獸面形。二為西元 1979 年山西省長子縣牛家坡 M12 二件，其形制為圓筒形。戰國晚期晉系銅軎現知有一事，即為西元 1959 年十月至西元 1961 年年底山西省長治市分水嶺（第二次發掘）M20、M35、M36 之 I 式軎，其形制均為圓筒形，上有轄孔。據現有晉系銅軎出土資料之記錄，其年代屬於戰國時期有四事，一為西元 1954 年冬至西元 1955 年春夏山西省長治市分水嶺 M8、M9、M10、M12、M14 之軎，M8 之軎二件，其形制為口唇捲起；M9 之軎二件，其形制為捲唇，M10 之軎二件，其形制為捲唇；

M12 之軎十四件，其形制爲背皆捲唇；M14 之軎三十件；諸墓之鐏皆未有明確之著錄，欲以其形制而辨識其明確之年代頗爲困難，故暫列爲戰國時期之物。二爲西元 1958 年三月山西省萬榮縣榮河鎮西南廟前村之軎二件，其形制爲粗短圓筒形，轄首作獸頭，依此軎之形制，與上述戰國早期、中期晉系銅軎相較頗爲相似，故此軎之年代蓋爲戰國早期或中期。三爲西元 1959 年十月至西元 1961 年年底山西省長治市分水嶺（第二次發掘）M25 之Ⅰ式軎八件（圖 436），其形制爲長圓筒形，中有一凸箍，上有轄孔，此軎與上述同地 M26 之Ⅰ式軎（戰國早期）相近似，故此軎之年代蓋爲戰國早期。四爲西元 1965 年五月山西省長治市分水嶺（第三次發掘）M126 之Ⅰ式軎與Ⅱ式軎，Ⅰ式軎（圖 437）形制爲圓筒狀，直口折沿，外端復頂，中有一圓孔，沿下橫穿一轄，轄首作獸面兩端各有釘孔；Ⅱ式軎形制似Ⅰ式軎，外端透孔，此二式之軎與洛陽中州路 M2717、M2719 之軎（戰國早期）相類似，故此二式之軎年代蓋在戰國早期或在中期。

圖 432　山西省長治市分水嶺　　　　圖 433　山西省芮城縣嶺底鄉
　　　　　M26 之Ⅰ式軎　　　　　　　　　　　M2 之Ⅰ式軎

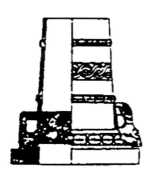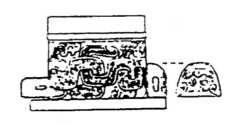

圖 434　山西省芮城縣嶺底鄉　　　　圖 435　山西省長治市分水嶺
　　　　　M2 之Ⅱ式軎　　　　　　　　　　　　M53 之Ⅱ式軎

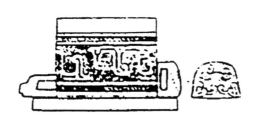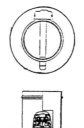

圖 436　山西省長治市分水嶺　　　　圖 437　山西省長治市分水嶺
　　　M25 之 I 式輖　　　　　　　　　　　　M126 之 I 式輖

　　（二）轄——為讓輖能固著於軸頭，在輖上方形孔，插入一長條鍵，此鍵上粗下細，頂上有獸頭裝飾，此為所謂之「轄」。由於輖與轄是成對出現，是以上述晉系銅輖時，常有與轄並論，此單論銅轄，以了解其形制。西周中期晉系銅轄現知有二事，一為西元 1992 年至西元 1993 年山西省曲沃縣曲村鎮北趙村西南（第二次發掘）M7 之鳥形銅轄，由於出土資料未有更明確之敘述，是以不知此轄之形制。二是西元 1994 年五月至十月山西省曲沃縣曲村鎮北趙村西南（第五次發掘）M33 之轄，有四式，I 式轄（圖 438）形制為轄首作獸首形有圓角長方形穿，長條形鍵，鍵上無穿；II 式轄（圖 439）形制為轄首作鳥形，長條形鍵，鍵首斜圓弧，轄首鳥尾處有方形橫穿，鍵上有窄長方形穿；III 式轄（圖 440）轄首作虎頭形，虎耳下方有方形橫穿，長條形鍵，鍵上有長方形穿；IV 式轄形制為轄首作獸首形，有圓形橫穿，長條形鍵，鍵上有窄長方形穿。西周晚期晉系銅轄現知有三事，一為西元 1990 年河南省陝縣上村嶺 M2006 之轄二件，其形制（圖 441）為轄首作獸首形，獸耳下有圓穿，長條形鍵，尾端有斜尖。二為西元 1992 年四月至六月山西省曲沃翼城天馬曲村遺址（第一次發掘）M1 之 I 式轄與 II 式轄，I 式轄（圖 442）形制為首部似簡化獸首，三角形穿，扁平鍵，下端稍窄；II 式轄（圖 443）出土時已殘缺，其形制為首部是簡化獸頭，上部平，下部與輖扣合處呈月牙形，中一鼻，鍵當與此銜接；曲沃縣公安局曾於事後追繳回 M1 之轄有六件，其形式有四，盜：5（圖 444）形制為首是人騎虎頭形，人臂下為穿，鍵扁長，下端近方；盜：6（圖 445）形制為首呈簡化豬頭形，有穿，鍵扁長，下端微斜；盜：7（圖 446）形制為首外側呈高鼻狀，有穿，鍵扁長，下端一抹角；盜：8（圖 447）形制為首呈虎頭形，有穿，鍵扁長，下端微斜。三為西元 1994 年五月至十月山西省曲沃縣曲村鎮北趙村西南（第五次發掘）M92 之轄，由於出土資料未有明

確之記錄，是以不知其形制。西元 1957 年河南省陝縣上村嶺發掘虢國墓葬群，其中 M1602、M1617、M1706、M1747、M1767、M1810 均有銅轄出土，其形式有二，Ⅰ式轄（圖 448）形制爲轄身平直，無凹入之缺口；Ⅱ式轄（圖 449）形制爲轄身有凹入之缺口，兩式轄皆爲單獨出土，無與畫結合，蓋此畫直接插於軸木上。

圖 438　山西省曲沃縣曲村鎮北　　圖 439　山西省曲沃縣曲村鎮北
　　　　趙村之Ⅰ式轄　　　　　　　　　　趙村之Ⅱ式轄

圖 440　山西省曲沃縣曲村鎮北　　圖 441　河南省陝縣上村嶺
　　　　趙村之Ⅲ式轄　　　　　　　　　　M2006 之轄

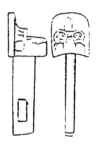

圖 442　山西省曲沃翼城天馬曲　　圖 443　山西省曲沃翼城天馬曲
　　　　村遺址 M1 之Ⅰ式轄　　　　　　　　村遺址 M1 之Ⅱ式轄

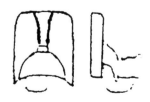

圖444　山西省曲沃翼城天馬曲 　　圖 445　山西省曲沃翼城天馬曲
村遺址盜：5 轄　　　　　　　　村遺址盜：6 轄

 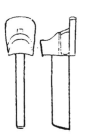

圖446　山西省曲沃翼城天馬曲 　　圖 447　山西省曲沃翼城天馬曲
村遺址盜：7 轄　　　　　　　　村遺址盜：8 轄

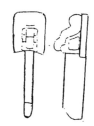 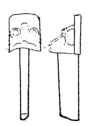

圖 448　河南省陝縣上村嶺 　　圖 449　河南省陝縣上村嶺
M1767 之 I 式轄　　　　　　　M1747 之 II 式轄

　　（三）軸頭——車器出土時常有軎與轄分離，亦有軎與轄合併，當軎與轄
合併時，稱為「軸頭」，是以在晉系青銅車器有「軸頭」之名。西周晚期至春秋
早期晉系銅軸頭現知有一事，即西元 1956 年、西元 1957 年河南省陝縣上村嶺
虢國墓葬群，其中有 M1052、M1617 之 I 式軸頭與 M1705、M1810 之 II 式軸頭，
I 式軸頭（圖 450）形制為長圓筒形，靠轂之一端無外折之寬緣，軸插於軎之中
間；II 式軸頭（圖 451）形制為圓筒形，靠轂一端有外折寬緣，轄靠近於轂處。

圖450　河南省陝縣上村嶺　　　圖 451　河南省陝縣上村嶺
　　　　M1617 之 I 式軸頭　　　　　　 M1810 之 II 式軸頭

　　春秋中期晉系銅軸頭現知有一事，即西元 1954 年秋至西元 1955 年春河
南省洛陽中州路西工路（第二期發掘）M1、M4、M6、M216 之 II 式軸頭（圖
452）形制為畫透空，轄身較長，轄首作獸首形。春秋晚期晉系銅軸頭現知有
一事，即為西元 1954 年秋至西元 1955 年春河南省洛陽中州路西工段（第三
期發掘）M115、M2729 之 II 式軸（圖 453）形制為粗短圓筒形，頂透空，一
端外折寬緣。

圖452　河南省洛陽中州路 M6 之　　圖 453　河南省洛陽中州路
　　　　II 式軸頭　　　　　　　　　　　　 M2729 之 II 式軸頭

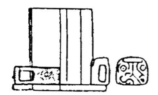

　　戰國早期晉系銅軸頭現知有一事，即為西元 1954 年秋至西元 1955 年春河
南省洛陽中州路西工段（第四期發掘）M2717 之 III 式頭、IV 式軸頭與 M2719
之 III 式軸頭，III 式軸頭（圖 454）形制為畫較細長，緣徑較寬於另一端，轄之
尾端一邊鈍角轉成斜形；IV 式軸頭（圖 455）形制與 III 式軸頭相同，僅緣上多
一細樑與畫身平行。戰國中期晉系銅軸頭現知有一事，即為西元 1959 年河北省
邯鄲百家村之軸頭四十四件，其形式有三，I 式軸頭（圖 456）形制為畫之下
端較上端略粗，折轉沿與管壁相接處，略有坡度，一端有三道箍形飾，轄作長
條形，兩端各有一孔，帽作獸頭狀；II 式軸頭（圖 457）形制為畫之一端有一
道箍形飾，折轉沿與管壁成直角，轄作長條形，兩端各有一穿孔，帽作獸頭狀；
III 式軸頭（圖 458）形制為畫斷面作十二角形，兩端粗細不等，筒壁下端之前、
後、左、右各有一圓形穿孔，轄作長條形，兩端各有一穿孔，轄首呈扁方體。

圖 454　河南省洛陽中州路
　　　　M2719 之Ⅲ式軸頭

圖 455　河南省洛陽中州路
　　　　M2717 之Ⅳ式軸頭

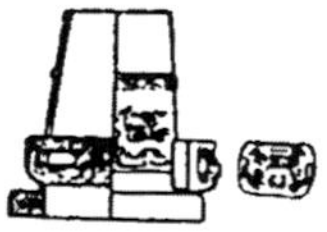

圖 456　河北省邯鄲百家村之
　　　　Ⅰ式軸頭

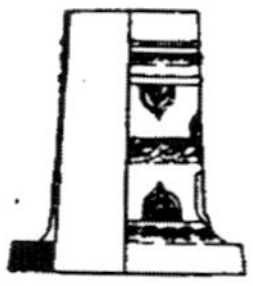

圖 457　河北省邯鄲百家村之
　　　　Ⅱ式軸頭

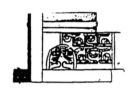

圖 458　河南省邯鄲百家村之
　　　　Ⅲ式軸頭

　　（四）鑾鈴——鑾鈴是立在車之衡與軛之銅鈴，其形制分為兩部分，一為鈴體，中含有石丸之扁形球體，四周有鏤孔作輻射狀，二為連接扁球體之方鋬座，以便和衡軛相連接，此鑾鈴作用誠如鄭玄所言：「升車則馬動，馬動則鑾鳴，鑾鳴則和應，所以為車行節也。」（《禮・經解》注）西周中期晉系銅鑾鈴現知有兩事，一為西元 1992 年十月至西元 1993 年元月山西省曲沃縣曲村鎮北趙村西南（第二次發掘）M6 之鑾鈴，由於出土資料未有明確之記錄，是以不明其形制。二為西元 1994 年五月至十月上述同地（第五次發掘）M33 之Ⅰ式鑾鈴與Ⅱ式鑾鈴，兩式形制相同，大小略異，Ⅰ式鑾鈴（圖 459）形制為上端是橢圓形扁體鐸鈴，周邊有鏤孔之長穿，鈴之中央有一圓形穿，四周有三角形鏤孔，鋬座正背兩側各有四枚菱形凸飾；四壁近鋬口處各有一圓穿；Ⅱ式鑾鈴（圖 460）形制為鋬座上無菱形凸飾。西周晚期晉系鑾鈴現知有三事，一為西元 1992 年四月至六月山西省曲沃翼城天馬曲村遺址（第一次發掘）M1 之鑾鈴四件（圖461），此鑾鈴僅存鋬座，其形制為鋬部四面中間各有圓穿，兩寬面各有四個棱

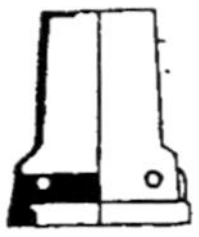

形凸飾；曲沃縣公安局後又追回 M1 之鑾鈴九件（圖 462），形制相同，鈴部呈球形，外緣有四個弧形鏤孔，內有八個三角形鏤孔及中間一小孔，鑾部四周中間有圓穿，兩寬面各有四個梭形凸飾。二為西元 1993 年上半年山西省曲沃縣曲村鎮北趙村西南（第三次發掘）M3 之鑾鈴，三為西元 1993 年九月至西元 1994 年元月與上述同地（第四次發掘）M62 之鑾鈴四件，由於出土資料未有明確之記錄，是以不明其形制。西周晚期至春秋早期晉系銅鑾鈴現知有一事，即西元 1956 年秋河南省陝縣上村嶺虢國墓葬群中之 M1052 之鑾四件（圖 463）形制為外緣有四長弧形孔，中有八個三角形孔，下接方銎座。

圖 459　山西省曲沃縣曲村鎮北　圖 460　山西省曲沃縣曲村鎮北
　　　　趙村之 I 式鑾鈴　　　　　　　　　趙村之 II 式鑾鈴

圖 461　山西省曲沃翼城天馬曲　圖 462　山西省曲沃翼城天馬曲
　　　　村遺址 M1 之鑾鈴　　　　　　　　村遺址盜：4

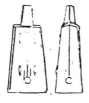

圖 463　河南省陝縣上村嶺 M1052 之鑾鈴

　　（五）銜——銜即為「勒」，其形制為由兩節兩端各有一環相套接而成，未套接之環則以皮條繫連于馬嘴旁之銅鑣上。西周晚期晉系銅銜現知有一事，即為西元 1992 年四月至六月山西省曲沃翼城天馬曲村遺址（第一次發掘）M1 之銜五件（圖 464），其形制為由三節雙環組成；曲沃縣公安局曾於事後追回銜有十一件，其形式有二，I 式銜（圖 465）形制由三節雙環組成，II 式銜（圖 466）形制為由二節雙環組成。西周晚期至春秋早期晉系銅銜現知有一事，即為西元 1956 年、西元 1957 年河南省陝縣上村嶺虢國墓葬中之 M1052、M1602、M1617、M1715、M1747、M1767、M1810 之銜（圖 467），其形制為由二節雙環組成。

圖 464　山西省曲沃翼城天馬曲
　　　　村遺址 M1 之銜

圖 465　山西省曲沃翼城天馬
　　　　曲村遺址 M1 之 I 式
　　　　銜

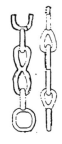

圖 466　山西省曲沃翼城天馬曲
　　　　村遺址 M1 之 II 式銜

圖 467　河南省陝縣上村嶺
　　　　M1052 之銜

　　春秋早期晉系銅銜現知有兩事，一為西元 1954 年秋至西元 1955 年春河南省洛陽中州路西工段（第一期發掘）M2415 之 I 式銜（圖 468），其形制為由二節雙環組成。二為西元 1962 年秋山西省芮城縣嶺底鄉坛道村 M1 之銜二件（圖 469），其形制為一長一短，兩環相套處呈三角形，此馬銜與上述河南省陝縣上村嶺 M1617 之銜形制相近。春秋中期晉系銅銜現知有一事，即為西元 1954 年秋至西元 1955 年春河南省洛陽中州路西工段（第二期發掘）M1、M4、M6、

M216 之Ⅱ式銜,其形制與上述同地之Ⅰ式銜相同。春秋晚期晉系銅銜現知有
七事,一為西元 1954 年秋至西元 1955 年春河南省洛陽中州路西工段(第三期
發掘)M115、M2729 之Ⅱ式銜(圖 470),其形制與上述同地之Ⅱ式銜相同。
二為西元 1961 年十二月山西省侯馬上馬村斷崖 M13 之銜十五件,其形制為二
節雙環組成。三為西元 1964 年九月山西省原平縣峙峪村東南趙家塿之銜二件
(圖 471),其形制為由二節雙環組成,兩端作"8"字形環。四為西元 1972 年
山西省長治市分水嶺(第四次發掘)M270 之銜二件,其形制為大小相同,兩
端扁圓環,中間兩小環相銜接。五為西元 1973 年山西省長子縣羊圈溝 M1 與
M2 之銜各二件,其形制為由二節雙環組成。六為西元 1977 年山西省長子縣牛
家坡 M7 之銜四件,形制基本相同,大小不同,由二節雙環組成,此銜與上述
山西省長子縣羊圈溝 M1、M2 之銜同。七為西元 1987 年山西省太原市金勝村
M251 之銜,由於出土資料未有明確之記錄,是以不知其形制。

圖 468　河南省洛陽中州路　　圖 469　山西省芮城鄉嶺底鄉 M1
　　　　　M2415 之Ⅰ式銜　　　　　　　之銜

圖 470　河南省洛陽中州路　　圖 471　山西省原平縣峙峪村東
　　　　　M115 之Ⅱ式銜　　　　　　　南趙家塿之銜

　　戰國早期晉系銅銜現知有四事,一為西元 1954 年秋至西元 1955 年春河
南省洛陽中州路西工段(第四期發掘)M2717 之Ⅱ式銜(圖 472),其形制為

由二節雙環組成，兩端之環略大。二為西元 1959 年十月至西元 1961 年年底山西省長治市分水嶺（第二次發掘）M26 之 I 式銜五件，其形制為兩端扁圓環，中腰兩小環相銜。三為西元 1962 年秋山西省芮城縣嶺底鄉坛道村 M2 之銜四件，其形制為套接之兩環較圓，然磨損嚴重。四為西元 1983 年元月初山西省潞城縣潞河村大斷溝 M7 之銜十八件，其形制為由二節雙環組成，兩端之環較大。戰國中期晉系銅銜現知有三事，一為西元 1959 年河北省邯鄲百家村之銜卅二件，其形制為二節雙環組成。二為西元 1959 年十月至西元 1961 年年底山西省長治市分水嶺（第二次發掘）M53 之 I 式銜七件，此銜與上述同地 M26 之 I 式銜（戰國早期）同。三為西元 1979 年山西省長子縣牛家坡 M10 與 M12 之銜，其形制為二節雙環組成。戰國晚期晉系銅銜現知有一事，即為西元 1959 年十月至西元 1961 年年底山西省長治市分水嶺（第二次發掘）M20、M35 之 I 式銜與 M35 之 II 式銜，I 式銜之形制與上述同地 M20、M53 之 I 式銜同，II 式銜之形制為中腰是直杆，兩端是圓環。據現有晉系銅銜出土資料之記錄，其年代屬於戰國時期有二事，一為西元 1954 年冬至西元 1955 年春夏山西省長治市分水嶺（第一次發掘）M9、M12、M14 之銜，由於出土資料未有明確之記錄，是以無法辨識其形制與屬於戰國那一時期。二為西元 1959 年十月至西元 1961 年年底山西省長治市分水嶺（第二次發掘）M25 之 I 式銜四件，此銜與上述同地 M26 之 I 式銜（戰國早期）、M53 之 I 式銜（戰國中期）、M20 及 M35 之 I 式銜（戰國晚期）同，故 M25 之 I 式銜年代早不過於戰國早期，遲可延至戰國晚期。

　　（六）鑣——鑣為馬兩頰接近口角之飾物，上有繩索相繫，下與銜相接，其形有圓形、長方形、長條形，圓形流行於西周早、中期，長方形流行於殷代及西周早期，長條形流行於西周早、中期。至戰國時期，鑣已多用獸角削制，套于銅銜外環中，是以在出土馬器中，常為鑣與銜合在一起。西周晚期晉系銅鑣現知有一事，即為西元 1992 年四月至六月山西省曲沃翼城天馬曲村遺址（第一次發掘）M1 之鑣廿四件（圖 473），其形制為長條曲狀，背有二紐；後曲沃縣公安局追回 M1 被盜之鑣有十件，即五對，其形制（圖 474）為長條曲狀，中為圓弧，背有二紐。西周晚期至春秋早期晉系銅鑣現知有一事，即為西元 1956 年、西元 1957 年河南省陝縣上村嶺 M1052、M1617、M1711、M1715、M1747、M1767、M1810 之鑣，其形式有四，I 式鑣（圖 475）有 M1715、M1747、M1767、M1810，其形制為鑣身作弧形；II 式鑣（圖 476）

有 M1711，其形制為鑣身折成鈍角；III式鑣（圖 477）有 M1617，其形制為鑣身作弧形，一端捲曲成環；IV式鑣（圖 478）有 M1052，其形制為鑣身作弧形，一端捲曲成環。

春秋早期晉系銅鑣現知有一事，西元 1962 年秋山西省芮城縣嶺底鄉坛道村 M1 之鑣二件（圖 479），其形制為器身呈弧形，背面有半圓形環紐兩個。春秋晚期晉系銅鑣現知有一事，即為西元 1987 年七月山西省太原市金勝村 M251 之鑣，由於出土資料未有明確之記錄，是以不知其形制。晉系銅鑣至戰國時期已不多見，其質改為獸角製作，是以現今如西元 1959 年十月至西元 1961 年年底山西省長治市分水嶺（第二次發掘）M25、西元 1965 年五月同地（第三次發掘）M126、西元 1972 年八月同地（第四次發掘）之 M269，三地所出土是角鑣，由此可見鑣之材質已由銅質轉成獸角。

圖 472　河南省洛陽中州路
　　　　M2717 之 II 式銜

圖 473　山西省曲沃翼城天馬曲
　　　　村遺址 M1 之鑣

圖 474　山西省曲沃翼城天馬曲
　　　　村遺址 M1 之鑣

圖 475　河南省陝縣上村嶺
　　　　M1767 之 I 式鑣

圖 476　河南省陝縣上村嶺
　　　　M1711 之 II 式鑣

圖 477　河南省陝縣上村嶺
　　　　M1617 之 III 式鑣

圖478　河南省陝縣上村嶺
　　　　M1052IV式鑣

圖479　山西省芮城縣嶺底鄉
　　　　M1 之鑣

　（七）當盧——「盧」即「顱」，指馬頭面額，「當盧」係指馬面額上之飾件，一般形制爲上端有兩個歧角，中間有一個圓泡，下端呈長方形。西周早期晉系銅當盧現知有一事，即爲西元1961年七月河南省鶴壁市郊龐村之當盧，出土時已殘破，約略可見其形制爲似魚，外面鼓起，內爲半空式，帶三個平形鼻可穿繩。

　春秋晚期晉系銅當盧現知有二事，一爲西元1977年山西省長子縣牛家坡M7之當盧一件（圖480），出土時已有殘缺，其形制爲圓形，蟠龍透空雕，環周有四只青蛙銜環之附耳。二爲西元1987年七月山西省太原市金勝村M251之當盧，由於出土資料未有明確之記錄，是以不知其形制。

　戰國早期晉系銅當盧現知有一事，即爲西元1962年秋山西省芮城縣嶺底鄉坛道村M2之當盧二件（圖481），形狀大小相同，圓形，周邊有四個對稱之環紐，中部鏤成四條蟠螭相互纏繞之圖案，蟠螭頭各對一紐。戰國中期晉系銅當盧現知有二事，一爲西元1959年河北省邯鄲百家村之當盧四件，其形式有三，I式當盧（圖482）之形制爲圓形，周有四鈕；II式當盧（圖483）之形制與I式當盧略同而較小；III式當盧（圖484）之形制與II式當盧同而較大。二爲西元1979年山西省長子縣牛家坡M12之當盧一件，由於出土資料未有明確之記錄，是以不知其形制。據現有晉系銅當盧出土資料之記錄，其年代屬於戰國時期有二事，一爲西元1954年多至西元1955年春夏山西省長治市分水嶺（第一次發掘）M9、M10、M12、M14之當盧，由於出土資料未有明確記錄M9、M10、M12之當盧，是以其形制不得而知，至於M14之當盧形制爲圓形，周邊有四紐，中間鏤空，有蟠虺紋，此當盧與上述河北省邯鄲百家村II式當盧略同，故其年代蓋爲戰國中期。二爲西元1965年五月山西省

長治市分水嶺（第三次發掘）M126 之當盧五件，其形式有二，Ⅰ式當盧（圖
485）之形制爲圓形，周邊有四鈕，中間鏤孔，透雕四條蟠螭，Ⅱ式當盧之形
制與Ⅰ式當盧近似，中有透雕十二蟠螭，此二式之當盧與上述河北省邯鄲百
家村Ⅰ式當盧略同，故其年代蓋爲戰國中期。

圖 480　山西省長子縣牛家坡
　　　　 M7 之當盧

圖 481　山西省芮城縣嶺底鄉坛
　　　　 道村 M2 之當盧

圖 482　河北省邯鄲百家村之Ⅰ
　　　　 式當盧

圖 483　河北省邯鄲百家村之Ⅱ
　　　　 式當盧

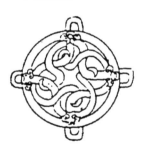

圖 484　河南省邯鄲百家村之Ⅲ
　　　　 式當盧

圖 485　山西省長治市分水嶺
　　　　 M126 之Ⅰ式當盧

七、生活用具與農工具

　　先秦青銅器除有用於朝廷宴饗、宗廟祭祀、軍事戰爭之禮樂器、兵器外，
尚有用於日常生活之中，如農具、工具或生活器具，此諸器在今日出土之器

物皆可略見一斑，由於可知在先秦時使用青銅器是普及而全面的。晉系青銅器中亦有生活用具與農工具。「生活用具」係指日常生活當中炊煮及丈量器具，如鑪、灶、炭箕、矩、權、盒等；「農工具」係指用於農業生產或其他生產工具，如鏟、鎒、斧、鑿、削、錐等；此依不同類別加以論述。

（一）鑪——「鑪」通「爐」，《周禮・天官・宮人》：「共爐炭。」，由此可知「鑪」爲燒炭之器具。晉系銅鑪現知有一事，一爲西元 1959 年十月至西元 1961 年年底山西省長治市分水嶺（第二次發掘）M26 之鑪（圖 486）一件，此鑪爲戰國早期韓國器，其形制爲淺腹、三蹄足，鏈索提梁，此鑪與楚國〈嬰次鑪〉略異，〔註 43〕〈嬰次鑪〉是長方形，底平無足，四旁有環耳，兩側環耳套上一副提梁，可見此「鑪」在東周時期作燎炭之爐，非如王國維所謂「飯器」。

（二）虎形灶——西元 1987 年七月山西省太原市金勝村 M251 之虎形灶一件，此灶爲春秋晚期晉國器，其形制（圖 487），由灶體、甑、釜和可以套接之四節煙筒組成；以虎頭爲灶體，虎口爲灶門，兩側上方有一對圓睜睜之眼睛，灶體兩側有一對提手銅鏈；甑底有十字放射形漏孔箅；虎背上有灶眼，上面有釜；虎頭後面爲煙道，煙道上用子母口連接，能連四節煙筒；此灶是迄今唯一所見之先秦時期野外炊具。此一活動之灶，除造型頗具藝術品味外，更能證明在先秦時已能運用保溫加熱之科學常識，此爲其他區域之青銅器所罕見。

圖 486　山西省長治市分水嶺 M26 之鑪

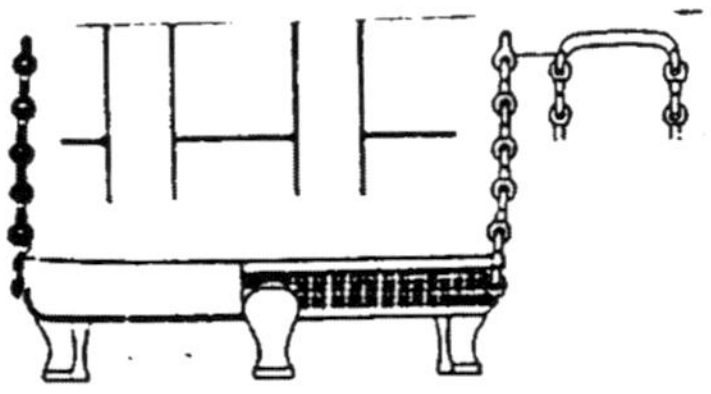

圖 487　山西省太原市金勝村 M251 之虎形灶

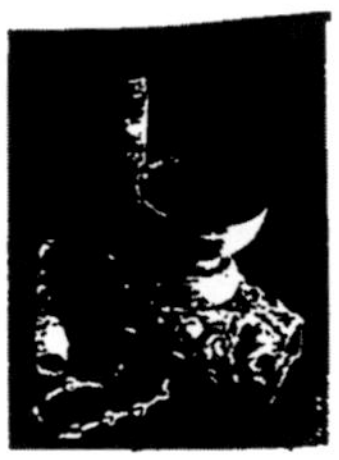

〔註 43〕此爲 1923 年八月廿五日河南省新鄭李家樓出土〈嬰次鑪〉，王國維《觀堂集林》卷十八以爲此器爲楚王子嬰次自作之器；郭沫若《兩周》〈三〉頁 182 以爲此器爲鄭國公子嬰齊所作之器；郭寶鈞《商周銅器群綜合研究》以〈王子嬰次鐘〉爲證，認爲〈嬰次爐〉是楚令尹子重所作；劉彬徽《楚系青銅器研究》從器物型態學判斷此器具有南方銅器特徵，以爲此器爲楚王子嬰齊（即令尹子重之器）。從器群與紋飾之特徵，〈嬰次爐〉頗具楚國色彩，此器何以流落中原？蓋鄢陵之役（西元前 575 年），楚國戰敗，因而此器遷徙於此。

　　（三）炭箕——炭箕是燎爐之附屬器具，用途在於移轉火種或添加木炭。
西元 1983 年元月山西省潞城縣潞河村大斷溝西邊 M7 之炭箕（圖 488）一件，
此箕爲戰國早期韓國器，其形制爲簸箕形，箕身滿鏤菱形孔，後附彎銎，可
接木炳。

　　（四）甋——《方言》卷五：「甋，甖也，秦之舊都謂之甋。」，甋有自
名爲「盞」，如前述之〈晉公盞〉。甋可盛酒或水之用，故有歸類於酒器或水
器，然依甋之形制較大，宜作盛水之用。容庚以爲「甋器與盆相同，是與盆
爲一類的器。」（《通論》頁 70），歸在水器。晉系青銅器名爲「甋」，即爲西
元 1953 年春河南省郟縣城西太僕鄉之〈日夭甋〉（即〈竊曲紋甋〉），此甋爲
春秋早期鄭國器，其形制（圖 489）爲敞口，折沿，肩較寬，上腹兩側有雙耳
作半環形，腹臂斜收成平底，無足，此器與春秋晚期之〈晉公盞〉相類似。

圖 488　山西省潞城縣潞河村
**　　　　M7 之炭箕**

圖 489　日夭甋

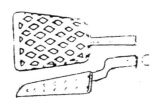

　　（五）權——權即稱錘，是等重之具，猶今之法碼，晉系銅權現知有四
事，一爲〈五年馬司成公權〉（圖 490）一件，現藏於中國歷史博物館，此權
爲戰國中期之趙國器，其形制是瓜棱形，上原有鈕，然已殘損，下呈平坦。
二爲著錄於于省吾《錄遺》539 之〈侯興權〉（即〈三侯權〉，圖 491）一件，
此權爲戰國中期趙國器，現藏於中國歷史博物館，其形制爲瓜棱形，上有鈕，
下爲平坦。三爲西元 1932 年出土於山西省介休縣之〈公𥾝半石權〉（圖 492），
此權爲戰國時期趙國器，其形制爲瓜棱形，上有鈕，下爲平坦。四爲現藏於
天津歷史博物館之〈梁府稱幣權〉一件（圖 493）與〈半稱幣權〉一件（圖
494）此二權爲戰國時期魏國器，〈梁府稱幣權〉之形制爲扁方鼻紐，似平首
平足布，上有穿可以繫繩懸掛，既像法碼又可在有刻度之等臂秤杆上移動，
具有法碼與秤砣之功用；〈半稱幣權〉之形制與〈梁府稱幣權〉同，僅造型
略小且底邊有銹蝕缺損。

圖 490　五年司馬成公權　　　　圖 491　侯興權

圖 492　公匋半石權　　　　　　圖 493　梁府稱幣權

圖 494　半稱幣權

（六）矩——矩者所以爲方，即今工師所用之曲尺。晉系銅矩現知有二事，一爲西元 1961 年十二月山西侯馬上馬村斷崖 M13 之矩（圖 495）一件，其形制爲上有倒刺，鋒略銳，柄端兩圓有穿。二爲西元 1972 年八月山西省長治市分水嶺（第四次發掘）M269 之矩（圖 496）一件，此二矩爲春秋晚期或戰國早期韓國器，其形制爲筒狀，上有倒刺，鋒銳利，下部有對穿。此矩不像畫方之曲尺，恐此矩爲「𨰉」，即爲兵器，附於戟上，具有攻擊之用。

圖 495　山西侯馬上馬村斷崖　　圖 496　山西省長治市分水嶺
　　　　　 M13 之矩　　　　　　　　　　　　 M269 之矩

（七）盒──盒一般用於裝置飾物，晉系銅盒現知有二事，一為西元 1993
年九月至西元 1994 年元月山西省曲沃縣曲村鎮北趙村西南（第四次發掘）M63
與 M62 之鼎形方盒，此兩處之方盒為西周晚期晉國器，M63 之鼎形方盒（圖
497）形制為扁長方形，頂部為兩扇可以對開之小蓋，一側蓋上鑄有臥虎紐，
盒外壁四面鑄對稱之龍形耳，四角各出一雲形扉棱，腹部是直身平底，盒身
兩寬面下還各鑄有背對盒身之人形足，裸身跪身，此方盒之造型不僅多變化
且頗具有藝術風格；M62 之鼎形方盒，因出土資料未有明確之記錄，是以不
知其形制。二為西元 1983 年元月山西省潞城縣潞河村大斷溝西邊 M8 之盒（圖
498）一件，此盒為戰國早期韓國器，其形制為球面形蓋，上方三環形紐，平
沿束頸，鼓腹平底，腹側有環形雙耳，此盒與上述之鼎形方盒絕然殊異，有
似「敦」器，較「敦」略小，蓋非用於盛食而是用於盛置小飾物。

圖 497　山西省曲沃縣曲村鎮　　圖 498　山西省潞城縣潞河村
　　　　 北趙村 M63 之盒　　　　　　　　　　 M8 之盒

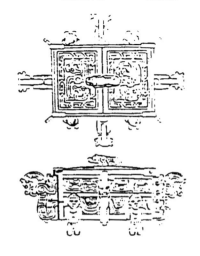

　　（八）鏟——典籍中之「錢」、「剗」與「鏟」通，〔註44〕鏟基本形制
上有銎，下為扁平器有刃，用於鏟土、耘苗、除草。西周晚期晉系銅鏟現知
有一事，即為西元 1992 年四月至六月山西省曲沃翼城天馬曲村遺址（第一
次發掘）M2 之手鏟形器（圖 499）一件，此鏟為晉國器，其形制為上有一
方穿，柄略呈橢圓形，有銎。春秋晚期晉系銅鏟現知有三事，一為西元 1961
年十二月山西省侯馬上馬村斷崖 M11 之鏟（圖 500）一件，其形制為體平圓
肩，銎上有釘孔，銎內尚有殘木。二為西元 1964 年九月山西省原平縣峙峪
村東南趙家壩之鏟一件，其形制為首窄刃寬。三為西元 1987 年七月山西省
太原市金勝村 M251 之鏟，由於出土資料未有明確之記錄，是以其形制不
明。戰國早期晉系銅鏟現知有一事，即為西元 1962 年秋山西省芮城縣嶺底
鄉坛道村 M2 之鏟（圖 501）一件，出土時已殘損，形狀呈梯形，器身和刃
均薄。

圖 499　山西省曲沃翼城天馬曲村　圖 500　山西省侯馬上馬村
　　　　遺址 M2 之鏟　　　　　　　　　　　 M11 之鏟

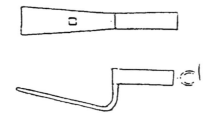 

圖 501　山西省芮城縣嶺底鄉 M2 之鏟

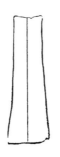

〔註44〕唐蘭以為春秋時期空首布是沿用農具之鏟（即錢），上有帶柄之銎，下為扁平
　　　　近長方形。有關唐蘭之說詳見〈中國古代社會使用青銅農器問題的初步研
　　　　究〉，其文刊於《故宮博物院院刊》總 2 期（西元 1960 年）。

　　（九）鏟──典籍中稱爲「斤」，﹝註45﹞即是「鏟」。鏟不僅用於開墾農地，亦作刨木之用，是以其形制與斧接近，然鏟之刃爲單面刃，柄爲曲形橫柄。西周晚期至春秋早期晉系銅鏟現知有一事，即西元 1957 年河南省陝縣上村嶺 M1647 之鏟一件（圖 502），其形制是方箑式，上爲方形銎，下有刃。春秋晚期晉系銅鏟現知有三事，一爲西元 1961 年十二月山西省侯馬上馬村斷崖 M13 之鏟三件，其形式有三，Ⅰ式鏟（圖 503）形制爲扁平長方形，有銎，寬刃，刃口微凸，兩端略圓，首端四周有凸起之棱角，兩面有方孔；Ⅱ式鏟（圖 504）形制爲器體細長，長方形，刃口對稱，兩端較寬，首端有凸棱兩道；Ⅲ式鏟（圖 505）形制與Ⅱ式鏟相似，器身兩端較寬中間較窄，刃口兩面對稱，首端無凸棱，釘孔呈三角形。二爲西元 1964 年九月山西省原平縣峙峪村東南趙家壚之鏟一件，此鏟爲晉國器，其形制爲方銎有穿，刃外侈。三爲西元 1987 年七月山西省太原市金勝村 M251 之鏟，由於出土資料未有明確之記錄，是以不知其形制。戰國早期晉系銅鏟現知有一事，即爲西元 1954 年秋至西元 1955 年春河南省洛陽中州路西工段（第四期發掘）M2717 之Ⅰ式鏟、Ⅱ式鏟、Ⅲ式鏟及 M2719 之Ⅲ式鏟、Ⅳ式鏟，Ⅰ式鏟（圖 506）形制爲扁平長方形，有銎，寬刃，刃部對稱，刃口微內凹；Ⅱ式鏟（圖 507）形制與Ⅰ式鏟相似，但器體較窄長；Ⅲ式鏟（圖 508）形制與Ⅱ式鏟近似，然器體中間略凹；Ⅳ式鏟（圖 509）形制爲長方形，刃口平直磨銳，兩旁向外延寬超過上端。

圖 502　河南省陝縣上村嶺　　圖 503　山西省侯馬上馬村 M13 之
　　　　　M1647 之鏟　　　　　　　　　Ⅰ式鏟

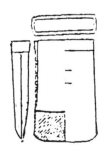

﹝註45﹞《孟子‧告子》：「斧斤伐之，可以爲美乎？」，《說文》第十四篇〈上〉：「斤，斫木斧也。」，張舜徽曰：「今木工猶用二斧，大者以之劈判木材，小者以之削皮平節，俗皆謂之斧，不別立斤名而斤在其中矣。」（《說文解字約注》卷廿七頁 42），由此可知在形制而言，斧大斤小。

圖 504　山西省侯馬上馬村
　　　　M13 之 II 式錛

圖 505　山西省侯馬上馬村 M13 之
　　　　III 式錛

圖 506　河南省洛陽中州路之
　　　　I 式錛

圖 507　河南省洛陽中州路之 II 式
　　　　錛

圖 508　河南省洛陽中州路之
　　　　III 式錛

圖 509　河南省洛陽中州路之 IV 式
　　　　錛

　　（十）斧──先秦農業與手工業使用斧之情況甚多，普遍用於砍伐，然亦有特殊者用於戰爭，或爲與鉞同之戰斧。西周中期晉系銅斧現知有一事，即爲西元 1994 年五月至十月山西省曲沃縣曲村鎮北趙村西南（第五次發掘）M33 之斧二件（圖 510），其形制爲楔形扁長體，銎端略寬于刃端，長方形銎口，雙面刃，兩側有半圓形環耳。西周晚期至春秋早期晉系銅斧現知有一事，即爲西元 1957 年河南省陝縣上村嶺 M1602 之斧一件（圖 511），形制爲方筩式，有釘孔，器體短粗。春秋時期晉系銅斧現知有三事，一爲西元 1972 年八月山西省長治市分水嶺（第四次發掘）M269 之斧一件（圖 512），此斧爲春秋晚期韓國器，其形制爲似戈形，援平直，齊頭有刃較鈍，內作鳥首銜蛇，兩面有二蟠螭纏繞，二螭中間夾一繩，胡圓銎有對穿。二爲西元 1987 年七月山西省太原市金勝村 M251 之斧，由於出土資料未有明確之記錄，是以不知其形制。三爲上海博物館所藏

〈呂大叔斧〉一件（圖 513）與曾爲潘祖蔭所藏之〈呂大叔之子斧〉兩件（圖 514），〈呂大叔斧〉形制爲扁平長方形，長方銎，有體平刃式，銎部有一道箍紋，刃部寬大；〈呂大叔之子斧〉形制與〈呂大叔斧〉類似，銎部有一道箍紋，有一器少刃部。〔註46〕戰國中期晉系銅斧現知有一事，即爲西元 1957 年河南省陝縣后川 M2040 之斧，由於出土資料未有明確之記錄，是以不知其形制。

圖 510　山西省曲沃縣曲村鎮北　　圖 511　河南省陝縣上村嶺
　　　　　趙村 M33 之斧　　　　　　　　　　M1602 之斧

圖 512　山西省長治市分水嶺　　　圖 513　呂大叔斧
　　　　　M269 之斧

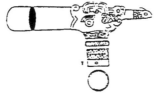

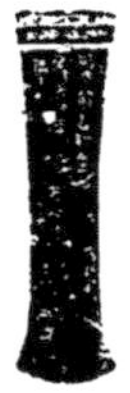

圖 514　呂大叔之子斧

〔註46〕有關〈呂大叔斧〉與〈呂大叔之子斧〉名稱及著錄狀況，詳見拙作《晉國文獻及銘文研究》頁 310。

（十一）鑿——鑿是在木頭上挖槽、鑿孔用之工具，其形制爲長條形，上寬下狹，有銎與刃。春秋早期晉系銅鑿現知有一事，即爲西元 1994 年五月至十月山西省曲沃縣曲村鎮北趙村西南（第五次發掘）M93 之鑿一件（圖 515），此鑿爲晉國器，其形制爲窄長體，長方形銎口，雙面刃。春秋晚期晉系銅鑿現知有三事，一爲西元 1961 年十二月山西省侯馬上馬村斷崖 M13 之 I 式鑿與 II 式鑿，I 式鑿（圖 516）形制爲方銎，刃兩面對稱，器身中部作細長條孔；II 式鑿形制爲器體扁平，銎端橢圓，兩側有三角形孔。二爲西元 1964 年九月山西省原平縣峙峪村東南趙家塽之鑿一件，其形制爲長條形，單刃。三爲西元 1987 年七月山西省太原市金勝村 M251 之鑿，由於出土資料未有明確之記錄，是以不知其形制。戰國時期晉系銅鑿現知有二事，即爲西元 1957 年河南省陝縣后川 M2040 之鑿，此鑿爲戰國中期魏國器，由於出土資料未有明確之記錄，是以不知其形制。二爲西元 1959 年十月至西元 1961 年年底山西省長治市分水嶺（第二次發掘）M20 之鑿一件，此鑿爲韓國器，其形制爲長條形，刃部銳利。

圖 515　山西省曲沃縣曲村鎮北　　圖 516　山西省侯馬上馬村 M13
　　　　趙村 M93 之鑿　　　　　　　　　　之 I 式鑿

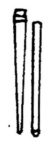　　　　　　　

（十二）削——削爲中、小型之刀，其形制爲凸背凹刃，上有柄，此「削」主要流行於春秋、戰國時期。春秋早期晉系銅削現知有一事，即爲西元 1994 年五月至十月山西省曲沃縣曲村鎮北趙村西南（第五次發掘）M93 之削一件（圖 517），此削爲晉國器，其形制爲長柄，柄略殘，寬脊，雙面刃。春秋晚期晉系銅削現知有一事，即爲西元 1987 年七月山西省太原市金勝村 M251 之削，由於出土資料未有明確之記錄，是以不知其形制。戰國中期晉系銅削現知有一事，即爲西元 1959 年河北省邯鄲百家村之削十二件（圖 518），此削是趙國器，其形制爲凸背凹刃，柄較長，柄首作圓環式。

圖 517　山西省曲沃縣曲村鎮北　圖 518　河北省邯鄲百家村之削
　　　　趙村之削

　　（十三）刀——此刀爲中、小型之刀，與長型兵器之刀不同，一般以三十厘米以上爲兵器之大刀，三十厘米以下爲生活用具或生產工具之刀。春秋早期晉系銅刀現知有一事，即爲西元 1961 年十二月山西省侯馬上馬村斷崖 M14 之環首刀一件，此刀爲晉國器，其形制爲刃略成弧形，柄首成環狀。春秋晚期晉系銅刀現知有四事，一爲西元 1961 年十二月山西省侯馬上馬村斷崖 M13 環首刀四件和刻刀一件，此刀爲晉國器，環首刀有二式，Ⅰ式環首刀形與上述 M14 之環首刀相似，刀較短，援窄，把手較長，刃較直，弧度不大；Ⅱ式環首刀形制爲器較長，脊厚，刃薄而弧度大，把手爲橢圓環；刻刀形制爲器體扁平細長，刃薄而鋒利。二爲西元 1964 年九月山西省原平縣峙峪村東南趙家璃之環首刀二件，此刀爲晉國器，其形制爲單刃微彎曲，有一刀柄爲環首狀，另一刀之首部殘缺。三爲西元 1973 年山西省長子縣羊圈溝 M1 之環首刀一件，此刀爲晉國器，其形制爲凸背凹刃，刃長於柄，柄首成環狀。四爲西元 1977 年山西省長子縣牛家坡 M7 之環首刀八件，四件是銅刀銅鞘，四件是銅刀鐵鞘，其形制（圖 519）爲凸背凹刃，刃長於柄，柄首成環狀，此與上述同地之 M1 之環首刀同。戰國早期晉系銅刀現知有二事，一爲西元 1962 年秋山西省芮城縣嶺底鄉坛道村 M2 之刀一件（圖 520），其形制爲器身呈弧形，刃部斷面呈三角形，把手處斷面呈三角形。二爲西元 1983 年元月山西省潞城縣潞河村大斷溝西邊 M7 之刀一件，此刀爲韓國器，出土時刀首與刀鋒已殘損，僅有刀柄與刀刃。戰國中期晉系銅刀現知有二事，一爲西元 1959 年河北邯鄲百家村之刻刀十件（圖 521），此刀爲趙國器，其形制爲圓柱體，上部較粗，下部較細，尖端雙刃。二爲西元 1979 年山西省長子縣牛家坡 M12 之環首刀一件，由於出土資料未有明確之記錄，是以不知其形制。

圖 519　山西省長子縣牛家坡 M7 之　圖 520　山西省芮城縣嶺底
　　　　刀　　　　　　　　　　　　　　　　　鄉 M2 之刀

圖 521　河北邯鄲百家村之刻刀

八、雜　器

先秦晉系青銅在形制而言，除有飪食器、酒器、水器、樂器、兵器、車馬器、生活用具與農工具外，尚有一些造型獨特、技藝卓絕之器物，如銅鳥形飾物、山字形銅飾物、鎖形飾、圓形飾、泡形飾、銅羊等，諸器與上述各類器有所差異，故於此特歸成「雜器」，且擇其重要之器加以論述。

（一）獸形飾——西元 1992 年四月至六月山西省曲沃翼城天馬曲村遺址（第一次發掘）M1 之獸形飾一件（圖 522），此器為西周晚期晉國之物，其形制似虎，頭部殘損，首部昂揚、四足平立。

（二）攀猴形柄飾——西元 1954 年冬至西元 1955 年春夏山西省長治市分水嶺（第一次發掘）M14 之攀猴形柄飾一件（圖 523），此飾物為戰國時期韓國器，其形制為一圓筒柱，上細下粗，中有一猴攀緣，頭部側斜姿態生動靈活。

圖 522　獸形飾

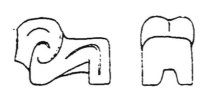

圖 523　攀猴形柄飾

（三）鴟鴞飾——西元 1954 年冬至西元 1955 年山西省長治市分水嶺（第一次發掘）M14 之鴟鴞飾一件（圖 524），此飾物為戰國時期韓國器，其形制為鴟鴞站在一方柄之上，鴟鴞頭、嘴及身上紋飾精細分明，姿態亦為英挺俊奇。

（四）透雕銅飾——西元 1954 年秋至西元 1955 年春河南省洛陽中州路西工段（第二、四期）M4、M2717 之透雕銅飾，M4 之透雕銅飾一件為春秋中期之器，其形制為方形，頂端中央突起作圓珠形，上面伸出一環紐；M2717 之透雕銅飾二件為戰國初期之器，二件透雕銅飾在外圍周緣有四個環紐，在中間各有不同動物飾物，M2717：86（圖 525）之形制為有兩個同心圓，圈心有蟠結之龍形透雕，外圈有四條龍頭伸出圈外各啣一銅紐，M2717：171（圖 526）之形制為中央一條龍，前爪各抓住一裸體半透雕人像，後爪抓住一條蛇。

圖 524　鴟鴞飾　　　　　　　　圖 525　M2717：86 之透雕
　　　　　　　　　　　　　　　　　　　銅飾

圖 526　M2717：171 之透雕銅飾

　　（五）杖飾——著錄於商承祚《十二家》吉金圖錄雙六之〈中府杖首〉（圖
527），此物爲戰國時期趙國器，此形制爲鳩鳥，鳥首上昂直立，背部凸起，
尾端下垂，此物之造型極爲栩栩鮮活。西元 1953 年春河南省郟縣城西太僕鄉
之〈人頭杖飾〉二件（圖 528），此爲春秋早期鄭國器，其形制爲兩人頭並立，
中有黑白相間之柱。

圖 527　中府杖首　　　　　　　圖 528　人頭杖飾

　　（六）長條形器——西元 1994 年五月至十月山西省曲沃縣曲村鎮北趙村
西南（第五次發掘）M93 之長條形器一件（圖 529），此物爲春秋早期晉國器，
其形制爲截面呈楔形，刀刃有所殘損，柄與刃等長。

　　（七）三棱形尖錐狀器——西元 1994 年五月至十月山西省曲沃縣曲村鎮
北趙村西南（第五次發掘）M93 之三棱形尖錐狀器一件（圖 530），此物爲春

秋早期晉國器，其形制爲橫截面呈三角形，一端平齊，一端呈圭首狀，尖而銳利。

圖 529　山西省曲沃縣曲村鎮　圖 530　山西省曲沃縣曲村鎮北
　　　北趙村之長條形器　　　　　　趙村之三棱形尖錐狀器

（八）方座筒形器——西元 1993 年九月至西元 1994 年元月山西省曲沃縣曲村鎮北趙村西南（第四次發掘）M63 之方座筒形器一件（圖 531），此物爲西周晚期晉國器，其形制分爲上下兩層，上層爲筒形，蓋平頂，上立一鳥形捉手，鳥長鉤喙，矮冠垂尾，雙足分立，與下垂之尾部形成三個支點，蓋沿及器口下各有一對管狀貫耳；下層爲方形，四面各附一人形足，人物兩兩對稱，與盒身相背，赤身裸體屈膝下蹲，作奪力抬物狀，方座底斜掛二只小鈴，此器不僅講求實用性，且藝術造型卓越新穎，此爲其他系之青銅器所不能相比擬。

（九）碟形器——西元 1962 年秋山西省芮城縣嶺底鄉坛道村 M1 之碟形器四件（圖 532），三件已殘，此物爲春秋早、中期晉國器，其形制爲敞口寬平沿，每個寬沿上有對稱之四個小孔，互相可以穿連，圜底，身與底之間向裡面形成一凹槽。

圖 531　方座筒形器　　　　　圖 532　山西省芮城縣嶺底鄉坛
　　　　　　　　　　　　　　　　　道村 M1 之碟形器

（十）手狀器——西元 1954 年冬至西元 1955 年春夏山西省長治市分水嶺（第一次發掘）M14 之手狀器二件（圖 533），此物為戰國時期韓國器，其形制有一大筒，上有五個小筒，作扇面形分開排列，有如五指分立。

（十一）銅人——西元 1954 年冬至西元 1955 年春夏山西省長治市分水嶺（第一次發掘）M17 之銅人三件（圖 534），此物為戰國時期韓國器，三件中一件人物完整，二件缺頭部，其形制為均穿武士衣，中有束帶，左腰攜劍，雙手高舉，足站於雲形座，此武士之穿著對於研究戰國時期衣冠服飾有極大之裨益。

（十二）銅印——西元 1959 年十月至西元 1961 年年底山西省長治市分水嶺（第二次發掘）M36 之銅印一件（圖 535），此印為戰國晚期韓國器，其形制為方形，上有鈕作大猴子抱小猴形，此造型無不透露愛子之情懷。

（十三）傘蓋頂——西元 1954 年冬至西元 1955 年春夏山西省長治市分水嶺（第一次發掘）M14 之傘蓋頂一件（圖 536），此物為戰國時期韓國器，其形制為筒身，上作菌形頂，頂周垂衣環八個，每一環皆有一屈尖，筒身鏤三角孔八個。

圖 533　山西省長治市分水嶺　　圖 534　山西省長治市分水嶺
　　　　　M14 之手狀器　　　　　　　　　M17 之銅人

 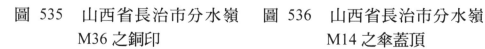

圖 535　山西省長治市分水嶺　　圖 536　山西省長治市分水嶺
　　　　　M36 之銅印　　　　　　　　　　M14 之傘蓋頂

第二節　紋飾類別

　　一般探討青銅器藝術是包括器形塑造、色澤對比、紋飾佈局三方面，器形塑造是講求器物上下前後左右結構之比例，色澤對比是講求合金成分所顯現之色澤及鑲嵌寶石所襯托之顏色，紋飾佈局是講求整體器物在不同部位之花紋或圖案，紋飾不僅能呈現當時之藝術美感且反映當時之宗教、社會等思想意識之型態。器形塑造在上一節已有所論述，本節專論紋飾及附述色澤。有關青銅器紋飾之名在先秦歷史文獻少有記錄，首見於《左》文十八年與《呂》〈先識覽〉、〈恃君覽〉之「饕餮」及〈離俗覽〉之「竊曲」，〔註47〕此「饕餮」非指青銅器紋飾之圖案，而是說明貪婪、怪獸或族名，「竊曲」所述形狀與今日所見竊曲紋大體相合。北宋王黼《博古》對青銅器紋飾始有解說，然所論有限。〔註48〕清乾隆敕編《西清》、《清甲》時，已有不少紋飾之名稱，如夔龍、夔鳳、蟠螭等動物紋樣與雲雷、垂雲等幾何紋樣，然未有明確之定義；往後金文專書除拓印器物形制及銘文外，尚摹印其紋飾，〔註49〕是以使紋飾成為研究青銅器重要內容之一，而容庚《通考》更有專章列舉器物之花紋七十七種，此對了解青銅器紋飾之定義與形狀，奠立深厚之根基，且掀開對青銅器紋飾研究之新風氣，亦使探討青銅器紋飾之文章有如雨後春筍大量產生。〔註50〕

　　為配合青銅器分期分域之研究，是以商周青銅器之紋飾，〔註51〕亦朝向

〔註47〕《左》文十八年（西元前609年）：「天下之民，以比三凶，謂之饕餮。」；《呂·先識覽》：「周鼎著饕餮，有首無身，食人未咽，害及其身，以言報更也。」；《呂·恃君覽》：「雁門之北，鷹隼所鷙須窺之國，饕餮窮奇之地、叔逆之所、儋耳之居，多無君。」；《呂·離俗覽》：「周鼎有竊曲，狀甚長，上下皆曲，以見極之敗也。」

〔註48〕《博古》卷一頁14〈癸鼎〉：「紋作龍虎，……今眼角鬚尾，龍事略具，象物之法，雅而不迫蓋如此。」，同書卷一頁16〈乙毛鼎〉：「腹有蟬紋，脰飾饕餮，間之雲雷，亦以貪者懲也。」。

〔註49〕吳雲《兩罍》、容庚《頌齋》（此書實為重視花紋研究之肇始）及《武英》、于省吾《劍吉》、商承祚《十二家》等書均有摹印器物之花紋。

〔註50〕上海博物館編撰《商周青銅器紋飾》，孫稚雛《青銅器論文索引》中之圖象紋飾，共收錄三十九篇單篇論文：臺灣學位論文有專論青銅器紋飾，如陳文玲〈殷商青銅器上的鳥獸紋〉（民74年文化碩士論文）、劉煜輝〈先秦青銅器紋飾研究〉（民國76年師大博士論文）、張仁溶〈商周青銅器上動物花紋的意義及其演變〉（民國78年台大碩士論文）；日本林巳奈夫〈殷周時代的幾何學紋樣之一二〉（《東方學報》西元1963年）

〔註51〕劉彬徽《楚系青銅器研究》中有一章，專論楚系青銅器紋飾，從其紋飾之分

此方針作更深邃之剖析，尤其在青銅器出土量甚多之中原地區，已有人作此方面之研討，如高明〈中原地區東周時代青銅禮器研究〉（下）（《考古與文物》西元 1981 年第 4 期），有一節專論中原地區東周銅器花紋，李夏廷〈渾源彝器研究〉（《文物》西元 1992 年第 10 期），以考古類型學方式探討渾源出土銅器屬於晉國器之紋飾。由於兩文所論之時代僅局限於東周時期，且青銅器出土區域僅在山西侯馬、萬榮、長治、渾源與河南陝縣、洛陽、新鄭、汲縣、輝縣等地；為能全面了解晉系青銅器紋飾之狀況，是以在時間欲延伸至西周時期，在空間能擴展到中原地區有青銅器出土之地點，如山西芮城、原平、長子、太原、曲沃及河南新鄭等地。

　　晉系青銅器不僅出土量極多，且各類器物之形制亦是錯綜複雜，是以其紋飾呈現多樣化，為便於全盤掌握晉系青銅器之紋飾，故將其紋飾分為五大類，一為動物紋飾，二為幾何圖案，三為植物紋飾，四為人物圖象，五為浮雕狀花紋、錯金（銀）花紋與素面；而各類紋飾在不同時期或不同之器物，有不同之花紋，為使各類紋飾之演變發展與流行盛衰更能明顯，故依西周時期、春秋時期、戰國時期三階段加以論述。

一、動物紋飾

　　晉系青銅器動物紋飾大致有十四種：饕餮紋、龍紋、夔紋、象首紋、蛇紋、鳥紋、蛙紋、貝紋、蟬紋、目紋、鱗紋、竊曲紋、獸頭紋、虎紋，此依各種紋飾，列述於下：

　　（一）饕餮紋（獸面紋）——饕餮紋流行於殷商時期與西周早期，其形狀為首部有眉、目、鼻、耳、角，身部有軀體、尾、足、腳，饕餮紋有時是「有首無身」，是以或稱「獸面紋」。饕餮紋在西周早期出現於晉系之鼎、甗、簋、爵、尊、戈、矛；西周中期出現於〈虢仲作姞鬲〉與劍；西周晚期出現於〈伯硕父鼎〉、〈虢姞鬲〉、〈鄭登伯鬲〉、〈鄭師□父鬲〉、罐；春秋早期出現於〈晉姜鼎〉；春秋中期出現於盤、匜；春秋晚期出現於〈寬兒鼎〉、敦、盂、盤、鑑、戈、矛、劍、耑；戰國早期出現於鐘；戰國中期出現於鼎、戈。除一般饕餮紋外，尚有變形饕餮紋、透雕饕餮紋、倒置饕餮紋。變形饕餮紋出現於西周晚期之鼎形方盒、戰國早期之鬲、戰國中期之劍；透雕饕餮紋出

類，進而研究其紋飾特徵。

現於春秋晚期之匜；倒置饕餮紋出現於春秋晚期之〈邵鐘〉。綜觀饕餮紋在晉系青銅器有二項特點：（1）不僅出現於禮、樂器，亦出現於兵器與車馬器。（2）不僅出現於西周時期，甚者延續至戰國中期，由此可見饕餮紋在晉系青銅器流行甚長。

　　（二）龍紋──龍紋在殷周紋飾藝術具有重要之地位，尤其在中國人宗教哲學觀念中，「龍」為吉祥之物，即「祥龍獻瑞」，是以在商周青銅器屢見龍紋。由於龍本身非具體寫實可見之物，是以在《管子‧水地篇》、《說文解字》第十一篇〈下〉常有奇異之記載；龍是超越於想像中之神物，因而其形狀亦複雜多變。晉系龍紋據現有資料約略有四種：（1）龍紋──一般龍紋在西周早期出現於鼎、簋；西周晚期出現於盨、罐、〈鄭義伯匜〉、〈虢叔旅鐘〉；春秋早期出現於鼎；春秋晚期出現於鬲、甗、盤；戰國早期出現於鼎、扁壺；戰國中期出現於圓壺。除一般龍紋外，尚有五項特殊紋飾，如出現於西周晚期方壺之雙頭龍紋、交龍紋，出現於春秋早期鐘之顧首龍紋，出現於春秋中期〈子犯編鐘〉之長舌回首龍紋，出現於春秋晚期方壺之卷龍紋。（2）夔龍紋──一般夔龍紋在西周晚期出現於盂、盤；春秋晚期出現於鼎、方壺、鑑；戰國早期出現於圓壺、鈁、盤、鑑；戰國中期出現於鼎、鐘。除一般夔龍紋外，尚有六項特殊紋飾，如出現於西周中期方壺之顧首夔龍紋，出現於西周晚期鐘、春秋晚期豆、戰國早期鑑之變形夔龍紋，出現於春秋晚期鐘之單體交織夔龍紋，出現於戰國早期鐘之S形雙頭夔龍紋，出現於戰國早期圓壺之方形雙夔龍紋，出現於戰國早期罍之雙身夔龍紋。（3）蟠龍紋──蟠龍紋即是卷龍紋，龍之軀體蜷曲，龍頭居中。蟠龍紋在西周晚期出現於晉系之盤；春秋早期出現於方壺；春秋晚期出現於鼎、甗、〈長子䯀臣簠〉、〈邵鐘〉。（4）蟠螭紋──螭為無角之小龍，青銅器紋飾常出現有兩條或兩條以上之小龍相纏繞，此謂之蟠螭紋，此紋飾流行於春秋中、晚期至戰國早期。晉系蟠螭紋在西周晚期僅出現於〈伯鄀父鼎〉；春秋早期出現於簋、盤、劍；春秋中期出現於鼎、簋、簠；春秋晚期出現於鼎、鬲、圓壺、盤、匜、鐘、戈、書；戰國早期出現於鼎、甗、敦、豆、圓壺、舟、書、軸頭、當盧；戰國中期出現於鼎、盤、鐘、鎛、軸頭、當盧；戰國晚期出現於鼎、鬲、圓壺。除一般蟠螭紋外，尚有變形、雙鉤、勾連、鉤尾不同紋樣之蟠螭紋，變形蟠螭紋是出現於春秋晚期之豆，雙鉤蟠螭紋是出現於春秋晚期之方壺與虎形灶、戰國早期之簋簠圓壺、戰國中期之敦，鉤尾蟠螭紋是出現於春秋晚期之鑑，勾連

蟠螭紋是出現於戰國中期之簋。綜觀龍紋、夔龍紋在晉系青銅器僅出現在禮樂器，兵器與車馬器皆無，蟠螭紋不僅出現於禮樂器，連兵器與車馬器皆有裝飾，由此可見蟠螭紋在不同形制之青銅器普遍受到重用；然而此四種紋飾，其流行時間頗長，在西周早期至戰國晚期均能見之，由此可知此四種紋飾在晉系花紋有其相當之地位。

（三）夔紋——《莊子・秋水》：「夔謂蚿曰：吾以一足趻踔而行。」，在青銅器常有一足之紋飾，則謂之夔紋；然馬承源以爲「一足的動物是雙足動物的側面寫形」（《中國青銅器》頁 324），將夔紋歸納於龍紋類。爲徹底了解晉系紋飾及根據出土之資料，在此仍列出夔紋一種。夔紋在西周早期出現於晉系之鼎、鬲、甗、簋；西周中期出現於〈虢仲作姞鬲〉；西周晚期出現於〈伯甬父鼎〉、〈虢仲盨蓋〉、豆、方壺；春秋早期出現於〈晉姜鼎〉；春秋晚期出現於鬲；戰國早期出現於穿帶壺；戰國中期出現於鐘。在西周晚期之〈虢季氏子組簋〉口緣下有變樣夔紋。由上述可知，夔紋與龍紋同是出現於禮樂器上，僅是夔紋未有龍紋之多變化。

（四）象首紋——象紋是寫實之動物紋飾，頭部有一長鼻，軀體有足、尾，尤其長鼻更爲明顯，故或稱「象首紋」。象首紋在西周晚期出現於晉系之鬲，春秋晚期出現於鐘；在戰國早期扁壺（西元 1935 年河南省輝縣琉璃閣發掘甲、乙墓）之四象連鼻紋。象首紋在晉系動物紋飾中極爲罕見，蓋中原地區爲內陸之地，見象不多，故用於青銅器作紋飾亦較少。

（五）蟠虺紋——虺即指小蛇，青銅器紋飾常出現有兩條或兩條以上之小蛇相纏繞，此謂之蟠虺紋，此紋飾雖與蟠螭紋接近，然蟠螭紋體軀比較粗壯，蟠虺紋體軀比較細小，是以朱鳳翰以爲蟠虺紋「是蟠螭紋的一種變種」（《古代中國青銅器》頁 391）。蟠虺紋流行於春秋中、晚期至戰國早期。蟠虺紋在春秋早期出現於晉系之壺；春秋晚期出現於〈寬兒鼎〉、甗、簠、敦、豆、瓠壺、圓壺、方壺、罍、匜、〈智君子鑑〉、鐘、戈、壺；戰國早期出現於鼎、匏壺、盉、壺、鑣；戰國中期出現於當盧。除一般蟠虺紋外，尚有鱗甲或雙線、散虺等不同紋樣之蟠虺紋，鱗甲或雙線之蟠虺紋出現於春秋晚期之方壺（此爲西元 1961 年山西省侯馬上馬村 M13 出土），散虺紋出現於春秋晚期之鐘（此爲西元 1987 年山西省太原市金勝村 M251 出土）。晉系蟠虺紋出現，較集中於春秋晚期，且其花紋之變化未如龍紋之多，然從各器物來看，有出現於禮樂器、兵器、車馬器，可見蟠虺紋亦是晉系重要紋飾之一。

　　（六）鳥紋——一般鳥紋之形狀爲長翎垂尾或長尾上卷或兩鳥顧盼，由於無以確定其鳥名，故統稱爲「鳥紋」；然有一種鳥紋，明顯爲鳳鳥，雖爲神鳥，然在先民之觀念中視爲祥物，故此紋飾謂之「鳳紋」。晉系鳥紋依其形式可歸類爲三：（1）鳥紋——鳥紋在西周晚期出現於晉系之〈虞侯政壺〉、盤、〈虢叔旅鐘〉；戰國早期出現於鏃。除一般鳥紋外，尚有長尾鳥紋、對稱顧首鳥紋、團鳥紋等不同紋樣之鳥紋，長尾鳥紋是出現在西周中期之方壺（西元 1994 年山西省曲沃縣曲村鎮西南 M33 出土），對稱顧首鳥紋出現在西周晚期之方壺（西元 1994 年同上地 M91 出土），團鳥紋出現在西周晚期之簋（西元 1992 年至西元 1993 年同上地 M8 出土）。（2）鳳紋——鳳紋在西周早期出現於〈康伯壺蓋〉；西周晚期出現於方壺、圓壺；春秋晚期出現於鼎、方壺、盤；戰國早期出現於穿帶壺、鐘。除一般鳳紋外，尚有回首大鳳鳥紋、夔鳳紋、龍鳥鳳紋等。回首大鳳鳥紋出現於西周中期之方壺；夔鳳紋出現於春秋晚期之鼎、鐘、鑑及戰國早期之圓壺，變形夔鳳紋出現於戰國早期之豆，S形夔鳳紋出現於虎形灶；龍鳥鳳紋出現於春秋晚期之方壺。（3）羽紋——羽紋在西周晚期出現於盃；春秋晚期出現於匏壺、戈；戰國早期出現於盤；尚有一種鱗狀細絨之羽紋是出現於春秋晚期之尊。綜觀晉系鳥紋在西周時期晉系青銅器常裝飾一般鳥紋，至春秋時期則屢見鳳紋與羽紋，戰國時期此三種紋飾漸少；而此三種紋飾普遍出現於禮樂器，兵器則少見。

　　（七）蛙紋——蛙紋在晉系紋飾中極爲罕見，僅有二例，一爲出現於春秋晚期之方壺（圖 537，西元 1961 年山西省侯馬上馬村 M13 出土），二爲出現於戰國早期之穿帶壺（西元 1935 年河南省輝縣琉璃閣發掘甲、乙兩墓出土）。

　　（八）貝紋——貝紋像貝殼之形狀，通常以數個貝殼貫串成帶狀，通行於春秋晚期至戰國中期。貝紋在春秋晚期出現於晉系之鼎、瓶、簋、豆、〈智君子鑑〉、書；戰國早期出現於鼎、豆、圓壺、書、透雕銅飾；戰國中期出現於敦、盤。

　　（九）蟬紋——蟬紋之形狀有兩只大目，體軀作長三角形，流行於殷商與西周早、中期。晉系蟬紋不多見，僅有二例，一爲出現於西周早期之〈虢爵〉（西元 1968 年陝西省鳳翔縣出土），口下飾三角蟬紋；二爲出現於春秋晚期之鼎（西元 1961 年山西省侯馬上馬村 M13 出土），耳側飾蟬紋（圖 538）。

圖 537　山西省侯馬上馬村　　圖 538　山西省侯馬上馬村
　　　　M13 之蛙紋　　　　　　　　　M13 I 式鼎之蟬紋

（十）目紋——目紋之形狀常為橢圓形，中有一點或一橫畫，有如動物之目形，由於目紋紋飾單調，常與雲紋組合形成所謂雲目紋。晉系目紋出現於西周中期之〈虢伯鬲〉；西周晚期出現於鑣（西元 1992 年山西省曲沃縣天馬曲村遺址出土）；春秋早期出現於盉（西元 1994 年山西省曲沃縣曲村鎮北趙村西南 M93 出土）；晉系雲目紋出現於西周晚期之簋、方壺（兩器是西元 1992 年至西元 1993 年山西省曲沃縣曲村鎮北趙村西南 M8 所出土）。

（十一）鱗紋——鱗紋基本單元組成之紋飾以龍或蛇之鱗片為主，排成上下重疊或前後橫向並列，作成魚鱗狀，主要流行於西周早期至春秋時期。晉系鱗紋之紋樣多樣化，約略有四種：（1）鱗紋——一般鱗紋在西周晚期出現於鼎、〈虢季氏子組簋蓋〉、豆、方壺；春秋早期出現於簋、方壺；春秋晚期出現於尊、匏壺、盉、盤、鑑、鐘、戈；戰國中期出現於矛；（2）垂鱗紋——垂鱗紋是鱗片作連續縱向交錯排列，出現於西周晚期之鼎、簋、豆、盉；春秋早期出現於鼎、簋、方壺、卣、觶、尊（圖 539，西元 1994 年山西省曲沃縣曲村鎮北趙村西南 M93 出土，圈足飾垂鱗紋）。（3）重鱗紋——重鱗紋之排列如魚鱗相重疊，在晉系紋飾中較少見，僅有二例，出現於西周晚期之鼎與春秋早期之方彝。（4）重環紋——容庚以為重環紋是「長方形之環，一端圓，一端有角，作兩列相重或三層」（《通考》頁 130，《通論》頁 108 以為方形紋），馬承源以為重環紋是鱗紋之並列式（《中國青銅器》頁 333），朱鳳翰雖不以重環紋為鱗紋之一種，然仍列於簡省變形動物紋中之一項（《古代中國青銅器》頁 396）。重環紋既從龍蛇鱗片演化而成，故歸列於鱗紋，不宜有誤。晉系重環紋在西周中期出現於〈虢仲作姞鬲〉、〈虢叔簋〉；西周晚期出現於鼎、〈鄭義伯簋〉、盨、豆、方壺、盉、盤、匜、畫、方座筒形器；春

秋早期出現於鼎、卣、方壺、盤、匜；春秋中期出現於〈伯嘉父簋〉、〈子犯編鐘〉；春秋晚期出現於罍、方壺、匏壺、鐘、戈。綜觀鱗紋在晉系紋飾有二項特點：（1）鱗紋普遍出現在禮樂器，尤其飪食器、酒器、水器較多，兵器與車馬器則少見。（2）出現時間集中於西周時期與春秋時期，戰國以後則未見。

　　（十二）竊曲紋——《呂‧離俗覽》：「周鼎有竊曲，狀甚長，上下皆曲。」，此說明與今日所見竊曲紋呈現卷曲細長條紋相合。一般竊曲紋多含有目形與獸角之形狀，流行於西周中期至春秋晚期。竊曲紋在西周中期出現於晉系之〈虢叔簋〉；西周晚期出現於〈虢文公鼎〉、〈虢仲鬲〉、甗、〈虢仲蚵蓋〉、豆、〈虢季氏子組壺〉、罐、〈虢季子白盤〉、〈鄭義伯匜〉、〈虢叔旅鐘〉、〈方座筒形器〉；春秋早期出現於〈蘇冶妊鼎〉、甗、簋、〈甫人盨〉、〈召叔山父簠〉、方壺、盤（圖 540），西元 1994 年山西省曲沃縣曲村鎮北趙村西南 M93 出土，腹壁及圈足上均飾竊曲紋；春秋晚期出現於甗、方壺、〈晉公盞〉、鑑；戰國早期出現於豆、方壺。綜觀晉系竊曲紋之出現多集中於西周晚期和春秋早期，戰國中期以後則未見；至於器物除飪食器、酒器、水器、樂器有竊曲紋外，兵器、車馬器未有見之，而酒器中裝飾竊曲紋以方壺為最多。

圖 539　山西省曲沃縣曲村
鎮北趙村 M93 尊之
垂鱗紋

圖 540　山西省曲沃縣曲村鎮
北趙村 M93 盤之竊曲
紋

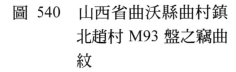
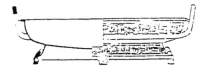

　　（十三）獸頭紋——青銅器紋飾中有獸形屈曲蟠繞如帶形成為獸帶紋，而獸帶紋中，又以獸首為中心，上下正反相連成帶成為獸頭紋。晉系獸頭紋出現於西周晚期之簋、簠、鑑；春秋晚期出現於鼎（圖 541，西元 1987 年山西省太原市金勝村 M251Ⅶ式鼎，足上部飾淺線獸頭紋）。晉系獸頭紋出現於西周晚期之鼎、甗、簠、豆、方壺、罐；春秋晚期出現於鼎（圖 542，西元 1987 年山西省太原市金勝村 M251Ⅲ式鼎，腹上部飾正倒牛首為主體之獸帶紋）；戰國早期出現於鑑；戰國中期出於鼎。

圖 541　山西省太原市金勝村　　圖 542　山西省太原市金勝村
　　　　M251 之Ⅶ式鼎之獸頭　　　　　　　M251 之Ⅲ式鼎之獸帶
　　　　紋　　　　　　　　　　　　　　　　紋

 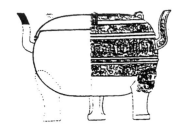

　　（十四）虎紋——虎紋在晉系紋飾僅有三見，一爲出現於西周晚期之盉
（西元 1993 年山西省曲沃縣曲村鎮北趙村西南 M31 出土，流鋬龍頸後部飾虎
皮斑紋）；二爲出現於春秋晚期之虎形灶（西元 1987 年山西省太原市金勝村
M251 出土，灶體表面飾虎頭紋）；三爲出現於戰國早期之穿帶壺（西元 1935
年河南省輝縣琉璃閣發掘甲、乙兩墓出土，腹左側下飾虎紋）。

二、幾何圖案

　　青銅器幾何形紋飾是由點、線、圈、角所組合而成，晉系幾何圖案大致
有十二種：圓圈紋、渦紋、雲紋、雷紋、三角紋、弦紋、絢紋、瓦紋、菱形
紋、波帶紋、線紋、曲折紋，此依各種紋飾列述於下：

　　（一）圓圈紋——圓圈紋顧名思義可知爲以圓圈排成帶狀，晉系圓圈紋
依圓圈內之實空與大小可分爲三種：（1）乳丁紋——圓圈爲實心，作乳突狀，
亦稱「乳丁紋」。乳丁紋在春秋早期出現於晉系之鼎、盤；春秋晚期出現於敦、
鼎（西元 1964 年山西省原平峙峪村東南趙家墳出土，腹蓋飾乳丁紋成蟠虺
狀）；戰國早期出現於壺。（2）聯珠紋——圓圈爲空心，排列成帶狀，亦稱「連
珠紋」。聯珠紋在西周晚期出現於晉系之盤；春秋晚期出現於方壺、鑑、戈、
矩、鼎（西元 1973 年山西省長子縣羊圈溝 M1 之Ⅱ式鼎，蓋正中爲圓泡狀）；
戰國早期出現於豆、耑。（3）圈點紋——圓大如圈，小如點，作不同之排列，
如西元 1992 年至西元 1993 年山西省曲沃縣曲村鎮北趙村西南 M8 出土西周晚
期之兔尊，其腹兩側各有同心圓紋飾三周；如西元 1972 年山西省長治市分水
嶺 M269 出土春秋晚期之Ⅱ式三號鼎，其蓋四周飾圓點紋；如西元 1965 年山

西省長治市分水嶺 M126 出土戰國中期之銅犧立人擎盤，犧上之女俑長袍飾麻點紋。綜觀晉系圓圈紋出現時間是西周晚期至戰國中期，然較集中於春秋晚期；至於裝飾在器物上，以飪食器、酒器、水器較多，兵器及車馬器則少。

　　（二）渦紋——渦紋是在一圓形內飾有數條作旋轉式之弧線，迴繞於中心成漩渦式。〔註52〕晉系渦紋在西周早期出現於鼎、簋；西周晚期出現於尊、盉、書；春秋早期出現於簋、方壺、鐘；春秋中期出現於鼎、鴟鴞飾；春秋晚期出現於鼎、方壺、〈邵鐘〉、劍；戰國早期出現於敦、圓壺；戰國中期出現於劍。除一般圓形渦紋，尚有三角渦紋，如春秋早期之簋（西元 1954 年至西元 1955 年河南省洛陽中州路西工段 M2415 I 式簋，蓋飾有三角渦紋）、匜（同上地 M2415 I 式匜，腹上部飾有三角渦紋）；春秋晚期之鼎（同上地 M2727 I 式鼎，腹上部飾有三角渦紋）。綜觀晉系渦紋較集中出現於西周晚期至戰國早期；飪食器、酒器、水器、樂器較多見渦紋，兵器與車器則少見渦紋。

　　（三）雲紋——以細或粗之線條捲曲作螺旋式成圓形者謂之雲紋。晉系雲紋樣式很多，約略有六項：（1）雲紋——一般雲紋在西周早期出現於爵；西周晚期出現於豆、方彝、方壺、盤；春秋早期出現於鼎；春秋晚期出現於鼎、鬲、豆、尊、罍、〈欒書缶〉、舟、盤、書、戈；戰國早期出現於鼎、豆、圓壺、扁壺、鍾、鎛、鐘、鏃；戰國中期出現於匕、鐘、劍、當盧；戰國晚期出現於鏃。（2）三角雲紋——在西周晚期出現於方壺、盉；春秋早期出現於尊、方壺；春秋晚期出現於鑑、銎斧；戰國早期出於鑑。（3）細雲紋——在西周中期出現於方壺；西周晚期出現於方壺。（4）捲雲紋——在西周中期出現於書；西周晚期出現於鐘；春秋晚期出現於圓壺、戈；戰國中期出現於圓壺、盤。勾連雲紋——在西周晚期出現於鐘；春秋早期出現於鐘；春秋晚期出現於鼎。（5）散雲紋——在西周晚期出現於簋；春秋早期出現於方彝。（6）斜角雲紋——在西周晚期出現於鼎（圖 543，西元 1957 年河南省陝縣上村嶺 M1708 Ⅷ式鼎，腹部飾斜角雲紋）、甗、簋、豆、方壺、罐、方座筒形器、盤；春秋早期出現於方彝、方壺、鐘；春秋中期出現於〈欒書缶〉；春秋晚期出現於〈邵鐘〉；戰國早期出現於舟；戰國晚期出現於圓壺、鑑。綜觀晉系雲紋有

〔註52〕渦紋舊稱囧紋、火紋，以為囧即是明，有神明之意，又以為囧紋像太陽紋飾，具有「火」意；朱鳳瀚以卜辭之囧與渦紋紋飾不合，又無「火」意，故以「渦紋」像水浪迴漩之狀，以此為名。有關朱鳳瀚之論述，詳見《古代中國青銅器》頁 402。

二項特點：（1）流行時間漫長，自西周早期至戰國晚期。（2）裝飾器物極爲普遍，凡飪食器、酒器、水器、樂器、兵器、車馬器、工具皆有，由此可知雲紋在晉系爲主要紋飾之一。

（四）雷紋——以細或粗之線條作螺旋式成方形謂之雷紋，亦稱回紋。晉系雷紋樣式很多約略有五項：（1）雷紋——一般雷紋在西周早期出現於鼎；西周晚期出現於鼎、豆、盤；春秋早期出現於鼎、舟；春秋中期出現於鼎、〈虢季氏子組盤〉；春秋晚期出現於鼎、甗、敦、方壺、盤、〈智君子鑑〉、〈邵鐘〉；戰國早期出現於簠、豆、鑑、鎛、鐘、耑；戰國中期出現於舟；戰國晚期出現於耑。（2）三角雷紋——外圍是三角形，內填以雷紋，晉系三角雷紋出現於春秋晚期之鼎、豆、圓壺、當盧。（3）勾連雷紋——以雷紋爲主體作成曲線相鉤連，出現於春秋晚期之鼎（圖544，西元1954年至西元1955年河南省洛陽中州路西工段M2729Ⅲ式鼎，腹部上下有鉤連雷紋）、甗、軸頭。（4）垂叶雷紋——僅出現於春秋晚期之鼎。（5）凸雷紋——僅出現於春秋晚期之耑。在晉系紋飾中常有線條相連接成方形與圓形，此謂之雲雷紋，雲雷紋出現於西周早期之鼎、〈康伯壺蓋〉、觶；西周中期出現於耑；西周晚期出現於圓壺、盃、盤；春秋早期出現於鼎；春秋中期出現於〈子犯編鐘〉；春秋晚期出現於鼎、豆、鐘；戰國早期出現於鼎、甗、豆。除一般雲雷紋外，尙有斜角、鉤連、三角等不同紋樣之雲雷紋，斜角雲雷紋出現於西周早期之簋與西周晚期之尊，鉤連雲雷紋出現於西周晚期之尊與春秋晚期之鼎、方壺，三角雲雷紋出現於春秋中期之盤與戰國早期之鼎、豆、罍、圓壺、鑑。綜觀晉系雷紋與雲雷紋有二項特點：（1）其流行時間與雲紋相同，自西周早期至戰國晚期。（2）裝飾於青銅器有飪食器、酒器、水器、樂器和車馬器，無兵器，此與雲紋有所不同，然而在晉系亦是主要紋飾之一。

圖543　河南省陝縣上村嶺
　　　　M1708 Ⅷ式鼎之斜
　　　　角雲紋

圖 544　河南省洛陽中州路西工段
　　　　M2729Ⅲ式鼎之鉤連雷紋

（五）三角紋——線條曲折成三角狀，有兩邊相等或三邊相等，然統謂之「三角紋」，由於三角紋形成式較單純，常於內外間雜其他紋飾。晉系三角紋出現於春秋早期之尊、觶；春秋中期出現於盤；春秋晚期出現於鼎、鬲、鑑、〈邵鐘〉；戰國早期僅出現於豆。由上所述，晉系三角紋僅流行於春秋時期與戰國早期，裝飾於青銅器僅是飪食器、酒器、水器、樂器。

（六）弦紋——弦紋是青銅器上最簡單之紋飾，為一道、兩道、三道之線條。晉系弦紋依其不同之樣式有四：（1）一般弦紋——一般弦紋在西周早期出現於尊、盉；西周中期出現於〈城虢仲殷〉、盨、斧；西周晚期出現於鼎、簋、〈虞侯政壺〉、盤、匜、鑣、盨；春秋早期出現於甗；春秋中期出現於簋；春秋晚期出現於鼎、甗、圓壺、虎形灶、劍；戰國早期出現於鼎、甗、敦、扁壺、盉、鑑；戰國中期出現於圓壺；戰國晚期出現於〈私官鼎〉、盂。（2）凸弦紋——凸弦紋在西周晚期出現於鼎；春秋晚期出現於鼎、盉、盂、虎形灶、鑿；戰國早期出現於甑、罍；戰國中期出現於鼎、圓壺；戰國晚期出現於鬲。（3）凹弦紋——西周晚期出現於盂。（4）粗弦紋——春秋晚期出現於鼎；戰國中期出現於甗。綜觀晉系弦紋在時間上而言，自西周早期至戰國晚期均有出現，可見其流行時間頗長；在器物而言，凡飪食器、酒器、水器、兵器、馬器、工具均有裝飾此紋飾，可見其普遍性甚寬廣。

（七）絢紋——《爾雅·釋言》：「絢，絞也。」，晉郭璞注：「糾絞繩索」，其狀為兩條或兩條以上之繩索相交結，故謂之絢紋或絢索紋。大致流行於春秋、戰國。晉系絢紋出現於春秋晚期之鼎、敦、豆、尊、匏壺、圓壺、盂、匜、盤、〈智君子鑑〉、盂、戈、鐘、鋆斧；戰國早期出現於鼎、敦、豆、圓壺、穿帶壺、扁壺、盂、鑑、盂、軸頭、當盧；戰國中期出現於鼎、敦、鬲、簋、豆、盤矛、軸頭；戰國晚期出現於盂。除一般絢紋外，尚有寬、渦形、凸等之絢紋，寬絢紋出現於春秋晚期、戰國晚期之鑑，渦形絢紋出現於春秋晚期之軸頭，凸繩紋出現於戰國早期之鼎、甗。另有一種紋樣特殊之繩紋，是由幾條繩索交織而成網狀，此謂之繩絡紋，出現於春秋晚期之圓壺、罍（圖545，西元1972年山西省長治市分水嶺出土，腹部飾繩絡紋）。綜觀晉系絢紋在時間上而言，僅出現於春秋晚期至戰國晚期，裝飾於器物，有飪食器、酒器、水器、樂器、兵器、車馬器，由此可知絢紋在東周中、後期是晉系重要紋飾之一。

（八）瓦紋——瓦紋是青銅器外表平行溝漕狀之線條，數條相層有如一排排之仰瓦，是以瓦紋又謂之溝紋或平行線紋。瓦紋出現於西周晚期之簋、〈鄭

義伯簋〉、〈虢季氏子組簋蓋〉、〈鄭虢仲簋〉、盨、〈鄭義伯匜〉；春秋早期出現於簋、匜；春秋中期出現於〈伯嘉父簋〉；春秋晚期出現於鑑。由於瓦紋呈橫條狀，是以裝飾之器物均爲方形，如簋、盨、匜、鑑，由此可知紋飾之樣式亦配合器物之造型。

（九）菱形紋——以斜向交叉之線條所構成，謂之菱形紋。晉系菱形紋所見不多，僅有三例，出現於春秋晚期之鼎（西元1954年至西元1955年河南省洛陽中州路西工段 M729 I 式鼎，耳上有菱形紋）；出現於戰國早期之圓壺（同上地 M2717 II 式壺，蓋四周有菱形紋）；出現於戰國中期之匕（西元1959年至西元1961年山西省長治市分水嶺 M25 出土，柄飾菱形紋）。

（十）環帶紋——寬闊線條呈現波浪上下起伏之形象，此謂之環帶紋，或波帶紋、波曲紋、波狀紋。晉系環帶紋出現於西周中期之〈虢仲簋〉；西周晚期出現於〈虢文公鼎〉、〈伯蓋父鼎〉、鼎（圖546，西元1957年河南省陝縣上村嶺 M1706IVA 鼎，腹部飾環帶紋）、甗、豆、方壺、〈虢季子白盤〉、〈虢叔旅鐘〉、方座筒形器；春秋早期出現於〈晉姜鼎〉；春秋晚期出現於鼎；戰國早期出現於簠；戰國中期出現於鼎。晉系環帶紋出現時間較集中於西周中期至春秋中期，裝飾此紋之器物，以飪食器居多，其次爲酒器、水器、樂器，無兵器與車馬器。

圖 545　山西省長治市分水嶺　　　圖 546　河南省陝縣上村嶺 M1706
　　　　　M270 罍之繩絡紋　　　　　　　　　IVA 鼎之環帶紋

（十一）點線紋——以點或線成紋飾，其樣式極爲單純，晉系點線紋所見不多，僅有三例，出現於春秋晚期之觶，出現於戰國中期之匕與劍。除點線紋外，另有斜線紋與髮紋，斜線紋出現於春秋晚期之鼎；髮紋出現於春秋晚期之〈智君子鑑〉。

（十二）曲折紋——晉系幾何圖案有一些少見之紋飾，既難以歸納於上述諸項之中，又無以自成一項，因其紋飾有鋸齒狀、V形、S形或十字形，故統稱爲曲折紋。鋸齒紋出現於春秋晚期之鼎（圖547，西元1961年山西省侯

馬上馬村 M13 之Ⅳ式鼎，蓋面三圓鋸齒紋）。Ⅴ紋出現於春秋晚期之方壺（圖548，同上地方之方壺，環飾作重疊之 Ⅴ 紋）。S 形紋出現於戰國早期之鼎、當盧；戰國晚期出現於鼎。十字紋出現於西周晚期之方壺；春秋早期出現於方壺；戰國早期出現於扁壺。

圖 547　山西省侯馬上馬村 M13 之　　圖 548　山西省侯馬上馬村
　　　　　Ⅳ式鼎之鋸齒紋　　　　　　　　　　　M13 方壺之 Ⅴ 紋

三、植物紋飾

晉系植物紋飾所見不多，僅有五種：梅花紋、柿蒂紋、花瓣紋、穀紋、葉紋。此依各種紋飾列述於下：

（一）梅花紋——梅花紋之紋樣與梅花相同，晉系梅花紋僅一見，出現於戰國晚期之鬲（圖 549，西元 1959 年至西元 1961 年山西省長治市分水嶺 M36 Ⅱ式 a 鬲，蓋腹飾梅花紋）。

（二）柿蒂紋——柿蒂紋有三或四花瓣，中以圓圈相連，晉系柿蒂紋出現於戰國早期之蓋豆（西元 1965 年山西省長治市分水嶺 M126 出土，蓋中心錯飾三瓣柿蒂紋）；戰國中期出現於〈宜陽右倉簋〉、當盧（圖 550，西元 1959 年河北省邯鄲百家村 Ⅰ 式當盧，西元 1965 年山西省長治市分水嶺 M126 之 Ⅰ 式當盧）。

圖 549　山西省長治市分水嶺 M36　　圖 550　河北邯鄲百家村Ⅱ式
　　　　　Ⅱ式 a 鬲之梅花紋　　　　　　　　　當盧之柿蒂紋

（三）花瓣紋——花紋僅是花瓣而已，晉系花紋出現於春秋晚期之豆（圖551，山西省長子縣牛家坡 M7 之 II 式豆，紐中央有五朵花瓣）；戰國早期出現於豆（圖552，山西省長治市分水嶺 M261 I 式豆，圓捉手底蓋各飾三花瓣）。

圖551　山西省長子縣牛家坡 　　圖552　山西省長治市分水嶺 M26
　　　　 M7 II 式豆之花紋 　　　　　　　　　 I 式豆之花紋

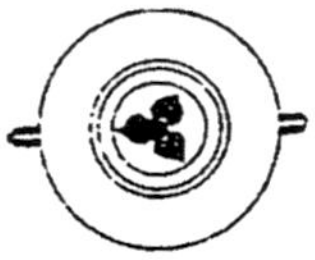

（四）穀紋——穀紋是如穀米形，晉系穀紋僅有二見，出現於戰國中期之劍與舟（圖553，西元 1959 年河北省邯鄲百家村 M57 出土，器身穀紋）。

（五）葉紋——葉紋狀如葉片，呈現三角形，有垂葉紋、卷葉紋、蕉葉紋。垂葉紋是兩腰較長，弧線內收，形較寬闊，作垂葉狀，晉系垂葉紋出現於春秋晚期之鼎、甗；戰國早期出現於鼎、盤；戰國中期出現於敦、銅犧立人擎盤、軸頭（圖554，西元 1959 年河北省邯鄲市百家村 II 式軸頭，周身有葉紋）。卷葉紋是葉片捲起，晉系卷葉紋僅出現於春秋早期之鼎（西元 1962 年山西省芮城縣嶺底鄉坛道村 M1 II 式鼎，三足上部飾卷葉紋）。蕉葉紋是兩腰瘦長，近頂角處成弧線內收，其狀如蕉葉，晉系蕉葉紋僅見於春秋晚期之鼎、甗（西元 1961 年山西省侯馬上馬村 M13 出土）。綜觀晉系植物紋飾雖樣式不多，然其流行時間在春秋、戰國時期，由上可知晉系在西周時期盛行動物紋飾，至東周時期為使紋飾更有變化，除延用動物紋飾外，更參酌植物紋飾，使紋飾靈活生動。

圖553　河北省邯鄲百家舟之穀 　　圖 554　河北省邯鄲市百家村 II
　　　　 紋 　　　　　　　　　　　　　　 式軸之葉紋

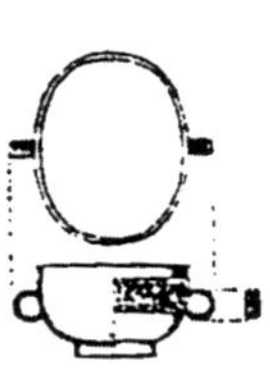

四、人物圖像

　　所謂「人物圖像」是指出現於青銅器表面上有人宴飲、樂舞、狩獵弋射、雙方戈矛戰鬥或兼有其他野獸、飛禽、魚及植物等種種不同圖象，以使整幅圖像全然以人為中心，表現當時社會生活之狀態。這種圖像常出現於盤、匜、缶、壺、鑑，其流行時間在春秋晚期至戰國晚期。晉系人物圖像有四見，一為出現於戰國早期之匜（圖 555），西元 1983 年山西省潞城縣潞河村大斷溝西邊 M7 出土，在動物刻飾有人、魚、鳥，在動作方面有人持角飲酒，武士起舞，兩隊戰士各拿兵器在原野上打鬥。二為西元 1954 年至西元 1955 年山西省長治市分水嶺 M12 出土此匜（圖 556），此匜僅存流部，此流部之紋飾，動物方面刻飾有人、鳥、魚、鹿，在此動物之間有樹木、屋宇。三為西元 1935 年河南省汲縣山彪鎮 M1 出土之鑑；四為西元 1951 年河南省輝縣趙固鎮 M1 出土之盤，此盤為戰國中期之器。這種人與物活動紋樣在中原地區多見而楚系青銅器未有〔註53〕（見下頁），由此可知戰國時期在中原地區已從神話幻想之動物世界趨向於社會寫實之層面，此亦顯現整個社會意識型態之轉變。

<table>
<tr><td>圖 555　山西省潞城縣潞河村大
斷溝 M7 匜之人物圖象</td><td>圖 556　山西省長治市分水嶺
M12 之匜之人物圖像</td></tr>
</table>

 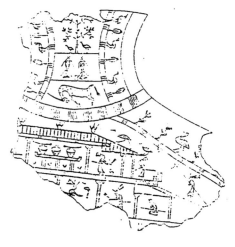

〔註53〕 劉彬徽說：「戰國早中期，中原地區已發現多件圖象紋，如水陸攻戰，宴樂射獵等敘事畫紋樣，乃青銅器禮器意義衰退，實用功能突出的表現，而在楚銅器上至今未見。」（《楚系青銅器研究》頁 279）。其實除中原地區有人物圖像之紋飾外，其他地區亦有出現，如 1965 年成都百花潭中學 M10 出土之銅壺，上有嵌錯采桑、宴樂、弋射、水陸攻戰、狩獵等紋飾。

五、浮雕狀花紋、錯金（銀）花紋與素面

　　浮雕狀在青銅器紋飾而言，雖非花紋之一種，然此立體形像是紋樣表現方法之一，自然與平面展示之紋飾有所差異，故將浮雕狀列於此論述，其意在於更了解晉系紋飾表現之特色。晉系有浮雕狀紋飾出現於春秋晚期之鼎，戰國早期出現於方壺、穿帶壺、鎛。除浮雕狀紋飾外，晉系青銅器尚有以錯金或錯銀施之於器表上，使紋飾色澤更光鮮亮麗，此為晉系青銅器紋飾之一大特色。晉系有錯金紋飾是出現於戰國早期之簋、豆、鏃、舟；戰國中期出現於劍，戰國晚期出現於鏃。晉系錯銀紋飾是出現於戰國中期之劍。

　　晉系紋飾除動物紋飾、幾何圖案、植物紋飾、人物圖像外，尚有一種素面無紋，依理而言，素面不宜列此論述，然而從藝術觀點來說，樸素無紋固然不如有紋飾之華麗，卻有其質樸美感存在。另外從紋飾演進發展來看，必從簡單樸素之紋飾演變成絢麗繁縟，後再回歸到簡樸，是以晉系紋飾宜不失此變化之軌跡。晉系素面器物出現於西周早期有鼎、卣、觶；西周晚期出現於鼎、罐、圓壺、盤、匜；春秋早期出現於簋、爵、盉、盤；春秋中期出現於鼎、簋、罍、盤、匜；春秋晚期出現於鼎、鬲、甗、簋、簠、豆、罐、〈哀成叔鋞〉、尊、〈欒書缶〉、舟、盤、匜、鑑、鐘；戰國早期出現於鼎、鬲、甗、簋、簠、豆、舟、圓壺、穿帶壺、盤、匜；戰國中期出現於鼎、豆、匕、鈁、舟、圓壺、鐘；戰國晚期出現於鼎。綜觀晉系素面之器物，在西周早期與戰國時期出現甚少，春秋晚期和戰國早期反而增多；另外從形制而言，兵器、車馬器大多為素面，凡為飪食器、酒器、水器、樂器亦有素面。由此可知，青銅器不僅在造型可依各種器類做出不同之形制，且於各器表內外依當時思想意識及社會風潮做出不同之紋飾，這種由形制與紋飾構建交織成頗具獨特之藝術風格，在晉系青銅器表現得淋漓盡致。